Stephan Bone-Winkel

Das strategische Management von offenen Immobilienfonds

unter besonderer Berücksichtigung der Projektentwicklung von Gewerbeimmobilien

Köln 1994

Die deutsche Bibliothek - CIP-Einheitsaufnahme

Bone-Winkel, Stephan:
Das strategische Management von offenen Immobilienfonds -
unter besonderer Berücksichtigung
der Projektentwicklung von Gewerbeimmobilien /
Stephan Bone-Winkel. -
Köln : R. Müller, 1994

Zugl.: Oestrich-Winkel, European Business School, Diss., 1994

ISBN 3-481-00807-4

ISBN 3-481-00807-4

Umschlaggestaltung: Rainer Geyer, Köln
Druck: SDK Systemdruck Köln GmbH, Köln
Printed in Germany

Die vorliegende Broschur wurde auf umweltfreundlichem Papier
aus chlorfrei gebleichtem Zellstoff gedruckt.

Vorwort des Herausgebers

In den Wirtschaftswissenschaften, insbesondere in der Betriebswirtschaftslehre wurde die Bedeutung des Produktionsfaktors „Boden" bislang weitgehend vernachlässigt. Dabei setzt die Wertschöpfung in Unternehmen die Nutzung des Bodens - besser: des Raums, den Gewerbeimmobilien bereitstellen - voraus. Produzieren, Lagern, Verkaufen, Forschen, Verwalten und andere betriebliche Tätigkeiten erfordern spezifische Immobilien.

Die Immobilienökonomie hat die Aufgabe übernommen, immobilienbezogene Entscheidungen von Unternehmen und privaten Haushalten zu erklären und zu gestalten. Es ist eine junge wissenschaftliche Disziplin, die Erkenntnisse aus anderen Forschungsbereichen aufgrund der Vieldimensionalität der Immobilie als Untersuchungsgegenstand aufgreift und integriert. Hier sind insbesondere die Bau- und Wohnungswirtschaftslehre, Rechtswissenschaft, Volkswirtschaftslehre, Raumplanung, Architektur- und Bauingenieurwesen zu nennen. Immobilienökonomie geht in diesem Zusammenhang über den Anspruch einer Wirtschaftszweiglehre hinaus, indem sie sich in institutioneller Sicht nicht nur auf die Unternehmen der Immobilienwirtschaft bezieht, sondern auf alle Betriebe, die auf die Nutzung von Raum für ihre Leistungserstellung angewiesen sind.

Mit den „Schriften zur Immobilienökonomie" wird der Immobilienökonomie als Wissenschaft ein Forum geschaffen. Die EUROPEAN BUSINESS SCHOOL ist die erste wissenschaftliche Hochschule in Deutschland, die der zunehmenden Bedeutung von Immobilien durch die Errichtung eines Lehrstuhls für Immobilienökonomie Rechnung trägt; er wurde von Unternehmen der Bau-, Immobilien- und Finanzwirtschaft gestiftet. Die „Schriften zur Immobilienökonomie" sollen jedoch nicht nur aus fachspezifischen Dissertationen an der EUROPEAN BUSINESS SCHOOL bestehen, sondern auch Wissenschaftlern von anderen Hochschulen die Möglichkeit bieten, wichtige Beiträge zur Immobilienökonomie zu veröffentlichen.

Band 1 dieser Schriftenreihe beschäftigt sich mit dem strategischen Management von institutionellen Immobilieninvestoren, dargestellt am Beispiel der offenen Immobilienfonds. Der Autor, Stephan Bone-Winkel, hat das Problem, die aus der betriebswirtschaftlichen Planungslehre stammenden

Instrumente eines strategischen Managements auf die besondere Branchensituation von Immobilieninvestoren zu übertragen, überzeugend gelöst. Im Mittelpunkt der Arbeit stehen das Immobilienportfolio-Management und die Entwicklung von immobilienspezifischen Wettbewerbsstrategien, insbesondere die Projektentwicklung. Dabei wird die Nutzung bzw. der Mieter der Immobilie als Maßstab für die Ausrichtung des Immobilieninvestments angesehen.
Die vorliegende Arbeit von Stephan Bone-Winkel, die von der EUROPEAN BUSINESS SCHOOL als Dissertation angenommen wurde, verdeutlicht eindrucksvoll, daß die Praxis von der wissenschaftlichen Forschung in der Disziplin Immobilienökonomie anwendungsbezogene Erkenntnisse gewinnen kann.

Prof. Dr. Karl-Werner Schulte
Lehrstuhl für Allgemeine Betriebswirtschaftslehre,
insbesondere Immobilienökonomie (Stiftungslehrstuhl),
an der EUROPEAN BUSINESS SCHOOL, Oestrich-Winkel

Vorwort

Offene Immobilienfonds erleben seit Anfang der neunziger Jahre ein bemerkenswertes Wachstum. Das Fondsvermögen hat sich von 1990 bis 1994 durch den Zustrom von Anlegerkapital mehr als verdreifacht. Hieraus ergeben sich erhebliche Konsequenzen für das Management und die Anlagepolitik der Fonds, Überlegungen bezüglich des Aufbaus und der Strukturierung des Immobilienportfolios gewinnen dabei zunehmend an Bedeutung.

Trotz des durch hohe Liquidität erzeugten Anlagedrucks setzt sich bei den Fonds in jüngerer Zeit die Übernahme einer strategischen Perspektive durch, die über die Prüfung operativer und objektbezogener Rahmenbedingungen hinausgeht. Ein Wandel in der Beurteilung von Immobilien erfordert die Orientierung an neuen Größen: Investitionsentscheidungen werden in der Zukunft weniger von realisierten Mieteinnahmen und Verkehrswerten abhängen. Es werden vielmehr die strategischen Einflußfaktoren in den Mittelpunkt des Interesses rücken, die den nachhaltigen Erfolg der Immobilie und des Portfolios bedingen.

Das primäre Interesse der vorliegenden Untersuchung galt deshalb der systematischen Erfassung der Wettbewerbskräfte in der Immobilieninvestmentbranche sowie der Entwicklung von strategischen Instrumenten zur Analyse von Immobilienunternehmen. Hierauf aufbauend wurde ein Modell für das Immobilienportfolio-Management konzipiert, das eine Gesamtsicht des Vermögens ermöglicht. Dieses Modell ist sowohl als Analyseraster zur Prüfung bestehender als auch potentieller Immobilieninvestitionen und Projektentwicklungen einsetzbar und kann Problemkonfigurationen im Bestand signalisieren.

An dieser Stelle gilt zuerst meinem Doktorvater, Herrn Prof. Dr. Karl-Werner Schulte, mein besonderer Dank. Ohne sein umfassendes Engagement für die wissenschaftliche Auseinandersetzung mit Fragen der Immobilienökonomie und die Gründung der **ebs** Immobilienakademie hätte diese Arbeit nicht entstehen können. Herrn Prof. Dr.-Ing. Claus-Jürgen Diederichs danke ich für die wertvollen Anregungen zur allgemeinen Problemstellung, insbesondere zu dem sehr aktuellen und interdisziplinären Bereich der Projektentwicklung. In diesen Dank schließe ich auch Herrn Prof. Dr. Hartmut Kreikebaum für die Begutachtung der Arbeit ein.

Den Vertretern der Fondsgesellschaften und anderer Unternehmen der Bau-, Immobilien- und Finanzwirtschaft danke ich für die kritischen Hinweise und Anregungen in zahlreichen Interviews. Wesentliche Erkenntnisse zur Lösung immobilienwirtschaftlicher Problemstellungen verdanke ich auch den Dozenten und Teilnehmern des Kontaktstudiums Immobilienökonomie. Sie haben zahlreiche Ansatzpunkte für die praktische Umsetzung der modellhaften Abbildung branchenspezifischer Phänomene beigesteuert. Namentlich erwähnen möchte ich an dieser Stelle Herrn Bertold T. Wetteskind und Herrn Dr. Oskar Kienzle, die mir in hochinteressanten Diskussionen die Chancen und Perspektiven für die strategische Steuerung institutioneller Immobilieninvestitionen aufgezeigt haben.

Für die kritische Überprüfung der Erkenntnisse und das Korrekturlesen danke ich Herrn Dr. Ingo H. Holz, Herrn Wolfgang Schäfers und Herrn Dr. Thomas J. Bone-Winkel. Ich danke vor allem Frau Marela Leithe für die intensiven Diskussionen über die aktuelle Forschung zum strategischen Management und dessen Umsetzungsfähigkeit.
Meinen Eltern möchte ich für ihr Vertrauen, ihre motivierende Kraft und ihre Unterstützung danken. Ihnen ist diese Arbeit gewidmet.

Berlin, im Mai 1994 Stephan Bone-Winkel

Inhaltsübersicht

Inhalt

Verzeichnis der Abbildungen

Verzeichnis der Tabellen

Abkürzungsverzeichnis

Abb.	Abbildung
AG	Aktiengesellschaft
BAK	Bundesaufsichtsamt für das Kreditwesen
BauGB	Baugesetzbuch
BauNVO	Baunutzungsverordnung
BewG	Bewertungsgesetz
BewRGr	Richtlinien für die Bewertung des Grundvermögens
BGB	Bürgerliches Gesetzbuch
BGBl	Bundesgesetzblatt
BVI	Bundesverband deutscher Investmentgesellschaften
BW	Bauwirtschaft
Diss.	Dissertation
DIW	Deutsches Institut für Wirtschaftsforschung
DBW	Die Betriebswirtschaft
DIW	Deutsches Institut für Wirtschaftsforschung
ErbbauVO	Erbbaurechtsverordnung
FWW	Die freie Wohnungswirtschaft
GBO	Grundbuchordnung
GewO	Gewerbeordnung
GmbH	Gesellschaft mit beschränkter Haftung
GuG	Grundstücksmarkt und Grundstückswert
GWB	Gesetz gegen Wettbewerbsbeschränkungen
H.	Heft
HOAI	Honorarordnung für Architekten und Ingenieure
Jg.	Jahrgang
JPM	Journal of Property Management
KAG	Kapitalanlagegesellschaft
KAGG	Gesetz über Kapitalanlagegesellschaften
KWG	Gesetz über das Kreditwesen
LFK	Der Langfristige Kredit
MaBV	Makler- und Bauträgerverordnung
Rdnr	Randnummer
SAUS	School for Advanced Urban Studies

Tab.	Tabelle
WEG	Wohneigentumsrecht
WertV	Wertermittlungsverordnung
WISU	Das Wirtschaftsstudium
ZfB	Zeitschrift für Betriebswirtschaft
zfbf	Schmalenbachs Zeitschrift für betriebswirtschaftliche Forschung
zfo	Zeitschrift für Führung und Organisation

1. Einführung

1.1. Problemstellung und Zielsetzung

Der Markt für gewerbliche Immobilien ist in den vergangenen Jahren immer weiter in das Blickfeld der Öffentlichkeit gerückt. Spektakuläre Bauvorhaben und Grundstückstransaktionen, aber auch die investitionshemmende Wirkung ungeklärter Eigentumsansprüche bei Grund und Boden in den neuen Bundesländern, haben die besondere Funktion der Immobilienwirtschaft für die Wertschöpfung einer Volkswirtschaft vor Augen geführt.

Die wirtschaftliche Bedeutung des Immobilienmarktes läßt sich durch entsprechende Zahlen eindrucksvoll belegen: Der gesamte Immobilienanlagemarkt in den alten Bundesländern wies in 1990 ein geschätztes Transaktionsvolumen von 170 Mrd. DM bei ca. 717.000 Grundstückskaufverträgen auf.[1] Der Anteil von Gewerbeimmobilien hieran belief sich auf ca. 15 % bzw. 25 Mrd. DM. Daneben betrug das Bauvolumen im Bereich Wirtschaftshochbau für 1992 ca. 88,3 Mrd. DM in den alten und ca. 21,4 Mrd. DM in den neuen Bundesländern[2], von dem wiederum ein wesentlicher Teil den Investitionen aus Kapitalanlagemotiven zugeschrieben werden muß. Das Gesamtinvestitionsvolumen des gewerblichen Bau- und Immobilienmarktes in den alten Bundesländern kann für 1992 nach Expertenschätzungen mit ca. 141,5 Mrd. DM angegeben werden.[3]

Offene Immobilienfonds als "der unternehmerischen Investition in alle Arten von Immobilien gewidmete, organisatorische Ausprägung der kollektiven Kapitalanlage"[4] stellen mit einem Gesamtvermögen von 32,4 Mrd. DM[5] eine der bedeutendsten Investorengruppen des Immobilienanlagemarktes dar. Sie werden neben geschlossenen Immobilienfonds, Versicherungsunternehmen, Immobilienaktiengesellschaften und Pensionskassen im Inland sowie ausländischen Investoren der Gruppe der institutionellen Investoren zugerechnet.[6] In 1992 erzielten die 14 deutschen offenen

---

1 Vgl. *Leutner*, Wachstum, S. 574. Aktuellere Daten über die Transaktionen in den alten und neuen Bundesländern liegen nicht vor. Siehe auch Abbildung 19 auf S. 132.

2 Vgl. *DIW*, Bauvolumen, S. 168 f.

3 Vgl. *Weichs*, Projektentwicklung, S. 4.

4 Vgl. *Abromeit-Kremser*, Immobilieninvestmentfonds, S. 32.

5 Vgl. *BVI*, Investment-Information v. 21.04.93, S. 14.

6 Vgl. *Waldmann*, Gedanken, S. 71; vgl. auch *Jarchow*, Investment, S. 4; *Bateman*, Development, S. 21 ff.

Immobilienfonds einen Nettozufluß von Anlegerkapital von nahezu 6 Mrd. DM[7] und im ersten Quartal des Jahres 1993 erneut ca. 5,5 Mrd. DM.[8]

Offene Immobilienfonds stehen heute in einem zunehmenden Wettbewerb mit den anderen institutionellen Investoren um die besten Immobilienobjekte, Standorte und Mieter.[9]
Angesichts der Bedeutung der Immobilieninvestmentbranche stellt sich die Frage nach den dort herrschenden Kräften des Wettbewerbs und gleichzeitig nach den Erfolgspotentialen, welche die Marktakteure aufweisen müssen, um eine nachhaltig vorteilhafte Position in diesem Wettbewerb zu erzielen.

Bei näherer Betrachtung des Managements von offenen Immobilienfonds und anderer institutioneller Investoren tritt hervor, daß sich, anders als etwa in der produzierenden Industrie oder in der Finanzdienstleistungsbranche, das Denken in strategischen Zusammenhängen und - damit verbunden - die Entwicklung eines strategischen Management-Ansatzes bislang nicht herausgebildet hat.[10]
Ausschlaggebend erscheint zunächst jedoch der Umstand, daß Immobilien aufgrund ihrer besonderen Eigenschaften ein hohes Maß an Heterogenität aufweisen. Mit der Feststellung, jede Immobilie stelle im Grunde einen eigenen Markt dar,[11] wird häufig die Möglichkeit einer strategischen Steuerbarkeit von Immobilienunternehmen bzw. Immobilienportfolios grundsätzlich zurückgewiesen.[12] Der Erfolg eines Immobilienunternehmens wäre vielmehr abhängig von dem operativen Management einzelner

---

7 Vgl. *BVI*, Investment 93, S. 39.

8 Vgl. *BVI*, Investment-Information v. 21.04.93, S. 14.

9 Vgl. *Hohmann*, Markt, S. 441; *Ehrlich*, Investoren, S. 416; *Blatt*, Gründungskonzept, S. 430; *Peiter*, Markt, S. 318 ff.; *Gathmann*, Funds, S. 241; *Falk*, Situation, S. 32. Die gleiche Aussage kann auch für den britischen und amerikanischen Immobilienanlagemarkt getroffen werden. Vgl. *Key/Espinet/Wright*, Prospects, S. 42; *Apgar*, View, S. 7.

10 Vgl. auch *Leinberger*, Planning, S. 39 f.; *White*, Planning, S. 12 f.; *Gray*, Management, S. 18; *Balogh/Corgel/Logan*, Decisions, S. 5.

11 Vgl. *Feinen*, Markt, S. 314; *Sögtrop*, Bewertung, S. 438; vgl. auch *Graaskamp*, Fundamentals, S. 619; *Jarchow*, Investment, S. 44.

12 Als "Immobilienunternehmen" sollen hier Unternehmen aufgefaßt werden, deren wesentlicher Geschäftsgegenstand in der Erbringung immobilienbezogener Dienstleistungen liegt. Ein "Immobilienportfolio" läßt sich vereinfachend als eine Gruppe von Immobilien, die einem einheitlichen Management unterstehen, begreifen. Siehe hierzu auch die Erläuterung begrifflicher Grundlagen in Abschnitt 2.1.2.

Immobilienobjekte auf der Grundlage von Erfahrungswissen und intuitiver Einschätzung seitens der Führungskräfte.[13]

Die isolierte, primär immobilienobjekt- bzw. transaktionsorientierte Sichtweise des Immobilienmanagements[14] und der damit einhergehende Mangel an strategischer Steuerung von Immobilienportfolios bilden das Ausgangsproblem für diese Arbeit.[15] Es soll untersucht werden, inwieweit das in der Praxis vorherrschende intuitive Immobilienmanagement durch ein strategiegeleitetes und systemgestütztes Management unter Einbeziehung aller Wertschöpfungsaktivitäten offener Immobilienfonds ersetzt werden kann.

Gleichzeitig wird der Versuch unternommen, die in der betriebswirtschaftlichen Planungstheorie entwickelten Instrumente des strategischen Managements im Hinblick auf die spezifische Situation von offenen Immobilienfonds weiterzuentwickeln und einer kritischen Anwendungsprüfung zu unterziehen. Da die offenen Immobilienfonds durch das ihnen zugrundeliegende Gesetz über Kapitalanlagegesellschaften zum Zwecke des Anlegerschutzes auf die Mischung und Streuung sowie die Sicherung der Werthaltigkeit ihres Immobilienportfolios verpflichtet sind und ihre Anlage in Immobilien in aller Regel ein sehr langfristiges und kapitalintensives Engagement beinhaltet, erscheint ein solches Vorgehen dringend geboten.

Darüber hinaus soll zudem die in der Praxis immer wieder thematisierte Funktion der "Projektentwicklung" näher beleuchtet werden. Die Wahrnehmung von Projektentwicklungsaufgaben könnte insofern besonderes Gewicht für das strategische Management offener Immobilienfonds haben, als die Projektentwicklung die Handlungs- und Steuerungsmöglichkeiten des Fondsmanagements wesentlich erweitert. Im Gegensatz dazu ist der gestaltgebende Einfluß auf die Problemlösungsfähigkeit der Im-

---

13 Die Überbewertung des operativen Tagesgeschäftes verdeutlicht auch *Leinberger* (Planning, S. 40): "Ask most developers about their long-term strategy and you are told about the next piece of property they hope to acquire." Vgl. auch *Ferguson*, Time, S. 11.

14 Vgl. *Apgar*, View, S. 6.

15 *McNamara* (Role, S. 101) beobachtete eine vergleichbare Situation bei britischen Finanzinstitutionen und schlußfolgert: "There is increasing insistence that property investment decisions should be related to a pre-planned strategy rather than the result of ad hoc and incremental decision making. Investment surveyors are being urged to think more deeply about the intellectual problems attending the construction and management of portfolios of property assets".

mobilie dem Fondsmanagement dann weitgehend verwehrt, wenn es sich nur auf den Kauf und den Verkauf von Immobilien beschränkt. Es ist zu überprüfen, ob die Projektentwicklung als potentielle Quelle strategischer Erfolgspotentiale gewertet werden kann und in welcher Form Projektentwicklung als mögliche Basisstrategie für offene Immobilienfonds vorteilhaft ist.

Das primäre Untersuchungsobjekt dieser Arbeit bilden die offenen Immobilienfonds bzw. die mit dem Management der Fonds betrauten Kapitalanlagegesellschaften. Vor dem Hintergrund der Problemstellung eignen sich diese besonders gut für die hier anzustellenden Betrachtungen, da sie, anders als die Mehrzahl der Akteure in der Immobilieninvestmentbranche, aufgrund eines relativ engen rechtlichen Datenkranzes eine einheitliche Struktur aufweisen. Zum überwiegenden Teil lassen sich die in der vorliegenden Arbeit getroffenen Aussagen jedoch auch auf die Situation anderer Investorengruppen übertragen, da offene Immobilienfonds gemeinsam mit anderen institutionellen Investoren regelmäßig ein gleichförmiges Wettbewerbsverhalten am Immobilienanlagemarkt zeigen.[16]

1.2. Methodik und Gang der Untersuchung

Die wissenschaftliche Beschäftigung mit der Immobilienwirtschaft ist in der allgemeinen Betriebswirtschaftslehre in Deutschland bislang deutlich unterentwickelt.[17] Dies kann sicherlich in Teilen auf die ausgesprochen interdisziplinäre Prägung dieser Forschungsrichtung zurückgeführt werden, die sich vor allem auf die Gebiete Betriebs- und Volkswirtschaftslehre, Jura, Soziologie, Ökologie, Bauingenieurwesen, Architektur und Raumplanung erstreckt.[18]

---

16 Diese Auffassung kam in den seitens des Verfassers geführten Interviews mit Vertretern institutioneller Investoren zum Ausdruck.

17 Im Gegensatz dazu genießt die immobilienwirtschaftliche Forschung im englischen Sprachraum gemessen an der Zahl der Forschungseinrichtungen und der Veröffentlichungen traditionell einen hohen Stellenwert.

18 Zu einer ähnlichen Schlußfolgerung kommen *Pfarr* (Grundlagen, S. 16) und *Diederichs* (Bauwirtschaftslehre, S. 30 f.) für das Forschungsgebiet der Bauwirtschaftslehre und *Oettle* (Wohnungswirtschaft, S. 9 ff.) für die Wohnungswirtschaft.

In der Entstehungsphase befindet sich zur Zeit das Forschungsgebiet der "Immobilienökonomie", welches die vorstehend genannten Einzeldisziplinen als neues Querschnittfach umfaßt.[19] Mit der vorliegenden Arbeit soll ein Beitrag zu diesem noch jungen Forschungsgebiet geleistet und zugleich Ansatzpunkte für die weiterführende wissenschaftliche Beschäftigung mit der Immobilienökonomie aufgezeigt werden.

Einen Anknüpfungspunkt für die Auseinandersetzung mit immobilienwirtschaftlichen Fragestellungen liefert ebenfalls die Bauwirtschaftslehre, die neben der Bauplanung und der Bauausführung im Rahmen ihrer Institutionenlehre die Funktion des Bauherrn[20] bzw. Eigentümers einer Immobilie in das erweiterte Forschungsinteresse rückt.[21] Die durch die Bauherrenfunktion begründete unternehmerische Tätigkeit wird von institutionellen Investoren wahrgenommen und ist wesentliches Element ihrer Managementleistung. Sie tritt insbesondere im Falle der von Investorenseite betriebenen Projektentwicklung in Erscheinung, bildet aber auch einen integralen Bestandteil der Immobilienanlage bzw. des dadurch begründeten Objektmanagements. Die Beschäftigung mit dem strategischen Management offener Immobilienfonds kann somit prinzipiell auch in das Forschungsgebiet der Bauwirtschaftslehre eingeordnet werden.

Angesichts der geringen Beachtung immobilienwirtschaftlicher Fragestellungen in betriebswirtschaftlichen Veröffentlichungen, ist ein Rückgriff auf spezifische Literatur zum strategischen Management von Immobilienunternehmen nur bedingt möglich. Dementsprechend wird im Rahmen dieser Arbeit hauptsächlich von den Darstellungen des strategischen Managements in der allgemeinen Betriebswirtschaftlehre, die in der Regel auf die Belange von Industrieunternehmen zugeschnitten sind, ausgegangen. Daneben finden die wenigen weiterführenden Veröffentlichungen zu offenen Immobilienfonds allgemein[22] und eine Reihe von Forschungsar-

---

19 Siehe hierzu *Schulte*, Immobilienökonomie, S. 231 ff.

20 Nach *Pfarr* (Grundlagen, S. 99) ist ein Bauherr derjenige, "der selbst oder durch Dritte im eigenen Namen und auf eigene Verantwortung für eigene oder fremde Rechnung ein Bauvorhaben wirtschaftlich und technisch vorbereitet und durchführt bzw. vorbereiten und durchführen läßt".

21 Vgl. *Diederichs*, Bauwirtschaftslehre, S. 30 f.; *Pfarr*, Grundlagen, S. 36, S. 98 ff.

22 Im wesentlichen sind hier die Monographien von *Laux/Ohl* (Grundstücksinvestment) und *Abromeit-Kremser* (Immobilieninvestmentfonds) zu nennen. Daneben finden offene Immobilienfonds in einer Reihe von Sammelwerken zum Thema Gewerbeimmobilien bzw. Immobilienanlagen sowie in Zeitschriftenartikeln Erwähnung.

beiten zum strategischen Management von Bauunternehmen[23] Berücksichtigung.

Aus methodischer Sicht scheint daher die Einbeziehung empirischen Datenmaterials über offene Immobilienfonds geboten. Auf quantitativer Ebene besteht aufgrund der Rechnungslegungs- und Publikationspflichten[24] offener Immobilienfonds ein zufriedenstellender Zugang zu Daten über Volumen, Anlagetätigkeit und Anlageerfolg offener Immobilienfonds, die den jährlich zu veröffentlichenden Rechenschaftsberichten entnommen werden können. Die Erhebung qualitativer Daten bzw. von Daten bezüglich des strategischen Managements und der Projektentwicklungstätigkeit von offenen Immobilienfonds erfolgte über Befragungen führender Vertreter der Kapitalanlagegesellschaften.[25] Da eine Erhebung mittels standardisierter Fragebögen der komplexen Problemstellung nicht in erforderlicher Weise gerecht werden kann, wurde dabei die Methodik des offenen, explorativen Interviews gewählt.[26] Diese Vorgehensweise wurde durch die relativ überschaubare Grundgesamtheit begünstigt.

Die vorliegende Arbeit ist in sechs Teile gegliedert. In Abschnitt 1.3 soll zunächst in allgemeiner Form das den nachfolgenden Ausführungen zugrundeliegende Konzept des strategischen Managements angesprochen werden. Dieses bildet dann den Bezugsrahmen für die Entwicklung von Strategien für offene Immobilienfonds in Kapitel 4. Auf eine vertiefende Darstellung des allgemeinen Strategieansatzes soll jedoch verzichtet werden, da dieses bereits Gegenstand einer Vielzahl einschlägiger Veröffentlichungen war und hier nur die immobilienwirtschaftliche Umsetzung von Interesse ist.

Kapitel 2 widmet sich der Darstellung der Gewerbeimmobilie als dem primären Handlungsobjekt der offenen Immobilienfonds. Bislang mangelt

---

23 Siehe hierzu z.B. *Schulte*, Aufbau; *Hüppi*, Probleme; *Knoll*, Erfolgsfaktoren; *Linge*, Baumarktentwicklung; *Male/Stocks*, Advantage; *Langford/Male*, Management; *Marhold*, Marketing-Management.

24 Gem. § 34 KAGG.

25 In der Bundesrepublik existieren nach Stand vom Mai 1993 11 Kapitalanlagegesellschaften, welche insgesamt 14 offene Immobilienfonds verwalten. Vgl. *BVI*, Investment 93, S. 82 ff.

26 Zur Methodik der empirischen Sozialforschung im allgemeinen und zur Erhebungstechnik des Interviews siehe *Friedrichs*, Methoden, S. 207 ff.; *Opp*, Methodologie, S. 377 ff.

es an einer ausführlichen Herleitung und Definition der mit der Immobilie im Zusammenhang stehenden Begriffe. Insbesondere erscheinen die Bezeichnungen "Immobilie" und "Immobilienmanagement" äußerst unklar. Der begrifflichen Grundlegung soll in dieser Arbeit daher entsprechender Raum gewidmet werden. In Anbetracht der Problemstellung kommt der Darstellung der Besonderheiten des Wirtschaftsgutes Immobilie besondere Bedeutung zu, da diese häufig eine wesentliche Modifikation der allgemein-betriebswirtschaftlichen Betrachtungsweise erfordern. Die grundlegenden Ausführungen schließen mit der Behandlung der Immobilie als Anlageobjekt aus der Sicht des Investors bzw. Kapitalanlegers sowie einem allgemeinen Abriß der Projektentwicklung von Gewerbeimmobilien. Auch hinsichtlich der Projektentwicklung mangelt es an wissenschaftlich fundierten Darstellungen. Daher sollen hier die Grundzüge der Projektentwicklung vor dem Hintergrund modelltheoretischer Überlegungen behandelt werden.

Auf eine weiterführende Behandlung der Wohnimmobilie als Handlungsobjekt soll in dieser Arbeit verzichtet werden. In erster Linie sind es die Problemkreise der Rechtsunsicherheit, der eingeschränkten Verfügungsberechtigung, der nur geringen Renditeerwartungen und des überproportional hohen Verwaltungsaufwandes, die das Investment in Wohnimmobilien aus der Sicht der offenen Immobilienfonds wenig attraktiv erscheinen lassen.[27] Die Summe der Gründe führen zu der Erkenntnis seitens der offenen Immobilienfonds, daß Wohnimmobilien keine Bereicherung ihres Immobilienportfolios darstellen und aus dem Kreis der Investitionsobjekte weitgehend ausgeschlossen werden können.
Die Einbeziehung der Wohnimmobilie würde hier aufgrund ihrer besonderen gesellschaftlichen Bedeutung vor allem die Berücksichtigung spezieller soziologischer, politischer und juristischer Überlegungen erforderlich machen, deren Erörterung von der hier zugrundeliegenden betriebswirtschaftlichen Betrachtungsweise unnötig wegführen würde. Grundsätzlich ist an dieser Stelle jedoch anzumerken, daß die auf betriebswirtschaftliche Aspekte konzentrierte Diskussion der Wohnimmobilie - unter Vernachlässigung der oben genannten Blickrichtungen - der Behandlung

27 Zum derzeitigen Stand der Investitionen in Wohnimmobilien seitens der offenen Immobilienfonds siehe Abbildung 14 auf Seite 88. Die Gründe für den Verzicht der offenen Immobilienfonds auf eine Anlage in Wohnimmobilien finden umfassend Erläuterung bei *Wundrack*, Wohnobjekte, S. 438 f.

der Gewerbeimmobilie annähernd gleichzusetzen wäre. Insofern erlangen die im Rahmen der vorliegenden Arbeit getroffenen Feststellungen durchaus Relevanz für die Wohnimmobilie als Handlungsobjekt.

Die Konstruktion und Funktionsweise von offenen Immobilienfonds ist Gegenstand von Kapitel 3. Ausgehend von den durch das Gesetz über Kapitalanlagegesellschaften und das Bundesaufsichtsamt für das Kreditwesen geschaffenen Rahmenbedingungen, sollen das vertragliche Beziehungsgeflecht und der besondere Dienstleistungscharakter offener Immobilienfonds dargestellt werden. Danach erfolgt eine kurze empirische Betrachtung der aktuellen Situation offener Immobilienfonds hinsichtlich ihrer Struktur, ihrer Anlagepolitik und der Übernahme von Projektentwicklungsfunktionen.

Den Schwerpunkt der Arbeit bildet die Entwicklung eines Konzeptes für das strategische Management offener Immobilienfonds in Kapitel 4. Der Prozeß des strategischen Managements für offene Immobilienfonds wird in Anlehnung an das zuvor in Kapitel 1 vorgestellte allgemeine Phasenschema diskutiert.

Am Anfang dieses Prozesses steht die Beschreibung des unternehmenspolitischen Rahmens offener Immobilienfonds, aus welchem dann strategische Grundhaltung und Globalziele für die Geschäftstätigkeit des offenen Immobilienfonds abgeleitet werden können.

Die nachfolgende strategische Analyse erstreckt sich auf die beiden Dimensionen der "Umwelt-" und der "Unternehmensanalyse". Die Umweltanalyse umfaßt dabei einerseits die globale Umwelt, d.h. die Einflüsse der gesamtwirtschaftlichen und gesellschaftlichen Rahmenbedingungen und andererseits die durch die Branchenzugehörigkeit bestimmte direkte Unternehmensumwelt. Als theoretischer Bezugsrahmen wurde auf dieser Ebene das Branchenstrukturmodell von Porter[28] gewählt. Mit Hilfe dieses Modells sollen die wesentlichen Determinanten des Wettbewerbs in der - zuvor zu definierenden - Immobilieninvestmentbranche untersucht werden, die das Verhalten der Marktteilnehmer und die Marktergebnisse prägen.

Als methodische Basis für die Unternehmensanalyse bietet sich die Durchführung einer Stärken-/Schwächen-Analyse sowie die Verwendung des

28 Siehe *Porter*, Wettbewerbsstrategie, S. 25 ff.

Wertkettenmodells, welche ebenfalls auf Porter[29] zurückgeht, an. Hier werden die internen Bestimmungsgrößen und Wettbewerbsvorteile der für das Management des offenen Immobilienfonds zuständigen Kapitalanlagegesellschaft dargelegt und nach einzelnen Wertschöpfungsaktivitäten getrennt.

Auf der Grundlage der externen und internen Analyse können in einem weiteren Schritt die gesamten Unternehmensaktivitäten des offenen Immobilienfonds in strategische Geschäftsfelder aufgeteilt werden. Dies ist Voraussetzung für die anschließende Entwicklung des Portfolio-Modells für offene Immobilienfonds. Da eine Anwendung dieses ursprünglich für Industrieunternehmen entwickelten strategischen Planungsinstruments hier erstmalig erfolgt, wurde der problemadäquaten Herleitung der Betrachtungsdimensionen entsprechender Raum gewidmet.
Damit das Portfolio-Modell als Grundlage für die Formulierung von Strategieempfehlungen für offene Immobilienfonds dienen kann, bedarf es z.T. wesentlicher Modifikationen. Ergebnis der Untersuchung ist hier die Entwicklung eines hierarchisch aufgebauten Portfolio-Modells, welches auf einer Basisebene die Betrachtung der Immobilienobjekte und auf einer höher aggregierten Ebene die Darstellung der strategischen Geschäftsfelder ermöglicht. Mithin lassen sich Immobilienstrategien und Geschäftsfeldstrategien für offene Immobilienfonds differenzieren. Die beiden - genannten Planungsebenen übergreifend, können ferner Gesamtunternehmensstrategien formuliert werden.

Abschließend werden die Bedingungen und Erfordernisse der Realisierung und Kontrolle der zuvor formulierten Strategien bei offenen Immobilienfonds diskutiert.

Die Strategieformulierung erstreckt sich im Rahmen dieser Arbeit weitgehend nur auf das Aktivgeschäft der offenen Immobilienfonds, welches das unternehmerische Investment in Immobilien umfaßt. Die ebenfalls dem Aktivgeschäft der offenen Immobilienfonds zuzuordnende Liquiditätspolitik sowie das Passivgeschäft, d.h. der Vertrieb der Fondsanteile, werden nicht einer weiterführenden Betrachtung unterzogen.[30]

29 Siehe *Porter*, Wettbewerbsvorteile, S. 59 ff.

30 Siehe hierzu auch die Abschnitte 3.1.2. und 3.1.3. auf den Seiten 72 ff. und 75 ff.

Den Abschluß der Untersuchung bildet mit Kapitel 5 die Darstellung der Projektentwicklung als Basisstrategie für offene Immobilienfonds. Es sollen die mit einem Engagement offener Immobilienfonds in der Projektentwicklung einhergehenden Chancen und Risiken bzw. Stärken und Schwächen erörtert und die damit verbundenen Möglichkeiten des Aufbaus von Wettbewerbsvorteilen aufgezeigt werden.
In diesem Rahmen werden zwei idealtypische Formen des Einsatzes der Projektentwicklung erarbeitet und ihre Auswirkungen auf die Wertschöpfungskette des offenen Immobilienfonds untersucht. Dabei handelt es sich zum einen um den selbständigen Aufbau der Projektentwicklungstätigkeit innerhalb des Fonds, zum anderen um die Kooperation zwischen Fonds und Projektentwicklern.

Die Arbeit schließt mit einer Zusammenfassung der wesentlichen Untersuchungsergebnisse und einem Ausblick auf mögliche zukünftige Forschungsfelder.

1.3. Der Ansatz des strategischen Managements als theoretischer Rahmen

1.3.1. Begriff und Aufgaben

Der Begriff der "Strategie"[31] entstammt ursprünglich dem militärischen Bereich und kennzeichnet die Kunst der Kriegsführung. Nach Moltke läßt sich unter Strategie die "Fortbildung des ursprünglich leitenden Gedankens entsprechend den sich stets ändernden Verhältnissen" verstehen.[32] Diese prägnante und heute noch aktuelle Definition ist in der betriebswirtschaftlichen Forschung insbesondere seit Anfang der 70er Jahre aufgegriffen und weiterentwickelt worden. Heute existiert eine Vielzahl divergierender Ansätze und Denkschulen im Bereich der strategischen Unternehmensführung.[33] Auf deren Diskussion im einzelnen soll an dieser Stelle

31 Etymologisch läßt sich "Strategie" aus den griechischen Wörtern "stratos" (= Heer) und "agein" (= Führen) ableiten. Vgl. *Kreikebaum*, Unternehmensplanung, S. 24 f.

32 Vgl. *Moltke*, Werke, S. 1 (zitiert nach *Hinterhuber*, Struktur, S. 79).

33 Zur Entwicklung der betriebswirtschaftlichen Forschung zur strategischen Unternehmensplanung siehe *Ansoff/Decklerck/Hayes*, Planning, S. 110 ff. und *Kreilkamp*, Management, S. 12 ff. sowie die dort angegebene Literatur. Eine gelungene Systema-

verzichtet werden, da es den thematischen Rahmen dieser Arbeit bei weitem übersteigen würde.[34]

Im Sinne einer weiten Definition soll hier strategisches Management[35] verstanden werden als die systematische Planung, Steuerung und Kontrolle der zukünftigen Unternehmensentwicklung mit dem Ziel, Erfolgspotentiale in einer sich wandelnden Umwelt zu sichern bzw. aufzubauen.[36]

Strategien bringen zum Ausdruck, "wie ein Unternehmen seine vorhandenen und potentiellen Stärken einsetzt, um Veränderungen der Umweltbedingungen zielgerichtet zu begegnen"[37]. Es ist davon auszugehen, daß sich die in der Vergangenheit erfahrene Umweltentwicklung nicht in gleicher Weise fortsetzt und linear auf die Zukunft projizieren läßt.[38] Die Erfahrung zeigt über alle Branchengrenzen hinweg, daß die Umweltparameter in einem komplexen und dynamischen Zusammenhang stehen und daß mit dem Auftreten von Strukturbrüchen bzw. Diskontinuitäten zu rechnen ist.[39] Das strategische Management bildet den erforderlichen Rahmen, um auf sich abzeichnende Veränderungen des Wettbewerbsumfeldes reagieren bzw. diese vorwegnehmen zu können.[40] Es kann somit als zu-

---

tisierung der verschiedenen Strategieansätze liefert *Mintzberg* (Strategy, S. 105 ff) in seiner Abhandlung über die "10 Schools of Thought".

34 Dennoch soll hier kurz auf die der im folgenden dargestellten Perspektive implizit zugrundeliegenden Prämissen hingewiesen werden. Nach einer von *Astley/Van de Ven* (Perspectives, S. 247) vorgenommenen Klassifizierung der wesentlichen Denkschulen der Organisations- und Managementtheorie beschäftigt sich der Ansatz des strategischen Managements primär mit der Analyse einzelner Unternehmen (im Gegensatz zur Behandlung von Unternehmenspopulationen oder -gruppen); ihm liegt ein voluntaristisches Menschenbild (im Gegensatz zum deterministischen Menschenbild) zugrunde. Die Rolle des Managements wird in dieser Sicht als proaktiv charakterisiert.

35 Neben dem Begriff des "strategischen Managements" finden sich in der Literatur häufig auch die Bezeichnungen der "strategischen Planung" bzw. "strategischen Unternehmensführung". Diese sollen hier synonyme Verwendung finden, da der zur Abgrenzung vom strategischen Management z.T. postulierten Beschränkung der strategischen Planung auf den eigentlichen Planungsprozeß ohne Einschluß der strategiegerechten Steuerung und Kontrolle nicht gefolgt werden kann. Vgl. *Schreyögg*, Unternehmensstrategie, S. 77 ff.; *Kreikebaum*,Unternehmensplanung, S. 26 f.

36 Vgl. stellvertretend für die Vielzahl möglicher Definitionen des strategischen Managements die Auffassung von *Gälweiler*, Unternehmensführung, S. 23 f.

37 *Kreikebaum*,Unternehmensplanung, S. 25; vgl. *Jauch/Glueck*, Policy, S. 12.

38 Vgl. *Bruhn/Grimm*, Change, S. 23 f.

39 Vgl. *Kirsch/Knyphausen/Ringlstetter*, Grundideen, S. 7; *Mändle*, Wohnungsunternehmen, S. 126.

40 Vgl. *Hax/Majluf*, Management, S. 17.

kunftsbezogener Problemlösungsprozeß und als System zur Entwicklung von Strategien bezeichnet werden.[41]

Im Zentrum des strategischen Managements steht das Erfolgspotential, d.h. die Fähigkeit des Unternehmens, ein Kundenproblem in einer dynamischen Umwelt nachhaltig besser zu lösen als seine Konkurrenten.[42] Sieht man die Unternehmensexistenz als Basisziel eines Unternehmens[43], so gilt diese grundsätzlich nur dann als gesichert, wenn es durch Ausnutzung von Erfolgspotentialen gelingt, verteidigungsfähige Wettbewerbsvorteile innerhalb der Branche aufzubauen.[44]

Im Unterschied zum strategischen Management kommt dem operativen Management die Aufgabe zu, die strategischen Entscheidungen im Rahmen des Tagesgeschäfts zu verankern und zu konkretisieren, d.h. auf bestimmte Handlungsbereiche und Problemsituationen zu beziehen.[45]

Die Aufgaben des strategischen Managements können nach Wild in folgende Grundfunktionen differenziert werden:[46]

- Erfolgssicherung bzw. Effizienzsteigerung
  Strategisches Management soll effizientes und zielorientiertes menschliches Handeln unter Berücksichtigung knapper Ressourcen ermöglichen.

- Chancengenerierung, Risikoerkenntnis und -reduktion
  Strategisches Management soll Risiken offenlegen und kalkulierbar machen sowie Chancenpotentiale identifizieren und gestalten.

---

41 Vgl. *Kreilkamp*, Management, S. 5; *Kreikebaum*, Unternehmensplanung, S. 26; *Arbeitskreis "Integrierte Unternehmungsplanung"*, Grenzen, S. 812; *Ulrich*, Unternehmungspolitik, S. 29.

42 Vgl. *Gälweiler*, Unternehmensplanung, S. 148 f.; *Kirsch/Knyphausen/Ringlstetter*, Grundideen, 7; *Wiedmann/Kreutzer*, Marketingplanung, S. 66.

43 Vgl. *Ulrich*, Unternehmungspolitik, S. 21; *Steinmann/Schreyögg*, Management, S. 130.

44 Vgl. *Simon*, Management, S. 464 ff.; *Kreilkamp*, Management, S. 56; *Strüven/Herp*, Möglichkeiten, S. 186 f.; *Bevan*, Property, S. 128 f.; siehe insbesondere *Porter*, Wettbewerbsvorteile, S. 21 ff. Zur Bedeutung und Abgrenzung der Branchenzugehörigkeit siehe Abschnitt 4.2.2.2.2. auf S. 126.

45 Vgl. *Kreikebaum*, Unternehmensplanung, S. 125 f.; *Steinmann/Schreyögg*, Management, S. 125; *Szyperski/Winand*, Grundbegriffe, S. 78.

46 Zu den Grundfunktionen der Planung vgl. *Wild*, Grundlagen, S. 15 ff. Siehe auch *Szyperski/Winand*, Grundbegriffe, S. 33; *Wiedmann/Kreutzer*, Marketingplanung, S. 63; *Schreyögg*, Unternehmensstrategie, S. 80 f.; *Aaker*, Markt-Management, S. 17 f.

- Flexibilitätserhöhung
  Strategisches Management soll durch systematische Exploration des Spektrums strategischer Handlungsmöglichkeiten die Voraussetzungen für zukünftiges Handeln schaffen und gleichzeitig Entscheidungs- und Handlungsspielräume erhalten.

- Komplexitätsreduktion
  Strategisches Management soll komplexe Entscheidungssituationen beherrschbar machen und durch frühzeitige Festlegung zukünftigen Handelns zur Stabilisierung von Verhaltenserwartungen beitragen.

- Koordinations- und Integrationsfunktion, Schaffung von Synergieeffekten
  Strategisches Management soll durch Koordination und Integration der Teilplanungen zu einem Gesamtplan Schnittstellen und Interdependenzen als Quelle von Synergiepotentialen berücksichtigen.

Mit den so verstandenen Grundfunktionen werden gleichzeitig auch die zwingenden Vorteile des strategischen Managements eines Unternehmens im Vergleich zu einem nicht strategisch geführten Unternehmen deutlich. Die Notwendigkeit der Einführung eines strategischen Managements wird auch durch eine Reihe empirischer Untersuchungen gestützt, in welchen überwiegend eine signifikante positive Korrelation zwischen dem Erfolg des Unternehmens und dem Einsatz strategischer Planung gegenüber nicht-planenden Unternehmen gezeigt werden konnte.[47]

In institutioneller Sicht kann das strategische Management mithin als die im allgemeinen wichtigste Führungsaufgabe in einem Unternehmen ange-

---

47 Nach *Pümpin* (Unternehmenskultur, S. 259) ist es heute "eindeutig nachgewiesen, daß strategisch planende Firmen erfolgreicher sind als ihre rein auf die operative Geschäftstätigkeit ausgerichteten Opponenten". Siehe hierzu die zusammenfassende Diskussion der empirischen Studien bei *Kreilkamp*, Management, S. 28 ff.; vgl. auch *Jauch/Glueck*, Policy, S. 18 f. Über die Anwendung und Ausgestaltung der strategischen Planung bei Unternehmen in der Bundesrepublik Deutschland informiert eine empirische Studie von Hahn et al. Vgl. *Hahn/Oppenländer/Scholz*, Entwicklungstendenzen, S. 971 ff.

sehen werden.[48] Sie ist eine "komplexe soziale Tätigkeit"[49] und dem Aufgaben- und Verantwortungsbereich der Unternehmensleitung zuzuordnen.

Unter der Voraussetzung, daß das Unternehmen nicht nur mit einem Produkt in einem Markt tätig ist, bezieht sich das strategische Management grundsätzlich auf mehrere Ebenen: Zum einen die Ebene des Gesamtunternehmens, zum anderen die Ebene der Geschäftsfelder.[50] Bei der hier zu behandelnden Immobilienunternehmung bietet es sich an, eine weitere, dritte Planungsebene einzuführen, die durch die individuellen Immobilienobjekte und -projekte gebildet wird. Diese stellt gleichsam die Verbindung zum operativen Management der Unternehmung dar.[51]

Für alle Planungsebenen sind abgestimmte Strategien zu entwickeln, so daß dementsprechend Gesamtunternehmens-, Geschäftsfeld- und Immobilienstrategien entstehen, die sich durch einen unterschiedlichen Aggregations- und Detaillierungsgrad auszeichnen:

- Immobilienstrategien ermöglichen die Fixierung von Erfolgspotentialen und gezielter Steuerungsmaßnahmen für einzelne Projekte und Objekte in einem Geschäftsfeld.
- Geschäftsfeldstrategien legen fest, auf welche Weise Wettbewerbsvorteile in einem ganz bestimmten Geschäftsfeld unter Berücksichtigung der dort vorherrschenden Marktentwicklung und der jeweiligen Wettbewerbsposition erzielt werden sollen.[52]

---

48 Vgl. *Hahn*, Stand, S. 4; *Frese*, Unternehmungsführung, S. 111 f.; *Gälweiler*, Praxis, S. 229.

49 *Hax/Majluf*, Management, S. 17.

50 Vgl. *Steinmann/Schreyögg*, Management, S. 130 f.; *Hinterhuber*, Unternehmungsführung, Bd. 1, S. 27 ff.; *Kreilkamp*, Management, S. 10 f. Zur Definition und Abgrenzung von Geschäftsfeldern siehe Abschnitt 4.3.2. auf S. 175.

51 Daneben wird in diesem Zusammenhang häufig auch eine weitere Ebene unterschieden, die sich auf die betrieblichen Funktionsbereiche bezieht und etwa in Beschaffungs-, Produktions-, Marketing- und Personalstrategien zum Ausdruck kommt. Da auf dieser Ebene jedoch keine autonomen Strategien formuliert werden können, sind die Funktionsbereichsstrategien dem Bereich der Entwicklung strategischer Aktionsprograme in der Phase der Strategieimplementierung zuzuordnen. Vgl. *Steinmann/Schreyögg*, Management, S. 131. Siehe hierzu auch *Hinterhuber*, Unternehmungsführung, Bd. 1, S. 30 f. und Bd. 2, S. 3 ff.

52 Vgl. *Jauch/Glueck*, Policy, S. 9 f.

- Gesamtunternehmensstrategien haben im Rahmen einer konzeptionellen Gesamtsicht die Wahl der derzeitigen und zukünftigen Geschäftsfelder sowie den Aufbau und die Verteilung der hierfür notwendigen Ressourcen zum Inhalt.[53] Durch sie werden die Richtung und die Struktur der zukünftigen Unternehmensevolution gesteuert.[54]

Wesentliche Aufgabe des strategischen Managements ist nun die oben bereits angeführte Koordination und Integration der einzelnen, teilweise interdependenten Strategien innerhalb und zwischen den einzelnen Ebenen.[55]

Um die Bewältigung der damit verbundenen komplexen und dynamischen Aufgaben zu gewährleisten, ist es notwendig, ein auf die spezifische Unternehmenssituation abgestimmtes strategisches Managementsystem zu entwickeln. Dieses soll jedoch nicht primär zu einer Formalisierung und Hierarchisierung der Planungsabläufe beitragen, sondern vor allem die Entwicklung einer bestimmten Geisteshaltung bzw. Führungsphilosophie auf allen Ebenen innerhalb des Unternehmens unterstützen.[56]

Eine solche Denkhaltung wird getragen von der "Überzeugung, daß die Zukunft aktiv geschaffen und gestaltet werden kann. Dementsprechend wird die gesamte Organisation darauf ausgerichtet, im Wettbewerb die Initiative zu ergreifen"[57]. Grundüberlegung ist hier, daß ein Unternehmen dann erfolgreich ist, wenn die interne Konfiguration (bestehend aus Strategie, Struktur, interne Kultur und Fähigkeiten) mit der externen Konfiguration (Unternehmensumwelt) in Übereinstimmung gebracht werden kann.[58] Damit wäre das strategische Management Teil eines komplexen

---

53 Vgl. *Jauch/Glueck*, Policy, S. 9 f.

54 Unter Zugrundelegung eines gemäßigten Voluntarismus sprechen Kirsch et al. in diesem Zusammenhang von dem "Konzept der geplanten Evolution" des Unternehmens in einer komplexen Welt. Vgl. *Kirsch/Knyphausen/Ringlstetter*, Grundideen, 7 f.

55 Vgl. *Jauch/Glueck*, Policy, S. 10 f.

56 Vgl. *Kirsch/Knyphausen/Ringlstetter*, Grundideen, 7; *Kirsch/Trux*, Perspektiven, S. 290. *Diederichs* (Alternativen, S. 46) bemerkt in diesem Zusammenhang: "Die Kunst der strategischen Führung liegt in der Verbindung von Planmäßigkeiten im großen mit dem Wagemut des Daraufankommenlassens jenseits der Grenzen der Berechenbarkeit".

57 *Kreilkamp*, Management, S. 17.

58 Vgl. *Ansoff/Decklerck/Hayes*, Planning, S. 145 f.; *Ulrich*, Unternehmungspolitik, S. 20.

sozio-dynamischen Prozesses[59], welcher über die Strategieformulierung hinausgehend auch die Organisationsentwicklung und deren Steuerung sowie die integrative Verbindung zu anderen administrativen Systemen (Informations-, Kommunikations-, Motivationssystem sowie Unternehmenskultur) zum Inhalt hat.[60]

Die Entwicklung eines solchen Managementsystems stellt gleichsam die letzte Phase eines Unternehmens auf dem Weg zu einer umfassenden und institutionalisierten strategischen Führung dar.[61] Es kann jedoch davon ausgegangen werden, daß in der Praxis bisher nur die wenigsten Unternehmen ein solches, im wesentlichen auf theoriegeleiteten Überlegungen beruhendes modellhaftes Konzept erfolgreich in die Realität umsetzen konnten.[62]
Zur Zeit mangelt es noch an einer geeigneten wissenschaftlichen Grundlage bzw. Methodik für die Konzeption und praktische Implementierung eines derartigen Managementsystems.[63] Es wäre daher verfrüht, hier bereits den Versuch einer Konkretisierung dieses eher deskriptiven theoretischen Konzeptes für die spezifische Situation der Immobilienwirtschaft zu unternehmen. An dieser Stelle sollen vielmehr im Sinne eines präskriptiven Ansatzes Möglichkeiten und Wege des strategischen Managements für offene Immobilienfonds entwickelt werden.[64]

Gleichwohl besteht die Notwendigkeit, das strategische Management in Richtung eines systemgestützten, umfassenden Führungsverständnisses weiter auszubauen, denn in Zukunft werden angesichts der komplexen

---

59 Vgl. *Kirsch/Trux*, Perspektiven, S. 307; *Ansoff/Decklerck/Hayes*, Planning, S. 146.

60 Vgl. *Hax/Majluf*, Management, S. 93 ff.; Eine ähnliche Auffassung wird durch die St. Gallener Management-Schule vertreten, welche auf der Grundlage systemtheoretischer und kybernetischer Erkenntnisse einen "umfassenden Ordnungsrahmen zur Erfassung von Führungsproblemen" (*Ulrich*, Unternehmungspolitik, S. 12) entwikkelt hat.

61 Vgl. die phasenspezifische Darstellung der Entwicklung der Strategiekonzepte bei *Kreilkamp*, Management, S. 12 ff. sowie *Ansoff/Decklerck/Hayes*, Planning, S. 110 ff.

62 Vgl. die in Fußnote 47 auf Seite 13 angegebenen Literatur.

63 *Hax/Majluf* (Management, S. 129) bezeichnen dieses Konzept als "die modernste und kohärenteste Form des strategischen Denkens", verweisen es jedoch angesichts der Umsetzungsproblematik gleichzeitig in den Bereich eines anzustrebenden Ideals.

64 Eine gelungener Vergleich des deskriptiven und des präskriptiven Strategieansatzes und die Darstellung der sich daraus ergebenden Schlußfolgerungen für eine Theorie der strategischen Unternehmensführung erfolgt bei *Schreyögg*, Unternehmensstrategie, S. 213 ff.

und dynamischen Umweltentwicklung nur jene Unternehmen sich behaupten und Erfolg haben, die strategisch geführt werden.

1.3.2. Prozeßorientierte Betrachtung

Der strategische Managementprozeß beschreibt die Art und Weise, wie Entscheidungen über Unternehmensziele und Strategien zur Erreichung derselben vorbereitet und getroffen werden.[65] Die Bestandteile dieses Prozesses können als eine Abfolge von Phasen strukturiert werden, welche die unterschiedlichen Schritte der Strategieentwicklung verdeutlichen.
In der betriebswirtschaftlichen Planungstheorie finden sich eine Reihe von Phasenmodellen zur Beschreibung des komplexen Managementprozesses.[66] Im Rahmen der vorliegenden Arbeit dient das in Abbildung 1 wiedergegebene, fünfstufige Phasenmodell als Grundlage für die Darstellung des strategischen Managements bei offenen Immobilienfonds.

Das Phasenmodell stellt den gedanklichen Bezugsrahmen bzw. das Untersuchungsraster für die Erarbeitung kreativer Strategielösungen dar. Die aufgeführten Phasen stehen in einer lockeren hierarchischen Beziehung zueinander, d.h. die Durchführung der übergeordneten Phase bildet systematisch die Voraussetzung für die Realisierung der nachfolgenden Phase. Daneben besteht jedoch eine Vielzahl von Rückkopplungen und Interdependenzen zwischen den einzelnen Phasen einerseits sowie zwischen strategischem und operativem Management andererseits.

---

65 *Jauch/Glueck*, Policy, S. 5.

66 Vgl. *Kreilkamp*, Management, 60 ff.; *Hinterhuber*, Unternehmungsführung, S. 25 ff.; *Schreyögg*, Unternehmensstrategie, S. 81 ff.; *Arbeitskreis "Integrierte Unternehmungsplanung"*, Grenzen, S. 813 f.; *Jauch/Glueck*, Policy, S. 6 ff.; *Hahn*, Unternehmungsführung, S. 33 ff.; *Ulrich*, Unternehmungspolitik, S. 15 ff. Bei *Cleavely* (Marketing, S. 22 ff.) und *Pyhrr/Cooper/et al.* (Real Estate, S. 27) finden sich Darstellungen des Managementprozesses für Immobilienunternehmen.

Abb. 1: Der iterative Prozeß des strategischen Managements[67]

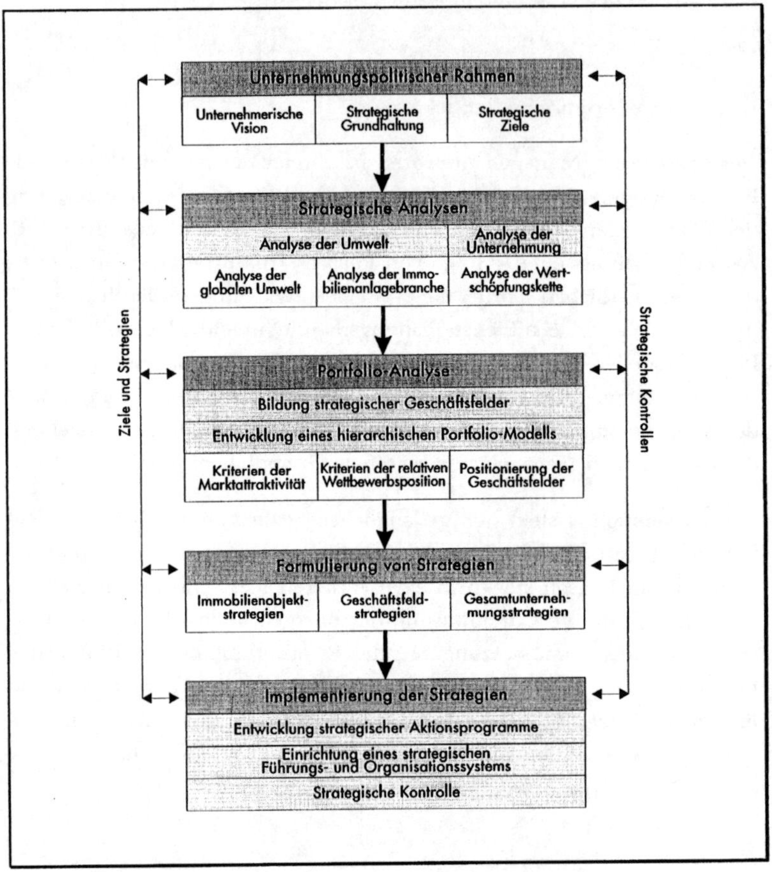

Eine Separierung der Prozeßbestandteile ist somit nur auf wissenschaftlicher Ebene möglich; die praktische Anwendung macht jedoch eine Integration der Teile zu einem Ganzen notwendig.[68] Dies wird insbesondere deutlich bei Betrachtung der klassischen Dichotomie von Strategieformulierung und Strategieimplementierung, welche allenfalls eine theoretische

67 Darstellung in Anlehnung an *Kreilkamp*, Management, S. 64 f.; vgl. auch die in Fußnote 66 angegebene Literatur.

68 Vgl. *Jauch/Glueck*, Policy, S. 8.

sein kann, da strategische Entscheidungen in der Praxis immer auch im Lichte ihrer späteren Implementierungs- und Umsetzungsfähigkeit zu prüfen sind. Ebenso basiert der strategische Willensbildungsprozeß stets auf bereits in der Vergangenheit vorgegebenen strategischen Richtungen, welche die historische Entwicklung und die Kultur des Unternehmens geprägt haben und durch das strategische Management im Regelfalle kaum mehr in Frage gestellt werden können.[69]
Insgesamt kann das gezeigte Modell also nicht als starrer Handlungsrahmen mit einer strikten und formalisierten Schrittfolge verstanden werden. Strategisches Management ist vielmehr ein iterativer Prozeß[70] mit interdependenten Phasen, der keine einmalige oder periodisch wiederkehrende Tätigkeit darstellt, sondern vielmehr als permanente Beschäftigung mit der Zukunft des Unternehmens zu begreifen ist.[71]

Eine detailliertere Darstellung der fünf Phasen erfolgt problembezogen bei der Entwicklung des Phasenmodells für das strategische Management offener Immobilienfonds.[72]

69 Vgl. *Wimmer*, Kultur, S. 22 f.

70 Vgl. *Kreilkamp*, Management, S. 62; *Ulrich*, Unternehmungspolitik, S. 38.

71 Vgl. *Jauch/Glueck*, Policy, S. 8.

72 Siehe Kapitel 4., beginnend auf Seite 94 ff.

2. Die Gewerbeimmobilie als Handlungsobjekt offener Immobilienfonds

2.1. Begriffliche Grundlegung

Der Begriff der "Immobilie" findet breite Verwendung im allgemeinen Sprachgebrauch. Daneben existiert eine Vielzahl von Begriffen wie z.B. "Grundstücke", "Grund und Boden", "Liegenschaften", "Grundvermögen", "Immobiliarbesitz", "Realvermögen", deren Gebrauch und Bedeutung nicht einheitlich geregelt ist. Da die Immobilie im Mittelpunkt der Geschäftsaktivitäten offener Immobilienfonds steht, ist das Erfordernis einer kurzen Erläuterung des Immobilienbegriffs und seiner Inhalte gegeben. Dabei können eine juristische und eine wirtschaftliche Betrachtungsebene unterschieden werden.

2.1.1. Juristischer Begriff

In den einschlägigen gesetzlichen Bestimmungen des Bürgerlichen Gesetzbuchs (BGB), des Wohneigentumsrechts (WEG), der Erbbaurechtsverordnung (ErbbauVO), der Wertermittlungsverordnung (WertV) und des Bewertungsgesetzes (BewG) hat der deutsche Gesetzgeber den Ausdruck "Immobilie" nicht benutzt.[73] Hier findet vielmehr der Begriff des "Grundstücks" Verwendung, für den eine einheitliche gesetzliche Definition jedoch ebenfalls nicht geschaffen wurde.[74]

Das Bürgerliche Gesetzbuch ordnet ein Grundstück zunächst einmal als körperlichen Gegenstand den Sachen zu (§§ 93 - 97 BGB), die ein Grundstück betreffenden Rechte dem Sachenrecht (§§ 873 - 902 BGB). Das Grundstück als solches bezeichnet einen abgegrenzten Teil der Erdoberfläche bzw. den Grund und Boden, der eine wirtschaftliche Einheit bildet.[75] Im grundbuchrechtlichen Sinne wird ein Stück Land dann zu einem Grundstück, wenn es auf einem Grundbuchblatt oder bei einem gemein-

73 Vgl. *Falk*, Immobilien-Handbuch, Kap. 5.3, S. 1.

74 Vgl. *Bub/Schmid*, Grundstücke, S. 1.

75 Gemäß § 70 Abs. 1 BewG ist jede wirtschaftliche Einheit des Grundvermögens ein Grundstück im Sinne dieses Gesetzes, so daß über die oben genannte Begriffsbestimmung hinausgehend auch mehrere abgegrenzte Grundflächen bewertungsrechtlich ein Grundstück bilden können. Vgl. auch die 4. Richtlinie des BewRGr.

schaftlichem Grundbuchblatt unter einer besonderen Nummer geführt wird.[76] Zu den wesentlichen Bestandteilen eines Grundstücks werden die mit dem Grund und Boden fest verbundenen Sachen gerechnet, insbesondere die aufstehenden Gebäude sowie Teile derselben.[77] Als zum Grundstück gehörend müssen ferner die das Eigentum an demselben betreffenden Rechte gesehen werden.[78]

Neben dieser primär physischen Sicht kann auf einer abstrakteren Ebene das Grundstück auch als ein Komplex von grundstücksbezogenen eigentumsrechtlichen Beziehungen zwischen natürlichen bzw. juristischen Personen gesehen werden.[79] Durch das Eigentum an einem Grundstück erlangt der Eigentümer die private Verfügungsgewalt bzw. das Nutzungsrecht an dem Grund und Boden bzw. den darauf befindlichen Gebäuden.[80] Aufgrund des Eigentumsrechtes kann der Inhaber dieses Rechtes andere Personen von der Nutzung des Grundstücks ausschließen, es aber auch an Dritte übertragen und Nutzungsrechte vergeben.
Das durch das Rechtssystem garantierte und freie Privateigentum und Nutzungsrecht an Grundstücken bildet die fundamentale Voraussetzung für die Entstehung und das Funktionieren eines marktwirtschaftlichen Grundstücks- bzw. Immobilienmarktes.[81] Die Verfügungsgewalt über das Grundstückseigentum unterliegt jedoch teilweise erheblichen räumlichen,

---

76 Vgl. § 3 Abs.1 GBO; *Bub/Schmid*, Grundstücke, S. 2; *Falk*, Immobilien-Handbuch, Kap. 5.3, S. 1.

77 Vgl. § 94 BGB. Vgl. auch § 68 ff. BewG. Im Gegensatz dazu beinhaltete das Zivilrecht der ehemaligen DDR die rechtliche Fiktion einer Trennung von Grundstücks- und Gebäudeeigentum. Dies kann als eine der Ursachen für die erheblichen eigentumsrechtlichen Probleme im Zuge der deutschen Wiedervereinigung angesehen werden.

78 Vgl. § 96 BGB. Darüber hinausgehend können gemäß § 97 BGB auch in Gebäude eingebrachte bewegliche Sachen unter bestimmten Voraussetzungen als Grundstückszubehör angesehen werden.

79 Vgl. *Munzer*, Theory, S. 15 ff.; *Harvey*, Urban Land, S. 20 ff. *Hines*, Investment, S. 13. *Dubben/Sayce*, Property, S. 28. In diesem Zusammenhang sei auf die umfangreiche Literatur zu dem Konzept der "Property Rights" verwiesen, welches in jüngerer Zeit Gegenstand der betriebs- und volkswirtschaftlichen Forschung wurde. Siehe hierzu stellvertretend *Budäus/Gerum/Zimmermann*, Verfügungsrechte, und die dort angeführten Literaturhinweise. Mit immobilienwirtschaftlichem Bezug definiert *Graaskamp* (Fundamentals, S. 625) Property Rights als "the rights to use or abuse, to provide expertise or choose contractors, the rights to prohibit or to condition use in certain ways, or to transfer rights from one person to another".

80 Vgl. auch § 905 BGB.

81 Vgl. *Abromeit-Kremser*, Immobilieninvestmentfonds, S. 30; *Wagner*, Concept, S. 16.

inhaltlichen und zeitlichen Beschränkungen aufgrund rechtlicher und faktischer Bedingungen.[82]

2.1.2. Wirtschaftlicher Begriff

Der auf juristischem Gebiet verwendete, Boden und Gebäude umfassende Begriff des Grundstücks kennzeichnet im Bereich der gewerblichen Immobilienwirtschaft im allgemeinen lediglich das unbebaute Grundstück. Im Falle eines bebauten Grundstücks wird gemeinhin der Ausdruck Immobilie bevorzugt. Diese im allgemeinen Sprachgebrauch verwendete, recht einfache Abgrenzung soll im folgenden näher konkretisiert werden.

Auch in wirtschaftlicher Hinsicht sind zwei Inhaltsebenen des Immobilienbegriffs zu unterscheiden: Die physische und die wirtschaftliche Verständnisebene.

Bei Betrachtung der rein physischen Aspekte[83] kann die Immobilie definiert werden als ein "dreidimensionales Konzept der künstlichen Abgrenzung eines Teils der Erdoberfläche bzw. des dazugehörigen Luftraums durch äußere Kennzeichen (...), wozu auch alle mit dem Grund und Boden fest verbundenen Objekte gehören"[84].

Bei wirtschaftlicher Betrachtungsweise, d.h. aus der Sicht des Eigentümers bzw. Investors, ist dieses, dem grundlegenden Verständnis der Immobilie

---

82 Direkte und indirekte Begrenzungen ergeben sich z.B. aus den Bestimmungen des Baugesetzbuchs, der Baunutzungsverordnung, der Landesbauordnungen, der Landespflegeverordnung, des Denkmalschutzgesetzes, des Mietrechts und den damit verbundenen Gesetzen und Verordnungen sowie durch die einschlägige Rechtsprechung und Rechte Dritter. Verfügungsbeschränkungen können auch durch den Eigentümer selbst begründet werden, so etwa durch Einräumung von Vorkaufsrechten und Kaufoptionen oder durch Eintragung von Grundpfand-, Nießbrauchrechten und Dienstbarkeiten. Vgl. *Amstad*, Immobilien, S. 56 ff.; *Abromeit-Kremser*, Immobilieninvestmentfonds, S. 29; vgl. auch *Scarrett*, Valuation, S. 22 f.

83 *Pyhrr/Cooper/et al.* (Real Estate, S. 3) bezeichnen diese an der baulichen Substanz orientierte Begriffsauffassung als "Bricks-And-Mortar Concept" und halten sie im ganzen für unzulänglich. Es kann demnach *Shafer* (Economics, S. 3) gefolgt werden, wenn er sagt: "We could choose a narrow definition, such as only the physical "dirt", but then our study would have very little relationship to the real world of pragmatic economic functions".

84 *Abromeit-Kremser*, Immobilieninvestmentfonds, S. 28; Ähnliche Definitionen finden sich bei *Amstad*, Immobilien, S. 55 f., *Schirnding*, Immobilienfonds, S. 1, *Hines*, Investment, S. 13.

dienende dreidimensionale Konzept um eine vierte Dimension zu ergänzen: die Zeit.[85] Erst ein dynamisches Verständnis der Immobilie schafft die Voraussetzung, um die Eigentumsrechte an einer Immobilie bewerten und damit aus betriebswirtschaftlicher Perspektive betrachten zu können.

Eine Immobilie erhält ihren wirtschaftlichen Charakter "nicht durch die Tatsache ihrer Produktion, sondern durch ihre Nutzung"[86]. Das Gebäude als solches dient lediglich als "statisches Gehäuse für ein dynamisches Innenleben"[87]. In diesem Sinne ermöglicht das Verfügungsrecht des Eigentümers über den durch die Immobilie geschaffenen Raum, diesen einer dritten Person zur Nutzung zu überlassen und damit Raum-Zeit-Einheiten in Geld-Zeit-Einheiten umzuwandeln.[88] Die vertragliche Überantwortung des ökonomischen Nutzungsrechtes an Dritte kann somit beispielsweise bei der Vermietung von Büroflächen von den Einheiten Quadratmeter pro Monat in die Einheit DM pro Quadratmeter und Monat konvertiert werden.

Damit wird gleichzeitig deutlich, daß eine Immobilie für sich genommen keinen intrinsischen, isolierbaren Wert[89] besitzt, sondern diesen nur dadurch erhält, daß ein Markt entsteht, auf dem Eigentümer Raumeinheiten für begrenzte Zeit zur Verfügung stellen und Nachfrager existieren, die Raumnutzungen konsumieren und dafür Geldeinheiten zu entrichten bereit sind.[90] Die Relation zwischen den Raumeinheiten und den dafür aufzubringenden Geldeinheiten unterliegt Veränderungen im Zeitablauf, die z.B. in Wertminderungen für das einem Abnutzungsprozeß ausgesetzte Gebäude oder in Wertsteigerungen für den Grund und Boden zum Ausdruck kommen können.

---

85 Vgl. *Graaskamp*, Fundamentals, S. 620; *Pyhrr/Cooper/et al.*, Real Estate, S. 4.; *Greer/Farrell*, Analysis, S. 5.

86 *Heuer*, Wohnungswirtschaft, S. 28; vgl. auch *Heuer*, Wohnungsmärkte, S. 22 ff.; *Sailer*, Immobilienbewertung, S. 310.

87 *Waldmann*, Immobilienmanagement, S. 68.

88 Vgl. *Pyhrr/Cooper/et al.*, Real Estate, S. 4; *Abromeit-Kremser*, Immobilieninvestmentfonds, S. 28.

89 Vgl. *Bevan*, Property, S. 115.

90 Insofern ist die verbreitete Ansicht, Grund und Boden stelle ein knappes Gut dar, weil er nicht vermehrbar sei, in diesem Zusammenhang irreführend. *Bevan* (Property, S. 115) bemerkt hierzu: "Land has only a value derived from its ability to contribute to value-adding activities".

Im Rahmen der vorliegenden Arbeit soll mithin dem trivial anmutenden aber aus Investorensicht essentiellen Immobilienbegriff von Pyhrr/Cooper/et al. gefolgt werden:

"Real Estate is Space and Money over Time".[91]

Neben den oben genannten rechtlichen, physischen und betriebswirtschaftlichen Betrachtungsebenen des Immobilienbegriffs ist schließlich eine vierte Merkmalsdimension zu nennen: die soziale Funktion der Immobilie. Es besteht unzweifelhaft eine wichtige wechselseitige Verbindung zwischen dem Menschen und dem von ihm geschaffenen Raum.[92] Die heutigen Städte können als aggregierter Ausdruck individueller Entscheidungen über die Entwicklung von Immobilien angesehen werden.[93] Immobilien als Produkte dieses Entscheidungsprozesses bilden die Grundlage für das heutige und zukünftige menschliche Zusammenleben.[94] Ihre sozialen Auswirkungen sollten und können daher auch bei primär wirtschaftlich motivierten Entscheidungen über Immobilien nicht vernachlässigt werden.

Unterscheidet man nun die verschiedenen Arten von Immobilien, ergibt sich zunächst eine grundsätzliche Trennung zwischen Wohn- und Gewerbeimmobilien. Während die Wohnimmobilie verstanden werden kann als "langfristiges, bodengebundenes Gebrauchsgut, dessen Zweck es ist, den Menschen (...) eine nachhaltige Befriedigung der Wohnbedürfnisse zu gewährleisten"[95], ist die Gewerbeimmobilie aufgrund der Vielfalt ihrer Ausprägungen[96] nicht auf eine einfache Formel zu bringen. Zweckmäßig ist daher eine Negativabgrenzung in der Form, daß den Gewerbeimmobi-

---

91 *Pyhrr/Cooper/et al.*, Real Estate, S. 4. Analog bestimmt *Graaskamp* (Fundamentals, S. 620) Immobilien als "Space delineated by man, relative to a fixed geography, intended to contain an activity for a specific period of time". Eine ähnliche Auffassung vertritt *Shafer* (Economics, S. 4): "Real Estate is defined in terms of the services gained through the use or the uses to which it is put".

92 Diese besondere Beziehung wurde von Sir Winston Churchill in treffende Worte gekleidet: "We shape our buildings and they shape us." (zitiert nach *Jarchow*, Investment, S. 38).

93 Vgl. *Jarchow*, Investment, 37 f.

94 Vgl. auch *Cadman/Payne*, City, S. 16 ff.

95 *Lütge*, Wohnungswirtschaft, S. 34 (zitiert nach Löprick, Markt, S. 3).

96 Siehe die in Abschnitt 2.2.2. auf S. 32 ff. vorgenommene Systematisierung für Gewerbeimmobilien.

lien diejenigen Immobilien zuzurechnen sind, die nicht der Befriedigung des unmittelbaren Wohnbedürfnisses dienen.[97]

In der Immobilienwirtschaft findet sich außerdem häufig die Unterscheidung zwischen "Immobilienobjekten" und "Immobilienprojekten". Kriterium der Abgrenzung zwischen Projekten und Objekten ist in aller Regel der Grad der Fertigstellung bzw. der Nutzungszustand der Immobilie. Als "Immobilienprojekt" wäre eine Immobilie demnach dann zu bezeichnen, wenn sie sich im Zustand der Entwicklung bzw. Bebauung befindet und einer Nutzung zugeführt werden soll.[98] Demgegenüber stellt ein "Immobilienobjekt" ein bebautes Grundstück dar, welches bereits einer Nutzung zugeführt wurde.[99]

Bei institutionellen Investoren ist häufig von der Verwaltung eines Immobilienbestandes oder, in neuerer Zeit, von Immobilienportfolios die Rede. Ein "Immobilienbestand" bzw. "Immobilienportfolio" läßt sich begrifflich als eine Gruppe von Immobilien fassen, die im Eigentum einer oder mehrerer natürlicher bzw. juristischer Personen stehen und einem einheitlichen Management unterliegen.

Einer Klärung bedarf ebenfalls der Begriff "Immobilienunternehmen". Aufgrund der Heterogenität der Unternehmen, die der Immobilienwirtschaft zugerechnet werden, kann keine allgemeingültige Begriffsdefinition geleistet werden. Daher sollen hier unter den Begriff "Immobilienunternehmen" all diejenigen Unternehmen subsumiert werden, deren wesentlicher Geschäftsgegenstand die Vermittlung, die Projektentwicklung[100], die Verwaltung, die Finanzierung, der Erwerb und Verkauf von Immobilien[101] oder die Erbringung von immobilienbezogenen Dienstleistungen

---

97 Vgl. *Hohmann*, Markt, S. 438; *Spitzkopf*, Finanzierung, S. 475 f. In diesem Zusammenhang wäre beispielsweise ein Seniorenwohnheim nicht als Wohnimmobilie einzustufen, da der Investor in aller Regel vertraglich lediglich mit einer gewerblichen Betreibergesellschaft in Verbindung steht und damit nur mittelbar zur Befriedigung des Wohnbedürfnisses beiträgt.

98 Anderer Auffassung ist z.B. Schütz, der nicht - wie in der Praxis üblich - zwischen den Begriffen Projekt und Objekt unterscheidet, sondern den Begriff Immobilienprojekt für den gesamten Lebenszyklus der Immobilie verwendet. Dieser Ansicht wird hier nicht gefolgt. Vgl. *Schütz*, Kennziffermodell, S. 25 f.

99 Vgl. *Völker*, Immobilieninvestitionen, S. 135.

100 Der Begriff "Projektentwicklung" findet in Abschnitt 2.4. auf Seite 40 nähere Erläuterung.

101 Siehe hierzu auch Abschnitt 2.3. auf Seite 34.

umfaßt.[102] Auf die nach Geschäftsgegenständen separierbaren Unternehmenstypen wird später im Rahmen der Analyse der Wettbewerbskräfte der Immobilieninvestmentbranche (Abschnitt 4.2.2.2.) näher eingegangen.

Aufbauend auf die vorstehenden Darlegungen soll schließlich der Begriff des strategischen Managements von Immobilienunternehmen einer Klärung zugeführt werden. In Anlehnung an die allgemeine Definition des strategischen Managements kann als "strategisches Management von Immobilienunternehmen" die systematische Planung, Steuerung und Kontrolle von Immobilienunternehmen mit dem Ziel des Aufbaus von Erfolgspotentialen verstanden werden. Bei den hier im Vordergrund der Untersuchung stehenden offenen Immobilienfonds lassen sich drei Aggregationsebenen des strategischen Managements unterscheiden: Zum einen die Ebene der einzelnen Immobilienprojekte und -objekte, ferner die Ebene der strategischen Geschäftsfelder und schließlich die Ebene des Immobilienportfolios bzw. des Gesamtunternehmens.

Eine weiterführende Darstellung der Merkmale, welche gewerbliche Immobilien auszeichnen, ist Gegenstand der nachfolgenden Abschnitte.

102 Eine engere, auf das Immobiliareigentum abstellende Sichtweise hat sich auf dem britischen Immobilienmarkt durchgesetzt. So definiert z.B. *Roche* (Equities, S. 374 f.): "A property company can be defined as a company where the majority of the assets are physical property and where the majority of the profits derive from the property that it owns or has owned".

2.2. Besonderheiten gewerblicher Immobilien

2.2.1. Charakteristika der Gewerbeimmobilie als Wirtschaftsgut

Die Gewerbeimmobilie unterscheidet sich in ihren Eigenschaften als Wirtschaftsgut[103] in erheblichem Maße von den Charakteristika mobiler Güter. Die im folgenden dargestellten Besonderheiten der Gewerbeimmobilie als Wirtschaftsgut[104] verdeutlichen die Notwendigkeit eines auf die spezifischen Verhältnisse der Immobilienwirtschaft abgestimmten und entsprechend modifizierten strategischen Managements.[105]

- *Immobilität*

Herausragendes Merkmal einer Immobilie ist ihre Ortsgebundenheit. Die tatsächlichen und potentiellen Nutzenstiftungen einer Immobilie sind abhängig von den rechtlichen und faktischen Gegebenheiten des Grund und Bodens. Boden und Gebäude sind damit als komplementäre Güter anzusehen.[106]

Die oben bereits angesprochene Verfügungsberechtigung und Gestaltungsfreiheit des Eigentümers ist eingeschränkt durch die Einbindung der Immobilie in ein bauliches Umfeld, welches den Mikrostandort[107] bestimmt, und damit von den Entscheidungen anderer Investoren abhängig.[108] Sie wird weiterhin determiniert durch eine Vielzahl von Faktoren,

---

103 Aus betriebswirtschaftlicher Sicht können Nutzenstiftung, Zweckbezogenheit, Verfügbarkeit, Marktfähigkeit und relative Knappheit als wesentliche Merkmale eines Wirtschaftsgutes genannt werden. Diese Kriterien werden von Immobilien zweifelsfrei erfüllt, so daß die nachfolgenden Ausführungen auf die besonderen Merkmale von Gewerbeimmobilien beschränkt werden können. Vgl. *Abromeit-Kremser*, Immobilieninvestmentfonds, S. 103.

104 Vgl. hierzu *Heuer*, Wohnungswirtschaft, S. 39 ff.; *Heuer*, Wohnungsmärkte, S. 22 ff.; *Eekhoff*, Bodenmarkt, S. 2 ff.; *Löprick*, Markt, S. 3 ff.; *Abromeit-Kremser*, Immobilieninvestmentfonds, S. 127 ff.; *Ferguson/Heizer*, Real Estate, S. 3 ff.; *Pyhrr/Cooper/et al.*, Real Estate, S. 9 f.; *Millington*, Valuation, S. 22 f., *Shafer*, Economics, S. 74 ff.

105 Vgl. auch *Leinberger*, Planning, S. 39.

106 Vgl. *Heuer*, Wohnungswirtschaft, S. 41.

107 Der Ausdruck "Mikrostandort" findet im Rahmen der Standortanalyse Verwendung und bezeichnet das Grundstück selbst und die unmittelbare Umgebung des Grundstücks. Davon abzugrenzen ist der "Makrostandort", welcher sich auf den gesamten räumlichen Teilmarkt bezieht. Vgl. *Falk*, Immobilien-Handbuch, Kap. 12.1, S. 1 f.; *Nagel*, Analyse, S. 15.

108 Vgl. *Heuer*, Wohnungswirtschaft, S. 41; *Millington*, Valuation, S. 22.

von denen nur hier die Planungshoheit der Kommune[109] als entscheidendes Element genannt werden soll.

❑ *Heterogenität*

Eng verbunden mit dem Faktor der Ortsbindung ist die Eigenschaft der Heterogenität der Immobilie. Jede Immobilie ist einzig; sie unterscheidet sich von anderen im wesentlichen durch ihre Lage, ihre Gestaltung und ihre Nutzung. Der Umstand, daß zwei Immobilien nicht identisch sein können, begründet das Erfordernis der Segmentierung des Immobilienmarktes in sachliche und räumliche Teilmärkte.[110] Im Grunde genommen bildet "jede Immobilie aufgrund ihrer Individualität einen eigenen Markt"[111] mit spezifischen Bedingungen. Die Heterogenität von Immobilien bewirkt - z.B. im Gegensatz zu Wertpapieren - nicht nur eine eingeschränkte Markttransparenz, sondern auch eine geringere Fungibilität.[112]

❑ *Dauer des Entwicklungsprozesses*

Für die Entwicklung einer Immobilie[113] von dem Erwerb eines unbebauten Grundstücks bis zur Baufertigstellung und Vermietung des Projektes sind in aller Regel Zeiträume von drei bis fünf Jahren zu veranschlagen.[114] Dies ist nicht nur auf fertigungstechnisch bedingte lange Bauzeiten zurückzuführen, sondern auch auf die immer zeitaufwendiger werdenden

---

109 Die Planungshoheit bezieht sich hauptsächlich auf die Aufstellung der Bauleitpläne zur Festlegung der baulichen und sonstigen Nutzung der Grundstücke im Rahmen der städtebaulichen Entwicklung einer Kommune, welche gemäß § 1 Abs. 2 und § 2 Abs. 1 BauGB in den Verantwortungsbereich der Gemeinde fällt. Die sich daraus ergebenden Konsequenzen für die Tätigkeit der Investoren beschreibt *Hohmann*, Markt, S. 439 und 441.

110 Vgl. *Eekhoff*, Bodenmarkt, S. 3; *Ferguson/Heizer*, Real Estate, S. 7; *Falk*, Immobilien-Handbuch, Kap. 4.1, S. 2.; *Sögtrop*, Boomzeiten, S. 440; *Nabarro*, Market, S. 47.

111 *Feinen*, Markt, S. 314. Eine gleichartige Feststellung trifft *Hohmann* (Markt, S. 440): "Jede Immobilie ist hinsichtlich Lage und Gebäudesubstanz ein Unikat. Jedes Gebäude ist eine Null-Serie." Vgl. auch Fußnote 11 auf Seite 2.

112 Die Eigenschaft der Heterogenität verbunden mit den anderen Charakteristika der Immobilie führt zu der Einsicht, daß das volkswirtschaftliche Modell der vollkommenen Konkurrenz nicht auf den Immmobilienmarkt anwendbar ist. Vgl. *Eekhoff*, Bodenmarkt, S. 3; *Harvey*, Urban Land, S. 25; *Scarrett*, Valuation, S. 19 ff.; *Fraser*, Principles, S. 121 ff.; *Shafer*, Economics, S. 29.

113 Das hier angesprochene Thema Projektentwicklung ist Gegenstand des Abschnitts 2.4. auf S. 40.

114 Vgl. *v. Weichs*, Kontrolle, S. 184; *Falk*, Immobilien-Handbuch, Kap. 15.1, S. 9; *Schnermann*, Projektentwicklung, S. 306.

Phasen der Initiierung und Konkretisierung des Immobilienprojektes, insbesondere die Erlangung des Baurechts.
Die Langwierigkeit des Produktionsprozesses hat zur Folge, daß Reaktionsgeschwindigkeit und Anpassungsflexibilität an veränderte Marktlagen in der Immobilienwirtschaft nur schwach ausgeprägt sind.[115] Die auch empirisch zu beobachtenden Time-Lag-Effekte bewirken, daß sich für den Investor das wirtschaftliche und technische Risiko der Projektentwicklung erhöht. Als Konsequenz ergibt sich ebenso, daß sich Marktveränderungen zunächst auf den Objektbestand auswirken und erst mit Verzögerung durch die Neubauproduktion aufgefangen werden, die ohnehin im Verhältnis zu dem vorhandenen Bestand nur einen geringen Anteil aufweist.[116]

- *Höhe des Investitionsvolumens*

Immobilien zählen zu den aufwendigsten und hochwertigsten Kapitalanlagen. Sie kommen nur für einen begrenzten Kreis potentieller Investoren in Frage.[117] Für den Investor bedeutet der direkte Immobilienerwerb eine hohe und dauerhafte Kapitalbindung, die neben dem Eigenkapitaleinsatz regelmäßig die Fremdfinanzierung des Investitionsvolumens notwendig macht.[118] Die Immobilienanlage ist daher als Langfristanlage zu betrachten, da der Kapitaleinsatz durch die von der Immobilie abgegebenen Nutzungen nur über eine längere Periode wieder erwirtschaftet werden kann. Häufig kann das in Immobilien investierte Kapital auch erst über die Realisierung von Wertsteigerungen durch Desinvestition wiedergewonnen werden.

---

115 Vgl. *Hesse*, Wohnungswirtschaft, S. 56; *Heuer*, Wohnungswirtschaft, S. 44.

116 Dies erklärt auch zum überwiegenden Teil die in der Praxis beobachtbaren zyklischen Marktschwankungen in der Bau- und Immobilienwirtschaft. Siehe hierzu auch die Ausführungen zu den Abschnitten 2.4.3.1. auf Seite 49 und 4.2.2.2. auf Seite 124.

117 Neben dem direkten Immobilieneigentum haben sich auch Formen des indirekten Immobilienerwerbs etabliert, die einen geringeren Kapitaleinsatz erfordern. Diesbezüglich sind z.B. das Teileigentum oder Bruchteilseigentum sowie der Erwerb von Immobilienfondszertifikaten zu nennen. Ein wichtiges gesellschaftspolitisches Motiv bestand für den Gesetzgeber im Rahmen der Zulassung offener Immobilienfonds durch die Novellierung des KAGG im Jahre 1969 darin, breiten Bevölkerungskreisen einen einfacheren Zugang zu Sachwerteigentum zu ermöglichen. Vgl. *Laux/Ohl*, Grundstücksinvestment, S. 20 f.

118 Die Fremdfinanzierung der Immobilienanlage bringt die Abhängigkeit des Immobilienmarktes von der aktuellen Kapitalmarktlage zum Ausdruck.

❑ *Höhe der Transaktionskosten*

Die Übertragung von Immobilieneigentum verursacht Transaktionskosten. Dazu sind neben den beim Immobilienkauf anfallenden Kontraktkosten (Grunderwerbsteuer, Notargebühren) auch die z.T. beträchtlichen Informations- und Suchkosten aufgrund mangelnder Markttransparenz und Homogenität zu zählen. Diese fallen z.B. auch bei Mieterwechseln oder Entwicklungsmaßnahmen am vorhandenen Objekt an. Im Falle von Leerständen entstehen darüber hinaus Bevorratungskosten.
In der Höhe der Investitions- und Transaktionskosten ist eine Ursache für die geringe Kapitalumschlagsgeschwindigkeit und die eingeschränkte Fungibilität von Immobilienanlagen zu sehen.[119]

❑ *Länge des Lebenszyklusses*

Die Immobilie stellt eines der langlebigsten Wirtschaftgüter dar. Während Grund und Boden zeitlich gesehen eine quasi unbegrenzt nutzbare Ressource ist, können hinsichtlich des Gebäudes eine physische und eine ökonomische Lebensdauer unterschieden werden. In aller Regel übertrifft die physische Lebenserwartung die ökonomische.[120]

Aus ökonomischer Sicht endet die Nutzenstiftung eines Gebäudes zum einen dann, wenn die durch das Gebäude entstehenden Kosten die Erträge[121] übersteigen und die Ergreifung von Sanierungs- und Umstrukturierungs- oder Umnutzungsmaßnahmen nicht mehr zu nachhaltigen Ertragszuwächsen führt. Dies hat entweder Leerstand oder Flächenrecycling, d.h. Abriß und Neuentwicklung zur Folge, bevor die eigentliche physische Lebensdauer des Objektes beendet ist. Die Länge des physischen Lebenszyklusses kann andererseits jedoch auch durch geeignete Instandhaltungs- und Modernisierungsaufwendungen verlängert werden, um den natürlichen Alterungsprozeß abzuschwächen und gleichzeitig die ökonomische Attraktivität der Immobilie nachhaltig zu bewahren bzw. zu verbessern.

---

119 Vgl. *Sheerin, Land,* S. 17; vgl. auch *Pyhrr/Cooper/et al.,* Real Estate, S. 13.

120 Vgl. *Ferguson/Heizer,* Real Estate, S. 5; vgl. auch *Apgar,* View, S. 7.

121 Gemeint sind hier jeweils die Gesamtkosten und Gesamterträge, so daß auch nicht zahlungswirksame Faktoren, wie z.B. Opportunitätskosten oder Wertsteigerungen, in die Betrachtung einfließen.

Zum anderen kann der Entschluß zur Veräußerung einer Immobilie auch durch die Vornahme einer Ersatzinvestition in eine ökonomisch attraktivere Immobilie motiviert sein.[122]
Die lange Lebensdauer von Immobilien führt dazu, daß sie im Zeitablauf in aller Regel mehrfach am Markt in Erscheinung treten und zur Nutzung oder zur Veräußerung angeboten werden. Für den Entwickler oder Investor wird damit die Berücksichtigung eines sehr langfristigen Planungszeitraumes für die Immobilie notwendig, wenn er beabsichtigt, daß das Gebäude auch bei einem zukünftigen Mieterwechsel insgesamt wettbewerbsfähig bleiben soll.[123] Dieser Umstand verdeutlicht zum einen die hohe Komplexität der Investitionsentscheidung, welche z.B. bereits im Rahmen der Projektierung die Nutzungsflexibilität[124] und Drittverwendungsfähigkeit der Immobilie in das Kalkül einbeziehen muß, zum anderen aber auch die Unerläßlichkeit einer permanenten Beschäftigung mit dem Objekt und den sich wandelnden Bedürfnissen auf den Verkaufs- und Vermietungsmärkten.[125]

❑ *Abhängigkeit von vor- und nachgelagerten Märkten*

Der Immobilienmarkt steht in direkter Abhängigkeit zu vor- und nachgelagerten Märkten. Zu nennen sind insbesondere der Markt für Bauleistungen und der Kapitalmarkt, deren Kapazität und Entwicklung die Situation des Immobilienmarktes beeinflussen.[126] Von besonderer Bedeutung für die Entwicklung des Vermietungsmarktes sind ferner die gesamtwirtschaftlichen Rahmenbedingungen, so z.B. die konjunkturelle Verfassung und die Beschäftigtenentwicklung, sowie die politische, gesellschaftliche und technologische Situation bzw. Entwicklung.

❑ *Begrenzte Substituierbarkeit*

Ebenso wie das Wohnen bzw. das Verfügungsrecht über Wohnraum zu den grundlegenden Bedürfnissen zählt[127], ist der für gewerbliche Nut-

---

122 Siehe hierzu auch Abschnitt 2.4.2., Seite 45 ff.

123 Vgl. auch *Hohmann*, Markt, S. 439.

124 Siehe hierzu *Falk*, Immobilien-Handbuch, Kap. 15.3, S. 1 ff.

125 Vgl. auch *Stork*, Markt, S. 314 f.

126 Vgl. eine diesbezügliche Untersuchung bei *Schulte-Kemper*, Bauinvestitionen, S. 322 ff.

127 Vgl. *Heuer*, Wohnungswirtschaft, S. 49.

zungen notwendige Raum Grundvoraussetzung für die Erhaltung der unternehmerischen Existenz. Der Bedarf an Gewerbeimmobilien ist daher nicht durch andere Wirtschaftsgüter substituierbar. Er läßt sich nur in zeitlicher und qualitativer Hinsicht aufschieben.[128] Gleichwohl ist eine Wahlmöglichkeit zwischen den verschiedenen Formen der Verfügungsberechtigung über Gewerberaum gegeben. Diese kann durch den direkten Immobilienerwerb, die Miete oder etwa das Immobilienleasing erlangt werden, so daß in diesem Rahmen allenfalls von einer begrenzten, nicht aber grundsätzlichen Substituierbarkeit gesprochen werden kann.

Auf die aus den oben beschriebenen gutsspezifischen Merkmalen folgenden Konsequenzen für die Bildung eines Immobilienmarktes und das Angebot einer Immobilieninvestment-Dienstleistung soll im Rahmen der Strategieentwicklung für offene Immobilienfonds näher eingegangen werden.[129]

2.2.2. Erscheinungsformen gewerblicher Immobilien - ein systematischer Überblick

Die Schwierigkeiten der Findung einer geeigneten Definition für den Begriff Gewerbeimmobilien werden vor allem durch die in der Praxis beobachtbare Vielfalt der Arten gewerblicher Immobilien begründet. An dieser Stelle soll ein kurzer Überblick über die Erscheinungsformen gewerblicher Immobilien gegeben werden.[130]

128 Vgl. *Löprick*, Markt, S. 3; Völker trifft diese Feststellung für einen Teil der Immobiliennachfrage angesichts der einsetzenden Flächenverknappung im Jahre 1988. Vgl. *Völker*, Markt, S. 306.

129 Siehe hierzu Abschnitt 4.2.2.2., beginnend auf S. 124.

130 Die Darstellung der in der Praxis vorkommenden Immobilientypen war bereits Gegenstand einer gewissen Zahl an Veröffentlichungen, so daß hier nur auf eine Auswahl diesbezüglicher Literatur verwiesen wird. Siehe v.a. *Schwatlo*, Typen, S. 16 ff.; *Falk*, Immobilien-Handbuch, Kap. 3.1, S. 1 ff.; *Falk*, Gewerbe-Immobilien, S. 15 ff.; *Nagel*, Analyse, S. 15 ff.; *Northen*, Development, S. 7 ff.

Das wesentliche Kriterium für die Systematisierung gewerblicher Immobilien ist im allgemeinen die Art der Nutzung.[131] Eine Übersicht über die verschiedenen Nutzungsformen liefert Abbildung 2.

Abb. 2: Systematisierung von Gewerbeimmobilien nach Nutzungsarten[132]

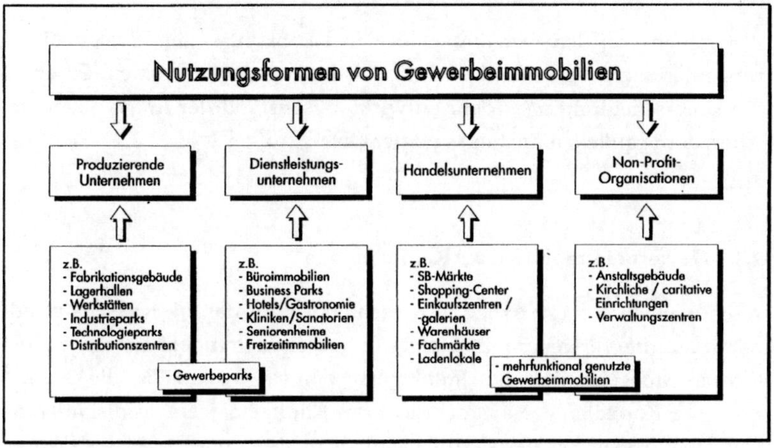

Grundsätzlich können zunächst vier generelle Nutzergruppen unterschieden werden, die den durch Immobilien geschaffenen Raum für ihre gewerbliche Tätigkeit benötigen: Produzierendes Gewerbe, Dienstleistungsgewerbe, Handelsunternehmen sowie Organisationen ohne Erwerbscharakter.

Für jede dieser Nutzergruppen lassen sich nutzungsspezifische Immobilientypen feststellen, wobei die einzelnen Nutzergruppen jeweils noch feiner segmentiert werden können. Demnach ist beispielsweise die Gruppe der Dienstleistungsunternehmen weiterführend nach Branchenzugehörigkeit, Umsatzvolumen, Mitarbeiterzahl, etc. segmentierbar. Ergebnis dieser Betrachtung ist die Herausstellung von nutzergruppenspezifischen Anforderungen an ihre Immobilie und damit die Möglichkeit der Separierung verschiedener Immobilientypen.

---

131 Vgl. *Schmitz-Morkramer*, Beurteilung, S. 416; *Falk*, Marketing, S. 586.

132 Abbildung in Anlehnung an *Schmitz-Morkramer*, Beurteilung, S. 416. Siehe hierzu auch die Übersicht bei *Messner/Schreiber/Lyon/Ward*, Marketing, S. 14 f.

Neben der Spezialisierung einzelner Immobilientypen auf bestimmte Nutzergruppen[133] existieren allerdings auch Immobilientypen mit sektorenübergreifenden Nutzungen. Hier sind z.B. Gewerbeparks, die produzierendes und Dienstleistungsgewerbe vereinen, oder mehrfunktional genutzte Immobilien[134], in denen etwa Einzelhandelsflächen mit Büroflächen sowie Wohnflächen kombiniert werden, zu nennen.

Abgesehen von dem genannten Merkmal können weitere Systematisierungsmerkmale als sekundäre Kriterien herangezogen werden. So etwa die Unterscheidung nach dem Entwicklungszustand der Immobilie, dem Alter, dem baulichen Zustand und der Objektgröße.[135]

2.3. Gewerbeimmobilien als Kapitalanlage

Auch wenn sich diese Arbeit im wesentlichen auf das Aktivgeschäft und damit auf die Verwendungsseite des den offenen Immobilienfonds zufließenden Anlegerkapitals beschränkt, erscheint es zweckmäßig, die Grundsätze der Kapitalanlage aus der Sicht des Kapitalanlegers zu diskutieren. Die genaue Kenntnis des Zertifikatsinhabers als Kunde[136] für das Passivgeschäft des offenen Immobilienfonds bildet nämlich die Voraussetzung für das strategische Management des offenen Immobilienfonds. Der Umsetzung der globalen Anlegerzielsetzung in die Anlagepolitik des Fonds und damit in konkrete Immobilieninvestitionen kommt entscheidende Bedeutung für die Steuerung des offenen Immobilienfonds in der Praxis zu. Dieser Zusammenhang wird nachfolgend näher zu beleuchten sein.[137]

---

133 In diesem Zusammenhang kann auch von "monofunktionalen Immobilien" gesprochen werden. Vgl. *Kretschmer*, Gewerbe-Immobilien, S. 233.

134 Häufig findet auch der Begriff "gemischt-genutzte Immobilie" Verwendung. Dieser kennzeichnet jedoch in erster Linie die Kombination von Wohn- und Gewerbeflächen und ist nach § 75 BewG dann zu verwenden, wenn weder der Wohnanteil noch der gewerbliche Anteil 80% der Jahresrohmiete der Immobilie übersteigt. Vgl. auch *Laux/Ohl*, Grundstücksinvestment, S. 37.

135 Vgl. auch *Abromeit-Kremser*, Immobilieninvestmentfonds, S. 87 f.

136 Neben seiner Funktion als Kunde könnte der Fondsanleger aus der Sicht des offenen Immobilienfonds gleichzeitig als dessen Hauptfinanzierungsquelle bezeichnet werden. Vgl. *Abromeit-Kremser*, Immobilieninvestmentfonds, S. 12. Siehe hierzu die Ausführungen in Abschnitt 4.2.2.2. auf Seite 124.

137 Siehe hierzu Abschnitt 4.1.3. auf Seite 103.

2.3.1. Begriff und Grundsätze der Kapitalanlage

2.3.1.1. Grundgedanke und Prozeß

Als Kapitalanlage wird im allgemeinen der Prozeß der mittel- oder langfristigen Verwendung von Geldmitteln zum Zwecke der Werterhaltung und der Erzielung einer Rendite bezeichnet.[138]

Voraussetzung für die Wahl eines Kapitalanlageobjektes und wesentlicher Bestandteil des Kapitalanlageprozesses ist die Bildung von Anlegerzielen bzw. Anlegerpräferenzen. Als allgemeine Anlegerziele können die Erzielung von Wertsicherheit, Rentabilität und Liquidität genannt werden.[139] Der Anleger steht hier jedoch vor dem Problem, daß die drei genannten Ziele nicht in komplementärer Beziehung zueinander stehen. So existieren beispielsweise Zielkonflikte zwischen den beiden Dimensionen Rentabilität und Wertsicherheit sowie Rentabilität und Liquidität, welche die gleichzeitige Maximierung der drei Ziele verhindern.[140] Der Anleger ist daher auf die Bildung subjektiver Präferenzen und bestimmter Anspruchsniveaus in Bezug auf die drei Ziele angewiesen. Ergebnis der Ermittlung einer Präferenzstruktur ist dann die Festlegung einer Kapitalanlagepolitik, welche die Auswahl der Kapitalanlageobjekte, die der Präferenzstruktur bestmöglich entsprechen, zum Inhalt hat.[141]

2.3.1.2. Die kollektive Kapitalanlage

Eine kollektive Kapitalanlage ist gegeben, wenn sich mehrere Personen assoziieren, um eine Kapitalanlage gemeinsam auszuführen.

Der Gedanke der gemeinschaftlichen Anlage in Immobilien wird durch die Einsicht begünstigt, daß es dem Kapitalanleger in der Regel große Mü-

---

138 Vgl. *Büschgen*, Börsen-Lexikon, S. 359; *Amstad*, Immobilien, S. 7; *Abromeit-Kremser*, Immobilieninvestmentfonds, S. 12.

139 Vgl. *Amstad*, Immobilien, S. 12 ff.; *Abromeit-Kremser*, Immobilieninvestmentfonds, S. 12 f.; *Berndt*, Strukturen, S. 17 f., *Lorenzen*, Kapitalanlagen, S. 9; *Wechsler*, Vermögensanlage, S. 111 ff.; *Kerscher*, Immobilien-Investmentfonds, S. 165 ff. Eine umfassende Zusammenstellung empirischer Untersuchungen und eine eigene Erhebung über Kapitalanlegerziele, welche das sog. "magische Zieldreieck" weitgehend bestätigen, legte *Ruda* (Ziele, S. 22 ff.) vor.

140 Vgl. *Amstad*, Immobilien, S. 16 f.

141 Vgl. *Abromeit-Kremser*, Immobilieninvestmentfonds, S. 14.

he bereitet, diejenigen Anlageobjekte zu finden, deren Nutzenstiftung seinen persönlichen Wünschen optimal entsprechen.[142] Weitere Ursachen für die "Kollektivierung des Anlagekapitals" liegen in der Höhe des Kapitalbedarfs bzw. in dem Volumen des Anlageobjektes, sowie in der Erzielung einer subjektiven und objektiven Risikoverteilung.[143]
Für den Fall, daß die Kollektivanlage in Fremdverwaltung vorgenommen wird, ist als weiterer Grund die Managementfähigkeit und Managementkapazität zu nennen, da der einzelne Kapitalanleger in aller Regel nicht in der Lage ist, die mit einer hochwertigen Kapitalanlage verbundenen Informations- und Selektionsprozesse selbständig zu leisten. Desgleichen mangelt es der überwiegenden Zahl der Anleger an der notwendigen Ausbildung und Zeit, um eine laufende Betreuung komplexer Kapitalanlagen gewährleisten zu können.[144]

2.3.1.3. Der Begriff des "Investments"

Der Begriff des "Investments" geht über den der kollektiven Kapitalanlage hinaus, indem hier zusätzlich der Aspekt der Risikostreuung einbezogen wird. Eine kollektive Kapitalanlage in ein einzelnes Anlageobjekt kann demnach kein Investment darstellen, da das Merkmal der Risikostreuung nicht berücksichtigt ist.[145] Die Verminderung des jeder Kapitalanlage immanenten Risikos wird dadurch erzielt, daß eine Diversifizierung des Anlagevermögens auf mehrere Anlageobjekte erfolgt. Das Risiko einzelner Objekte kann somit durch die Wahl einer geeigneten Anlagepolitik innerhalb des Gesamtbestandes kompensiert werden.[146]

---

142 *Lorenzen* (Kapitalanlagen, S. 16) spricht hier von der "Diskrepanz der subjektiven Voraussetzungen [des Investors] und objektiven Gegebenheiten [des Kapitalanlageobjektes] ... [als] ... Ursache dafür, daß Investoren von der individuellen zur kollektiven Kapitalanlage übergehen" (Klammerzusätze v. Verf.).

143 Siehe hierzu die Ausführungen von *Abromeit-Kremser*, Immobilieninvestmentfonds, S. 17 f. und *Lorenzen*, Kapitalanlagen, S. 16 ff.

144 Vgl. auch *Wechsler*, Immobilienfonds, S. 15; *Thomann*, Anlagefonds, S. 1.

145 Vgl. *Lorenzen*, Kapitalanlagen, S. 12.

146 *Amstad*, Immobilien, S. 15. Von dieser "objektiven" Risikostreuung ist die "subjektive" Risikostreuung zu unterscheiden, nach welcher das individuelle Risiko eines einzelnen Anlegers auf die Gesamtzahl der Anleger verteilt wird. Vgl. *Abromeit-Kremser*, Immobilieninvestmentfonds, S. 18.

Das so verstandene Investmentprinzip findet seinen institutionellen Niederschlag in dem Gesetz über Kapitalanlagegesellschaften (KAGG)[147]. Der Grundsatz der Risikostreuung wurde auch in der Legaldefinition des § 1 Abs. 1 KAGG verankert:

> "Kapitalanlagegesellschaften sind Unternehmen, deren Geschäftsbereich darauf gerichtet ist, bei ihnen eingelegtes Geld im eigenen Namen für gemeinschaftliche Rechnung der Anleger (Anteilinhaber) nach dem Grundsatz der Risikomischung in den nach diesem Gesetz zugelassenen Vermögensgegenständen gesondert vom eigenen Vermögen in Form von Wertpapier-, Beteiligungs- oder Grundstücks-Sondervermögen anzulegen und über die hieraus sich ergebenden Rechte der Anteilinhaber Urkunden (Anteilscheine) auszustellen".

Neben den Prinzipien der kollektiven Kapitalanlage und der Risikostreuung findet hier zusätzlich das Prinzip der Fremdverwaltung Berücksichtigung, da die Kapitalanleger ihr Geld der Kapitalanlagegesellschaft[148] übereignen, damit diese es treuhänderisch in geeignete Immobilienobjekte investieren.[149]

Die konkrete rechtliche Ausgestaltung und Funktionsweise der Kapitalanlagegesellschaften soll mit Bezug auf die offenen Immobilienfonds in Abschnitt 3.1. dargestellt werden.

---

147 Hier in der Fassung der Bekanntmachung vom 14. Januar 1970 (BGBl. I, S. 127), geändert durch Artikel 1 des Finanzmarktförderungsgesetzes vom 22. Februar 1990 (BGBl. I, S. 266)

148 Bei konsequenter Auslegung des Investmentbegriffs müßte hier dessen rechtlich-organisatorische Ausprägung "Investmentgesellschaft" genannt werden. Da der Gesetzgeber jedoch den Begriff der "Kapitalanlagegesellschaft" geprägt hat, sollen hier beide Begriffe synonyme Verwendung finden. Dies ist insofern von Vorteil, als dadurch auch die sog. "Spezialfonds" nach § 1 Abs. 2 KAGG, welche für nur einen Anleger konzipiert werden können und damit dem Prinzip der subjektiven Risikostreuung nicht gerecht werden, unter dem Begriff der Kapitalanlagegesellschaft subsumiert werden.

149 Vgl. *Hartmann*, Ökonomie, S. 11.

2.3.2. Investment in Gewerbeimmobilien als spezifische Form der kollektiven Kapitalanlage

Gewerbeimmobilien stellen nach allgemeiner Ansicht die hochwertigste Form der Kapitalanlage dar.[150] Dies ist im wesentlichen durch den Sachwertcharakter zu begründen, welcher die Immobilie von den meisten anderen Kapitalanlageformen unterscheidet. Die Sachwerteigenschaft ist nicht nur hervorzuheben, weil sie dazu führt, daß sich Immobilienwerte in der Regel parallel zur allgemeinen Preisentwicklung verhalten, sondern vor allem, weil der Umgang mit Immobilien bzw. Realitäten - z.B. im Gegensatz zum Engagement in Wertpapieren - ein echtes unternehmerisches Engagement erfordert.[151]

Während das Eigentum an Nominalwerten lediglich auf eine passive Tätigkeit beschränkt bleibt und ein direkter Einfluß des Anlegers auf die Wertentwicklung des einzelnen Nominalwerts nur selten gegeben ist, stellen sich die Verhältnisse hinsichtlich des Immobilieninvestments gänzlich anders dar. Die Immobilie erfordert ein laufendes und aktives Management.[152] Die dadurch initiierten Handlungen beeinflussen in direkter Weise die Wertentwicklung, die Rendite und die Liquidität der Immobilie. "Dabei verlangen die komplexen Anlage-, Entscheidungs- und Verwaltungsprozesse intensivste Betreuung durch ein speziell dafür ausgebildetes und nur in diesem Bereich tätiges, fachkundiges Management".[153]

Von den bereits weiter oben dargestellten Besonderheiten sind bei investmentorientierter Betrachtung der Gewerbeimmobilie in erster Linie die

150 Vgl. auch *Schmitz-Morkramer*, Immobilie, S. 268; *Waldmann*, Gedanken, S. 74; *Sögtrop*, Öffentlichkeit, S. 393.

151 *Wonhas* (Immobilienfonds, S. 426) bemerkt in diesem Zusammenhang: "Wo liegt nun anstelle des Bankgeschäftes der Schwerpunkt der Tätigkeiten von Kapitalanlagegesellschaften für offene Immobilienfonds? Meine Antwort lautet: im freien Unternehmertum im wahrsten Sinne der Wortbedeutung".

152 Vgl. *Achtzehn*, Makler, S. 328; *Grünberg*, Immobilie, o.S.; *Waldmann*, Gedanken, S. 69; *Peiter*, Markt, S. 319; *Pyhrr/Cooper/et al.*, Real Estate, S. 13. Zur besonderen Bedeutung des Immobilienmanagements - verstanden als erweiterte Objektverwaltungstätigkeit - siehe *Jaffe*, Property, S. 9 ff. und die dort aufbereitete Literatur.

153 *Abromeit-Kremser*, Immobilieninvestmentfonds, S. 26. Ähnlich McMahan (Development, S. 419 f.): "And yet probably no other area of real estate has a more pronounced and continuing effect on the success of a project". Die besondere Notwendigkeit einer geeigneten Managementinstitution hat *Case* (Practice, S. 15 f.) bereits im Jahre 1954 herausgestellt: "The responsibilities entailed in handling this amount of money as well as the complexity of the business underline the need for an expert knowledge of executive responsibilities and functions".

Merkmale der Höhe des Investitionsvolumens und der Höhe der Transaktionskosten hervorzuheben.[154]

Die Immobilienanlage tritt in verschiedenen Organisationsformen auf, von denen die Ausprägung des offenen Immobilienfonds nur eine ist. In Abbildung 3 werden die möglichen Formen der Kapitalanlage in Immobilien dargestellt. Als Systematisierungskriterien dienen die den Investmentbegriff konstituierenden Merkmale der Verwaltung, der Risikostreuung und des Gruppierungsgrads.

Abb. 3: Systematisierung der Formen der Kapitalanlage in Immobilien[155]

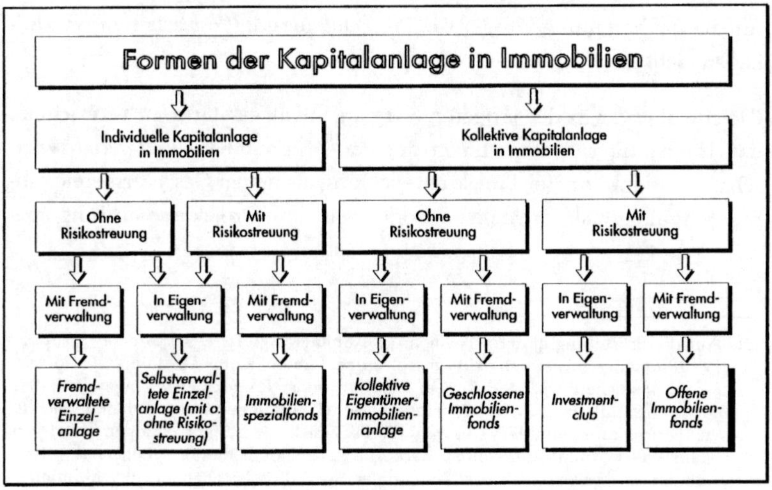

154 Vgl. Abschnitt 2.2.1. auf Seite 27 ff.

155 In Anlehnung an die Darstellung bei *Abromeit-Kremser*, Immobilieninvestmentfonds, S. 33. Bei dem geschlossenen Immobilienfonds kann hier nur dann von einer fehlenden Risikostreuung ausgegangen werden, wenn dieser lediglich aus einem Immobilienobjekt besteht. Werden mehrere Objekte zu einem Fonds zusammengeführt, kann tendenziell eine Risikoreduktion vermutet werden.

Wie der Abbildung 3 entnommen werden kann, stellen sich offene Immobilienfonds als fremdverwaltete, kollektive Kapitalanlage in Immobilien unter Berücksichtigung der Risikostreuung dar.[156]

2.4. Grundlagen der Projektentwicklung von Gewerbeimmobilien

Hinsichtlich des Begriffs und der Funktion der Projektentwicklung[157] bestehen in der Immobilienwirtschaft sehr unterschiedliche und teilweise unklare Vorstellungen.[158] Eine klare definitorische Abgrenzung oder gar eine gesetzliche Regelung der Projektentwicklungstätigkeit - wie sie etwa für die Baubetreuung[159] oder die Projektsteuerung[160] geschaffen wurde - liegen nicht vor.[161]

Gleichwohl war in der jüngeren Vergangenheit verstärkt zu beobachten, daß immer mehr Unternehmen der Bau-, Immobilien- und Finanzwirtschaft die Funktion der Projektentwicklung als neuen Geschäftsbereich ihrem Stammgeschäft angegliedert oder neue, auf Projektentwicklung spe-

156 Auf die Erörterung anderer Formen der Kapitalanlage bzw. der anderen Gruppen institutioneller Investoren (z.B. geschlossene Immobilienfonds, Immobilienspezialfonds, Versicherungsunternehmen, Pensionsfonds, Immobilienaktiengesellschaften sowie ausländische Konstruktionsformen) wird im Rahmen dieser Arbeit verzichtet. Stellvertretend sei auf eine Auswahl diesbezüglicher Veröffentlichungen verwiesen. Siehe *Bölter*, Immobilienfonds; *Kurth/Grass*, Immobilienfonds; *Kandlbinder*, Spezialfonds; *Sorgenfrei/Tischbirek*, Immobilien-Spezialfonds; *Sögtrop*, Spezial-Immobilienfonds; *Waldmann*, Anlagepolitik; *Amstad*, Immobilien; *Jarchow*, Investment; *Falk*, Immobilien-Handbuch, Kap. 11.3 - 11.6.

157 Statt des Begriffs der Projektentwicklung wird häufig auch der englischsprachige Begriff des "Development" benutzt. Beide sollen hier synonym verwendet werden.

158 Dies gilt insbesondere bezüglich der Personen und Institutionen, die der Immobilienwirtschaft nicht nahe stehen. Vgl. auch *Schulte*, Immobilienberufe, S. 128.

159 Vgl. §§ 37 und 38 des II. Wohnungsbaugesetzes, sowie § 34c der GewO in Verbindung mit § 1 Punkt 2 und § 3 der MaBV.

160 Vgl. § 31 HOAI. Hierzu ist jedoch zu bemerken, daß es sich hierbei nicht um eine abschließende Regelung, sondern eher um eine globale Leistungsbeschreibung der Projektsteuerungsaufgaben handelt. Inhaltlich bedeutet Projektsteuerung nach *Diederichs* (Projektentwicklung, S. 9) die "neutrale und unabhängige Wahrnehmung delegierbarer Auftraggeberfunktionen in technischer, wirtschaftlicher und rechtlicher Hinsicht". Sie ist damit von dem Begriff der "Projektleitung", welcher den nicht delegierbaren Teil der Bauherrenaufgaben umfasst, und auch, wie noch zu sehen ist, von dem Begriff der Projektentwicklung abzugrenzen.

161 Vgl. *Wagner*, Projektmanagement, S. 665.

zialisierte Gesellschaften gegründet haben.[162] Damit zeichnet sich die Entstehung einer eigenen Spezialisierungsrichtung von Immobilienunternehmen ab.[163] Aufgrund der wirtschaftlichen, politischen und raumplanerischen Bedeutung der von Developern initiierten Projekte findet ihre Tätigkeit inzwischen auch öffentliche Aufmerksamkeit in der allgemeinen Wirtschaftspresse: Schlagzeilen wie "Neue Regeln fürs Monopoly"[164] oder "Mut zum Risiko - Immobilien-Entwickler: Eine Branche drängt ins Rampenlicht"[165] unterstreichen das zunehmende Interesse an der Projektentwicklung.

Auch offene Immobilienfonds haben die Projektentwicklung als attraktives Geschäftsfeld identifiziert und drängen zunehmend in diesen Bereich.[166] Möglichkeiten und Gründe für das Engagement offener Immobilienfonds in der Projektentwicklung aus strategischer Sicht sollen in Kapitel 5. dargestellt werden. Zunächst jedoch erscheint es angebracht, die Grundlagen der Projektentwicklung allgemein darzulegen. Hier soll primär der Versuch unternommen werden, die Aufgaben und Inhalte der Projektentwicklung zu definieren und anhand modellgestützter Betrachtungen zu systematisieren.

---

162 Vgl. *Gop*, Bauriesen, S. 7; *Krupp*, Ansatzpunkt, S. 771; *Gop*, Risikogemeinschaft, S. 7 ff.; vgl. auch *Peiser*, Developer, S. 32.

163 Demgegenüber gibt es die Bezeichnung des "Developers" in den USA bereits seit Beginn der Landnahme duch Siedler im 18. Jahrhundert. Vgl. *McMahan*, Development, S. XIX. *Falk* (Immobilien-Handbuch, Kap. 15.1, S. 1) weist darauf hin, daß "eine systematische und professionelle Projektentwicklung von Immobilien (...) heute - zumindest in der Bundesrepublik Deutschland - ganz im Gegensatz zu Großbritannien oder den USA - oftmals noch nicht selbstverständlich" ist.

164 *Luber*, Monopoly, S. 130.

165 *Göppert/Schubert*, Mut, S. 116.

166 So hat die Deutsche Grundbesitz-Investmentgesellschaft für ihren "Grundbesitz-Invest"-Fonds bereits Anfang der achtziger Jahre den Wandel ihrer Anlagepolitik von der reinen Immobilienanlage zur verstärkten Projektentwicklungstätigkeit vollzogen. Vgl. *Rohrbach*, Wandel, S. 366; Vgl. auch *Gathmann*, Anlageberatung, S. 276. Auch bei anderen Fonds und ebenso auf Verbandsebene vollzog sich diese Umorientierung, so daß Projektentwicklung inzwischen gemäß *BVI* (Investment 92, S. 73) als "ein wichtiger Bestandteil der Anlagepolitik der Fonds" gewertet werden können. Vgl. auch *BVI*, Investment '88, S. 30 und *BVI*, Investment '84, S. 46 f.

2.4.1. Begriffsbestimmung

Eine der ersten deutschsprachigen Definitionen der Projektentwicklung wurde von Retter aufgestellt:

> "Unter Projektentwicklung bei Grundstücken kann man die Summe aller Untersuchungen, unternehmerischen Entscheidungen, Planungen und anderer bauvorbereitender Maßnahmen verstehen, die erforderlich oder zweckmäßig sind, eines oder mehrere Grundstücke (Erbbaurechte) zu überbauen oder die Verwirklichung einer sonstigen Nutzung vorzubereiten, ferner die Durchführung der baulichen oder sonstigen Nutzung im wirtschaftlichen Bereich zu sichern."[167]

Diesem als eher deskriptiv zu bezeichnenden definitorischen Ansatz[168] kann hier nicht gefolgt werden, da er dem originären Charakter der Projektentwicklung nicht gerecht wird.

Aufbauend auf das in Abschnitt 2.1.2. vorgestellte Verständnis der Immobilie als "Space and Money over Time" könnte an dieser Stelle auch Graaskamps Definition Verwendung finden, wenn er postuliert:

> "The creation and management of space-time units is termed real estate development".[169]

Diese recht einfache Definition stellt jedoch primär auf die ökonomische Nutzenstiftung des durch den Developer geschaffenen Raums ab. Sie ist daher für die hier verfolgte Zielsetzung nicht hinreichend. Der Zweck der Projektentwicklung liegt demnach darin, die einem Grundstück bzw. einer Immobilie inhärenten, potentiellen Wertsteigerungsmöglichkeiten zu

---

167 *Retter*, Projektentwicklung, S. 337. Diese Definition wurde von *Heuer* (Vermarkten, Teil 6, Kap. 3, S. 1) und *Falk* (Immobilien-Handbuch, Kap. 15.1, S. 1) übernommen.

168 Auf gleiche Weise ist auch die offizielle Definition des britischen "Town and Country Planning Act" von 1971 (zitiert nach *Avis*, Process, S. 1) einzuordnen: "Development means the carrying out of building (...) or other operations in, on, over or under land, or the making of any material change in the use of any buildings or other land". Vgl. auch die begrifflichen Ausführungen bei *Abbott*, Encyclopedia, S. 247 f.; *Harris/Friedman*, Barron's, S. 167; *Jones Lang Wootton et al.*, Glossary, S. 56; *White*, Counseling, S. 10.

169 *Graaskamp*, Fundamentals, S. 620; Vgl. *Jarchow*, Investment, S. 44.

erkennen und durch geeignete Maßnahmen aufzudecken.[170] Der durch den Developer geschaffene Mehrwert kommt jedoch nicht ausschließlich dadurch zustande, daß ein unbebautes Grundstück oder ein Abrißgrundstück neu bebaut wird, sondern kann auch durch sonstige Maßnahmen zur Steigerung der Grundstücksausnutzung[171] und der Flächenproduktivität[172] herbeigeführt werden. Dazu zählen insbesondere die bauliche Nutzung bislang ungenutzter Flächen auf einem Grundstück oder etwa Umbaumaßnahmen, z.B. zur Umwidmung von Nebenflächen zu vermietbaren Nutzflächen.[173]

Eine dritte, ganzheitlich-systematisierende Definition liefert Diederichs:

> "Projektentwicklung bedeutet Kombination von Standort, Projektidee und Kapital so, daß einzelwirtschaftlich wettbewerbsfähige und zugleich gesamtwirtschaftlich sozial- und umweltverträgliche Bauinvestitionen geschaffen und gesichert werden."[174]

Bei diesem auch in Abbildung 4 wiedergegebenen Begriffsverständnis wird im Gegensatz zu den vorangegangenen Definitionen auf die Produktionsfaktoren abgestellt, welche die Ausgangsbasis der Projektentwicklung bilden und deren sinnvolle Kombination die Bauinvestition zum Ergebnis hat.[175]

---

170 Vgl. *Bevan*, Property, S. 121; *Baum/Mackmin*, Approach, S. 179.

171 Die Steigerung der Grundstücksausnutzung kann regelmäßig dann erreicht werden, wenn mit der bisherigen Bebauung das durch den Flächennutzungs- bzw. Bebauungsplan vorgegebene Maß der baulichen Nutzung, ausgedrückt in Geschoßflächenzahl, Grundflächenzahl oder der Zahl der erlaubten Vollgeschosse, unterschritten wurde. Siehe hierzu den zweiten Abschnitt der BauNVO (§§ 16 ff.).

172 Die Flächenproduktivität kennzeichnet das Verhältnis der vermietbaren Fläche zur Gesamtfläche einer Immobilie.

173 Vgl. *Hardcastle/Nairn/et al.*, Strategy, S. 282.

174 *Diederichs*, Bauwirtschaftslehre, S. 32; vgl. auch *BVI*, Investment 92, S. 73 f.

175 Vgl. auch *Healey*, Process, S. 35 u. 38.

Abb. 4: Das Wesen der Projektentwicklung

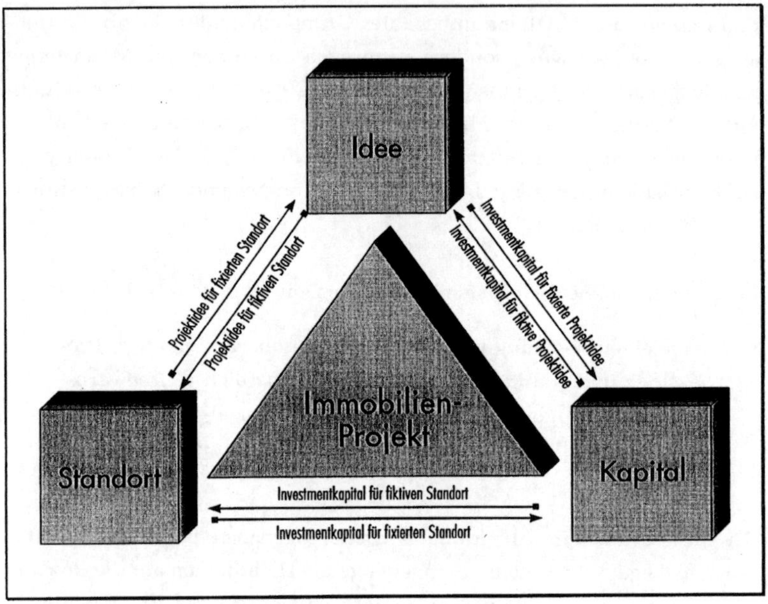

Mit diesem Begriffsverständnis werden zwei Wirkungsebenen der Projektentwicklung angesprochen: Zum einen wird die gesamtwirtschaftliche Ebene berührt, auf welcher die Frage zu beantworten ist, inwieweit die Bauinvestition bzw. die Immobilie als deren Ergebnis öffentlichen Belangen entgegenkommt.[176] Zum anderen wird die einzelwirtschaftliche Ebene angesprochen, die im folgenden im Zentrum des Interesses steht.

Als einzelwirtschaftliches Effizienzkriterium für die erfolgte Entwicklung nennt Diederichs die Wettbewerbsfähigkeit der Bauinvestition.[177] Diese ist Ergebnis der von der Immobilie ausgehenden Nutzenstiftung bzw. ihrer Problemlösungskapazität.

176 Zur Bedeutung der Projektentwicklung auf gesamtwirtschaftlicher Ebene siehe z.B. *Solesbury*, Regeneration, S. 186 ff.; *Bateman*, Development, S. 47 ff.; *Cadman/Catalano*, Development, S. 29 ff.

177 Vgl. auch *Falk*, Immobilien-Handbuch, Kap. 15.1, S. 1.

Der Aspekt der Wettbewerbsfähigkeit stellt die Funktion der Projektentwicklung zugleich in einen übergeordneten strategischen bzw. unternehmenspolitischen Zusammenhang. Demnach kann Projektentwicklung aus der Sicht eines Immobilienunternehmens auch als ein strategischer Ansatz zum Aufbau von Erfolgspotentialen und - damit verbunden - zur Erzielung von verteidigungsfähigen Wettbewerbsvorteilen vor der Branchenkonkurrenz interpretiert werden.[178] Insofern erweist sich die von Diederichs begründete, zielorientierte Sicht der Projektentwicklungstätigkeit für die Betrachtung des strategischen Management von offenen Immobilienfonds als zweckmäßig. Deshalb soll sie als Grundlage der nachfolgenden Ausführungen dienen.[179]

2.4.2. Der Prozeßcharakter der Projektentwicklung - eine dynamische Sicht

Projektentwicklung stellt sich insgesamt als eine sehr komplexe[180], dynamische und multidisziplinäre Aufgabe dar, für deren inhaltliche Beschreibung sich eine prozessuale Betrachtungsweise anbietet.[181]
Der Projektentwicklungsprozeß als solcher soll hier nach Healey verstanden werden als "the transformation of the physical form, bundle of rights, and material and symbolic value of land and buildings from one state to another, through the effort of agents with interests and purposes in acquiring and using resources, operating rules and applying and developing ideas and values"[182]. Als Untersuchungsobjekte stehen damit zum einen

---

178 Vgl. auch *Diederichs*, Projektentwicklung, S. 1.

179 Eine vergleichbare Auffassung vertritt Jarchow, indem er Projektentwicklung als Teil eines übergeordneten Systems mit dem Zweck der Erreichung langfristiger Ziele versteht. Vgl. *Jarchow*, Investment, S. 44. Ebenso *Byrne/Cadman* (Risk, S. 4), welche Projektentwicklung definieren als "the process by which development agencies, together or on their own, seek to secure their social and economic objectives by the improvement of land and the construction or refurbishment of buildings for occupation by themselves or others".

180 Vgl. *Graaskamp*, Fundamentals, S. 620; *Wagner*, Projektmanagement, S. 665; *Avis*, Introduction, S. 3.

181 Vgl. *Cadman/Catalano*, Development, S. 20; *Byrne/Cadman*, Risk, S. 4.; *Avis*, Process, S. 2. *Graaskamp* (Fundamentals, S. 639) hebt die Bedeutung des Projektentwicklungsprozesses hervor: "The development process is our most challenging manufacturing process because its sub-systems are complex and because it is the instrument of change which affects all of a community and a society".

182 *Healey*, Process, S. 36.

das Immobilienprojekt als Gegenstand eines Transformationsprozesses und zum anderen die an diesem Transformationsprozeß Beteiligten, von Healey als "Agents" bezeichnet, im Vordergrund.

Die Immobilie als Gegenstand des mit der Projektentwicklung einhergehenden Transformationsprozesses kann einer allgemeinen Lebenszyklusbetrachtung unterworfen werden.[183] Während das Grundstück als solches eine unbegrenzte Lebensdauer aufweist, unterliegt der auf dem Grundstück geschaffene Raum bzw. das Gebäude einem technischen und wirtschaftlichen Alterungsprozeß.[184]

Dieser Zyklus führt, wie auch Abbildung 5 zu entnehmen ist, im allgemeinen dazu, daß das Gebäude zu einem bestimmten Zeitpunkt entweder umstrukturiert oder abgerissen wird, um eine geänderte oder neue Nutzung des Raums zu erhalten. Anlässe bzw. Gründe für die Veränderung bzw. Erneuerung des Raums sind äußerst vielfältig.[185] In volkswirtschaftlicher Sicht können in diesem Zusammenhang beispielsweise Grenzkosten-Grenznutzen-Kalküle allgemeine Hinweise zur Obsoleszenz einer Immobilie liefern. Auch die betriebswirtschaftliche Investitionstheorie[186] kann im Rahmen von Überlegungen zur optimalen Nutzungsdauer, zum optimalen Investitionszeitpunkt sowie zum optimalen Ersatzzeitpunkt auf die Fragestellung angewandt werden, wann eine Immobilie eines Developments oder Redevelopments bedarf oder eine Neuinvestition vorgenommen werden sollte.[187]

---

183 Vgl. auch *Pyhrr/Cooper/et al.*, Real Estate, S. 46 f.; *Pagliari*, Estate, S. 17; *Schütz*, Kennziffermodell, S. 25 f.

184 Siehe auch die Ausführungen zur Länge des Lebenszyklusses in Abschnitt 2.2.1. auf Seite 30.

185 Siehe hierzu *Baum*, Depreciation, S. 59 ff.; *Golton*, Perspectives, S. 272 ff.

186 Vgl. *Schulte*, Nutzungsdauer, S. 5; siehe hierzu auch *Schulte*, Wirtschaftlichkeitsrechnung, S. 139 ff.

187 Die Obsoleszenz von Immobilienobjekten hat in den vergangenen Jahren verstärktes Forschungsinteresse in den USA und Großbritannien gefunden, soll aber an dieser Stelle nicht weiterführend behandelt werden. Siehe hierzu *Baum*, Depreciation, S. 55 ff.; *Harps*, Value, S. 242 ff.; *Golton*, Perspectives, S. 269 ff.; *Hardcastle/Nairn/et al.*, Strategy, S. 281 ff.; *Dubben/Sayce*, Property, S. 28; *Pilzer*, Obsolescence, S. 31 ff.

Abb. 5: Der Lebenszyklus einer Immobilie

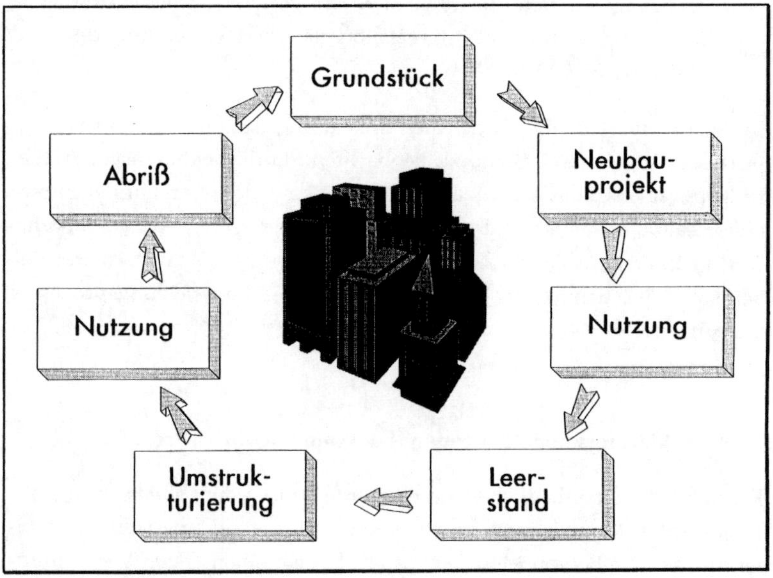

Insgesamt unstrittig ist die Feststellung, daß mit dem Vorgang der Erneuerung einer Immobilie stets die Funktion der Projektentwicklung verbunden ist. Fraglich ist jedoch, in welchem Umfang die mit dem Erneuerungsprozeß verbundenen Aufgaben als Teil des Projektentwicklungsprozesses anzusehen sind. Grundsätzlich lassen sich in diesem Zusammenhang zwei Positionen unterscheiden, welche als Projektentwicklungsprozeß im engeren und als Projektentwicklungsprozeß im weiteren Sinne bezeichnet werden sollen:[188]

- Der Projektentwicklungsprozeß im engeren Sinne beinhaltet lediglich die Tätigkeiten, die erforderlich sind, um ein Projekt bis zur Planungsfreigabe heranzubilden.[189]

188 Vgl. *Diederichs*, Projektentwicklung, S. 2.

189 Vertreter dieser Position sind z.B. *Pfarr*, Grundlagen, S. 202 f.; *Frey*, Aufgaben, S. 36; mit Einschränkung auch *Schnermann*, Projektentwicklung, S. 306; *Falk*, Immobilien-Handbuch, Kap. 15.1, S. 9.; *Schweizer*, System, S. 123 f.

- Der Projektentwicklungsprozeß im weiteren Sinne umfaßt hingegen den gesamten Zeitraum von der Initiierung des Projektes bis zur Nutzungsübergabe und Verwertung des fertigen Objekts.[190]

In der Praxis ist in aller Regel die Anwendung des Projektentwicklungsprozesses im weiteren Sinne zu beobachten, da die schöpferische Initiierungsphase erst mit der Nutzungsübergabe bzw. dem Verkauf der Immobilie Realität annimmt und der durch den Developer geschaffene Mehrwert auch erst zu diesem Zeitpunkt zu Tage tritt. Im Rahmen dieser Arbeit soll daher das weitere Verständnis des Projektentwicklungsprozesses zugrundegelegt werden.

2.4.3. Erklärungsmodelle für den Projektentwicklungsprozeß

Hinsichtlich der inhaltlichen Beschreibung und Konzeptualisierung des Projektentwicklungsprozesses existieren in der anglo-amerikanischen Literatur eine Reihe von Modellen.[191] Healey hat einen ersten Versuch unternommen, einige dieser Modelle zu systematisieren. Sie identifizierte drei grundlegende Ansätze zur Beschreibung der Projektentwicklung, denen die Modelle zugeordnet werden können:[192]

1. Gleichgewichtsmodelle ("Equilibrium Models"), die auf der Grundlage neoklassischen Gedankenguts davon ausgehen, daß Projektentwicklungsaktivitäten auf der Basis von Angebots- und Nachfragebewegungen zustandekommen, die

---

190 Der weiteren Sichtweise entspricht auch die Auffassung von *Goodchild/Munton* (Development, S. 65): "The Development process begins when a parcel of land is considered suitable for a different or more intensive use, and is completed when the necessary changes have taken place and land re-occupied". Weitere Vertreter dieser Position werden im Rahmen der folgenden Ausführungen vorgestellt.

191 Hinsichtlich der Bewertung der Modelle soll an die Forderung von *Adam* (Planung, S. 115) angeknüpft werden: "Wenn die wirtschaftswissenschaftliche Forschung es als ihre Aufgabe ansieht, Modelle zur Erklärung und Gestaltung betrieblicher Systeme zu entwickeln, dann ist es unumgänglich, daß Modellkonstruktionen stets vom praktischen Problem ausgehen und auf dieses zugeschnitten sein müssen." Vgl. auch die von *Szyperski/Winand* (Grundbegriffe, S. 124) genannten Evaluierungsaspekte.

192 Vgl. *Healey*, Models, S. 219 ff.; *Healey*, Issues, S. 4 ff.; zur Kritik an der Vorgehensweise Healeys vgl. *Hooper*, Construction, S. 45 ff.

am Markt durch Mieten, Renditen und Kaufpreise induziert werden.

2. Phasenmodelle ("Event-Sequence Models"), die sich aus betriebswirtschaftlicher Sicht auf das Management des Projektentwicklungsprozesses konzentrieren und diesen hierfür in einzelne Phasen zerlegen.
3. Institutionenmodelle ("Agency Models") welche vor dem Hintergrund behaviouristischer bzw. institutionenökonomischer Überlegungen die an dem Projektentwicklungsprozeß beteiligten Akteure und ihre Beziehungen in den Mittelpunkt der Betrachtung stellen.[193]

Nachfolgend werden die drei Modelle in ihren Grundzügen dargestellt und daraufhin untersucht, ob sie den komplexen Aufbau und.Inhalt realer Projektentwicklungsprozesse erklären können.

2.4.3.1. Gleichgewichtsmodelle

Gleichgewichtsmodelle[194] gehen von der grundlegenden Annahme aus, daß Nachfrage nach Raumnutzungen Projektentwicklungsprozesse induziert.[195] Es wird im Rahmen von Ursache-Wirkungsketten ferner vorausgesetzt, daß Mieten, Renditen und Kaufpreise in der Lage sind, das Ver-

---

193 Neben den drei oben genannten Ansätzen identifiziert Healey einen weiteren Ansatz, den sie als Strukturmodell bezeichnet. Dieser liegt zu wesentlichen Teilen in der marxistischen Systemauffassung begründet und untersucht in erster Linie das Spiel der Kräfte von Kapital, Arbeit und Eigentum innerhalb des Produktionsprozesses sowie dessen Einfluß auf das bauliche Umfeld und die kapitalistische Gesellschaft. Ausgangspunkt der Strukturmodelle ist in der Regel die Überlegung, daß die Kombination von Arbeit und Kapital im Projektentwicklungsprozess einen Mehrwert für den Landeigentümer generiert. Die damit verbundene Kapitalakkumulation führt zu Klassenkämpfen zwischen vorkapitalistischen Grundeigentümern (z.B. Arbeiter und Bauern) und kapitalistischen "Landlords". Auch wenn die Strukturmodelle vom analytischen Standpunkt her bestechend sind, sollen sie aufgrund ihrer einseitigen, dialektischen Orientierung im Rahmen dieser Arbeit nicht näher behandelt werden. Vgl. *Healey*, Models, S. 220 ff.; *Healey*, Issues, S. 6. Siehe hierzu auch die umfassende Abhandlung bei *Luithlen*, Concepts, S 234 ff.

194 Siehe hierzu z.B. die Veröffentlichungen von *Harvey*, Urban Land; *Fraser*, Principles; *Couch/Basnett/Holmes/Doward*, Vacancy; *Corcoran*, Market.

195 Vgl. *Healey*, Models, S. 220; *Shafer*, Economics, S. 34 ff.

halten der Marktteilnehmer zu lenken und ein Gleichgewicht von Angebot und Nachfrage herzustellen.
Dieser theoretischen Sichtweise ist jedoch entgegenzuhalten, daß sich die reale Entwicklung des Immobilienmarktes aus verschiedenen Gründen anders verhält.[196] Die Besonderheiten der Immobilie, insbesondere die Aspekte der Standortfixierung, der Produktionsdauer, der Langlebigkeit und der Nichtteilbarkeit, stehen sowohl in kontraktiven als auch in expansiven Marktphasen einem raschen Ausgleich von Angebot und Nachfrage entgegen. Aufgrund der starken Segmentierung des Immobilienmarktes in heterogene Teilmärkte kommt das Problem hinzu, daß die Marktteilnehmer nur unzureichende Informationen über Verhalten und Erwartungen der jeweils anderen Marktteilnehmer besitzen.[197]

Es ist somit davon auszugehen, daß Gleichgewichtsmodelle[198] aufgrund ihres überwiegend statischen und deterministischen Charakters nicht in der Lage sind, das komplexe Geschehen realer Projektentwicklungsprozesse hinreichend zu erklären.[199]

Ein anderes Ergebnis wäre zu erzielen, wenn das klassische Gleichgewichtsmodell dynamisiert würde. Die Grundlage hierfür könnte das sog. "Cobweb-Theorem" liefern, welches davon ausgeht, daß die Anbieter in einer Situation vollständiger Konkurrenz ihr Angebot erst mit einperiodiger Verzögerung an den Preis anpassen, während die Nachfrager sofort reagieren.[200] Eine weitere Prämisse ist, daß die Anbieter nicht aus ihren Erfahrungen lernen und dementsprechend die erwarteten Verhaltensänderungen für die nachfolgende Periode vorwegnehmen.

---

196 Vgl. auch Fußnote 112 auf Seite 28.

197 Weitere Gründe für die Unzulänglichkeit des neo-klassischen Modells finden sich bei *Healey*, Models, S. 222 f.

198 Zur neueren allgemeinen Kritik an neoklassischen Methoden zur Erklärung realer Phänomene vgl. *Bruhn/Grimm*, Change, S. 24.

199 Vgl. *Bradley*, Dynamics, S. 314 ff. Bradley kritisiert insbesondere, daß die heute verbreiteten Immobilienbewertungsverfahren auf statischen Gleichgewichtsmodellen aufgebaut sind und daher um eine dynamische Sicht unter Einbezug der Erwartungen der Marktteilnehmer sowie zukünftiger Marktbewegungen und Verhaltensänderungen erweitert werden müssen.

200 Vgl. *Schumann*, Grundzüge, S. 190.

Die dadurch erklärten Gleichgewichtsschwankungen besitzen auch in empirischer Hinsicht eine gewisse Relevanz.[201] Auch bei Beobachtung der tatsächlichen Verhältnisse auf dem Immobilienmarkt, können hier mit hoher Gewißheit Angebots- und Nachfrageschwankungen bzw. zyklische Marktbewegungen festgestellt werden.[202]

2.4.3.2. Phasenmodelle

Phasenmodelle beschreiten einen pragmatischeren Weg, um den Projektentwicklungsprozeß zu charakterisieren. Im allgemeinen handelt es sich hier um deskriptive Modelle, die die in der Realität auftretenden Prozesse der Immobilienentwicklung in einzelne idealtypische Phasen zerlegen. Sie kommen dabei den traditionellen Ablaufschemata von Produktions- und Dienstleistungsprozessen recht nahe, bei welchen sich die Herstellung eines Produktes bzw. die Erstellung einer Dienstleistung in mehreren aufeinanderfolgenden Schritten vollzieht.[203] Am Anfang des Prozesses stehen im Falle der Projektentwicklung die drei bereits genannten Faktoren Standort, Projektidee und Kapital, am Ende das nutzungsbereite Immobilienobjekt.

Die Abbildung des Projektentwicklungsprozesses durch die Abgrenzung von Phasen erfolgt bei den verschiedenen Autoren[204] auf sehr unterschiedliche und mehr oder weniger detaillierte Weise. Sie reicht von glo-

---

201 Bedeutendstes Bespiel ist die Untersuchung von Hanau über das Angebot von Mastschweinen für die Zeit vor 1914, welche den Begriff des "Schweinezyklus" prägte. Siehe hierzu *Hanau*, Prognose (zitiert nach Schumann, Grundzüge, S. 196).

202 Siehe hierzu z.B. die Untersuchung von *Pugh* (Cycle, S. 204 ff.), der für die westlichen Industrienationen über die Jahre 1985 - 1995 eine zyklische Bewegung der Immobilienmärkte festgestellt hat.

203 Vgl. *Cadman/Catalano*, Development, S. 20; *Avis*, Process, S. 2.

204 Phasenbetrachtungen finden sich beispielsweise bei *McMahan*, Development, S. I; *Avis*, Process, S. 2; *Goodchild/Munton*, Development, S. 65; *Leinberger*, Planning, S. 38; *Byrne/Cadman*, Risk, S. 4 f.; *Diederichs*, Projektentwicklung, Bild 1.3; *Schütz*, Kennziffermodell, S. 26 f.; *Falk*, Immobilien-Handbuch, Kap. 15.1, S. 4 ff.; *Brandenberger/Ruosch*, Projektmanagement, S. 17 ff.

balen dreiphasigen Modellen[205] bis zu differenzierten Konzepten mit acht und mehr Phasen.[206]

Ein allgemein anerkanntes und umfassendes Modell ist das der School for Advanced Urban Studies der University of Bristol (SAUS)[207], welches in Abbildung 6 wiedergegeben wird.

Das SAUS-Modell geht über die reine Phasenbeschreibung hinaus und integriert die Rollen und Beziehungen der an der Projektentwicklung Beteiligten. Darüber hinaus verdeutlicht ein schwach strukturiertes Regelkreismodell Einflüsse der Branchenstruktur, vor- bzw. nachgelagerter Märkte (Boden-, Finanzierungs- und Baumarkt) sowie die Einflüsse der allgemeinen wirtschaftlichen Rahmenbedingungen (Wachstum, Entwicklungstrends, Besteuerung, demographische Entwicklung etc.) auf die einzelnen Projektstufen. Das SAUS-Modell ist damit als übergreifendes, die Phasen- und Institutionenbetrachtung verknüpfendes Modell einzustufen.[208]

Anhand dieses Modells läßt sich recht gut die Art und Weise zeigen, wie sich ein Projekt durch die verschiedenen Stadien seiner Entwicklung bewegt und welche internen und externen Kräfte das Tempo der Projektentwicklung beeinflussen oder das Projekt sogar blockieren.[209]

205 Beispielsweise unterteilen Byrne/Cadman den Projektentwicklungsprozess in die drei Phasen "Acquisition - Production - Disposal". *Byrne/Cadman*, Risk, S. 5.

206 Bei *Miles/Malizia/Weiss* (Development, S. 5) findet z.B. ein achtstufiges Modell Anwendung. Hier werden die Stufen "Inception of the an Idea - Refinement of the Idea - Feasibility - Contract Negotiation - Formal Commitment - Construction - Completion and Formal Opening - Asset and Property Management" unterschieden. In der Bundesrepublik wird die Phasenbeschreibung häufig an dem "Leistungsbild Objektplanung" gem. § 15 HOAI ausgerichtet. Danach werden die Grund- und besonderen Leistungen bei der Erstellung von Gebäuden insgesamt neun Leistungsphasen zuordnet.

207 Vgl. *Barrett/Stewart/Underwood*, Process, o.S. (zitiert nach Avis, Introduction, S. 3).

208 *Schweizer* (System, S. 63 ff.) unternahm einen ähnlich gelagerten Versuch, den Planungs- und Bauprozeß - aufbauend auf die von der St. Gallener Schule (insbes. Malik) begündete Forschungsrichtung - als Regelkreissystem bzw. noch darüber hinausgehend als kybernetisches System darzustellen. Diesem Konzept kann hier jedoch nicht gefolgt werden, da es Projektentwicklung nur im engeren Sinne interpretiert und somit der hier gewählten Auffassung nicht entspricht.

209 In der Literatur findet sich in diesem Zusammenhang häufiger die Metapher einer "Development-Pipeline". Vgl. *Healey*, Models, S. 224.

Abb. 6: Das SAUS-Modell der Projektentwicklung[210]

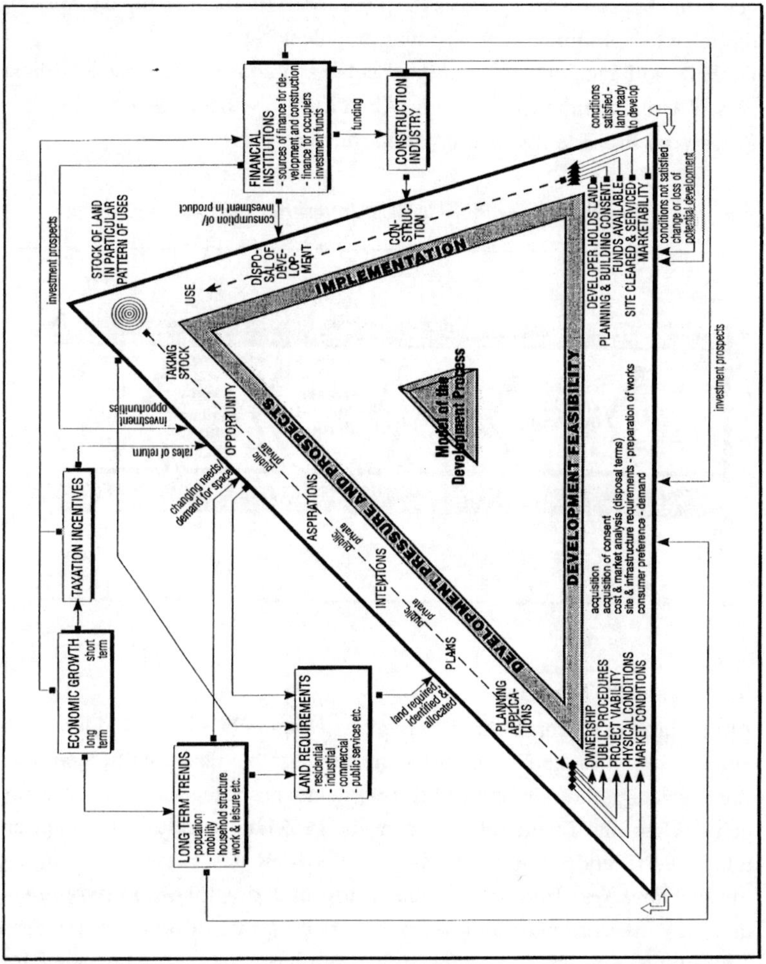

Auf der Vielzahl der Phasenbeschreibungen aufbauend und diese zusammenfassend soll hier der Versuch unternommen werden, ein eigenes Phasenmodell zu entwickeln. Diese Vorgehensweise erscheint sinnvoll, da die

210 Es handelt sich um eine geringfügig modifizierte Abbildung der bei Healey wiedergegebenen Darstellung des SAUS-Modells. Vgl. *Healey*, Models, S. 229.

Art der Phasenbeschreibung bei den meisten Autoren durch ihren situativen Branchenstandpunkt, sei es das finanzierende Institut, die bauausführende Unternehmung oder der Investor, gelenkt wird.
Deshalb soll hier ein eher situationsübergreifender, strategischer Blickwinkel eingenommen werden. In Abbildung 7 wurden demnach sieben Phasen der Projektentwicklung unterschieden.

Abb. 7: Phasenmodell des Projektentwicklungsprozesses

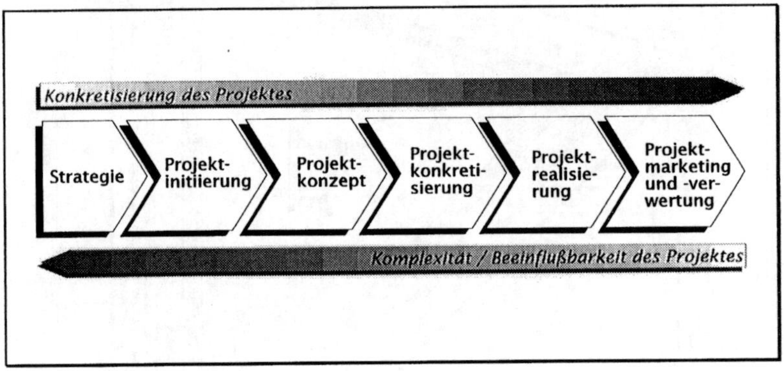

Phase 1: Strategie

Am Anfang des Projektentwicklungsprozesses steht - bewußt oder unbewußt - die Strategie.[211] Unternehmenspolitische Grundhaltungen und Ziele, strategische Analysen und unternehmensstrategische Entscheidungen stecken das Terrain ab, auf dem die Projektentwicklungstätigkeit erfolgt. Die Grundüberlegung ist auch hier, daß das Herangehen an die Entwicklung von Immobilien allein aufgrund des Investitionsvolumens und des Investitionszeitraums nicht zufällig bzw. auf dem Wege eines "muddling through" erfolgen sollte, sondern eines strategiegeleiteten Vorgehens bedarf.[212]

211 Vgl. auch *Schulte*, Spektrum, S. 10; *Miles/Malizia/Weiss*, Development, S. 154; *Morris*, Management, S. 200 ff. *Leinberger*, Planning, S. 38. Siehe ebenso die Prozeßbeschreibung bei *Cadman/Catalano*, Development, S. 21. *Healey* (Issues, S. 7) kritisiert, daß die Mehrzahl der Modelle nicht die Strategien und Interessen des Projektentwicklers in die Betrachtung einbeziehen: "Yet it is through these interests and strategies that the development processes are brought about".

212 Vgl. auch *Manning*, Economics, S. 12.

In der Praxis lassen sich unternehmenspolitische Grundsatzentscheidungen dieser Art in vielfältiger Form beobachten.[213] Neben generalistisch ausgerichteten Developern, die auf nationaler oder internationaler Ebene alle immobilienspezifischen Nutzungsformen anbieten, gibt es Projektentwicklungsunternehmen, die sich aufgrund ihrer Größe und Herkunft auf bestimmte Regionen und Bereiche spezialisiert haben.[214] Darüber hinaus sind auch Spezialisierungen auf bestimmte, eng definierte Nutzungsformen festzustellen. So haben einige Developer beispielsweise Wettbewerbsvorteile auf dem Gebiet der Gewerbeparkentwicklung aufgebaut und operieren in diesem Segment auf internationaler Basis.[215]

Phase 2: Projektinitiierung

Im Rahmen der Projektinitiierung ist die Frage zu lösen, auf welche Weise die oben angesprochenen Faktoren Standort, Projektidee und Kapital vor dem Hintergrund des Strategiekonzeptes kombiniert werden können, um eine wettbewerbsfähige und gesamtwirtschaftlich akzeptable Immobilie zu produzieren.

Ausgangssituation für diese Prozeßphase ist entweder ein vorhandenes Grundstück, für das eine Nutzung gefunden werden muß, oder eine Projektidee[216], für welche ein geeigneter Standort zu beschaffen ist.[217] Eine

213 Vgl. *Avis*, Process, S. 12; *Leinberger*, Planning, S. 42; *Ori*, Strategies, S. 95 f. Siehe hierzu insbesondere die Ergebnisse einer empirischen Studie des Urban Land Institutes über Ziele, Unternehmensphilosophie und Tätigkeitsschwerpunkte amerikanischer Projektentwicklungsgesellschaften bei *Suchman*, Interviews, S. 7 ff. Eine weitere empirische Studie der strategischen Managementpraxis von Developern findet sich bei *Hayden Green*, Practices, S. 63 ff.

214 Hier wäre z.B. eine Spezialisierungs- bzw. Fokussierungsstrategie zu nennen, mit welcher sich ein Developer nur auf die Entwicklung von Projekten mit ganz bestimmten Nutzungen in eng umrissenen Lagen und in nur in bestimmten Größenordnungen konzentriert (z.B. Einkaufszentren in stadtnahen Lagen mit über 30.000 m2 Grundfläche und einem Volumen jenseits 50 Mio. DM).

215 Als Beispiel könnten hier die in Dallas beheimatete Firma "Trammel Crow" und die französische Firma "Europarc" genannt werden.

216 Zu möglichen Quellen für Projektideen siehe *Schnermann*, Projektentwicklung, S. 297 f.

217 Vgl. *Diederichs*, Projektentwicklung, S. 3; *BVI*, Investment 92, S. 74; *Retter*, Projektentwicklung, S. 339 f.; *Falk*, Immobilien-Handbuch, Kap. 15.1, S. 2; *Schweizer*, System, S. 124 ff.; siehe insbesondere *Malizia*, Framework, S. 641 f. und *Graaskamp*, Fundamentals, S. 630 f.

dritte Ausgangssituation begründet das investive Kapital, das nach geeigneten Verwendungen sucht.[218]
Die Initiierungsphase zeichnet sich zunächst durch ein hohes Maß an Unsicherheit[219] und insbesondere durch kreative und komplexe Such- und Analyseprozesse aus. Am Ende dieser Phase steht die Identifizierung von Erfolgspotentialen bzw. Wettbewerbsvorteilen eines Immobilienprojektes sowie die Beschreibung der Grundzüge des Projektes.[220]

Phase 3: Projektkonzeption

Sind die groben Umrisse des Projektes erkennbar, so geht es in der dritten Phase darum, das in der Initiierungsphase geschaffene gedankliche Konstrukt inhaltlich zu umreißen und in einer Projektstudie zu dokumentieren. Diese soll letztlich Aufschluß über die Frage geben, ob und auf welche Weise das Projekt realisierungsfähig ist.[221]
Die Projektkonzeption basiert inhaltlich auf detaillierten Markt- und Standortanalysen, (bau-)rechtlichen Prüfungen, Designstudien, Nutzungsanalysen, Risikobetrachtungen, Konkurrenzanalysen sowie Wirtschaftlichkeitsberechnungen.[222] Als Oberbegriff für die Vielzahl der Analysearten im Vorfeld der Projektrealisierung hat sich im englischsprachigen Raum der Begriff "Feasibility Analysis" durchgesetzt.[223]

---

218 Das Investmentkapital als Ausgangspunkt der Projektentwicklung ist insbesondere für die Untersuchung der Investorenseite interessant. So entsteht z.B. bei den offenen Immobilienfonds in Zeiten hoher Mittelzuflüsse regelmäßig ein enormer Anlagedruck. Da für dieses anlagesuchende Kapital je nach Marktlage kaum den Ansprüchen der Fonds genügende Immobilienobjekte gefunden werden können, wird kurzfristig der Erwerb von Wertpapieren, langfristig jedoch die Entwicklung eigener Bauprojekte angestrebt.

219 Vgl. *Byrne/Cadman*, Risk, S. 5.

220 Vgl. auch *Graaskamp*, Fundamentals, S. 634; *Levy/Maloomian*, Considerations, S. 283.

221 Vgl. *Falk*, Immobilien-Handbuch, Kap. 15.1, S. 5; *Schnermann*, Projektentwicklung, S. 298.

222 Auf die Analyseschritte und -instrumente soll an dieser Stelle nicht näher eingegangen werden. Siehe hierzu *Haas/Weyers*, Immobilienanalyse, S. 140 ff.; *Sorensen*, Development, S. 148 ff.; *Diederichs*, Wirtschaftlichkeitsberechnungen, S. 126 ff.; *Schnermann*, Projektentwicklung, S. 298 ff.; *Retter*, Projektentwicklung, S. 340 ff.; *Falk*, Immobilien-Handbuch, Kap. 15.1, S. 5 ff.; *Elkin/Lawrence*, Program, S. 46 ff.

223 *Graaskamp* (Fundamentals, S. 630) definiert "Feasibility Analysis" als "a generic term which groups a variety of predevelopment studies by generalists and specialists in a systematic philosophy of inquiry to determine facts that are reliable assumptions about the future that are consistent with past experience and tactics which will minimize the variance between objectives and realisations". Vgl. auch *Malizia*, Framework, S. 641 ff.; *Halpin*, Feasibility, S. 255 ff.; *Barrett/Blair*, Studies, S. 16 ff.

Phase 4: Projektkonkretisierung

Die Bestätigung des Erfolgspotentials eines Projektes durch die Projektstudie hat die Einleitung einer Verhandlungs- und Entscheidungsphase zur Folge. Spätestens zu diesem Zeitpunkt treten die anderen Projektbeteiligten in den Entwicklungsprozeß ein. Hierzu gehören Grundstückseigentümer, Architekten und Ingenieure, Baubehörden und andere öffentliche Interessenträger, bauausführende Unternehmen, Finanzierungsinstitute, Nutzergruppen, spezielle Dienstleistungsunternehmen der Immobilienwirtschaft (Projektsteuerer, Berater[224], Makler etc.), sowie, falls nicht für den eigenen Bestand entwickelt wird, Investoren.[225]
Folglich beinhaltet die Projektkonkretisierung die Grundstückssicherung, die architektonische Gestaltung, die Erwirkung der Baugenehmigung, die Vergabe der Bauleistungen, die Verhandlung mit Mietinteressenten, den Abschluß der Finanzierung, sonstige vertragliche Bindungen (Beratungs- und Maklerverträge etc.) sowie gegebenenfalls die Verhandlungen mit potentiellen Investoren.

War die Entscheidung über die Realisierung des Projektes bislang nur vorbehaltlich, so kann diese letztlich erst mit der Baufreigabe und unter der Voraussetzung erfolgen, daß die übrigen Verhandlungen ein bestimmtes, vom Developer festzulegendes Anspruchsniveau, z.B. bezüglich Finanzierungszusage, Vermietungsstand und Bauleistungsvergabe, erreicht haben.

Phase 5: Projektrealisierung

Mit dem Beginn der Bauphase endet die oben angesprochene Funktion der Projektentwicklung im engeren Sinne.[226] Während der Bauphase übernimmt der Projektentwickler die originären Bauherrenaufgaben[227],

---

224 Zu Arten und Umfang von Beratungsleistungen im Rahmen des Projektentwicklungsprozesses siehe *Leyson/Thrift/Daniels*, Expansion, S. 66 ff.; *Avis*, Process, S. 15 ff.; *White*, Counseling, S. 11 ff.; *Philippo*, Development, S. 77 ff.

225 Die Rollen und Beziehungen der Projektbeteiligten sind Gegenstand der nachfolgend darzustellenden Institutionenmodelle.

226 Vgl. *Schnermann*, Projektentwicklung, S. 306.

227 Siehe hierzu *Pfarr*, Grundlagen, S. 197 ff.; *Will*, Rolle, S. 139 ff.

insbesondere Steuerungs-, Koordinations- und Kontrollaufgaben hinsichtlich Qualität, Bauzeit und Kosten des Projektes.[228]

Phase 6: Projektmarketing und -verwertung

Mit der nahenden Fertigstellung des Bauprojektes verlagern sich die Aktivitäten zugunsten des Projektmarketing, wobei einzelne Marketingaufgaben bereits den gesamten Projektentwicklungsprozeß begleitend wahrgenommen werden müssen.[229] Das Marketing erstreckt sich im Rahmen dieser Phase vor allem auf die Vermietung und die Veräußerung des Projektes, welche grundsätzlich in jedem Entwicklungsstadium des Prozesses erfolgen können.[230] Die mit dem Marketing in Verbindung stehenden Aufgaben können auf Dritte, d.h. Maklergesellschaften, übertragen werden. Da der langfristige Erfolg der Immobilie sehr stark von der funktionsgerechten Vermietung im allgemeinen und der Findung eines angemessenen Mietermixes im besonderen beeinflußt wird, behalten viele Developer das Marketing im eigenen Hause.[231]
Das primäre Ziel des Projektmarketings kann darin gesehen werden, das Projekt vor den Risiken des Preiswettbewerbs zu schützen.[232] Im Mittelpunkt steht daher der Aufbau und die Sicherung einer "Unique Selling Proposition" (USP), die dem Projekt im Auge des späteren Nutzers oder Investors einen Nutzenvorteil gegenüber Konkurrenzprojekten bzw. -objekten verleiht und auf diesem Wege neben dem Preis andere, wichtige Wettbewerbsdeterminanten einführt.[233]

Der Projektentwicklungsprozeß endet mit der Fertigstellung, Nutzungsübergabe und Verwertung des Projektes. Für den Fall, daß das Projekt

---

228 *Pittam* (Development, S. 131) fordert in diesem Zusammenhang ein "strategic programming of the whole development process".

229 Vgl. *McMahan*, Development, S. 393.

230 Vgl. *Topping*, Marketing, S. 142 ff.; *Goswell*, Letting, S. 101 ff.

231 Vgl. auch *Levy/Maloomian*, Considerations, S. 288 ff.; *Sarvis*, Facility, S. 12; Erfolgsfaktoren und Beispiele für Projektmarketingstrategien entwickelt *Duncan*, Strategy, S. 44 ff.

232 *Graaskamp*, Fundamentals, S. 633.

233 *Graaskamp* (Fundamentals, S. 637) bezeichnete den anzustrebenden Objektzustand recht prägnant als "The ethics of fit and monopoly". Er versteht darunter den Zustand einer Balance zwischen der Immobilie und seiner Umwelt verbunden mit der Schaffung einer Art monopolistischer Angebotssituation aufgrund der besonderen Erfüllung konkreter Kundenbedürfnisse durch das Objekt. Vgl. auch *Jarchow*, Investment, S. 47 f.

nicht zur Veräußerung bestimmt ist, wird es in den Bestand des Developers eingestellt. In einer Lebenszyklusbetrachtung der Immobilie beginnt damit die Phase des Objektmanagements[234], die sich bis zu einem erneuten Redevelopment der Immobilie erstreckt. Dem operativen Objektmanagement obliegt es zunächst, die laufende Nutzungs- bzw. Funktionsfähigkeit der Immobilie zu erhalten. Darüber hinaus umfaßt es in weiterem Sinne aber auch alle Aufgaben - vom Marketing über das Controlling bis hin zur Flächenrevitalisierung - die die Wettbewerbsfähigkeit der Immobilie nachhaltig sichern und ausbauen.[235]

Im Phasenablauf des Projektentwicklungsprozesses ist mit zunehmender Konkretisierung grundsätzlich von einer abnehmenden Gesamtkomplexität des Projektes einerseits, andererseits aber auch von einer schwindenden Beeinflußbarkeit des Projektes, insbesondere bezüglich des Kapitalengagements bzw. der Kostenbindung, auszugehen. Byrne/Cadman bemerken in diesem Zusammenhang treffend: "As the process takes place, the developer's knowledge of the likely outcome increases but, at the same time, the room for manoeuvre decreases. Thus, while at the start of the process developers have maximum uncertainty and manoeuvrability, at the end they know all but can do nothing to change their product, which has been manufactured on an essentially once and for all basis"[236].

Zusammenfassend ist festzuhalten, daß mit Hilfe von Phasenmodellen die Komplexität und Dynamik des Projektentwicklungsprozesses in idealtypischer Form wiedergegeben werden kann. Gleichwohl muß eingeräumt werden, daß die einzelnen Phasen in der Realität nicht immer in der angegebenen Form durchlaufen werden und bei konkreten Projekten in aller Regel Überlappungen, parallele Abläufe und Rückkopplungseffekte auftreten, die durch die Phasenmodelle nicht hinreichend darstellbar sind.[237]

---

234 Zur inhaltlichen Ausgestaltung des Objektmanagements siehe *Falk*, Immobilien-Handbuch, Kap. 20.1, S. 1 ff.; *Fuhrmann*, Funktionen, S. 450 ff.; *Downs*, Principles, S. 12 ff.; *Holbrook*, Management, S. 75; vgl. auch *o.V.*, Management, S. 54 ff.

235 "Now what is property management all about? It ist to exploit to the fullest at all times the potential value of the property". *Holbrook*, Management, S. 75. Dieses übergreifende Verständnis des Objektmanagements wird häufig auch mit dem Begriff des "Facilities Management" belegt. Vgl. *Ramsay*, Development, S. 32.

236 *Byrne/Cadman*, Risk, S. 5. Vgl. auch *Evely*, Need, S. 10.

237 Vgl. *Cadman/Catalano*, Development, S. 21; *Goodchild/Munton*, Development, S. 89; *Miles/Malizia/Weiss*, Development, S. 235. Eine Fallstudie hierfür präsentiert *Healey*, Models, S. 224.

Beispiel hierfür ist etwa das Projektmarketing, dessen Instrumentarium bereits in einer frühen Phase des Projektentwicklungsprozesses eingesetzt werden kann bzw. sollte, da eine frühzeitige Vermietung des Projektes Risiken reduziert und den Projekterfolg bzw. die Veräußerungsfähigkeit des Projektes an einen Investor begünstigt.

2.4.3.3. Institutionenmodelle

Jede Phase des Projektentwicklungsprozesses ist durch die Zusammenarbeit und den individuellen Beitrag einer Vielzahl von Akteuren gekennzeichnet.[238] Während bei den beiden vorstehend behandelten Ansätzen Funktionen und Aufgaben im Mittelpunkt stehen, konzentrieren sich Institutionenmodelle auf die Akteure im Projektentwicklungsprozeß. Das Erfassen der Schlüsselfiguren, ihrer Rollen, Interessen, Ziele und Beziehungen bildet eine der wesentlichen Voraussetzungen für das Verständnis des Projektentwicklungsprozesses.[239]

Dem Modell von Graaskamp[240] folgend, konstituiert sich der Projektentwicklungsprozeß aus der dynamischen Interaktion von drei Gruppen von Akteuren:[241]

- Immobiliennutzer ("Space Consumer Group")
- Immobilienentwickler ("Space Production Group")
- Öffentliche Hand ("Public Infrastructure Group")

Die Gruppe der Immobiliennutzer umfaßt zum einen die individuellen Mieter einer Immobilie und die sog. "owner-occupiers", d.h. die selbst-

238 Vgl. *Avis*, Process, S. 10.

239 Vgl. *Pyhrr/Cooper/et al.*, Real Estate, S. 16 f.; *Healey*, Models, S. 224.

240 Zu den folgenden Ausführungen vgl. *Graaskamp*, Fundamentals, S. 620.

241 Eine andere Unterteilung wählen *Bryant/Russworm/McLellan*. Sie differenzieren zwischen primären und sekundären Entscheidungsträgern und ordnen diese einzelnen Projektphasen zu. Die "Primary Decision Agents" unterteilen sie weiter in "Predevelopment Owners" (Landwirte und andere Grundstückseigentümer), "Intermediate Actors" (Developer, Bauunternehmen, Makler, Investoren, etc.) und "Final Consumers" (Haushalte, Unternehmen, öffentliche Institutionen). "Secondary Decision Agents" sind im Phasenablauf Finanzierungsinstitute, Rechtsanwälte, Berater, Politiker, etc. Vgl. *Bryant/Russworm/McLellan*, City, S. 53 ff. (zitiert nach Healey, Models, S. 227).

nutzenden Immobilieneigentümer. Die Entscheidungen dieser Gruppe von Akteuren sind vorrangig von Standort, Raumangebot und den Gesamtnutzungskosten der Immobilie abhängig. Zum anderen sind die Immobiliennutzungen der öffentlichen Hand ("collective users"), die in aller Regel auf politischen Bedarfsentscheidungen beruhen, und die Gruppe der potentiellen bzw. zukünftigen Immobiliennutzer zu nennen.

Der Space Production Group können diejenigen Akteure zugerechnet werden, die durch die Einbringung ihres Wissens und ihrer Erfahrungen ("site specific expertise") zu dem Prozeß der Transformation von Raum-Zeiteinheiten in Geld-Zeiteinheiten[242] beitragen. Im einzelnen sind dies Developer, Planer, Finanzierungsinstitute, Bauunternehmen sowie Serviceunternehmen.

Zur Public Infrastructure Group gehört nach Graaskamp die gesamte Bandbreite der Anbieter öffentlicher Leistungen ("off-site services and facilities"), die erforderlich sind, um die Immobiliennutzung funktionsfähig zu erhalten - insbesondere Infrastruktureinrichtungen, Versorgungsunternehmen und Behörden (Ordnungsamt, Gewerbeaufsichtsamt etc.).

Die ökonomischen und politischen[243] Relationen zwischen den Angehörigen der drei Gruppen können vielfältige Formen annehmen und bewegen sich zwischen den Polen Harmonie und Disharmonie, Wohlstrukturiertheit und Chaos.[244] Dem Projektentwickler kommt in diesem Beziehungsgeflecht die Rolle eines Koordinators und Katalysators ("Agent")[245] für die Pluralität der Interessen zu.[246] Er übernimmt in aller Regel nicht alle mit dem Projektentwicklungsprozeß einhergehenden Aufgaben in eigener Regie, sondern stellt vielmehr den "Principal Agent" unter den Projektbe-

---

242 Siehe auch die Herleitung des Immobilienbegriffs in Abschnitt 2.1.2. auf Seite 22 ff.

243 Der Politikbegriff wird hier auf das politische Handeln, d.h. auf die individuellen Aushandlungsprozesse zwischen zwei oder mehreren Parteien bezogen.

244 Vgl. *Jarchow*, Investment, S. 45. Zum potentiellen Konflikt bzw. Widerstreit der Interessen, insbesondere zwischen einzelwirtschaftlichen und gesamtwirtschaftlichen Zielkonstellationen siehe *Blaesser*, Entitlements, S. 30 ff.

245 Vgl. *Healey*, Models, S. 224 f.; vgl. auch *Wagner*, Projektmanagement, S. 667.

246 Zu den Eigenschaften und Fähigkeiten, die ein Projektentwickler, sei es eine Person oder vielmehr ein interdisziplinäres Development-Team, aufweisen muß, siehe *Heuer*, Vermarkten, Teil 6, Kap. 2, S. 1 f.

teiligten dar und übt Konzeptionierungs-, Motivations-, Integrations-, Entscheidungs- und Risikofunktionen innerhalb des Prozesses aus.[247]

Während in der Vergangenheit vor allem die Beziehungen zwischen der "Space Production Group" und der "Public Infrastructure Group" von dem Gegensatz privater bzw. einzelwirtschaftlicher und öffentlicher bzw. gemeinwirtschaftlicher Interessen geprägt war, deutet sich heute eine Änderung der Verhältnisse in der Praxis an, welche in dem Begriff des "Public-Private-Partnership"[248] zum Ausdruck kommt. Ursache hierfür ist die Einsicht, daß größere Entwicklungsvorhaben nicht nur einer der beiden Gruppen überantwortet werden können, sondern gemeinsamer Anstrengungen beider Seiten bedürfen. Die Institutionalisierung des Public-Private-Partnership führt zu einem tragfähigen Interessenausgleich und gewandelten Rollenverständnis bei öffentlicher Hand und privaten Unternehmen. Sie bewirkt ebenfalls die Beschleunigung des Projektentwicklungsprozesses durch die Parallelisierung von Verfahren und die gemeinsame Erledigung von Aufgaben.[249]

Einer Klärung bedarf schließlich noch die Rolle des Projektentwicklers. Es kann hier prinzipiell nur von der "Rolle" des Developers gesprochen werden, da es in der Praxis nicht nur einen einzigen Developertypus gibt. Die Aufgaben der Projektentwicklung werden sowohl von professionellen Projektentwicklungsunternehmen[250] als auch von anderen Unternehmen aus verwandten Geschäftsbereichen oder auch aus anderen Branchen übernommen.[251] So gehen z.B. die größeren Filialisten des Einzelhandels

---

247 Vgl. *Fraser*, Principles, S. 239; *White*, Counseling, S. 10; siehe hierzu auch das bei *Miles/Malizia/Weiss* (Development, S. 8) dargestellte Aufgaben- und Beziehungsgeflecht.

248 Public-Private-Partnership kennzeichnet nach *Kunzmann* (Pittsburgh, S. 3) ganz allgemein die "enge Zusammenarbeit von öffentlicher Hand und privaten Unternehmen bei Stadtentwicklung und Wirtschaftsförderung". Der Ursprung dieser Idee wird häufig auf die Initiative zur Revitalisierung der Stadt Pittsburgh im Jahre 1943 zurückgeführt. Siehe hierzu *Kunzmann*, Pittsburgh, S. 7 ff.

249 Vgl. auch *Heuer*, Vermarkten, Teil 6, Kap. 2, S. 3.; *Meyer*, Public-Private-Partnership, S. 7 ff. Zu Arten und Modellen der Kooperation im Rahmen des Public-Private-Partnership siehe z.B. *Cars/Lanesjö et al.*, Co-operation, S. 7 ff.; *Grabbe*, Kooperation, S. 186 f.; *Kupchevsky*, Wiedernutzung, S. 203 ff.; *Heinz*, Partnership, S. 45 ff.

250 Als professionelle Projektentwickler werden in der Regel die Unternehmen bezeichnet, deren Hauptgeschäftszweck die eigentliche Entwicklung darstellt und nicht etwa die Finanzierung, Bauausführung, Vermittlung oder Kapitalanlage betrifft.

251 Vgl. *Pyhrr/Cooper/et al.*, Real Estate, S. 22 f.; *Apgar*, View, S. 9.

oder auch einige Industrieunternehmen verstärkt dazu über, sich selbstgenutzes Immobilieneigentum über eigene Bauprojekte zu verschaffen.

Eine Klassifizierung der verschiedenen Entwicklerrollen auf der Grundlage des zeitlichen Engagements hat McNamara[252] vorgenommen. Wie aus der Abbildung 8 hervorgeht, gliedert McNamara die Rollen von Projektentwicklern jeweils nach kurz- und langfristigen Engagements vor und nach der Immobilienentwicklung. Die langfristigen Bindungen trennt er ferner in Engagements mit Vermietungsabsicht und solche mit Selbstnutzung.

Abb. 8: Klassifizierung der Rollen von Projektentwicklern nach McNamara[253]

classification of developers by purpose of development		after development		
		short term	*long term (leasing out)*	*long term (owning & occupying)*
before development	*short term*	entrepreneurial builder	land-developer-investor	developer-user
	long term (leasing out)	asset clearing, probably investment switch	property improver / rentier	expanding developer-user
	long term (owning & occupying)	capitalizing assets	change in returns from property	owner-occupier / developer

Ein weiteres institutionenorientiertes Modell haben Pyhrr/Cooper/et al.[254] aufgestellt. Sie beschreiben den Projektentwicklungsprozeß aus pri-

252 Vgl. *McNamara*, Classification, S. 87 ff. (zitiert nach *Healey*, Models, S. 231).

253 Abbildung gemäß der Darstellung bei *Healey*, Models, S. 231.

254 Vgl. *Pyhrr/Cooper/et al.*, Real Estate, S. 18 ff.

mär finanzwirtschaftlicher Sicht und unterscheiden in diesem Zusammenhang Entscheidungsträger mit Managementfunktionen ("Developer" und "Managing Equity Investor") und Entscheidungsträger mit Finanzierungsfunktion, sog. "Money Partners" (Zwischenfinanzierer, Joint-Venture-Partner, Endfinanzierer und passive Investoren).[255]

Abb. 9: Akteure im Projektentwicklungsprozeß nach Pyhrr/Cooper/et al.[256]

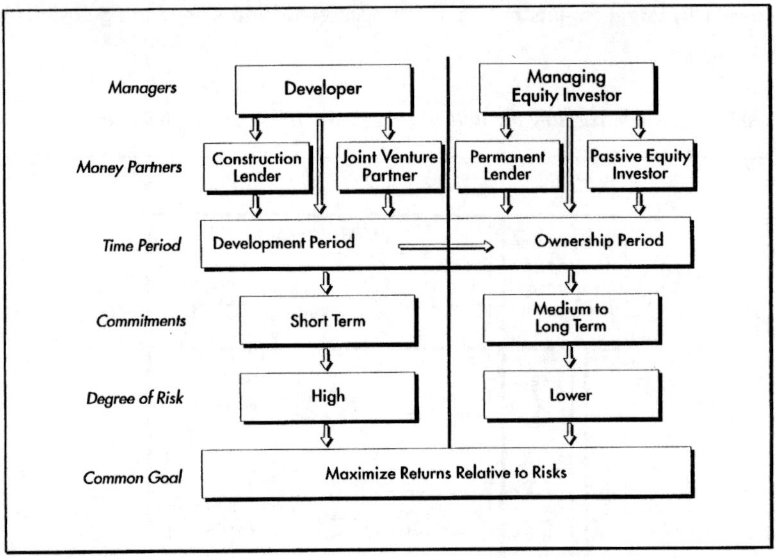

Den Entscheidungsträgern mit Managementfunktionen weisen die Autoren eine Schlüsselrolle im Projektentwicklungsprozeß zu. Wie Abbildung 9 zu entnehmen ist, umfaßt das Modell neben dem zeitlichen Engagement auch den Risikograd und die gemeinsame Zielsetzung der Projektentwicklung. Die wesentliche Erkenntnis dieses Modells liegt darin, daß der Projektentwicklungsprozeß als Partnerschaft zwischen den Akteuren, welche

255 Unter Bezugnahme auf offene Immobilienfonds können deren Kapitalanlagegesellschaften als Managing Equity Investors in das Modell eingehen, während die Zertifikatsinhaber der offenen Fonds die Passive Equity Investors darstellen. Als Joint Venture Partner käme beispielsweise ein Finanzierungsinstitut in Betracht, das sich über das Maß der Zwischenfinanzierung hinaus an dem unternehmerischen Risiko und Erfolg des Projektes beteiligt.

256 Abbildung in Anlehnung an *Pyhrr/Cooper/et al.*, Real Estate, S. 19.

die Expertise zur Projektproduktion und zum Management des Prozesses besitzen, und den Akteuren, die hierfür das Kapital bereitstellen und eine eher passive Rolle einnehmen, aufgefaßt werden sollte.[257]
Wenn, wie bereits erwähnt, auch Immobilienunternehmen aus anderen Bereichen Projektentwicklungsaufgaben übernehmen, dann bezieht sich dies in jüngerer Zeit zunehmend auf die Gruppe der institutionellen Investoren. Begründung hierfür ist in erster Linie das exponentielle Anwachsen des anlagesuchenden Kapitals, welchem nicht in gleicher Weise ein Zuwachs an verfügbarem Immobilieninvestment gegenübersteht.[258] Der zunehmende Anlagedruck führt zu einer klassischen "make-or-buy"-Entscheidung, die in gewissem, aber limitiertem Rahmen zur Folge hat, daß institutionelle Investoren verstärkt eigenständig Projektentwicklung betreiben. Generell ist jedoch von einem zunehmendem Einfluß institutioneller Investoren auf den gesamten Projektentwicklungsprozeß auszugehen.[259]

Die strategischen Herausforderungen, die sich für institutionelle Investoren im allgemeinen und offene Immobilienfonds im besonderen auf dem Gebiet der Projektentwicklung bieten, sind Gegenstand des fünften Kapitels dieser Arbeit. Zunächst sollen die Konstruktion und die Funktionsweise sowie die Strategieentwicklung bei offenen Immobilienfonds näher betrachtet werden.

---

257 Vgl. auch *Graaskamp*, Fundamentals, S. 632.

258 Vgl. *Peiter*, Markt, S. 320; *Cadman/Catalano*, Development, S. 26; *Nabarro*, Market, S. 59; *Dubben/Sayce*, Property, S. 117. *Pugh* (Globalisation, S. 212 ff.) führt die veränderten Beziehungen hauptsächlich auf die weitgehenden Innovationen hinsichtlich der Immobilienfinanzierungsinstrumente zurück.

259 *Cadman/Catalano* (Development, S. 27) kommen aufgrund der Beobachtung des britischen Immobilienmarktes zu der Schlußfolgerung: "It is clear that the institutional investors' appetite for property assets has already drawn them into the development process and given them substantial influence over the property sector. Today, not only are they developers and purchasers of property, but they also provide most of the funds for development. There are those who argue that the institutions now dominate the development process". Vgl. auch *Wise*, Enterprises, S. 53 f.

3. Konstruktion und Funktionsweise offener Immobilienfonds

Als Ausgangsbasis für die Untersuchung des strategischen Managements offener Immobilienfonds werden im folgenden die rechtlichen und faktischen Rahmenbedingungen für die Geschäftstätigkeit offener Immobilienfonds dargelegt. Daraufhin wird der spezifische Dienstleistungscharakter ihrer Geschäftstätigkeit erörtert und ein kurzes empirisches Portrait der Situation und Entwicklung offener Immobilienfonds in der Bundesrepublik Deutschland gezeichnet.

Für die folgenden Ausführungen sollen offene Immobilienfonds in Anlehnung an die Legaldefinition von Kapitalanlagegesellschaften[260] und die Definition von Abromeit-Kremser "als eine der unternehmerischen Investition in alle Arten von Immobilien gewidmete, organisatorische Ausprägung der kollektiven Kapitalanlage bezeichnet werden, bei der ein qualifiziertes Management in Fremdverwaltung und für Rechnung der Anleger die bei der Immobilieninvestition notwendigen unternehmerischen Entscheidungen [unter Beachtung des Grundsatzes der Risikomischung] (...) vornimmt"[261].

3.1. Rechtliche Grundlagen und ihre Bedeutung für das Fondsmanagement

Bereits im Jahre 1957 wurde mit dem Gesetz über Kapitalanlagegesellschaften (KAGG) ein rechtlicher Rahmen für die Tätigkeit der Investmentgesellschaften geschaffen. Darin waren Immobilienfonds bzw. die Einrichtung von sogenannten "Grundstücks-Sondervermögen" jedoch nicht vorgesehen, da Immobilienfonds bis dato noch nicht existierten und somit kein gesetzgeberischer Handlungsbedarf gesehen wurde. Erst mit der Änderung und Ergänzung vom 28. Juli 1969[262] wurden auch die offenen Immobilienfonds in die Regelungen des KAGG aufgenommen.[263]

---

260 Siehe Seite 37.

261 *Abromeit-Kremser*, Immobilieninvestmentfonds, S. 32 (Hinzufügung v. Verf.); vgl. § 1 Abs. 1 KAGG.

262 Für offene Immobilienfonds gelten insbesondere der vierte Abschnitt (§§ 26 - 37) und der 3. Titel des fünften Abschnitts (§§ 44 - 50) des KAGG.

263 Der Novelle des KAGG ging 1958 die Gründung der Internationales Immobilien Institut AG, München, und 1959 die Auflegung des "iii-Fonds Nr. 1" durch die Baye-

Mit der in § 2 Abs. 1 KAGG vorgenommenen Einstufung als Kreditinstitute unterliegen die offenen Immobilienfonds außerdem den Bestimmungen des Kreditwesengesetzes (KWG) und damit den Weisungen und der Kontrolle des Bundesaufsichtsamtes für das Kreditwesen (BAK).[264] In ihrer Eigenschaft als Kreditinstitute sind Kapitalanlagegesellschaften gemäß § 102 GWB von Wettbewerbsbeschränkungen, die das Investmentgeschäft betreffen, ausgenommen.[265]

3.1.1. Die organisations- und aufsichtsrechtlichen Rahmenbedingungen

Hinsichtlich der Konstruktion offener Immobilienfonds sind drei Instanzen zu unterscheiden: die Kapitalanlagegesellschaft, das Grundstücks-Sondervermögen und die Depotbank. Das besondere Verhältnis zwischen den drei Instanzen wird häufig auch als "Investment-Dreieck" bezeichnet und ist in Abbildung 10 dargestellt.

Die Kapitalanlagegesellschaft ist per Gesetz als eigentliche Managementgesellschaft definiert worden, der die Führung des in Grundstücke und liquide Mittel investierten Sondervermögens, das keine eigene Rechtspersönlichkeit besitzt, obliegt. Wie in der Praxis auch häufig festzustellen ist, darf eine Investmentgesellschaft auch mehrere Sondervermögen verwalten.[266]

---

rische Hypotheken- und Wechselbank und die Bayerische Vereinsbank voraus. Vgl. insbesondere *Klusak*, Konzept, S. 376 f.; *Martini*, Probleme, S. 1 ff. Bis 1969 erfolgte dann die Auflegung des "iii-Fonds Nr. 2" (1965), des "CO-OP Immobilienfonds" der CO-OP Immobilienfonds AG, Hamburg, (1966) (nach dem Austritt eines Gesellschafters in "DIFA-Fonds Nr. 1" und Deutsche Immobilienfonds AG umbenannt) und des "DESPA-Fonds" der Deutschen Sparkassen-Immobilien-Anlage-Gesellschaft, Frankfurt, (1967). Vgl. *Wonhas*, Geschichte, S. 729.

264 Zur Aufsicht durch das BAK siehe im einzelnen *Päsler*, Handbuch, S. 188 ff. Die Bezeichnungen "Kapitalanlagegesellschaft" oder "Investmentgesellschaft" sind gem. § 7 KAGG geschützt und bleiben den Unternehmen im Anwendungsbereich des KAGG vorbehalten.

265 Zu den wettbewerbs- und ordnungspolitischen Konsequenzen der Regulierung von Kapitalanlagegesellschaften siehe *Noll*, Investmentfonds, S. 379 ff.

266 Gem. § 6 Abs. 3 KAGG.

Abb. 10: Das Investment-Dreieck bei offenen Immobilienfonds[267]

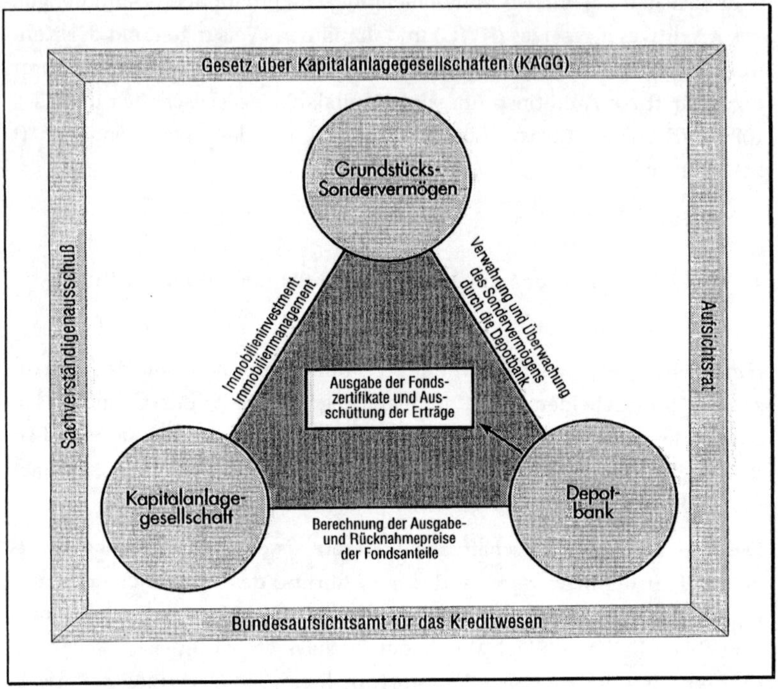

Kapitalanlagegesellschaften dürfen nur in der Rechtsform der Aktiengesellschaft oder der Gesellschaft mit beschränkter Haftung mit Sitz in der Bundesrepublik Deutschland betrieben werden.[268] Für die jeweiligen Vorstandsmitglieder bzw. Geschäftsführer ist gegenüber dem BAK der Nachweis der Zuverlässigkeit und der fachlichen Eignung zu führen.[269] Voraussetzung für die Zulassung des Geschäftsbetriebes ist ferner, daß das eingezahlte Nennkapital mindestens 5 Mio. DM beträgt und die Satzung der KAGG vorsieht, daß nur die in § 1 Abs. 1 KAGG aufgeführten Geschäfte (d.h. Anlage in Wertpapier-, Beteiligungs- oder Grundstücks-Son-

---

267 Abbildung in Anlehnung an *Laux/Ohl*, Grundstücksinvestment, S. 18.

268 Gem. § 1 Abs. 3 KAGG. Von den zur Zeit 12 Kapitalanlagegesellschaften für offene Immobilienfonds werden 11 als GmbH und nur eine als AG (DIFA Deutsche Immobilien Fonds AG) geführt.

269 Gem. § 2 Abs. 2 KAGG.

dervermögen) und die damit unmittelbar verknüpften Nebengeschäfte betrieben werden.[270]

Die vom Gesetzgeber für das Grundstücks-Sondervermögen gewählte Konstruktionsform wird im allgemeinen als "Vertragstypus" bezeichnet.[271] Im Gegensatz zu dem in Deutschland nicht vorgesehenen "Gesellschaftstypus" werden die Anleger nicht Gesellschafter der Kapitalanlagegesellschaft, sondern treten in ein Vertragsverhältnis mit der Gesellschaft ein.[272] Das Vertragsverhältnis kann rechtlich als Geschäftsbesorgungsvertrag angesehen werden.[273] Es berechtigt und verpflichtet die Kapitalanlagegesellschaft zum Management des Sondervermögens und regelt die in Anteilszertifikaten verbrieften schuldrechtlichen Ansprüche der Anleger auf das Sondervermögen.[274]
Das Sondervermögen setzt sich aus dem von den Anlegern eingezahlten Kapital und den davon erworbenen Vermögenswerten sowie Surrogaten, die sich auf das Sondervermögen beziehen, zusammen. Es handelt sich dabei um ein rechtlich unselbständiges Zweckvermögen, welches von dem Besitz der Kapitalanlagegesellschaft zum Zwecke des Anlegerschutzes strikt getrennt aufzubewahren ist. Das Management des Fonds und das fiduziarische Eigentum an dem Sondervermögen liegen bei der Kapitalanlagegesellschaft ("Treuhandlösung")[275]. Den Zertifikatsinhabern ist damit ein direkter Einfluß auf die Geschäfts- bzw. Anlagepolitik der Investmentgesellschaft verwehrt.

In der Anwendung des sog. "open-end"-Fondsprinzips und des "semiflexible"-Fondsprinzips können zwei weitere wesentliche Gestaltungs-

---

270 Gem. § 2 Abs. 2 KAGG. Auf die damit verbundene Problematik der Geschäftsfelderweiterung bzw. Diversifizierung wird in späteren Abschnitten noch einzugehen sein.

271 Vgl. *Büschgen*, Investmentgesellschaften, Sp. 2019.

272 Gem. § 6 Abs. 1 KAGG.

273 Vgl. *Laux/Ohl*, Grundstücksinvestment, S. 31; *Wechsler*, Immobilienfonds, S. 54. Der Mindestinhalt der Vertragsbedingungen ist in den §§ 15 Abs. 3 und 33 Abs. 2 KAGG aufgeführt und soll an dieser Stelle nicht näher erläutert werden.

274 Vgl. *Rohrbach*, Immobilienfonds, S. 129. Die Kosten für das Management des Sondervermögens gehen aus den einschlägigen Vertragsbedingungen der Fonds hervor und betragen bis zu 0,5% des Wertes des Sondervermögens. Siehe hierzu auch die Untersuchung von *Münch*, Kosten, S. 151 ff.

275 Im Gegensatz zur "Miteigentumslösung", nach der das Eigentum bei der Gesamtheit der Anteilsinhaber liegt. Vgl. *Päsler*, Handbuch, S. 7 f. Aus grundbuchtechnischem Anlaß läßt das KAGG gem. § 30 für offene Immobilienfonds nur die Treuhandlösung zu.

merkmale für die Konstruktion offener Immobilienfonds gesehen werden.[276]

Mit dem "open-end"-Fondsprinzip ist die Emissionshöhe angesprochen, die bei offenen Fonds nicht fixiert ist.[277] Dieses Gestaltungsprinzip impliziert einerseits die Möglichkeit einer laufenden Ausgabe neuer Anteile und andererseits die Abgabe eines Versprechens zur Rücknahme der Zertifikate zum aktuellen Anteilswert durch die Investmentgesellschaft.[278]

Das "semi-flexible"-Fondsprinzip bezieht sich auf die Dispositionsfreiheit des Managements bei der Gestaltung des Immobilieninvestments. Es steht zwischen dem "fixed"-Fondsprinzip, bei dem das Fondsmanagement auf Art und Umfang der Anlagetätigkeit vertraglich genau festgelegt ist, und dem "flexible"-Fondsprinzip, nach dem das Management selbständig über das Anlegerkapital verfügen kann.

Aufgrund der Vorschriften des KAGG sowie der Vertragsbedingungen können offene Immobilienfonds als "semi-flexible"-Fondstyp eingestuft werden.[279] Dies bedeutet für das Fondsmanagement, daß es innerhalb gewisser Anlagegrenzen frei agieren kann.[280]

Zum Zwecke der Einhaltung der gesetzlichen und vertraglichen Regelungen tritt neben die Kapitalanlagegesellschaft und das Sondervermögen als

---

276 Siehe hierzu *Abromeit-Kremser*, Immobilieninvestmentfonds, S. 70 ff.; *Büschgen*, Investmentgesellschaften, Sp. 2020 f.; *Prager*, Marktstrategie, S. 22 f.; *Busch*, Leistungsfähigkeit, S. 33; *Thomann*, Anlagefonds, S. 28 ff.; *Penzkofer*, Marketingprobleme, S. 14 ff.; *Berndt*, Strukturen, S. 9 ff.

277 Im Gegensatz zu den sog. "closed-end-Funds", bei welchen nur eine begrenzte Zahl von Anteilen über eine fixierte Anlagesumme ausgegeben wird.

278 Für offene Immobilienfonds besteht die Rücknahmepflicht gem. § 11 KAGG in Verbindung mit § 36 KAGG. Insbesondere bei Liquiditätsproblemen kann die Rücknahmepflicht für ein Jahr, längstens jedoch für zwei Jahre ausgesetzt werden. Das vom Gesetzgeber aufgrund der eingeschränkten Liquidierbarkeit von Immobilienanlagen geschaffene Leistungsverweigerungsrecht mußte seitens der offenen Immobilienfonds bislang jedoch noch nicht in Anspruch genommen werden. Das Recht des Anleger auf jederzeitige Rückgabe seiner Anteile kann auch als "Ausgleich" für den Umstand gewertet werden, daß ihm der direkte Einfluß auf das Management entzogen ist. Vgl. *Laux/Ohl*, Grundstücksinvestment, S. 30. In der Praxis wurde in diesem Zusammenhang der Begriff der "täglich fälligen Immobilie" geprägt. Vgl. *Wonhas*, Geschichte, S. 731.

279 Vgl. *Abromeit-Kremser*, Immobilieninvestmentfonds, S. 79.

280 Nach § 10 Abs. 1 KAGG hat die Kapitalanlagegesellschaft dabei "mit der Sorgfalt eines ordentlichen Kaufmanns das Sondervermögen (...) zu verwalten. Sie handelt bei der Wahrnehmung ihrer Aufgaben unabhängig von der Depotbank und ausschließlich im Interesse der Anteilinhaber". Siehe hierzu auch die beiden nachfolgenden Abschnitte.

dritte Instanz die Depotbank. Diese übernimmt die Aufgaben der eigentlichen Verwahrung und Überwachung des Sondervermögens sowie die Ausgabe und Rücknahme der Anteilszertifikate.[281] Ferner erfolgt bei offenen Immobilienfonds eine grundbuchrechtliche Sicherung bzw. Verfügungsbeschränkung dadurch, daß ein Sperrvermerk zugunsten der Depotbank eingetragen wird.

Wie Abbildung 10 ebenfalls entnommen werden kann, umschließt die Konstruktion offener Immobilienfonds mit Aufsichtsrat und Sachverständigenausschuß zwei weitere Gremien.[282]
Unabhängig von ihrer Rechtsform ist für die Kapitalanlagegesellschaft die Einrichtung eines Aufsichtsrates, bestehend aus mindestens drei Mitgliedern, obligatorisch. Die Mitglieder des Aufsichtsrates sind mit der Wahrnehmung der Interessen der Anteilsinhaber betraut und sollen hinsichtlich Persönlichkeit und Sachkunde eine gewisse Eignung aufweisen.
Der Sachverständigenausschuß besteht ebenfalls aus mindestens drei, vom BAK zuzulassenden Mitgliedern. In der Regel sind dies unabhängige und staatlich vereidigte Grundstückssachverständige. Da für Immobilien eine börsentägliche Wertfeststellung nicht gegeben ist, übernimmt der Sachverständigenausschuß die Aufgabe der Bewertung des Grundstücks-Sondervermögens. Diese hat regelmäßig, mindestens jedoch einmal jährlich und vor dem An- bzw. Verkauf von Immobilien zu erfolgen.

Im folgenden sollen nun die wesentlichen rechtlichen und vertraglichen Vorgaben für das Aktiv- und Passivgeschäft der offenen Immobilienfonds dargelegt werden.

---

281 Gem. § 12 Abs. 1, § 31 KAGG. Siehe hierzu im einzelnen *Päsler*, Handbuch, S. 169 ff.

282 Gem. §§ 3, 4 und 32 KAGG.

3.1.2. Das Aktivgeschäft offener Immobilienfonds

Als das Aktivgeschäft offener Immobilienfonds sind sämtliche Tätigkeiten der Kapitalanlagegesellschaft zu qualifizieren, die darauf ausgerichtet sind, die dem Fonds zufließenden Anlegergelder in Vermögenswerte zu investieren.

Hinsichtlich der Anlagevorschriften ist zunächst zwischen den gesetzlich allgemein zulässigen Anlagen (§ 27 Abs. 1 KAGG) und solchen Gegenständen zu unterscheiden, die in den individuellen Vertragsbedingungen vorgesehen sind und gleichzeitig einen dauerhaften Ertrag erwarten lassen (§ 27 Abs. 2 KAGG).[283]

Allgemein zulässig ist nur der Erwerb unmittelbaren Grundstückseigentums.[284] Ohne Einschränkung können danach folgende, in einem Mitgliedsstaat der Europäischen Gemeinschaften belegene Vermögensgegenstände erworben werden:[285]

- Mietwohngrundstücke,
- Geschäftsgrundstücke,
- gemischt-genutzte Grundstücke oder entsprechende
- Erbbaurechte.

---

283 Die Unterscheidung bedeutet, daß gewisse Anlagen, die durch das KAGG grundsätzlich erlaubt sind, in den Vertragsbedingungen des Fonds ausgeschlossen werden können. So verzichtet z.B. der DESPA-Fonds auf den Erwerb von Fabrikgebäuden, da die Kapitalanlagegesellschaft hierin ein erhöhtes Risiko vermutet. Vgl. *Laux/Ohl*, Grundstücksinvestment, S. 36 f. In § 27 Abs. 3 ist ferner festgehalten, daß Immobilien nur erworben werden dürfen, wenn der Sachverständigenausschuß diese zuvor bewertet hat und der Kaufpreis nicht wesentlich von dem ermittelten Verkehrswert abweicht.

284 Eine indirekte Immobilienanlage, z.B. der Erwerb von Anteilen an Immobilienaktiengesellschaften oder reinen Objektgesellschaften ist damit gesetzlich verboten. Eine indirekte Anlage wäre jedoch, insbesondere aus steuerlichen Erwägungen, beim Erwerb im Ausland belegener Grundstücke geboten. Eine Aufhebung dieser Restriktion wurde von den Offenen Immobilienfonds und dem BVI daher bereits anläßlich der KAGG-Novelle vom März 1990 angestrebt, ließ sich jedoch nicht durchsetzen. Siehe hierzu *BVI*, Investment 91, S. 18 f., 66 f.; *Waldmann*, Kapitalanlagegesetz, S. 412; *Wonhas*, Geschichte, S. 730; *Baur*, Investment-Anteile, Rdnr. 49; *Waldmann*, Grenzen, S. 8; *Päsler*, Wunsch, S. 404 ff.

285 Die Klassifizierung erfolgt in Anlehnung an die im § 75 BewG verwendete Terminologie. Danach sind Grundstücke als Mietwohngrundstücke anzusehen, wenn sie gemessen an der Jahresrohmiete zu mehr als 80% Wohnzwecken dienen. Analog werden Geschäftsgrundstücke behandelt. Zu gemischt-genutzten Grundstücken siehe Fußnote 134 auf Seite 34.

Mit der Immobilienanlage ist außerdem die Bedingung verknüpft, daß der von den Fonds aus den Immobilien gezogene Nutzen nur auf Vermietung oder Verpachtung beruhen darf.[286]

Für den Erwerb von Immobilienprojekten bestehen weiterhin zwei mit Einschränkungen versehene Vorschriften:

- Unbebaute Grundstücke dürfen 20% des Wertes des Sondervermögens nicht überschreiten und müssen zur alsbaldigen Bebauung bestimmt und geeignet sein.[287]
- Bereits im Zustand der Bebauung befindliche Grundstükke dürfen ebenfalls 20% des Wertes des Sondervermögens nicht übersteigen. Darüber hinaus muß mit der Baufertigstellung in angemessener Frist zu rechnen sein.[288]

Folgende Vermögensgegenstände dürfen erworben werden, wenn die Vertragsbedingungen dies vorsehen und sie einen dauerhaften Ertrag[289] erwarten lassen:

- Rechte in Form des Wohnungs- und Teileigentums, Wohnungs- und Teilerbbaurechts sowie andere als die oben genannten Grundstücksarten bzw. Erbbaurechte[290] bis 10% des Wertes des Sondervermögens.
- Grundstücke im außereuropäischen Ausland bis 20% des Wertes des reinen Grundstücksvermögens und nach Maß-

286 *Laux/Ohl* (Grundstücksinvestment, S. 37) begründen diese Einschränkung mit der Absicht des Gesetzgebers, daß "die Kapitalanlagegesellschaft entsprechend den Prinzipien des Investment-Geschäfts kein über das Vermietungsrisiko hinausgehendes Unternehmerrisiko tragen soll". Dieses würde z.B. dadurch entstehen, daß die Fondsgesellschaft ein ihr gehörendes Hotel in eigener Regie bewirtschaftet. Vgl. *Abromeit-Kremser*, Immobilieninvestmentfonds, S. 96.

287 Damit soll nach allgemeiner Einschätzung der Erzielung von Erträgen aus der relativ risikoreichen Spekulation auf Bodenwertsteigerungen entgegengewirkt werden.

288 Ursprünglich durften Bauprojekte nur insgesamt 10% des Sondervermögens ausmachen. Mit der bereits genannten März-Novelle des KAGG hat der Gesetzgeber damit der zunehmenden Bedeutung der Projektentwicklung für offene Fonds in gewisser, jedoch nach wie vor restriktiver Weise Rechnung getragen.

289 Das heißt nach *Päsler* (Handbuch, S. 158) "einen Ertrag, den das Grundstück bei ordnungsgemäßer Bewirtschaftung jedem Eigentümer nachhaltig gewähren kann". Fraglich ist hier jedoch, ob die genannten Grundstücksarten mit Wohnnutzung aufgrund der einschlägigen Mietgesetzgebung überhaupt einen Ertrag aus Vermietung erwirtschaften können.

290 Z.B. Ein- und Mehrfamilienhäuser.

gabe der wertmäßigen Beschränkungen für in der EG belegene Grundstücke.

Das in der gesetzlichen Begriffsbestimmung von Kapitalanlagegesellschaften verankerte Erfordernis der Risikostreuung wurde für offene Immobilienfonds weiter ausgeführt.[291] Das Grundstückssondervermögen muß danach mindestens zehn Grundstücke umfassen, die für sich genommen nicht mehr als 15 % des Wertes des Sondervermögens ausmachen dürfen. Dabei ist auch eine aus mehreren Grundstücken bestehende wirtschaftliche Einheit als Grundstück in diesem Sinne anzusehen. Für neugegründete Fonds gilt eine Übergangsfrist von vier Jahren für den Aufbau des Sondervermögens.

Schließlich bestehen für offene Immobilienfonds noch eine Reihe von Liquiditätsvorschriften. Aufgrund der jederzeit zu erfüllenden Rücknahmeverpflichtung muß die Investmentgesellschaft einen Teil ihrer Mittel als Liquiditätsreserve halten. Gemäß § 35 KAGG sind mindestens 5 % des Wertes des Sondervermögens in Guthaben mit einer Kündigungsfrist von längstens einem Jahr bei der Depotbank oder in lombardfähigen Wertpapieren zu halten. Darüber hinaus können 5 % des Sondervermögens in festverzinslichen Wertpapieren oder in Aktien, die an einer deutschen Börse amtlich notiert sind, investiert werden. Die Vertragsbedingungen müssen ferner einen Höchstsatz für Bankguthaben und Geldmarktpapiere enthalten und festlegen, ob und ggf. in welcher Höhe eine Mindestliquidität zu wahren ist.[292]

Eine Belastung des Grundstücks-Sondervermögens durch die Gewährung von Grundpfandrechten muß ebenfalls durch die Vertragsbedingungen ausdrücklich geregelt sein und darf nur erfolgen, wenn die Depotbank dem zustimmt und es "im Rahmen einer ordnungsmäßigen Wirtschaftsführung geboten ist"[293]. Die Gesamtbelastung darf 50 % des Verkehrswertes des reinen Grundstücksvermögens nicht überschreiten.[294]

291 Gem. § 28 KAGG.

292 Gem. § 15 Abs. 3 Buchstabe c und d KAGG.

293 Gem. § 37 KAGG.

294 Empirisch ist eine Fremdfinanzierung von durchschnittlich unter 5 % des Verkehrswertes zu beobachten. Sie dient in der Regel der Zwischenfinanzierung bei eigenen Bauprojekten.

Zusammenfassend kann festgehalten werden, daß mit dem Netz der gesetzlichen und vertraglichen Anlagevorschriften zur Sicherheit der Anleger eine nicht unerhebliche Einschränkung der Anlagedisposition der Fondsgesellschaft verbunden ist. Diese wird, von einigen punktuellen Ausnahmen[295] abgesehen, in der Praxis jedoch als bewährter Rahmen für die Geschäftstätigkeit offener Immobilienfonds anerkannt.[296]
Da es der Problemstellung dieser Arbeit nicht dienen würde, in die Diskussion um die Zweckmäßigkeit der Anlagevorschriften für offene Immobilienfonds einzugreifen, soll die gesetzliche Regulierung generell als Rahmenbedingung für das strategische Management offener Immobilienfonds akzeptiert werden.

3.1.3. Das Passivgeschäft offener Immobilienfonds

Das Passivgeschäft offener Immobilienfonds wird häufig auch als Anteilsscheingeschäft bezeichnet und erstreckt sich auf die Ausgabe und Rücknahme von Fondszertifikaten, die Gewinnermittlung und -verwendung sowie die Publikationspflichten des Fonds.

Mit dem Erwerb eines Anteilsscheins erhält der Anleger Rechte an dem Sondervermögen und Ansprüche gegenüber der Kapitalanlagegesellschaft auf Anlage und Verwaltung des Sondervermögens, auf die Ausschüttung von Erträgen sowie die Rücknahme des Anteilsscheins.[297]
Der Rücknahmewert des Anteils ergibt sich rechnerisch aus dem Wert des Sondervermögens einschließlich aufgelaufener Erträge dividiert durch die Summe der umlaufenden Fondsanteile.[298] Die Gutachten des Sachverständigenausschusses bilden die Grundlage für die Wertfeststellung des Immobilienbestandes. Das sonstige Vermögen ist mit dem jeweiligen Kurswert anzusetzen.

---

295 Siehe hierzu z.B. *Wonhas*, Geschichte, S. 730.

296 Vgl. *Laux/Ohl*, Grundstücksinvestment, S. 44.

297 Gem. § 1 Abs. 1 in Verbindung mit § 18 Abs. 1 KAGG.

298 Zur Ermittlung des Ausgabepreises wird dem Anteilswert ein Ausgabeaufschlag hinzugerechnet, dessen Höhe in den jeweiligen Vertragsbedingungen geregelt ist. Der Ausgabeaufschlag beträgt in der Regel 5 % und dient der Finanzierung von Ausgabekosten (z.B. Vermittlungsprovision, Druckkosten für die Urkunden) und Ertragsausgleich. Vgl. *Laux/Ohl*, Grundstücksinvestment, S. 78 f.

Bei der Wahl der Ausschüttungspolitik ist das Fondsmanagement nur an die Vertragsbedingungen gebunden, welche Art und Maß der Ertragsverwendung vorsehen. Insbesondere müssen die Vertragsbedingungen bestimmen, ob Veräußerungsgewinne ausgeschüttet werden dürfen. Zur Werterhaltung des Grundstücksvermögens müssen ferner die Thesaurierung von Gewinnen für künftige Instandsetzungen von Gebäuden sowie die Einbehaltung von Erträgen für den Ausgleich von Wertminderungen festgelegt werden.[299]
Für die technische Abwicklung des Vertriebs von Fondsanteilen, die Anteilswertfeststellung und die Ertragsausschüttung ist in erster Linie die Depotbank zuständig.

Die den offenen Immobilienfonds durch das KAGG auferlegten Publizitätspflichten sind vergleichsweise umfangreich. Vor dem Vertragsabschluß sind dem Anteilserwerber ein detaillierter Verkaufsprospekt und zusätzlich die Vertragsbedingungen auszuhändigen.[300] Ein jährlich zu veröffentlichender Rechenschaftsbericht muß darüber hinaus "einen Bericht über die Tätigkeit der Kapitalanlagegesellschaft im abgelaufenen Geschäftsjahr und alle wesentlichen Angaben enthalten, die es den Anteilinhabern ermöglichen, sich ein Urteil über diese Tätigkeit und die Ergebnisse des Sondervermögens zu bilden"[301] Dazu gehört z.B. eine Vermögensaufstellung, die sämtliche Liegenschaften unter Angabe von Grundstücksgröße, Art und Lage, Bau- und Erwerbsjahr, Gebäudenutzfläche, Verkehrswert und sonstiger wesentlicher Merkmale auflistet.[302] Ferner ist jeweils zur Jahreshälfte ein Zwischenbericht zu erstatten.

---

299 Gem. § 33 KAGG.

300 Der Verkaufsprospekt muß nach § 19 Abs. 2 KAGG "alle Angaben enthalten, die im Zeitpunkt des Erwerbs für die Beurteilung der Anteilsscheine von wesentlicher Bedeutung sind". Eine weitreichende Liste von Mindestangaben enthält § 19 Abs. 2 Ziffer 1 bis 14 KAGG. Darin eingeschlossen sind auch Informationen über die von der Kapitalanlagegesellschaft für den Fonds verfolgten Anlageziele und die Anlagepolitik.

301 § 24a Abs. 1 KAGG.

302 Gem. § 34 Abs. 1 KAGG. Hinsichtlich der Verkehrswertangaben hat der Gesetzgeber ebenda die von den offenen Immobilienfonds auch regelmäßig ausgenutze Option offengelassen, die Verkehrswerte nach Gruppen gleichartiger Grundstücke zusammenzufassen.

3.2. Der besondere Dienstleistungscharakter offener Immobilienfonds

Mit den vorstehenden, rechtlich orientierten Ausführungen wurde deutlich, daß offene Immobilienfonds aufgrund ihrer besonderen Konstruktionsmerkmale nur wenig mit Produktions- oder Dienstleistungsunternehmen im herkömmlichen Sinne gemeinsam haben. Es erscheint daher angebracht, die wesentlichen Besonderheiten offener Immobilienfonds noch einmal in betriebswirtschaftlicher Sicht hervorzuheben.

Grundsätzlich kann das von der Kapitalanlagegesellschaft angebotene Immobilieninvestmentzertifikat als Dienstleistung angesehen werden, bei der der Anleger sein Kapital zum Zwecke der Kapitalerhaltung bzw. Kapitalvermehrung zur Verfügung stellt und hierfür ein entsprechendes Entgelt an die leistungserstellende Gesellschaft entrichtet.[303]

Unternehmen lassen sich im allgemeinen vereinfachend durch Vorgänge der Beschaffung, der Leistungserstellung und des Absatzes charakterisieren, wobei die drei Vorgänge in der Regel in dieser Reihenfolge durchlaufen werden. Bei offenen Immobilienfonds geht jedoch der Absatz der Fondszertifikate naturgemäß den Phasen der Beschaffung und Leistungserstellung voraus, da erst mit der Mittelbereitstellung die Dienstleistung bewirkt werden kann.
Des weiteren sind nicht die Aktivitäten des Fondsmanagements selbst Gegenstand des Absatzes, sondern lediglich "das Produkt dieser Aktivitäten, nämlich die sicherheitsbetonte, liquide und einen kontinuierlichen möglichst konstanten Ertrag liefernde Immobilieninvestmentanlage"[304].

Die wesentliche Besonderheit offener Immobilienfonds liegt in dem Sachwertcharakter des Immobilieninvestments.[305] Dieser begründet auch das Erfordernis einer weitgehenden Trennung zwischen Aktiv- und Passivgeschäft der Fonds. Offene Immobilienfonds konkurrieren hinsichtlich des Passivgeschäftes im wesentlichen mit den Anbietern gleicher oder alternativer Anlageformen am Kapitalmarkt.[306]

---

303 Vgl. *Abromeit-Kremser*, Immobilieninvestmentfonds, S. 107 ff.

304 *Abromeit-Kremser*, Immobilieninvestmentfonds, S. 108.

305 Vgl. auch Abschnitt 2.3.2. auf Seite 38 f.

306 Eine substitutionales Verhältnis mit anderen Formen der Immobilienanlage ist aufgrund der Charakteristika typischer Fondsanleger in aller Regel nicht gegeben. Siehe hierzu *Sögtrop*, Öffentlichkeit, S. 392 f.; *Gathmann*, Anlageberatung, S. 277.

Im Rahmen des Aktivgeschäftes treten Immobilienfonds jedoch in den Wettbewerb mit anderen Unternehmen am Immobilienanlagemarkt.[307] Die Aktivitäten offener Immobilienfonds richten sich in diesem Zusammenhang auf alle drei der vorgenannten betrieblichen Vorgänge. Hinsichtlich der Beschaffung konkurrieren sie mit anderen Investoren um geeignete Immobilienprojekte und -objekte. Leistungserstellungsprozesse richten sich etwa auf das Objekt- und Immobilienportfoliomanagement sowie auf die Projektentwicklung. Bezüglich der Absatzvorgänge treten offene Immobilienfonds wiederum in Konkurrenz zu anderen Investoren um geeignete Mieter für ihre Immobilien. Ferner erscheinen sie im Zuge der Veräußerung von Bestandsobjekten als Anbieter am Markt.

Der Umfang und die Komplexität der mit dem Aktivgeschäft verbundenen Aufgaben und die für diese Arbeit gewählte Problemstellung lassen mithin die gedankliche Trennung zwischen Aktiv- und Passivgeschäft und damit die Konzentration auf das reine Immobilieninvestment der offenen Immobilienfonds sinnvoll erscheinen.
Den obigen Ausführungen folgend muß der Anteilseigner im Rahmen des Aktivgeschäfts nicht als Kunde, sondern vielmehr als Finanzierungsquelle offener Immobilienfonds gewertet werden. Diese Sichtweise erscheint zwar zunächst als Modifizierung der traditionellen betriebswirtschaftlichen Sichtweise, ist bei näherer Betrachtung hier jedoch notwendig, da es sonst zu einer wenig fruchtbaren systematischen Vermengung immobilien- und kapitalmarktbezogener Erkenntnisobjekte führen würde.[308]
Der Einfluß der Fondsanleger soll in dem hier gesetzten Rahmen daher nur im Hinblick auf die Beeinflussung der anlagepolitischen Zielsetzung im engeren und der unternehmensstrategischen Zielsetzung des Fondsmanagements im weiteren Sinne untersucht werden.[309]

Das bereits skizzierte, auf die Immobilie bezogene Beziehungsgeflecht zwischen den offenen Immobilienfonds auf der einen und Fondsanleger,

---

307 Daneben treten die offenen Immobilienfonds beschaffungsorientiert auch am Kredit-, Waren- und Personalmarkt als Nachfrager auf.

308 Die Beschränkung der Betrachtung auf die Rolle des Fondsanlegers als Finanzierungsquelle ist indes nicht neu. Sie liegt bereits einer Reihe von Veröffentlichungen zugrunde. Vgl. *Abromeit-Kremser*, Immobilieninvestmentfonds, S. 108; *Waldmann*, Gedanken, S. 69; *Meyer*, Finanzierungsinstrument, S. 10.

309 Siehe hierzu die Abschnitte 3.3.2. auf Seite 83 f. und 4.1.3. auf Seite 103 ff.

Mieter und öffentlicher Hand auf der anderen Seite kommt zusammenfassend in der Abbildung 11 zum Ausdruck.

Abb. 11: Modell des Immobilieninvestments bei offenen Immobilienfonds[310]

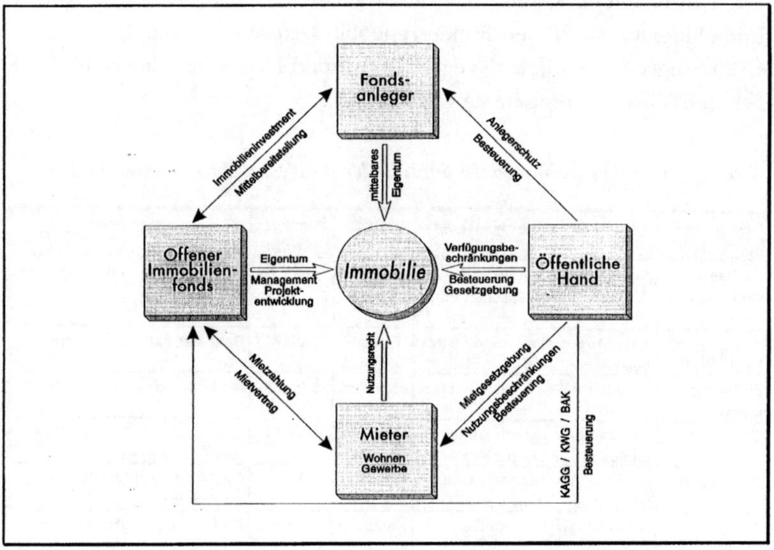

310 Vgl. auch die allgemeinen Darstellungen des Immobilieninvestmentprozesses bei *Sirmans/Jaffe*, Investment, S. 6; *Pyhrr/Cooper/et al.*, Real Estate, S. 5.

3.3. Empirische Betrachtung offener Immobilienfonds in der Bundesrepublik Deutschland

3.3.1. Anbieterstruktur und Verflechtung

Zur Zeit bieten elf Kapitalanlagegesellschaften insgesamt vierzehn offene Immobilienfonds in der Bundesrepublik Deutschland an. Fondsname, Gründungsjahr, Kapitalanlagegesellschaft und Depotbank der Fonds können der Tabelle 1 entnommen werden.

Tab. 1: Die offenen Immobilienfonds in der Bundesrepublik Deutschland[311]

Name des Fonds	Kapitalanlagegesellschaft	Sitz	Auflage-datum	Depotbank
Aachener Grund-Fonds Nr. 1[312]	Aachener Grundvermögen Kapitalanlagegesellschaft mbH	Köln	30.05.74	Deutsche Bau- und Bodenbank AG
A.G.I. -Fonds Nr. 1[313]	A.G.I. Allgemeine Grundbesitz-Investment GmbH	Wiesbaden	1.07.71	Deutsche Bau- und Bodenbank AG
BfG:Immo-Invest	BfG:Immobilien-Investment GmbH	Frankfurt	2.05.89	Bank für Gemeinwirtschaft AG
CS Euroreal	CS Immobilien-Fonds GmbH Kapitalanlagegesellschaft	Frankfurt	6.04.92	Schweizerische Kreditanstalt (Deutschland) AG
DespaFonds	Despa Deutsche Sparkassen-Immobilien-Anlage-GmbH	Frankfurt	3.11.67	Deutsche Girozentrale - Kommunalbank
DIFA-Fonds Nr. 1	DIFA Deutsche Immobilien Fonds AG	Hamburg	1.07.66	DG Bank Deutsche Genossenschaftsbank
DIFA-Grund	DIFA Deutsche Immobilien Fonds AG	Hamburg	1.04.85	DG Bank Deutsche Genossenschaftsbank
grundbesitz-invest	Deutsche Grundbesitz-Investmentgesellschaft mbH	Frankfurt	27.10.70	Deutsche Bank AG
Grundwert-Fonds 1	DEGI Deutsche Gesellschaft für Immobilienfonds mbH	Frankfurt	7.11.72	Dresdner Bank AG
HANSA-immobilia	HANSAINVEST Hanseatische Investment-GmbH	Hamburg	4.01.88	Vereins- und Westbank AG
Haus-Invest[314]	Commerz Grundbesitz-Investmentgesellschaft mbH	Wiesbaden	7.04.72	Commerzbank AG

311 Alle offenen Immobilienfonds Deutschlands sind Mitglieder des Bundesverbandes Deutscher Investment-Gesellschaften, so daß die diesbezüglichen Angaben dem Jahrbuch des *BVI* (Investment 93, S. 82 ff.) entnommen werden konnten.

312 Der Aachener Grund-Fonds ist nur mit Einschränkungen den offenen Immobilienfonds zuzurechnen, da er nur einem begrenzten Anlegerkreis (Vermögensträger der katholischen Kirche) zugänglich ist. Vgl. *BVI*, Investment 93, S. 83.

313 Den Anteilsinhabern des A.G.I-Fonds wurde zum 1.07.1993 ein Umtauschangebot in Anteile des Fonds Haus-Invest unterbreitet, so daß mit der Auflösung des A.G.I.-Fonds zu rechnen ist. Vgl. *o.V.*, Umtauschangebot, S. 20; *o.V.*, A.G.I., S. 412.

314 Zum 1.07.1993 wurde der zuvor von der Deutschen Grundbesitz-Investment GmbH geführte Fonds "Haus-Invest" unter die Verwaltung der neugegründeten Commerz

iii-Fonds Nr. 1	Internationales Immobilien-Institut GmbH	München	16.02.59	Bayerische Hypotheken- und Wechselbank AG
iii-Fonds Nr. 2	Internationales Immobilien-Institut GmbH	München	1.05.65	Bayerische Vereinsbank AG
WestInvest 1	Rheinisch-Westfälische Grundstücks-Investment GmbH	Düsseldorf	2.08.89	Westdeutsche Landesbank Girozentrale

Bei Betrachtung der Gesellschafterstruktur der Kapitalanlagegesellschaften ist festzustellen, daß sich die Fondsbranche überwiegend in den Händen überregional tätiger Finanzgruppen befindet. Neben den großen Kredit- und Genossenschaftsbanken als wichtigste Eignergruppe halten auch Versicherungsgesellschaften und Bausparkassen Beteiligungen an den Kapitalanlagegesellschaften. Zusätzlich bestehen Verflechtungen zwischen den Finanzkonzernen und zwischen einzelnen Finanzkonzernen und Investmentgesellschaften.[315]

Das Vermögen der offenen Immobilienfonds in Deutschland betrug zum Ende des 1. Quartals 1993 insgesamt 32,4 Mrd. DM. Die drei größten offenen Immobilienfonds - Grundwert-Fonds, Despa-Fonds und Grundbesitz-Invest - vereinigen 63,5% des gesamten Marktvolumens auf sich. Unter den Kapitalanlagegesellschaften ist damit eine oligopolistisch geprägte Angebotsstruktur festzustellen.[316] Fraglich ist allerdings, ob sich die Konzentration unter den offenen Immobilienfonds in eine hohe Marktmacht oder Verhandlungsstärke umsetzen läßt, da sie am Immobilienmarkt nicht nur mit anderen Fonds, sondern auch mit anderen Investorengruppen im Wettbewerb stehen. Zum anderen ist hier die Einbindung in Finanzdienstleistungskonzerne zu beachten, die regelmäßig zu einer Vertriebsbindung im Passivgeschäft führt. Die jeweiligen Marktanteile der offenen Immobi-

Grundbesitz-Investmentgesellschaft mbH, Wiesbaden, - eine Gesellschaft der Commerzbank AG (75%) und der DBV Holding AG - gestellt. Vgl. *o.V.*, Verwaltung, S. 25.

315 Die Bayerische Vereinsbank ist z.B. zu 50% an der Internationales Immobilien Institut AG und über eine 50%ige Beteiligung an der Vereins- und Westbank auch an der Hansainvest Hanseatische Investment-Gesellschaft mbH beteiligt. Der andere Gesellschafter der Internationales Immobilien Institut AG, die Bayerische Hypotheken- und Wechselbank, ist ihrerseits mit 35% an der DEGI Deutsche Gesellschaft für Immobilienfonds mbH beteiligt. Die Westdeutsche Landesbank Girozentrale hält die Mehrheit an der Rheinisch-Westfälischen Grundstücks-Investment GmbH und über die Deutsche Girozentrale auch Anteile an der DESPA Deutsche Sparkassen-Immobilien-Anlage-GmbH.

316 Vgl. auch *Noll*, Investmentfonds, S. 384 f.

lienfonds, gemessen an dem Fondsvolumen, können Abbildung 12 entnommen werden.

Abb. 12: Marktanteile der offenen Immobilienfonds gemessen am Fondsvermögen zum 1. Quartal 1993[317]

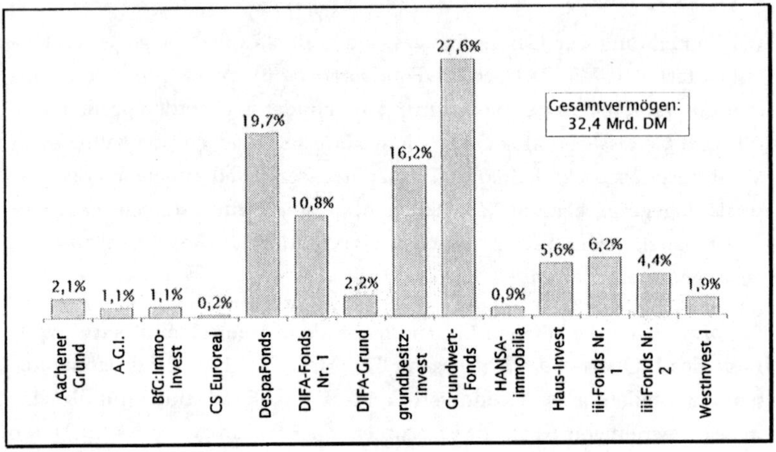

Die offenen Immobilienfonds wiesen im Frühjahr 1993 ein durchschnittliches Fondsvolumen von über 2,3 Mrd. DM auf.[318] Der Anteil des Immobilienvermögens am Gesamtvermögen betrug im Schnitt etwa 60 %.[319] Das Portfolio eines offenen Immobilienfonds bestand in 1991 im Mittel aus etwa 45 Immobilien mit einem in Immobilien gebundenen Vermögen von 1,1 Mrd. DM je Fonds, so daß sich pro Objekt ein durchschnittlicher Wert von ca. 25 Mio. DM ergibt.[320]

317 Quelle: *BVI*, Investment-Information v. 21.04.93, S. 13 f.

318 Offene Immobilienfonds sind damit jeweils volumenmäßig sehr viel größer als andere Arten von Investmentfonds. Rentenfonds weisen demgegenüber in 1992 ein durchschnittliches Fondsvolumen von etwa 415 Mio. DM, Aktienfonds nur ein Volumen von ca. 105 Mio. DM auf. Vgl. *BVI*, Investment 93, S. 50.

319 Vgl. *BVI*, Investment-Information v. 14.04.93, S. 12. Die Liquidität ohne die für Akquisitionen und Bauprojekte reservierten Mittel schwankte zum 28.02.93 zwischen 17,6% (A.G.I.-Fonds) und 48,8% (DESPA-Fonds).

320 Gemäß Auswertung der Rechenschafts- bzw. Halbjahresberichte der offenen Immobilienfonds zum 30.09., 31.10. bzw. 31.12.91.

Eine statistische Auswertung der von den offenen Immobilienfonds in 1992 vorgenommenen Immobilieninvestitionen liegt nicht vor. Hilfsweise kann hier das von den Fonds erzielte Mittelaufkommen hinzugezogen werden, welches sich zumindest mittelfristig in Immobilieninvestitionen niederschlägt. Das gesamte Mittelaufkommen (definiert als Differenz von Mittelzuflüssen und -abflüssen) lag in 1992 bei nahezu 6 Mrd. DM, dementsprechend durchschnittlich ca. 425 Mio. DM je Fonds. Die Einzelergebnisse je Fonds werden in Abbildung 13 wiedergegeben.

Abb. 13: Das Mittelaufkommen der offenen Immobilienfonds in 1992[321]

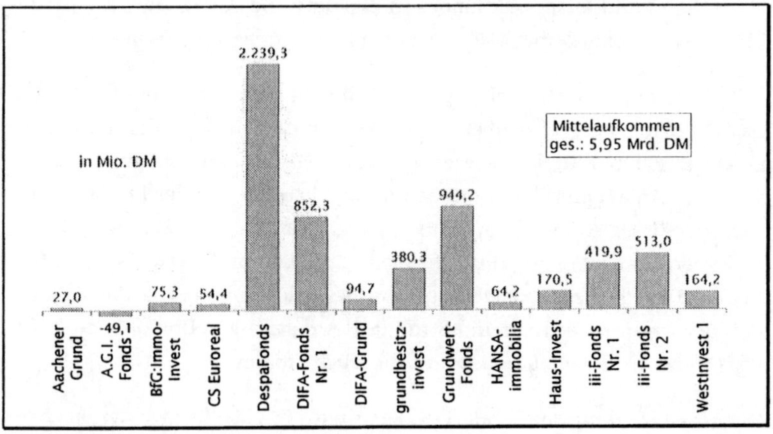

3.3.2. Anlageverhalten und Anlagepolitik

Die rechtlichen Vorgaben des KAGG zwingen die offenen Immobilienfonds zur gleichzeitigen Verfolgung von zwei konkurrierenden Zielen. Einerseits müssen sie eine ausreichende Liquidität sicherstellen, um das Rücknahmeversprechen jederzeit einlösen zu können, andererseits stellt die Investition in Immobilien naturgemäß eine langfristige, mehr oder weniger illiquide Anlageform dar.[322]

321 Quelle: *BVI*, Investment 93, S. 39.

322 Vgl. *Schenck*, Funds, S. 59.

Neben dieses Spannungsfeld zwischen Immobilienanlage und Rückgaberecht tritt ein mögliches Dilemma von Mittelaufkommen und Immobilienmarktsituation: Das "open-end"-Emissionsprinzip führt tendenziell in Abhängigkeit von der Kapitalmarktsituation zu teilweise erheblich schwankenden Mittelzuflüssen und -abflüssen.[323] Die Schwankungen der Mittelbereitstellung gehen nicht immer einher mit entsprechend verlaufenden Entwicklungen auf den Immobilienmärkten.[324]
Einen Puffer, nicht jedoch eine Lösung für die oben aufgezeigten Dilemmata bilden die Liquiditätsreserven der offenen Fonds, die in der Praxis regelmäßig die gesetzlich vorgeschriebene Mindestliquidität überschreitet. Über die Liquiditätspolitik hinaus muß jedoch die Anlagepolitik das Problem der flexiblen Kapazitätsauslastung bzw. -anpassung lösen.

Mit dem Begriff der "Anlagepolitik" können sämtliche Entscheidungen des Fondsmanagements über die Investition der von den Fondsanlegern bereitgestellten Mittel beschrieben werden.[325] Die im folgenden darzustellende Anlagepolitik der offenen Immobilienfonds in der Praxis soll im Rahmen dieser Arbeit als operativer Ausdruck bzw. Umsetzung des strategischen Managements des offenen Immobilienfonds gewertet werden. Im Vordergrund steht dabei zunächst die reale Ausprägung der Anlagepolitik, wie sie in Aufbau und Struktur der derzeitigen Immobilienportfolios offener Immobilienfonds zum Ausdruck kommt.[326]

Die grobe Struktur des Fondsvermögens wird in Tabelle 2 wiedergegeben. Für die einzelnen Fonds aufgeschlüsselt, zeigt sie die Anteile der Investitionen in bebaute, in Bebauung befindliche und unbebaute Grundstücke, sowie die zweckgebundene und freie Liquidität zum 28.02.1993.

---

323 Vgl. *Lohr*, Absatz, S. 432 ff.; *Gathmann*, Wettbewerb, S. 11; *Süberling*, Anlageerfolge, S. 384.

324 So kann theoretisch der sehr ungünstige Fall eintreten, daß offene Immobilienfonds in Zeiten einer Immobilienbaisse aufgrund hoher Mittelabflüsse gezwungen sind, einen Teil ihres Immobilienbestandes zu liquidieren oder zumindest geplante Akquisitionen bzw. Bauvorhaben zurückzustellen. Andererseits können hohe Mittelzuflüsse auch mit einer Boomphase auf dem Immobilienmarkt einhergehen, so daß die Mittel in Zeiten stark steigender Immobilienpreise zu investieren sind.

325 Vgl. auch *Abromeit-Kremser*, Immobilieninvestmentfonds, S. 159.

326 In diesem Zusammenhang ist es mithin unerheblich, ob die Anlagepolitik in der Tat auf der Grundlage eines strategischen Managementsystems zustande gekommen ist oder nur als Ergebnis eines mehr oder weniger bewußt herbeigeführten Alternativenwahl- und Entscheidungsprozesses betrachtet werden kann.

Tab. 2: Zusammensetzung des Fondsvermögens der offenen Immobilienfonds[327]

Name des Fonds	Genutzte Grundstücke	Grundstücke im Zustand der Bebauung	Unbebaute Grundstücke	Für Ankäufe u. Bauvorhaben reservierte Liquidität	Liquidität
A.G.I. -Fonds Nr. 1	81,0 %	-	-	1,4 %	17,6 %
BfG:Immo-Invest	65,4 %	-	-	11,3 %	23,3 %
DespaFonds	36,9 %	0,6 %	-	13,7 %	48,8 %
DIFA-Fonds Nr. 1	45,1 %	3,9 %	0,5 %	7,1 %	43,4 %
DIFA-Grund	72,1 %	-	-	-	27,9 %
grundbesitz-invest	55,1 %	7,4 %	0,1 %	7,0 %	30,3 %
Grundwert-Fonds 1	57,6 %	1,3 %	-	9,6 %	31,5 %
HANSAimmobilia	56,9 %	-	-	-	43,1 %
Haus-Invest	53,5 %	1,2 %	1,5 %	6,5 %	37,3 %
iii-Fonds Nr. 1	43,8 %	1,5 %	3,0 %	14,4 %	37,3 %
iii-Fonds Nr. 2	48,0 %	0,6 %	0,5 %	9,9 %	41,0 %
WestInvest 1	49,6 %	4,0 %	-	6,7 %	39,7 %

Aus der Sicht des Fondsanlegers ist der Erfolg der Anlagepolitik des Fondsmanagements von dem Maß seiner individuellen Zielerreichung abhängig.[328] Die Anlegerzielsetzung läßt sich vereinfachend durch die Faktoren Rentabilität, Sicherheit und Liquidität erfassen.[329] Der Ausdruck "Rentabilität" wird seitens der offenen Immobilienfonds häufig durch den Begriff "Performance" ersetzt. Entsprechend soll in dieser Arbeit verfahren werden. Die Performance bezeichnet die Summe von Ausschüttungsrendite und Wertsteigerung bezogen auf den Fondsanteil.[330]

Aus Tabelle 3 geht hervor, daß die Performance der offenen Immobilienfonds im Einjahreszeitraum zwischen 4,8 und 10,2%, im Fünfjahreszeit-

327 Quelle: *BVI*, Investment-Information v. 14.04.93, S. 12.

328 Die Perspektive des Fondsanlegers soll für diesen Untersuchungsbereich der Arbeit gewählt werden, da die Erfüllung der Anlegerzielsetzung letztendlich ein Kriterium für den Erfolg des Zertifikatsabsatzes der offenen Fonds ist, und sich Rendite, Sicherheit und Liquidität statistisch recht gut erschließen lassen.

329 Siehe auch Abschnitt 2.3.1.1.

330 Um die Problematik der exakten bzw. "richtigen" Performancemessung und die Verwendung der Performance für Leistungsvergleiche bei offenen Immobilienfonds wurde in der Literatur z.T. heftig gestritten. Siehe hierzu z.B. *Münch*, Anlagestrategien, S. 27 ff.; *Müller-Trudrung*, Antwort, S. 47 ff.; *Münch/Schlüsener*, Replik, S. 53 ff.; *Müller-Trudrung*, Eignung, S. 434 f. Die Grundlage für die nachfolgenden Berechnungen bildete die sog. BVI-Formel. Diese findet zwar weite Verbreitung in der Praxis, ist jedoch aufgrund der impliziten Prämisse der Wiederanlage der Auschüttungen im Erhebungszeitraum grundsätzlich mit Einschränkungen zu versehen. Aus Anlegersicht müßte zudem der von den Fonds regelmäßig erhobene Ausgabeaufschlag berücksichtigt werden.

raum zwischen 33,5 und 48,1% und im Zehnjahresvergleich zwischen 77,1 und 104% schwankte.[331]

Tab. 3: Performance der offenen Immobilienfonds[332]

Name des Fonds	1 Jahr 31.03.92 - 31.03.93	5 Jahre 31.03.88 - 31.03.93	10 Jahre 31.03.83 - 31.03.93	20 Jahre 31.03.73 - 31.03.93
A.G.I. -Fonds Nr. 1	4,8 %	33,5 %	77,1 %	242,0 %
BfG:Immo-Invest	8,9 %	-	-	-
DespaFonds	10,2 %	47,6 %	103,0 %	284,3 %
DIFA-Fonds Nr. 1	9,3 %	44,4 %	95,1 %	251,5 %
DIFA-Grund	8,6 %	39,1 %	-	-
grundbesitz-invest	8,5 %	45,9 %	97,8 %	291,7 %
Grundwert-Fonds 1	9,7 %	48,1 %	104,0 %	332,1 %
HANSAimmobilia	8,0 %	46,2 %	-	-
Haus-Invest	9,6 %	43,9 %	94,6 %	291,9 %
iii-Fonds Nr. 1	10,2 %	47,0 %	93,7 %	222,7 %
iii-Fonds Nr. 2	10,2 %	46,7 %	92,4 %	206,6 %
WestInvest 1	9,8 %	-	-	-

Die von den offenen Immobilienfonds erzielte Sicherheit der Kapitalanlage kommt grundsätzlich in zwei Faktoren zum Ausdruck: Zum einen in der individuellen Wertentwicklung der Immobilienanlagen, zum anderen in den von dem Fondsmanagement vorgenommenen Maßnahmen zur Risikomischung.[333]

Der erste Aspekt zielt auf die Wahl der Immobilienobjekte selbst ab, welche einerseits einem technischen, abschreibungs- und inflationsbedingten Wertverlust ausgesetzt sind, andererseits jedoch in aller Regel eine marktbedingte Wertsteigerung erfahren, die in einem entsprechenden Ertragswertzuwachs zum Ausdruck kommt. Um die gewünschte immobilienobjektorientierte Sicherheit zu gewährleisten, besteht bei offenen Immobilienfonds deshalb häufig ein Kriterienkatalog, dem "fondsgeeignete Immobilien" entsprechen müssen.[334]

Eine auf einzelne Immobilien abstellende empirische Überprüfung der Wertentwicklung ist grundsätzlich verwehrt, da offene Immobilienfonds

331 Zu den Bestimmungsfaktoren für die Performance siehe auch die Abbildung auf Seite 112.

332 Quelle: *BVI*, Investment-Information v. 14.04.93, S. 12.

333 Vgl. *Wechsler*, Vermögensanlage, S. 111 f.

334 Ein Beispiel für einen solchen allgemeinen Kriterienkatalog findet sich z.B. bei *Heuer*, Vermarkten, Teil 4, Kap. 3.1, S. 5 f. Siehe hierzu auch Abschnitt 4.3.4., Seite 182 ff.

nicht angehalten sind, in ihren Rechenschaftsberichten die Verkehrswerte für jedes Objekt gesondert auszuweisen.[335]

Der zweite Aspekt berührt die Risikostreuungsmaßnahmen innerhalb des Immobilienportfolios und kann empirisch zum größten Teil nachvollzogen werden. Zur risikorientierten Strukturierung des Immobilienbestandes kommen grundsätzlich die folgenden Kriterien in Betracht:[336]

- Streuung nach Immobilienprojekten und -objekten,
- Streuung nach Immobilientypen bzw. Nutzungsarten,
- Streuung nach Mietern,
- Streuung nach Objektgrößen,
- Streuung nach Objektalter,
- Streuung nach geographischen Merkmalen,

Die Umsetzung der Streuungskriterien wird nachfolgend auf der Grundlage einer Auswertung der Rechenschafts- und Halbjahresberichte der offenen Immobilienfonds aus den Jahren 1990 und 1991 überprüft.[337]

Abbildung 14 kann entnommen werden, daß der zahlenmäßige Anteil von Projekten und unbebauten Grundstücken am gesamten Immobilienbestand der offenen Immobilienfonds in 1991 ca. 9,1 % betrug. Nur 1,2 % des Portfolios entfielen auf Wohnimmobilien, 2,4 % auf gemischtgenutzte Objekte. Der mit durchschnittlich 87,4 % überwiegende Teil des Immobilienportfolios offener Fonds war in reine Gewerbeimmobilien investiert.

Die gewerblichen Immobilien lassen sich wiederum in eine Reihe einzelner Nutzungsarten unterteilen, wie sie bereits in Abbildung 2 auf Seite 33 dargestellt wurden. Es ist davon auszugehen, daß Büroimmobilien den größten Anteil an den Beständen ausmachen, gefolgt von Einzelhandelsimmobilien und - in relativ geringer Zahl - Gewerbeparks, Industrieimmo-

---

335 Vgl. Fußnote 302 auf Seite 76.

336 Vgl. *Päsler*, Handbuch, S. 160; *Kerscher*, Immobilien-Investmentfonds, S. 166.

337 Angesichts des Umfangs der empirischen Auswertung sämtlicher Immobilienobjekte der offenen Immobilienfonds liegt eine neuere Untersuchung nicht vor. Siehe auch die umfangreichen Darstellungen der anlagepolitischen Praxis offener Immobilienfonds aus den Jahren 1982, 1983 und 1987 bei *Münch*, Anlagestrategien, S. 46 ff.; *Abromeit-Kremser*, Immobilieninvestmentfonds, S. 182 ff. und *Laux/Ohl*, Grundstücksinvestment, S. 44 ff.

bilien und Hotels. Unter Risikogesichtspunkten muß hier die hohe und seit langer Zeit stetig steigende Bedeutung der Büroimmobilien ungeachtet der mit diesem Immobilientyp verbundenen Vorteile[338] kritisch gesehen werden.

Abb. 14: Streuung des gesamten Immobilienportfolios der offenen Immobilienfonds nach der Nutzungsart (gemessen am Gesamtobjektwert)[339]

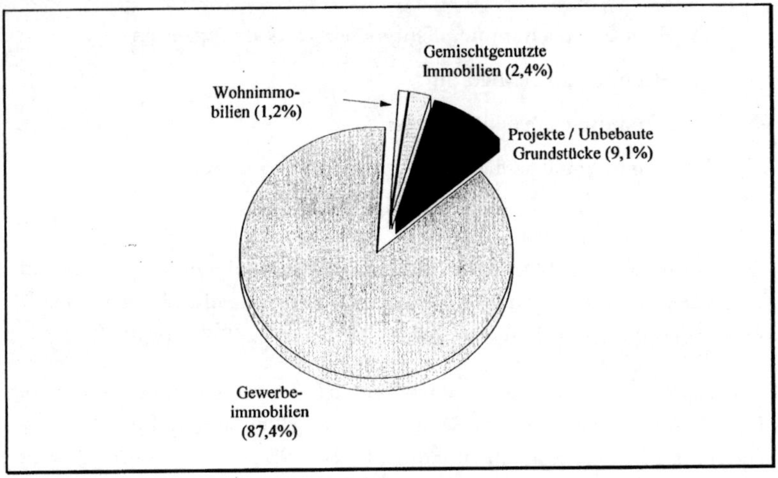

Die Verteilung des Immobilienbestandes auf verschiedene Standorte stellt eines der zentralen Streuungskriterien dar. Abbildung 15 zeigt die Zuordnung des gesamten Immobilienbestandes der offenen Immobilienfonds auf die Ballungsräume Westdeutschlands in 1990. Das Rhein-Main-Gebiet und die Rhein-Ruhr-Region nehmen hier vor den Räumen München und Hamburg eine dominierende Stellung ein. Gleichzeitig wird deutlich, daß etwa ein Drittel des Bestandes in Regionen außerhalb der zentralen Ballungsräume investiert sind. Bereits bei der Durchschnittsbetrachtung aller Immobilienfonds fällt auf, daß eine gleichmäßige Verteilung auf die einzelnen Ballungsräume nicht anzutreffen ist. Dieser Eindruck tritt bei der

338 Gegenüber anderen Immobilientypen wiesen Büroimmobilien in der Vergangenheit häufig die Vorteile eines problemfreieren Managements, geringerer Standortvolatilität und höherer Wertsteigerungschancen bei guten Ausschüttungsrenditen auf.

339 Quelle: Auswertung der Rechenschafts- und Halbjahresberichte der offenen Immobilienfonds zum 30.09., 31.10. bzw. 31.12.1991

Untersuchung einzelner Fonds noch stärker hervor. Hier ist häufig eine Konzentration des Immobilienportfolios auf den Standort der Kapitalanlagegesellschaft festzustellen. Eine den Gesellschaftssitz bevorzugende Anlagepolitik wäre zwar mit der genaueren Kenntnis des lokalen Marktes zu begründen, sie kann im Sinne einer angemessenen Risikostreuung aber nicht überzeugen.

Abb. 15: Streuung des gesamten Immobilienportfolios der offenen Immobilienfonds nach der Ballungsraumzugehörigkeit[340]

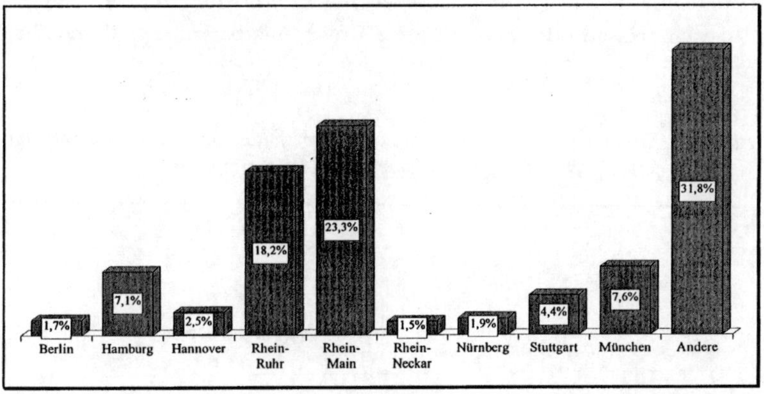

Die Immobilienbestände lassen sich des weiteren daraufhin untersuchen, ob eine gleichmäßige Streuung auf verschiedene Objektgrößenklassen vorliegt. Ein Risikoausgleich kann in diesem Zusammenhang durch die Ausrichtung auf verschiedene Investoren- und Mietergruppen erfolgen, für die aufgrund ihrer Anlage- und Nutzungspräferenzen jeweils Immobilien unterschiedlicher Größenordnung in Frage kommen. Aus Abbildung 16 geht, gemessen an der Gesamtzahl der Bestandsobjekte, eine relative Gleichverteilung der Immobilien auf verschiedene Größenklassen hervor.
Die Bestandsentwicklung der offenen Fonds tendierte in den vergangenen Jahren jedoch eindeutig zu größeren Objekten bei den Neuzugängen. Gleichzeitig nutzten sie die günstige Marktverfassung aus, um kleinere Objekte, die bezogen auf ihre Fläche einen hohen Managementaufwand

340 Quelle: Auswertung der Rechenschafts- und Halbjahresberichte der offenen Immobilienfonds zum 30.09., 31.10. bzw. 31.12.1990

erforderten, abzugeben. Diese Entwicklung muß aus Risikogründen skeptisch beurteilt werden. Aufgrund der jederzeitigen Rückgabemöglichkeit der Anteile müssen offene Immobilienfonds nicht nur darauf Wert legen, ausreichende Liquidität vorzuhalten, sondern auch die Veräußerbarkeit der Fondsobjekte zu sichern. Kleinere Objekte weisen in der Regel eine höhere Marktgängigkeit auf als große Immobilien.[341] Mit einem zunehmenden Engagement in sehr großvolumigen Objekten stoßen sie jedoch in ein Marktsegment vor, in dem sich nur eine geringe Zahl potentieller Marktteilnehmer bewegt. Die dadurch bedingte Einschränkung der Fungibilität könnte für den Fall einer kritischen Marktverfassung zu wertmäßigen Zugeständnissen oder aber zu einer Unveräußerbarkeit der Immobilien führen.

Abb. 16: Streuung des gesamten Immobilienportfolios der offenen Immobilienfonds nach Objektgrößenklassen (qm Nettonutzfläche)[342]

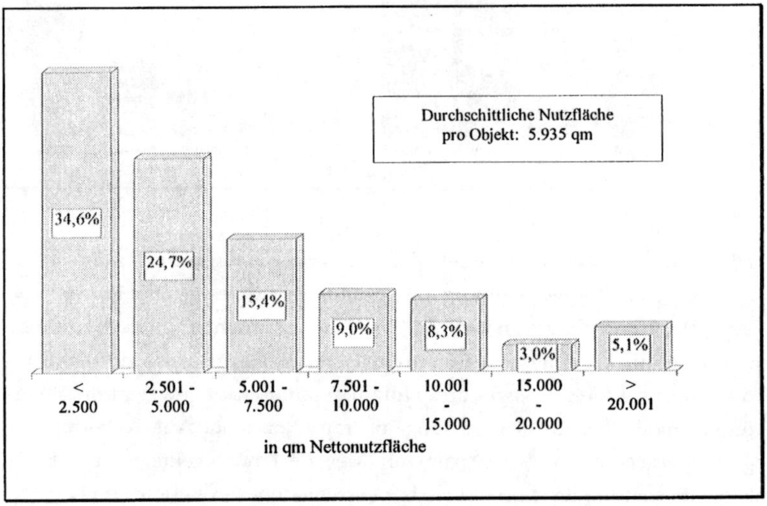

Schließlich wurde die Streuung der Immobilienbestände nach Baujahren untersucht. Die Risikoüberlegung besteht hier darin, daß eine gleichmäßi-

341 Vgl. *Abromeit-Kremser*, Immobilieninvestmentfonds, S. 194.

342 Quelle: Auswertung der Rechenschafts- und Halbjahresberichte der offenen Immobilienfonds zum 30.09., 31.10. bzw. 31.12.1990

ge Altersverteilung in erster Linie auch zu ausgewogenen Aufwendungen für die Modernisierung und Instandhaltung der Bestandsobjekte führt.[343] Die Aufteilung nach Altersklassen in Abbildung 17 läßt einen Schwerpunkt bei Objekten im Alter von etwa 20 bis 30 Jahren erkennen. Die zahlenmäßige Häufung von Objekten dieser Altersklasse kann durch die besondere Bauaktivität in dieser Zeit erklärt werden. Bei den Bestandszugängen der offenen Immobilienfonds handelt es sich hauptsächlich um Objekte neueren Baujahrs. Eine Verjüngung des Immobilienbestandes offener Fonds wurde auch durch die starken Mittelzuflüsse der vergangenen Jahre bewirkt.

Abb. 17: Streuung des gesamten Immobilienportfolios der offenen Immobilienfonds nach Objektalter (Baujahr)[344]

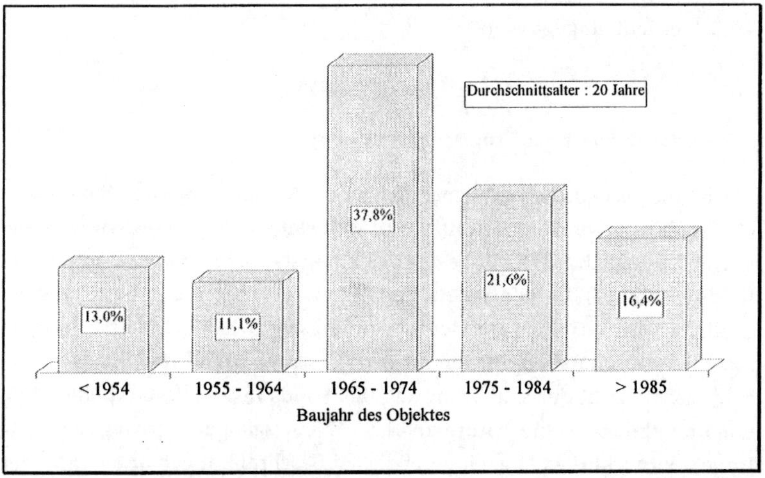

Zusammenfassend kann festgehalten werden, daß die Umsetzung der oben genannten Streuungskriterien bei den offenen Fonds nicht immer in vollem Maße erreicht wurde. Bislang wenig thematisiert wurde jedoch die Frage, inwieweit sich die Risikoexponiertheit eines Immobilienportfolios durch die Untersuchung der Streuungskriterien abbilden und messen läßt.

343 Vgl. *Laux/Ohl*, Grundstücksinvestment, S. 65 f.

344 Quelle: Auswertung der Rechenschafts- und Halbjahresberichte der offenen Immobilienfonds zum 30.09., 31.10. bzw. 31.12.1990

In der Praxis werden risikopolitische Plausibilitätsüberlegungen z.B. in der Form angestellt, daß die regionale Konzentration der Immobilieninvestitionen auf nur einen Ballungsraum dem gesetzlichen Gebot der Mischung und Streuung zuwider laufen würde und daher eine Ausgewogenheit anzustreben sei. Eine präskriptive Aussage über die genaue prozentuale Verteilung des Bestandes auf die einzelnen Regionen läßt sich jedoch für den Immobilienbereich aufgrund der zu setzenden Prämissen nur sehr eingeschränkt formulieren. Auch Aussagen über das zu bevorratende Liquiditätspolster lassen sich nicht exakt quantifizieren, da der Zeitpunkt und die Höhe der Inanspruchnahme der Reserven durch Anteilsscheinrückgaben der Zertifikatsinhaber ungewiß sind.

Auf die Performance, Sicherheit und Liquidität als Elemente der finanzwirtschaftlichen Zielsetzung offener Immobilienfonds wird in Abschnitt 4.1.3.4. erneut eingegangen.

3.3.3. Stellenwert der Projektentwicklung

Auch eine verläßliche und generalisierende Aussage über den Stellenwert der Projektentwicklung ist auf empirisch-statistischem Wege nur eingeschränkt möglich.[345] Die Projektentwicklungstätigkeit offener Immobilienfonds geht nur indirekt aus dem Bestand unbebauter und in Bebauung befindlicher Grundstücke aus dem Rechnungslegungsberichten hervor. Der Anteil der Immobilienprojekte an dem Gesamtbestand der Fonds ist gering, da die Zahl der seit Gründung des Fonds in den Bestand eingestellten Immobilienobjekte naturgemäß die Neuzugänge überwiegt und die Projektentwicklungstätigkeit gesetzlichen Beschränkungen unterliegt.[346]

Ferner kommt die wertmäßige Bedeutung der Projektentwicklung für den Bestand erst über die Erstbewertung nach Fertigstellung der Projekte zur Geltung.[347] Insofern gibt der in Spalte 3 und 4 der Tabelle 2 aufgeführte Anteil unbebauter und in Bebauung befindlicher Grundstücke am gesamten Fondsvermögen nur einen Ausschnitt der Projektentwicklungstätigkeit offener Immobilienfonds wieder. Dieser Anteil schwankt bei den ein-

345 Vgl. *Abromeit-Kremser*, Immobilieninvestmentfonds, S. 213.

346 Siehe auch die Ausführungen auf Seite 73.

347 Vgl. *BVI*, Investment 92, S. 77.

zelnen Fonds zwischen 0% (A.G.I.-Fonds, BFG:ImmoInvest und HANSAimmobilia) und 7,5% (grundbesitz-invest). Zusätzlich ist zumindest ein Teil der in Spalte 5 aufgeführten gebundenen Liquidität dem Projektentwicklungsgeschäft dann zuzurechnen, wenn es sich um für Bauvorhaben reservierte Mittel handelt.

Hinsichtlich der periodenbezogenen Neuzugänge des Bestandes ergibt sich ebenfalls kein eindeutiges Bild hinsichtlich des Ausmaßes der Projektentwicklung, da bis zur Fertigstellung der Projekte in der Regel mehrere Jahre vergehen. Gemessen an der Gesamtzahl der Immobilien offener Fonds läßt sich der Anteil der Bauprojekte und unbebauten Grundstücke gemäß Abbildung 14 für 1991 mit ca. 9,1% angeben. Auch die Intensität des eigenen unternehmerischen Engagements des Fondsmanagements im Rahmen der jeweiligen Entwicklung kann nur gemutmaßt werden.

Aufgrund dieser Beschränkungen ist im Rahmen dieser Arbeit vornehmlich auf die in den Rechenschaftsberichten und sonstigen Veröffentlichungen getroffenen Aussagen des Fondsmanagements zu dem Thema Projektentwicklung abzustellen. Die darin getroffenen Erläuterungen zur Geschäftspolitik der Fonds berühren sowohl die Notwendigkeit als auch die Vorzüge der Projektentwicklung und lassen auf eine Intensivierung der Developmentaufgaben in der Zukunft schließen. Sie sollen in Abschnitt 5.1. gemeinsam mit der Behandlung der Projektentwicklung in strategischer Sicht behandelt werden. Zuvor wird in Kapitel 4. die Strategieentwicklung für offene Immobilienfonds behandelt.

4. Strategieentwicklung für offene Immobilienfonds

In Abschnitt 1.3. wurde bereits einführend und zunächst in allgemeiner Weise die Konzeption des strategischen Managements dargestellt. Im folgenden wird nun die Umsetzung dieses strategischen Management-Ansatzes auf die spezifische Situation offener Immobilienfonds vorgenommen. Der Fortgang der Untersuchung orientiert sich in diesem Zusammenhang an dem in Abschnitt 1.3.2. vorgestellten allgemeinen Phasenschema.

4.1. Der unternehmenspolitische Rahmen als Ausgangspunkt strategischer Überlegungen

Mit dem Begriff des unternehmenspolitischen Rahmens[348] werden die "grundsätzlichen Einstellungen und geplanten Verhaltensweisen des Unternehmens zu den Veränderungen der Umweltbedingungen im Marktbereich"[349] gekennzeichnet.
Wie es der Begriff bereits andeutet, setzt der unternehmenspolitische Rahmen den Ausgangspunkt für strategische Überlegungen, er besitzt "Richtlliniencharakter bei der Entwicklung von Strategien"[350]. Im Ergebnis enthält er die wesentlichen, den offenen Immobilienfonds in seiner Gesamtheit berührenden Grundhaltungen und Ziele.

Der unternehmenspolitische Rahmen kann durch drei inhaltliche Aspekte charakterisiert werden:[351]

1. Beschreibung des Grundcharakters des offenen Immobilienfonds hinsichtlich der Unternehmensaufgabe, der Tätig-

348 In der Planungstheorie finden u.a. auch die Begriffe "Unternehmensphilosophie", "Absichten", "Unternehmensaufgabe" und "Verhaltensnormen" Verwendung. Diesen Begriffen werden von den verschiedenen Autoren z.T. unterschiedliche, in der Regel aber sehr ähnliche Bedeutungsinhalte zugewiesen. Sie sollen hier synonym gebraucht werden. Vgl. hierzu *Hinterhuber*, Unternehmungsführung, S. 56 ff.; *Kreikebaum*, Unternehmensplanung, S. 46 f.; *Ulrich*, Unternehmungspolitik, S. 91 ff.; *Pümpin*, Unternehmenskultur, S. 260 ff.; *Hax/Majluf*, Management, S. 63 ff.; *Aaker*, Markt-Management, S. 39 ff.; *Kirsch/Knyphausen/Ringlstetter*, Grundideen, 11 f.; *Jauch/Glueck*, Policy, S. 57 ff.

349 *Kreikebaum*, Unternehmensplanung, S. 47.

350 *Kirsch/Knyphausen/Ringlstetter*, Grundideen, 16.

351 Vgl. *Hax/Majluf*, Management, S. 63. Vgl. auch *Hinterhuber*, Unternehmungsführung, S. 57 f.

keitsbereiche und der strategischen Grundhaltung im Wettbewerb.

2. Darstellung der Beziehungen und der Verantwortung offener Immobilienfonds gegenüber Mitarbeitern, Gesellschaftern, Anteilsinhabern, Kunden, Partnern und Konkurrenten am Immobilienanlage- und Finanzmarkt sowie gegenüber Umwelt und Gesellschaft.

3. Formulierung der allgemeinen strategischen Zielsetzung des offenen Immobilienfonds.

Im folgenden werden die inhaltlichen Aspekte des unternehmenspolitischen Rahmens für offene Immobilienfonds präzisiert. Die Punkte 1 und 2 werden anhand eines exemplarischen Leitbildes in dem nachfolgenden Abschnitt dargestellt. Dem Marktverhalten der offenen Immobilienfonds wurde ein eigener Abschnitt gewidmet, da der wettbewerbsbezogenen strategischen Grundhaltung der Fonds eine besondere Bedeutung für die Möglichkeiten zur Ergreifung von Strategien zugemessen wird. Die in Punkt 3 genannte strategische Zielsetzung und deren Beeinflussung durch interne und externe Interessengruppen findet in Abschnitt 4.1.3 Erläuterung.

4.1.1. Entwicklung eines Leitbildes für einen offenen Immobilienfonds

Die Normen, Regeln und Werte, die im unternehmenspolitischen Rahmen zum Ausdruck kommen, werden in der Praxis häufig schriftlich niedergelegt und als "Leitbild" bzw. "Vision" bezeichnet.[352] Ein Positionspapier dieser Art kann anhand der Beantwortung eines Fragenkataloges verdeutlicht werden.

Abbildung 18[353] enthält die Darstellung eines solchen Fragenkataloges und liefert Ansätze zu seiner Beantwortung. Es wurde exemplarisch ver-

---

352 Vgl. auch die in Fußnote 348 auf S. 94 angegebene Literatur.

353 Die Fragen wurden in Anlehnung an *Ulrich* (Unternehmungspolitik, S. 94) formuliert. Vgl. auch *Hax/Majluf*, Management, S. 65 ff.; *Hinterhuber*, Unternehmungsführung, S. 61 f. Hinsichtlich des unternehmenspolitischen Rahmens bei Immobilienunternehmen siehe erste Überlegungen bei *Suchman*, Interviews, S. 7 ff.; *Abromeit-Kremser*, Immobilieninvestmentfonds, S. 151 ff.; *Würtz*, Grundstücksmakler, S. 125.

sucht, ein mögliches Leitbild für einen offenen Immobilienfonds zu entwickeln.

Abb. 18: Exemplarisches Unternehmensleitbild eines offenen Immobilienfonds

1. Welche Anlegerbedürfnisse wollen wir mit unseren Marktleistungen befriedigen?
Wir entsprechen dem Bedürfnis privater Kapitalanleger nach einer sicheren, "mobilen Immobilienanlage" mit professionellem Management bei geringem Kapitaleinsatz. Wir wollen den Kapitalanleger an einem entwicklungsfähigen und diversifizierten Immobilienportfolio beteiligen.
Unsere Immobilienaktivitäten orientieren sich an dem Ziel, den Mietern unserer Immobilien überlegene und flexible Problemlösungen für ihre individuellen Raumbedürfnisse anzubieten.

2. Welchen grundlegenden Anforderungen sollen unsere Marktleistungen entsprechen?
Für unsere Anleger erbringen wir die Dienstleistungen der Anlage in Immobilienobjekte und der Entwicklung von eigenen Bauprojekten. Unsere Marktleistung dient der Erzielung einer hohen Rendite unter Wahrung einer genügenden Sicherheit bzw. Risikostreuung und Liquidität.
Neben den notwendigen Finanzanlagen wollen wir ein ausgewogenes Portfolio von größeren Büro- und Geschäftshäusern in hervorragenden Lagen mit hochwertiger Bausubstanz und ausgeglichenem Mietermix aufbauen. Aus grundsätzlichen Erwägungen verzichten wir auf Investitionen in andere Immobilienarten (Wohnimmobilien, Hotels, Freizeitimmobilien, etc.).

3. In welchen geographischen Regionen soll unser Unternehmen tätig werden?
Wir betätigen uns im wesentlichen auf dem deutschen und dem europäischen Immobilienmarkt, in geringerem Umfang auch auf ausgesuchten außsereuropäischen Märkten. Wir beschränken uns dabei auf die Ballungsräume der jeweiligen Länder und entwickeln aus Risikoerwägungen keine eigenen Bauprojekte außerhalb Deutschlands.
Voraussetzung für internationale Immobilientransaktionen ist die ausreichende Kenntnis des länderspezifischen Immobilienmarktes und die Möglichkeit einer Kooperation mit Immobilienmanagementunternehmen vor Ort.

4. Welche Marktstellung wollen wir erreichen?
Unter den offenen Immobilienfonds wollen wir eine maßgebliche Marktposition, gemessen am Gesamtvermögen, erreichen. Auf dem gesamten Immobilienanlagemarkt wollen wir zu den seriösen, kompetenten und risikobewußten institutionellen Investoren zählen und eine führende Stellung im Wettbewerb, gemessen am jährlichen Immobilieninvestitiosvolumen, einnehmen.

5. Welche Grundsätze bestimmen unser Verhalten gegenüber unseren Marktpartnern?
Im Mittelpunkt unserer Markleistungen am Immobilienmarkt stehen die Mieter unserer Immobilie. Den Mietern wollen wir ein offener und kompetenter Gesprächspartner sein und ihnen helfen, ihre individuellen Raumbedürfnisse mit minimaler Beanspruchung ihrer Ressourcen zu befriedigen.
Das Verhalten gegenüber unseren Konkurrenten soll durch einen fairen und partnerschaftlichen Wettbewerb geprägt sein, da wir sowohl als Entwickler und Anbieter als auch als Nachfrager von Immobilien am Markt in Erscheinung treten.
Die mit uns im Rahmen unserer Geschäftstätigkeit in Kontakt stehenden öffentlichen und privaten Institutionen (Kommunen, Makler, Developer, Investoren, Nutzer) sehen wir als Partner im Rahmen unseres Bestrebens, eine hochwertige Immobilieninvestmentdienstleistung zu erstellen.

6. Welche Grundsätze bestimmen unser Verhalten gegenüber unseren Mitarbeitern?
Die Qualität unserer Markleistung wird bestimmt durch die Qualität und Motivation unserer Mitarbeiter. Die Mitarbeiter sollen sich in einem freien und offenen Umfeld entfalten können, das sie ermutigt und unterstützt, sich mit dem Unternehmen zu identifizieren und ihre persönlichen Ziele zu erreichen.

7. Wie stehen wir zu unserem sozialen Umfeld?
Unsere Marktleistung zielt auf das in einer Gesellschaft vorhandene, fundamentale Bedürfnis nach geeignetem Raum für die Entfaltung unterschiedlichster Nutzungsmöglichkeiten ab. Unsere Immobilien sollen daher nicht nur einzelwirtschaftlichen sondern auch gesamtwirtschaftlichen Belangen genügen. Wir wollen einen Beitrag zur städtebaulichen und umweltorientierten Entwicklung unseres gesellschaftlichen Umfeldes leisten.

8. Welche Zielvorstellungen haben wir bezüglich Gewinn, Wachstum und Sicherheit?
Der wichtigste operative Gradmesser unseres Erfolges ist die Gesamtperformance unseres Immobilienportfolios. Unser Ziel besteht darin, eine Performance zu erwirtschaften, die oberhalb des Branchendurchschnitts liegt und damit weitere Mittelbereitstellungen seitens der Kapitalanleger anregt. Wir denken, daß sich überdurchschnittliche Markleistungen am besten in einer Wachstumsumgebung erzielen lassen. Der Vermögenszuwachs soll damit ebenfalls oberhalb des allgemeinen Branchenwachstums liegen. Bedingung für Wachstum und Erfolg soll die Einhaltung einer ausreichenden Sicherheit innerhalb des Immobilienportfolios sein.

Die exemplarische Darstellung verdeutlicht, daß die Aufzeichnung des Leitbildes eines offenen Immobilienfonds in hohem Maße auf explorative und wenig standardisierungsfähige Überlegungen angewiesen ist.[354]

Die sich in der Praxis ergebenden Unterschiede zwischen den Leitbildern der offenen Fonds müssen grundsätzlich als historisch gewachsen und damit als Ergebnis der individuellen Unternehmensevolution angesehen werden. Der unternehmenspolitische Rahmen ist dem direkten dispositiven Zugriff der Unternehmensführung also nur begrenzt zugänglich.[355] Vor allem kann er nicht durch kurzfristige Planungs- und Steuerungsmaßnahmen des Managements verändert werden. Vielmehr müssen gewünschte Veränderungen des Systemzustands die gewachsene Struktur und die - bewußt oder unbewußt vorhandenen - Denkmuster des Systems aufgreifen und berücksichtigen. Unternehmenspolitische Neuorientierungen können daher nur mit langfristiger Perspektive angestrebt werden und müssen alle Instanzen des Systems umfassen bzw. ganzheitlich ansetzen.

Andererseits sieht sich ein Unternehmen als lebendiges offenes System einer laufenden Transformation seines unternehmenspolitischen Rahmens ausgesetzt, die aus seiner Einbindung in ein sozioökonomisches Umfeld resultiert. Der permanente Wandel dieses gesellschaftlichen Unternehmensumfeldes bedingt geänderte Einstellungen und Werte bei den Mitarbeitern des Unternehmens und damit Änderungen des strategischen Rahmens des Unternehmens selbst - ohne daß dies notwendigerweise offiziell belegt wird.
Von gleicher Bedeutung ist ein Wandel auf den Märkten, in denen sich das Unternehmen bewegt. Geänderte Rahmenbedingungen können hier zu sogenannten "Misfits"[356] führen. Diese sind "als mittelfristige Beschränkungen für das strategische Manövrieren zu beachten, gleichzeitig [sind, d. Verf.] aber auch behutsame Maßnahmen zu initiieren, die zu einer langfristigen Behebung der erkannten Misfits führen können"[357].

---

354 Vgl. *Kirsch/Knyphausen/Ringlstetter*, Grundideen, S. 11.

355 Vgl. *Kirsch/Roventa/Trux*, Individualität, S. 356; *Kirsch/Knyphausen/Ringlstetter*, Grundideen, S. 11.

356 Vgl. *Kirsch*, Unternehmensführung, S. 314.

357 *Kirsch*, Unternehmensführung, S. 314 f.

Mit der inhaltlichen Darstellung des Leitbildes werden auch dessen Funktionen im Rahmen des strategischen Managements von offenen Immobilienfonds deutlich.

Dem Leitbild sind generell eine allgemeine orientierungs- und impulsgebende Funktion sowie eine Steuerungs- und Koordinationsfunktion zuzuschreiben[358]; es dient damit der Formulierung von Herausforderungen für alle Unternehmensmitglieder, der Offenlegung und Vermittlung positiv belegter Normen und Werte sowie der Schaffung einer richtungweisenden und motivierenden Kraft für die zielorientierte Übernahme strategischer und operativer Aufgaben.[359]

In erweiterter Sicht ist das Unternehmensleitbild als strategischer Filter zu sehen, der unternehmerische Entscheidungen verhindert, die nicht den Leitmaximen des offenen Immobilienfonds entsprechen.[360] Von wesentlicher Bedeutung ist daher die Integration von unternehmenspolitischem Rahmen und Zielen, Strategien und Maßnahmen des offenen Immobilienfonds. Die beabsichtigten strategischen Entscheidungen und Handlungen müssen den im Unternehmen vorliegenden Werthaltungen, Potentialen und Verhaltensweisen entsprechen und einer laufenden Abstimmung unterworfen werden.[361]

In der Praxis ist ein erhöhter Bedarf an unternehmensexterner Kommunikation für die Immobilienwirtschaft im allgemeinen festzustellen.[362] Die bewußte Definition eines Unternehmensleitbildes eröffnet den offenen Immobilienfonds die Gelegenheit, ihr unternehmerisches Selbstverständnis nicht nur nach innen, sondern auch den Anteilseignern, Mietern und Marktpartnern auf eingängige Weise zu vermitteln.

Diese Vorgehensweise erscheint primär aufgrund der Einsicht empfehlenswert, daß den offenen Immobilienfonds - bedingt durch die geringe

---

358 Vgl. *Wiedmann/Kreutzer*, Marketingplanung, S. 71 f.; *Hinterhuber*, Unternehmungsführung, S. 68 f.; vgl. auch *Bleicher*, Kodifizierung, S. 71.

359 Vgl. *Hax/Majluf*, Management, S. 63.

360 Vgl. *Kirsch/Knyphausen/Ringlstetter*, Grundideen, 11; *Wiedmann/Kreutzer*, Marketingplanung, S. 72; *Staehle*, Management, S. 573.

361 Vgl. *Wiedmann/Kreutzer*, Marketingplanung, S. 76.

362 Ein exemplarisches Modell für die Kommunikation der Unternehmenskultur bei Bausparkassen, welches auch für Immobilienunternehmen Relevanz besitzt, wurde von *Baumann* (Bausparkassen, S. 285 ff.) entwickelt.

Differenzierbarkeit ihrer Marktleistung[363] - nur wenige Möglichkeiten offenstehen, sich für ihre Mieter, Anteilsinhaber und Marktpartner von den Wettbewerbern abzuheben. Ein stringentes Leitbild stellt den geeigneten Rahmen für die Darstellung der Unternehmensidentität und -individualität zur Verfügung.

4.1.2. Strategische Grundhaltung offener Immobilienfonds im Wettbewerb auf dem gewerblichen Immobilienmarkt

Während die unternehmenspolitischen Rahmen offener Immobilienfonds bislang nur schwer einer externen Beurteilung zugänglich sind, zeigt sich die Identität des Fonds durch ihre nach außen gerichtete strategische Grundhaltung. Die strategische Grundhaltung bringt zum Ausdruck, wie sich ein offener Immobilienfonds am Markt verhält. An dieser Stelle interessiert in erster Linie das Auftreten und das Verhalten offener Immobilienfonds im Wettbewerb auf dem gewerblichen Immobilienmarkt.

Die verschiedenen Ausprägungen strategischer Grundhaltungen lassen sich in einer vereinfachten Typologie darstellen, wie sie in Abbildung 19 wiedergegeben ist.[364]

Die marktorientierte Beurteilung der Grundhaltungen erfolgt anhand von zwei Dimensionen: Die Wahl der Betätigungsfelder mit den Ausprägungen "Spezialist" und "Generalist" sowie die Haltung gegenüber Neuerungen mit den Möglichkeiten "konservativ" und "progressiv". Damit ergeben sich je nach Kriterienausprägung vier Typen strategischer Grundhal-

---

363 Angesprochen ist hier nicht die grundsätzliche Frage der strategischen Steuerbarkeit der offenen Immobilienfonds, sondern die vom Gesetzgeber mit dem KAGG herbeigeführte Homogenisierung der Immobilieninvestmentdienstleistung offener Immobilienfonds für private Kapitalanleger. Hinsichtlich des Mieters wird die Frage der Differenzierbarkeit bislang in aller Regel nur auf das angebotene Mietobjekt bezogen, weniger aber auf die Position des Vermieters.

364 Für die Immobilienwirtschaft existieren bislang kaum verwertbare Systematisierungen strategischer Grundhaltungen. Zu erwähnen ist nur *Bevan* (Property, S. 124 ff.), der in einer Fallstudie typische strategische Grundhaltungen von britischen Institutionen identifizierte, die in den Bereich der wohnungswirtschaftlichen Immobilienvermittlung diversifizierten. Er belegte sie beispielhaft mit den Begriffen "Classical Expander", "Channel Builder" und "Protectionists". Weitere allgemeine Ansätze zur Typologisierung strategischen Verhaltens finden sich z.B. bei *Mintzberg*, Management, S. 109 ff. sowie *Miles/Snow*, Strategy, S. 25 ff.

tungen: "Verteidiger", "Risiko-Streuer", "Innovator" und "Prospektor". Die Grundhaltung des "Architekten" als fünfter Typ vereint alle 4 Typen durch eine Mittelposition. Als weitere strategische Grundhaltung kann diejenige des "Reagierers" festgestellt werden, welche sich nicht in das Schema einfügen läßt. Bei diesem Typ ist die Wahrung eines großen Ausmaßes an Flexibilität das Leitprinzip strategischen Handelns.[365]

Abb. 19: Typologie strategischer Grundhaltungen[366]

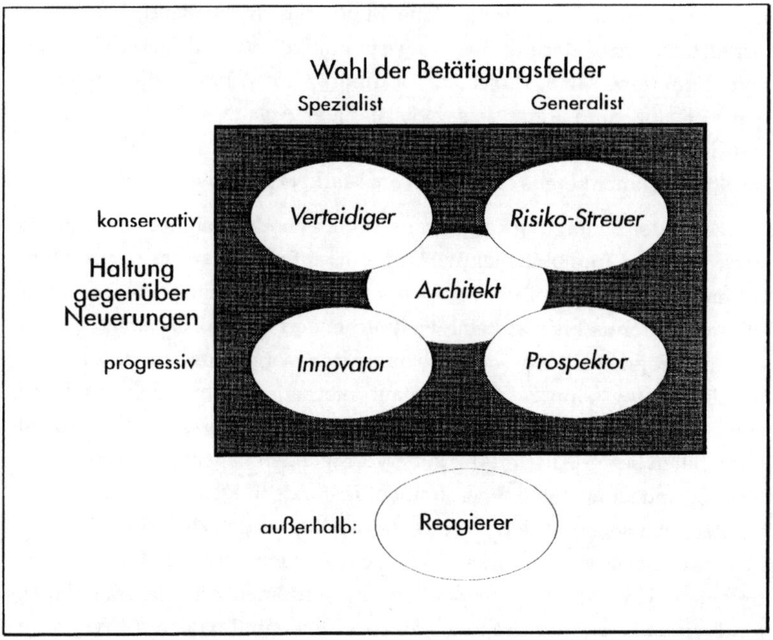

Bei offenen Immobilienfonds wird in aller Regel von einer "konservativ-adaptiven" strategischen Grundhaltung ausgegangen.[367] Diese kann zum einen auf die institutionelle Prägung der offenen Immobilienfonds (Kre-

365 Zu den verschiedenen Grundhaltungen siehe im einzelnen *Kirsch/Roventa/Trux*, Individualität, S. 340 ff.; *Knoll*, Erfolgsfaktoren, S. 134 ff.

366 In Anlehnung an *Kirsch/Grebenc*, Management, S. 36.

367 Vgl. *Abromeit-Kremser*, Immobilieninvestmentfonds, S. 151 f.; *Waldmann*, Immobilienmanagement, S. 71.

ditinstitutscharakter, gesetzliche Regulierung) und die häufig festzustellende organisatorische Einbindung in Allfinanzkonzerne begründet werden. Zum anderen begünstigen die spezifischen Eigenschaften der Immobilie als Handlungsgegenstand der offenen Immobilienfonds eher konservative Verhaltensweisen.

Die vorsichtige Zurückhaltung offener Immobilienfonds gegenüber Neuerungen am Immobilienmarkt zeigt sich insbesondere bei neuen Immobilienarten (z.B. Gewerbeparks, innovative Verkaufsformen des Einzelhandels) und neuen Standorten (Neue Bundesländer, Ausland) sowie hinsichtlich der Erweiterung ihres angestammten Tätigkeitsbereiches durch neue Funktionen (z.B. Projektentwicklung). Offene Immobilienfonds zeigen sich aufgrund ihrer sicherheitsbetonten Anlagepolitik in der Regel erst dann aufgeschlossen gegenüber Neuerungen, wenn sie durch andere Marktteilnehmer bereits erfolgreich am Markt erprobt werden konnten.

Die Wahl der Betätigungsfelder kann bei offenen Immobilienfonds auf die verschiedenen Immobilienaktivitäten, d.h. auf die Auswahl des Immobilienanlagemediums selbst, bezogen werden. Hier zeigt sich, daß offene Immobilienfonds bislang keine weitreichenden Spezialisierungen auf bestimmte Segmente des Immobilienmarktes vorgenommen haben. Eine Spezialisierung könnte dabei etwa auf internationale Immobilienanlagen, einzelne Objektarten, oder z.B. auf sog. "Prime Properties", d.h. Spitzenimmobilien bester Ausstattung in hervorragenden Lagen, bestehen.[368]
Bislang sind sämtliche offenen Immobilienfonds in Deutschland als Generalisten anzusehen, welche ihre Investments grundsätzlich nach Immobilienarten, Regionen, Volumen, Lagen, etc. streuen. Die am Markt zu Tage tretenden Unterschiede[369] zwischen den einzelnen offenen Immobilienfonds sind als relativ geringfügig zu bezeichnen und nicht auf eine grundsätzlich differierende strategische Grundhaltung zurückzuführen. Unterschiede im Marktauftritt ergeben sich vielmehr aus praktischen Gegeben-

368 Voraussetzung für eine stärkere Spezialisierung ist die Erzielung einer Übereinstimmung mit den Bestimmungen des KAGG. Demnach wäre z.B. eine ausschließliche Spezialisierung auf die Entwicklung eigener Bauprojekte von der Fondsgründung an nicht möglich, da der Erwerb unbebauter Grundstücke und in Bebauung befindlicher Grundstücke auf insgesamt 40% des Wertes des Sondervermögens beschränkt ist.

369 In diesem Zusammenhang ist beispielsweise der von einzelnen Fonds in den Vertragsbedingungen vorgenommene Ausschluß bestimmter Immobilienarten (z.B. Hotels, Freizeitimmobilien, Lager- und Industrieimmobilien) zu nennen.

heiten, wie der historischen Entwicklung, den Fondvolumina oder etwa regionalen Schwerpunkten.

Zusammenfassend sind offene Immobilienfonds nach obiger Grundhaltungstypologie als "Risiko-Streuer" zu bezeichnen, welche sich durch eine konservative, risikoaverse[370] Haltung am Immobilienmarkt auszeichnen und eine eher generalistische Ausrichtung ihrer Immobilieninvestmentaktivitäten aufweisen.[371]
Wie im Fortgang der Arbeit noch zu zeigen sein wird, wäre eine weitgehendere Differenzierung in der strategischen Grundhaltung offener Immobilienfonds sicherlich eine interessante Alternative für private Kapitalanleger.[372]

4.1.3. Generierung eines strategischen Zielsystems

4.1.3.1. Grundlagen der Zielformulierung

Die Konkretisierung des unternehmenspolitischen Rahmens erfolgt durch die Generierung eines strategischen Zielsystems. Die Entwicklung strategischer Ziele gibt eine Richtschnur vor, an der die zu ergreifenden Strategien und deren Ergebnisse gemessen werden können. Diese Form der Konkretisierung vermeidet die häufig festzustellende Problematik, daß ein Leitbild nur "deklamatorischen Charakter"[373] hat und seitens der Mit-

---

370 Der *BVI* (Investment 93) bezeichnet die offenen Immobilienfonds als "extrem sicherheitsorientiert".

371 Interessant ist vor diesem Hintergrund der von *Kirsch/Grebenc* (Management, S. 36) angeführte empirische Zusammenhang zwischen strategischer Grundhaltung eines Unternehmens und seinem Entwicklungsstand hinsichtlich des strategischen Managements: "Unternehmen mit einer rudimentären strategischen Planung sind tendenziell eher konservativ eingestellt und weisen eine stärkere Spezialisierung auf. Dagegen weisen fortgeschrittene Unternehmen verstärkt Merkmale eines innovationsfreudigen, aufgeklärten Generalisten auf, der die Chancen neuer Erfolgspotentiale liberal analysiert und gegebenenfalls auch nutzt".

372 Eine ähnliche Meinung äußerte *Schimrock* (Investmentgesellschaften, S. 6) bereits im Jahre 1960: "Es wäre sicher eine große Bereicherung für die deutsche Investment-Entwicklung, wenn man sich entschließen würde, Fonds aufzulegen, die sich klar durch grundsätzlich verschiedene Zielsetzung und Zusammensetzung ihrer Anlagen unterscheiden". Eine solche Spezialisierung ist für den Bereich der Aktien- und Rentenfonds bzw. für gemischte Fonds bis heute weitgehend erfolgt, sie kann jedoch nicht für die offenen Immobilienfonds festgestellt werden. Vgl. auch *Poschadel*, Rentabilität, S. 34 f.; *Abromeit-Kremser*, Immobilieninvestmentfonds, S. 153, 156.

373 *Ulrich*, Unternehmungspolitik, S. 99.

arbeiter des Unternehmens nicht folgerichtig interpretiert und verwirklicht werden kann.[374]

Nach Kreilkamp ist "eine unternehmerische Zielsetzung (...) immer Ausdruck einer bewußten Absicht oder eines Willens, bestimmte Unternehmenszustände zu erreichen. Nicht durch die passive Hinnahme, sondern durch die aktive Gestaltung wird ein Ziel charakterisiert".[375] Unternehmensziele können ganz allgemein als gedankliche Konstruktionen auf der Basis von Willensbildungsprozessen verstanden werden, die das unternehmerische Handeln leiten sollen.[376]

Die im folgenden dargestellten generellen strategischen Ziele offener Immobilienfonds sind damit dem Prozeß der Strategieformulierung vorangestellt. Sie sind naturgemäß nur qualitativer Art und zu unterscheiden von den konkreten inhaltlichen Handlungszielen, die erst während oder im Anschluß an die Strategiewahl im Zuge der Operationalisierung des strategischen Managements formuliert werden.[377]

Da die Geschäftstätigkeit eines offenen Immobilienfonds nicht nur auf die Erreichung eines einzigen strategischen Ziels ausgerichtet sein kann, sondern ein Bündel von Zielen umfassen muß, die auf verschiedene Weise miteinander in Beziehung stehen, ist ein konsistentes Zielsystem zu entwickeln und an die Spitze des Planungsprozesses zu stellen.[378]
Die Willensbildung über die Zielkonzeption eines offenen Immobilienfonds ist als komplexer Prozeß anzusehen, welcher nicht nur von den Motiven und Werthaltungen des obersten Fondsmanagements geprägt wird. Vielmehr ist er, wie noch zu zeigen ist, abhängig von der Verhandlungsstärke der verschiedenen Interessengruppen offener Immobilienfonds.[379]
Darüber hinaus haben auch Veränderungen der Unternehmensumwelt und der internen Ressourcensituation des offenen Immobilienfonds Ein-

---

374 *Raffée* (Grundfragen, S. 11) bemerkt in diesem Zusammenhang: "Ohne ein klares, langfristig ausgerichtetes Zielkonzept droht die strategische Unternehmensführung zu einer blinden, reaktiven Anpassung an einzelne Umweltentwicklungen bzw. zu einem 'Muddling Through' zu degenerieren".

375 *Kreilkamp*, Management, S. 6.

376 Siehe hierzu *Stüdemann*, Betriebswirtschaftslehre, S. 230 ff.; *Frese*, Unternehmungsführung, S. 259 ff.

377 Vgl. *Schreyögg*, Unternehmensstrategie, S. 87.

378 Vgl. *Schreyögg*, Unternehmensstrategie, S. 88; *Ulrich*, Unternehmungspolitik, S. 101 f.; vgl. auch *Schütz*, Kennziffermodell, S. 70 f.

379 Vgl. auch *Hahn*, Stand, S. 6 ff.; *Hinterhuber*, Unternehmungsführung, S. 160.

fluß auf das Zielsystem. Sie führen auch dazu, daß das Zielbündel des offenen Immobilienfonds nicht statisch angelegt sein kann, sondern zwangsläufig einer dynamischen Entwicklung unterworfen ist.[380]

Zur Verdeutlichung der verschiedenen Ziele offener Immobilienfonds in inhaltlicher Sicht wird für die folgenden Ausführungen eine systematische Differenzierung in leistungswirtschaftliche, finanzwirtschaftliche sowie nichtmonetäre und soziale Ziele vorgenommen. Zunächst jedoch erscheint es angebracht, die verschiedenen Interessengruppen darzustellen, welche die Zielbildung bei offenen Immobilienfonds beeinflussen.

4.1.3.2. Einfluß der Interessengruppen auf die Zielformulierung

In dem überwiegenden Teil der bislang erschienenen Veröffentlichungen zu offenen Immobilienfonds wird die Meinung vertreten, daß das Fondsmanagement sich im wesentlichen an den Zielen seiner Fondsanleger auszurichten habe.[381] Dabei wird den klassischen Anlegerzielen Rendite, Wertsicherheit und Liquidität entscheidende Bedeutung beigemessen.

Wie bereits in Abschnitt 3.2. einführend erläutert, muß für diese Arbeit eine erweiterte Sichtweise gewählt werden. Hierfür sind im wesentlichen drei Gründe zu nennen:
Rendite, Wertsicherheit und Liquidität sind weniger als strategische Ziele sondern vielmehr als operative Ziele einzustufen. Sie sind die kurzfristige, operationale und auf den einzelnen Fondsanteil bezogene Konkretisierung strategischer Entscheidungen. Sie haben mit den hier zu betrachtenden strategischen Zielen - etwa der Frage, in welche Richtung sich das Immobilienportfolio zukünftig bewegt, oder welche Geschäftsfelder langfristig aufgebaut werden sollen - nur insofern etwas gemein, als daß strategische Entscheidungen und ihre Umsetzung an ihrem Erfolg gemessen werden.[382]

---

380 Vgl. *Jauch/Glueck*, Policy, S. 71 ff.

381 Vgl. stellvertretend für andere *Abromeit-Kremser*, Immobilieninvestmentfonds, S. 146 ff.

382 Diese Form der Erfolgsorientierung entspricht dem grundlegenden erwerbswirtschaftlichen Prinzip unserer Wirtschaftsordnung und ist daher nicht mit der Forderung einer monistischen Ausrichtung auf die Fondsanleger zu verwechseln. Vgl. auch *Kirsch/Bamberger/u.a.*, Entscheidungsprobleme, S. 103 f.

Damit in engem Zusammenhang steht als zweiter Grund der bereits erläuterte Umstand, daß die Fondsanleger keinen direkten Einfluß auf das Fondsmanagement nehmen können. Ihre Entscheidungsgewalt erstreckt sich nur auf die Frage, ob sie Fondsanteile erwerben oder bereits erworbene Anteile verkaufen möchten. Entscheidungskriterium hierfür ist das Maß, in dem die Fondsperformance den individuellen Präferenzen des Anlegers gerecht wird. Dieser Umstand allein kann jedoch nicht die These einer maßgeblichen Beeinflussung des strategischen Zielsystems durch die Fondsanleger rechtfertigen.

Der dritte und wichtigste Grund ist in dem in Abschnitt 3.2. bereits skizzierten Zusammenhang zwischen Aktiv- und Passivgeschäft der offenen Immobilienfonds zu sehen. Voraussetzung für den Erfolg der offenen Immobilienfonds im Passivgeschäft, d.h. für den Verbleib oder den Zufluß von Anlegerkapital, ist ein entsprechender Erfolg im Aktivgeschäft. Das strategische Management eines offenen Immobilienfonds ist daher auf die unternehmerischen Aktivitäten des Fondsmanagements im Rahmen des Aktivgeschäftes, d.h. auf das Immobilieninvestment, zu richten.

Wenn die oben genannten operativen Ziele der Anleger durch die Fondsaktivitäten realisiert werden sollen, muß das strategische Zielsystem mithin auf die strategischen Herausforderungen auf den Immobilienmärkten ausgerichtet sein. Dies bedeutet nicht, daß der Fondsanleger aus den strategischen Überlegungen des Fondsmanagement gänzlich auszuklammern ist. Ihm sollte jedoch die bereits erläuterte Funktion einer Finanzierungsquelle zugewiesen werden. Bildlich gesprochen sprudelt diese Quelle nur so lange, wie das Fondsmanagement strategische Entscheidungen für das Immobiliengeschäft trifft, die sich in operativem, meßbarem Erfolg niederschlagen oder solchen Erfolg in Zukunft erwarten lassen.[383]

Zu fordern ist hier daher eine Umkehrung der Sichtweise. Zum einen soll nicht vom Fondsanleger her argumentiert werden, sondern mit Blick auf das Immobilieninvestment und den Mieter der Fondsimmobilien. Zum anderen soll ein strategischer Blickwinkel eingenommen werden. Dieser ist nicht in Konkurrenz zu dem "magischen Ziel-Dreieck" zu sehen, sondern in komplementärem Verhältnis.

383 Wird die von den Anlegern erwartete Performance nicht erreicht, so können der geringere Mittelzuflüsse von neuen Anlegern, der Verzicht auf die Wiederanlage der Ausschüttung in neuen Anteilen oder die Rückgabe von Anteilen die Folge sein.

Ein bedeutender Einfluß auf die strategische Zielsetzung der offenen Immobilienfonds ist somit auf den Immobilienmärkten zu suchen und in der Gruppe der aktuellen und potentiellen Mieter der Fondsimmobilien zu finden. Während es bei den Zertifikatsinhabern darum geht, "die aus der Immobilie abgeleitete, finanziell umgesetzte und verpackte Dienstleistung an den Anlegerkunden abzusetzen"[384], ist es hinsichtlich des Mieterkreises entscheidend, eine den individuellen Präferenzen des Mieters gerecht werdende Raumnutzung anbieten zu können.[385]
Nicht der bloße Besitz, sondern erst die Vermietung der Fondsimmobilien ermöglicht die Erstellung einer Immobilieninvestmentdienstleistung, die am Kapitalmarkt in Form von Investmentzertifikaten abgesetzt werden kann. Die Gruppe der Mieter ist in den Mittelpunkt strategischer Überlegungen zu stellen, da letztlich nur sie über die Vermietung der Fondsimmobilien die Erreichung der Unternehmensziele gewährleistet.[386] Dieser Sichtweise entspricht auch die generelle Forderung des strategischen Managements, daß ein Unternehmen vom Markt her zu führen und auf die Bedürfnisbefriedigung des Kunden auszurichten sei.[387]

Als weitere Interessengruppe, der eine gewisse Bedeutung für die strategische Zielsetzung zugesprochen werden kann, ist der Kreis der Gesellschafter der Kapitalanlagegesellschaft zu nennen. Diese sind durch die Wahrnehmung ihrer Funktionen in Aufsichtsrat, Anlageausschuß und Depotbank in der Lage, die Formulierung und Verfolgung strategischer Ziele zu beeinflussen. Das Ausmaß der Beeinflussung läßt sich nur schwer ermessen. Es ist jedoch davon auszugehen, daß eine aktive Rolle im strategischen Willensbildungsprozeß seitens des Gesellschafterkreises zwar nicht beansprucht wird, ihre in der Regel konservativ-adaptive strategi-

---

384 *Abromeit-Kremser*, Immobilieninvestmentfonds, S. 299.

385 Ein offener Immobilienfonds ist nach *Waldmann* (Immobilien-Investment, S. 380) "ein Dienstleistungsunternehmen mit zwei Schwerpunkten: Zum einen Anlagemedium in Immobilien (...) und zum anderen Produzent von Nutzflächen für die verschiedensten, vielfältigsten Mietinteressenten. Hierzu gehört neben der Sicherung, Entwicklung und Modernisierung des Bestands unter Berücksichtigung des Wandels der Arbeits-, Konsum- und Freizeitbedingungen auch die Schaffung neuer Nutzungen und Mieter".

386 Es muß daher in diesem Zusammenhang der Mehrzahl der zu offenen Immobilienfonds erschienenen Veröffentlichungen widersprochen werden, welche den Kreis der Fondsanleger und nicht den Kreis der Mieter als primären Kunden des Fonds sehen. Siehe z.B. *Abromeit-Kremser*, Immobilieninvestmentfonds, S. 300; *Sögtrop*, Öffentlichkeit, S. 392 f.

387 Vgl. auch *Galonska*, Wohnungswirtschaft, S. 108.

sche Grundhaltung der Zielsetzung des Fondsmanagements aber eine gewisse Orientierung verleiht.[388]

Schließlich sind der Sachverständigenausschuß und das Bundesaufsichtsamt für das Kreditwesen als Träger von Interessen zu nennen. Die Absicht, strategische Ziele des offenen Immobilienfonds in ihrem Sinne zu beeinflussen, ist mit diesen Interessengruppen kaum in Verbindung zu bringen. Eine aktive Gestaltung der Geschäftsaktivitäten des offenen Immobilienfonds ist ihnen von ihrer Aufgabe und Position her verwehrt, sodaß hier lediglich von Informations- und Kontrollfunktionen gesprochen werden kann, die gemeinsam mit den gesetzlichen Bestimmungen Rahmenbedingungen für die Fondsaktivitäten setzen.

4.1.3.3. Leistungswirtschaftliche Ziele

Leistungswirtschaftliche Ziele betreffen die Frage, auf welchen Gebieten ein offener Immobilienfonds gegenwärtig und zukünftig die Schwerpunkte seines Engagements setzen will. Dazu wird grundsätzlich, d.h. in noch relativ globaler Form, beschrieben, mit welchen Leistungen der offene Immobilienfonds in welchen (Teil-)Märkten für welche Kunden Problemlösungen anbieten will.[389]

Die leistungswirtschaftlichen Ziele eines offenen Immobilienfonds sind im allgemeinen am Absatzmarkt seiner Leistungen auszurichten, da dieser den Engpaßbereich für das strategische Management bildet.[390] Konkret bedeutet dies die strategische Ausrichtung auf die Nutzenabgabe bzw. Vermietung seiner Immobilien, da erst die wirtschaftliche Gegenleistung des Mieters für die überlassene Raumnutzung die Erstellung der Immobilieninvestmentdienstleistung für den Fondsanleger ermöglicht.

---

388 Vgl. auch *Abromeit-Kremser*, Immobilieninvestmentfonds, S. 301.

389 Eine ähnliche Argumentation findet sich bei *Waldmann* (Immobilienmanagement, S. 71): "Für den anhaltenden Erfolg eines Immobilienfonds ist es also entscheidend, das Immobilienvermögen nach den langfristigen Marktaspekten auszurichten. Alle diesbezüglichen Überlegungen konzentrieren sich auf die fast banal anmutenden Fragestellungen: Was (Nutzungsart, Ausstattung), wo (Standort) und wieviel (Nutzfläche) benötigt der Markt mittel- bis langfristig?"

390 Vgl. auch *Raffée*, Grundfragen, S. 4.

Im Kern müssen die leistungswirtschaftlichen Ziele des offenen Immobilienfonds somit in dem Angebot von Problemlösungen für bestimmte Mietergruppen bestehen.[391] Die in einer Immobilie manifestierte Bedürfnisbefriedigung für einen Nutzer ist zur wesentlichen Zielgröße eines Investors zu erheben.[392]
Die grundsätzlichen Funktionen, die ein Investor im Rahmen des Beziehungsgeflechts zwischen Immobilie und Nutzer wahrnimmt, können nach Pilzer[393] wie folgt beschrieben werden:

"(1) Assisting tenants to distribute goods and services (shopping centers and warehouses);

(2) assisting tenants to create, market, or stimulate ideas, and to process information about their products (office buildings); or

(3) providing tenants with what the architect Le Corbusier called machines for living (houses, hotels, and apartments)."

Mit der Auswahl der wahrzunehmenden Funktionen bzw. Mietergruppen ist gleichzeitig eine Entscheidung über die zu bearbeitenden (Teil-)Märkte bzw. Marktsegmente verbunden. Hier geht es primär um die Frage der Arten von Immobilien, die für die Mieter bereitgehalten werden, sowie um deren spezifische Eigenschaften (z.B. Größe, Lage, Struktur, Gestaltung). Darüber hinaus fließt der regionale Aspekt des Leistungsangebotes, also die Entscheidung für die Regionen bzw. Länder, in denen der Fonds tätig werden will, ein. An dieser Stelle wird deutlich, daß auch die risikopolitische Zielsetzung des Fondsmanagements zu einem großen Teil in der leistungswirtschaftlichen Zielsetzung verankert ist.

Die Art der anzubietenden Leistungen kann sich zwischen den Polen der Beschränkung auf die passive, rein verwaltende Wahrnehmung der Eigentümerfunktion auf der einen Seite und dem aktiven, gestaltgebenden Management des Immobilienportfolios auf der anderen Seite bewegen. Zu der letzteren Zielkonzeption wäre auch die eigenständige Durchführung

391 Vgl. auch Abschnitt 2.2.2. auf Seite 32 ff.

392 "True success can only be measured by the satisfaction that the occupier derives from the building". *Salata*, Offices, S. 1.

393 *Pilzer*, Obsolescence, S. 31.

der Projektentwicklung, der Vermietung und des Objektmanagements zu rechnen.

Des weiteren können sich leistungswirtschaftliche Ziele auch auf die Problematik erstrecken, ob und auf welche Weise ein offener Immobilienfonds um die laufende Umschichtung des Immobilienbestandes zur Optimierung der Gesamtfunktionalität und -performance seines Portfolios bemüht ist. Die Entscheidung hierüber hat zur Konsequenz, daß ein offener Immobilienfonds nicht nur als Käufer von Immobilien und nachfolgend auf dem Nutzungsmarkt derselben auftritt, sondern regelmäßig auch als Anbieter von Immobilien.

Die Frage der Gestaltung der leistungswirtschaftlichen Zielkonzeption für einen offenen Immobilienfonds läßt sich nur einzelfallabhängig beantworten. Hier kommt es - wie bei der Entscheidung über das strategische Zielsystem insgesamt - entscheidend auf den unternehmenspolitischen Rahmen bzw. die strategische Grundhaltung des Fonds sowie auf die Ergebnisse der strategischen Analysen[394] an.
Ferner ist in diesem Zusammenhang zu beachten, daß eine Entscheidung über leistungswirtschaftliche Ziele immer auch den Ausschluß bzw. die Nichtverfolgung anderer Ziele bedeutet. Insofern ist es von eminenter Bedeutung, den Willensbildungsprozeß als solchen zu erkennen und nachvollziehbar zu gestalten. Erst das Bewußtsein, daß mit der Zielsetzung immer auch eine Alternativenwahl einhergeht, ermöglicht die spätere Revision und Neuausrichtung der Zielkonzeption.[395]

4.1.3.4. Finanzwirtschaftliche Ziele

Die finanzwirtschaftlichen Ziele eines offenen Immobilienfonds berühren seine finanzielle Sphäre und stellen gleichzeitig eine Verknüpfung zur operativen Planungsebene dar.

Wenn, wie in Abschnitt 1.3.1. dargestellt - die Sicherung der Unternehmensexistenz als Basisziel eines jeden Unternehmens akzeptiert wird, dann ist auf finanzwirtschaftlicher Ebene die Gewährleistung der jeder-

394 Diese sind Gegenstand des Abschnittes 4.2., beginnend auf S. 116.

395 Siehe auch Abschnitt 4.4.3. auf Seite 225 ff.

zeitigen Zahlungsbereitschaft als Grundvoraussetzung für das unternehmerische Handeln offener Immobilienfonds zu sehen.[396]
Offene Immobilienfonds sind diesbezüglich nicht nur gezwungen, ihre Liquidität für eingegangene Verpflichtungen aus dem Immobiliengeschäft aufrechtzuerhalten, sondern müssen auch aufgrund der übernommenen jederzeitigen Rücknahmeverpflichtung der Anteilsscheine ein bestimmtes Mindestmaß an Liquidität aufweisen. Wie bereits in dem Abschnitt über die Anlagepolitik offener Immobilienfonds[397] dargelegt, begründen Art und Höhe der Liquiditätsbevorratung ein betriebswirtschaftliches Entscheidungsproblem. Die Bedeutung der Liquiditätsreserve für die Funktionsfähigkeit des offenen Immobilienfonds legt es nahe, diese als Basisziel bzw. Nebenbedingung in das Zielsystem des Fonds einzuordnen.

Unter der Voraussetzung der gesicherten Zahlungsfähigkeit tritt die Gewinnerzielungsabsicht des Fonds in den Vordergrund. Der Erfolg eines Unternehmens läßt sich durch eine Reihe finanzwirtschaftlicher Ausdrücke oder Kennzahlen erfassen.[398] Bei den offenen Immobilienfonds wird der unternehmerische Erfolg in aller Regel an der erzielten "Performance" gemessen.[399] Darunter wird die Summe von Ausschüttungsrendite und Wertentwicklung bezogen auf das gesamte Fondssondervermögen oder den einzelnen Fondsanteil verstanden. Das Performanceziel enthält damit nicht nur den Renditeaspekt des Fondsinvestments, sondern auch den Sicherheitsaspekt.

Die konstruktiven Besonderheiten der offenen Immobilienfonds, vor allem hinsichtlich der Vermögensbewertung, geben dem Fondsmanagement mit der Performance ein recht wirksames Instrument zur kurzfristigen Feststellung der Erfolgswirksamkeit ihrer strategischen Maßnahmen an die Hand. Sobald strategische Entscheidungen die Ebene der Immobilientransaktionen erreicht haben, führen diese aufgrund der Bewertungspflicht zu Änderungen der Fondsperformance.

---

396 Vgl. *Penzkofer*, Marketingprobleme, S. 23 ff.; *Ulrich*, Unternehmungspolitik, S. 123.

397 Siehe Abschnitt 3.3.2., beginnend auf S. 83.

398 Zu nennen wären hier z.B. Jahresüberschuß, Cash-Flow, Eigenkapital-, Gesamtkapital- und Umsatzrentabilität, Ausschüttung. Vgl. *Ulrich*, Unternehmungspolitik, S. 123 ff.

399 Vgl. die Anmerkungen auf Seite 85.

Abbildung 20 erläutert die verschiedenen Dimensionen der Performance der offenen Immobilienfonds.[400] Die Fondsperformance ist danach abhängig von sechs vermögenswirksamen Faktoren, die durch unternehmerische Aktionen induziert werden, welche wiederum drei Bereichen des Aktivgeschäftes der Fonds zugerechnet werden können.

Um das finanzwirtschaftliche Performanceziel weiter zu konkretisieren, erscheint es mithin sinnvoll, Subziele für die Tätigkeitsbereiche der Projektentwicklung, des Immobilienportfolio-Managements und des Finanzmanagements zu definieren. Für das Immobilienportfolio-Management können ferner konkrete Performanceziele für die Immobilienanlage, das Objektmanagement und den Objektverkauf abgeleitet werden.

Abb. 20: Dimensionen der Performance offener Immobilienfonds

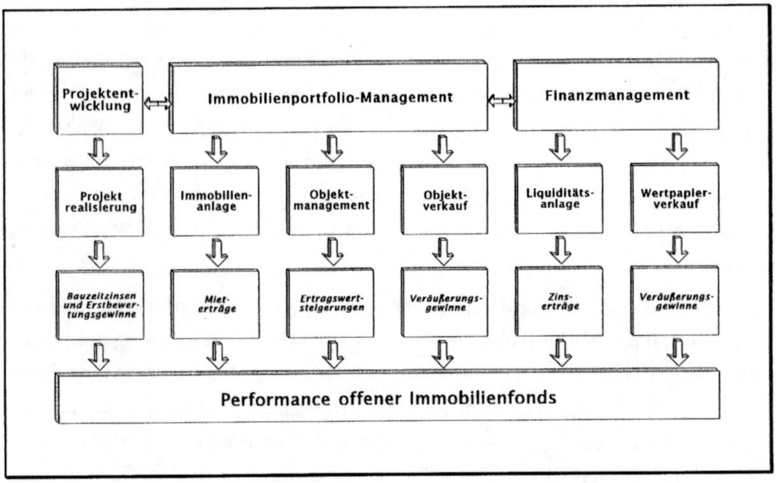

Neben der Performance als primärem Ziel finden sich in der Literatur als weitere finanzwirtschaftliche Ziele:[401]

400 Vgl. auch *Süberling*, Anlageerfolge, S. 386 ff.

401 Vgl. *Abromeit-Kremser*, Immobilieninvestmentfonds, S. 152 f.; *Penzkofer*, Marketingprobleme, S. 22 ff.; *Adami*, Geschäftspolitik, S. 83 f., 90 ff.; *Schütz*, Kennziffermodell, S. 74 f.

- Erhöhung des Fondsvolumens (zugleich Steigerung der Mittelzuflüsse),
- Maximierung des Wertes des Immobilienportfolios,
- Erhöhung des Thesaurierungsgrades,
- Erhöhung der laufenden Ausschüttungen,
- Gewährleistung einer Performance- bzw. Ausschüttungskontinuität,
- Erhöhung der Eigenkapitalrentabilität der Kapitalanlagegesellschaft,
- Maximierung des Einkommens bzw. der Verwaltungsgebühren der Kapitalanlagegesellschaft,
- Minimierung der Kosten der Kapitalanlagegesellschaft.

Die oben genannten Ziele lassen sich zum Teil aus dem Performanceziel ableiten, stehen teilweise aber auch in einem konkurrierenden Verhältnis zueinander. In diesem Zusammenhang ist vor allem darauf hinzuweisen, daß das Fondsmanagement nicht nur auf die Performance des Grundstückssondervermögens fixiert ist, sondern daneben auch die Interessen der Kapitalanlagegesellschaft und deren Gesellschafter zu vertreten hat. Der Maximierung der Managementvergütung für die Kapitalanlagegesellschaft sind jedoch gesetzliche und vertragliche Grenzen gesetzt, so daß die darauf bezogenen finanzwirtschaftlichen Ziele keiner näheren Betrachtung bedürfen.[402]

Von gewisser, empirisch jedoch wenig präzisierbarer Bedeutung für das Fondsmanagement dürfte das Wachstumsstreben sein. Das Ziel der Maximierung des Zertifikatsabsatzes und damit der Erhöhung des Fondsvolumens steht nicht notwendigerweise in Konkurrenz zu den Performancezielen des offenen Immobilienfonds. Ein hohes Fondsvolumen kann beispielsweise positive Effekte für die Risikostreuung nach sich ziehen. Auf der anderen Seite ist ein nachhaltig hohes Mittelaufkommen zumindest mittelfristig in Investitionen am Immobilienmarkt umzusetzen. Je nach Marktverfassung können hier "time-lags" eintreten und die Gesamtperformance des Fonds schwächen.

---

402 Vgl. *Laux/Ohl*, Grundstücksinvestment, S. 43.

4.1.3.5. Nichtmonetäre und soziale Ziele

Die dritte Gruppe strategischer Ziele ist nur mit Einschränkungen operationalisierbar, in seiner Bedeutung für das strategische Management offener Immobilienfonds jedoch nicht zu vernachlässigen. Unter die nichtmonetären und sozialen Ziele sind allgemein beispielsweise das Streben nach Macht, Prestige und Unabhängigkeit, die gesellschaftliche Verantwortung sowie ethische und moralische Grundsätze einzuordnen.

Im Rahmen der Einführung wurde bereits darauf hingewiesen, daß Entscheidungen über Immobilieninvestitionen zu einem gewissen Maß aufgrund intuitiver Einschätzungen seitens des Fondsmanagements getroffen werden. Insofern bildet nicht allein die durch Wert- und Renditeberechnungen belegte Vorteilhaftigkeit einer Immobilie den ausschlaggebenden Faktor bei der Vornahme von Immobilientransaktionen.[403] Demnach könnte die Akquisition einer Immobilie auch auf eine besondere Affinität des Fondsmanagements zu einem Objekt, die Profilierung der Führungskräfte gegenüber dem Aufsichtsrat oder dem Wettbewerb sowie die Erlangung einer besonderen Machtposition zurückgeführt werden.
Mögliche nicht-monetäre Motive wären darüber hinaus in der Erzielung eines gewissen Prestiges oder Standings am Immobilienmarkt und am Kapitalanlagemarkt zu sehen. Auch dienen einige Immobilien dazu, das Portfolio des Fonds für externe Adressaten (z.B. Mieter, Anleger, Gesellschafter) eindrucksvoll zu bereichern. In diesem Zusammenhang wird unter Marketinggesichtspunkten häufig auf die für offene Fonds bestehende Notwendigkeit des Erwerbs sogenannter "Trophäenimmobilien" hingewiesen, welche aufgrund ihrer Einzigartigkeit die visuelle Anziehungskraft und Außenwirkung des Immobilienportfolios erhöhen.

Bestandteil des sozialen Zielkonzepts ist vor allem die besondere Verantwortung für die gebaute Umwelt, welche offene Immobilienfonds mit ihrer Tätigkeit implizit oder explizit übernehmen. Dazu gehört das Bewußtsein, als institutioneller Investor mit der Zurverfügungstellung gewerblichen Raumes eines der Grundbedürfnisse marktwirtschaftlicher Organisationsformen zu befriedigen und einen Beitrag zu Wohlstand und Fortschritt der Gesellschaft zu leisten.

403 Vgl. *Waldmann*, Gedanken, S. 74.

Daneben gebührt den auf die Mitarbeiter abstellenden sozialen Zielen angesichts der Dienstleistungsnatur offener Immobilienfonds und des erhöhten Wettbewerbs am Immobilienmarkt besondere Beachtung. Diese können auf Teamorientierung, demokratischen Führungsstil, das Aus- und Weiterbildungsniveau sowie Motivation und Arbeitszufriedenheit der Mitarbeiter gerichtet sein.[404]

Zusammenfassend betrachtet ist ein nichtmonetäres Zielsystem für den offenen Immobilienfonds zu fordern, das es allen Beteiligten ermöglicht, strategische Handlungen an erkennbaren Maßstäben zu orientieren und den dahinter stehenden Willensbildungsprozeß bewußt werden zu lassen. Erst eine solche Vorgehensweise erlaubt es den Beteiligten, ihre Entscheidungen zu kommunizieren und die Ergebnisse ihrer Handlungen nachfolgend gemeinsam zu tragen.
Ein solches nichtmonetäres Zielsystem läßt sich in erster Linie nur auf einer informellen Ebene darstellen, die auf gemeinsamen Werten und Interessen beruht. Ziele der oben beschriebenen Art entziehen sich weitgehend einer Operationalisierung oder Formalisierung. Sie lassen sich jedoch durchaus intern und extern vermitteln, etwa durch die Kultur eines Unternehmens, ein gemeinsam aufgestelltes und schriftlich formuliertes Leitbild oder auch durch die positive Sanktionierung entsprechender Verhaltensweisen.
Gleichzeitig kann eine nichtmonetäre Zielsetzung zur Eingrenzung des Alternativenraumes für die Geschäftstätigkeit dienen, z.B. durch die Maßgabe, daß moralisch fragwürdige Nutzungen (Spielhallen, etc.) in fondseigenen Immobilien nicht zuzulassen sind. Positiv formuliert könnte z.B. die Verantwortung für die bauliche Umwelt auch in der bewußten Förderung umweltschonender Architektur und Bautechnik zum Ausdruck kommen. Die Aufstellung eines solchen Ziels hat konkrete Auswirkungen auf die Strategiebildung. Es bedeutet hier, daß neue Immobilienformen und bauliche Problemlösungen entwickelt werden müssen, die gleichzeitig neue Mietergruppen ansprechen.

---

404 Zu modernen Führungskonzepten in der Betriebswirtschaftslehre siehe *Wiendieck*, Führung, S. 40 ff.; *Neuberger*, Führen, S. 2 ff.; *Böckmann*, Leistung, S. 7 ff.

4.2. Strategische Analysen

4.2.1. Aufgaben strategischer Analysen

Bevor offene Immobilienfonds im Rahmen des strategischen Managementprozesses auf der Grundlage ihres unternehmenspolitischen Rahmens zur konkreten Formulierung von Strategien schreiten können, ist eine detaillierte strategische Analyse notwendig.

Strategien sind im wesentlichen darauf gerichtet, ein Unternehmen in einen Bezug zu seinem Umfeld zu setzen und einen "Fit" zwischen beiden Dimensionen zu erzielen.[405] Strategische Analysen des Unternehmens und seiner Umwelt bilden daher das Fundament für die Entwicklung des strategischen Managements. Ihre Kernaufgabe besteht in der "systematischen Suche und Diagnose von aktuellen und möglichen strategischen Problemen im Unternehmen selbst sowie in seiner vorhandenen und potentiellen Umwelt"[406].

Im Ergebnis sollen strategische Analysen den offenen Immobilienfonds in die Lage versetzen, seine strategische Ausgangsposition zu begreifen und zu strukturieren. Sie haben den Raum strategischer Alternativen bzw. das strategische Spielfeld abzustecken ("What the strategist might and can do?"), aus dem dann auszuwählen ist ("What he wants to do?").[407] Durch die Zusammenführung von Umwelt- und Unternehmensanalyse wird ein offener Immobilienfonds in die Lage versetzt, die Chancen und die Gefahren seiner derzeitigen strategischen Ausgangsposition und seiner zukünftigen Entwicklung abzuschätzen und daraufhin entsprechende strategische Maßnahmen einzuleiten.

In der betriebswirtschaftlichen Planungstheorie sind hierfür eine Reihe von strategischen Analyseinstrumenten entwickelt worden, mit denen sich die beiden relevanten Dimensionen "Umwelt" und "Unternehmen" erfassen und zueinander in Beziehung setzen lassen. Im folgenden soll eine Auswahl anerkannter und bewährter Analysemodelle vorgestellt

---

405 Vgl. *Porter*, Wettbewerbsstrategie, S. 25.

406 *Kreilkamp*, Management, S. 62.

407 Vgl. *Christensen/Andrews/Bower*, Policy, S. 578 (zitiert nach *Schreyögg*, Unternehmensstrategie, S. 100).

werden, um die spezifische Situation der offenen Immobilienfonds transparent werden zu lassen.[408]

Im Sinne einer Vorbemerkung ist an dieser Stelle ferner darauf hinzuweisen, daß die Qualität und Aussagekraft der strategischen Analysen nicht nur von der Auswahl und Qualität der erfaßten Informationen abhängig ist, sondern auch wesentlich von den analytischen und kreativen Fähigkeiten des Personenkreises bestimmt wird, der mit dem Analysevorgang betraut ist.

Relevante Informationen können einer Vielzahl von Primär- und Sekundärquellen entstammen und sind im Rahmen einer systematischen Informationsplanung zu erheben und auszuwerten.[409] Als mögliche Quellen sind hier neben eigenen Erhebungen und Einschätzungen der Planungsträger das interne und externe Rechnungswesen bzw. Controlling des offenen Immobilienfonds, Daten des Bundesverbandes deutscher Investmentgesellschaften und des Bundesaufsichtsamtes für das Kreditwesen, Rechnungslegungsberichte der Konkurrenzfonds, Marktforschungsberichte von Maklern und Beratern sowie Fachzeitschriften und sonstige Veröffentlichungen zu nennen.[410]
Da strategische Analysen jedoch nur einen Ausschnitt der Realität erfassen können, viele der benötigten Daten qualitativer Natur sind und darüber hinaus zukünftige Entwicklungen nie vollständig prognostiziert werden können, ergibt sich eine relativ hohe Planungsunsicherheit.[411] Strategische Analysen dürfen daher nicht nur auf eine reine Informationsgewinnung fixiert werden, sondern müssen die kritische Beurteilung und ständige Überprüfung der für die Strategieformulierung gesetzten Prämissen im Lichte der sich wandelnden Umwelt- und Unternehmenssituation einschließen.[412]

---

408 In der Einführung wurde bereits auf die Problematik hingewiesen, daß eine unreflektierte Übernahme und Anwendung dieser Instrumente für offene Immobilienfonds nicht möglich ist. Um zu verwertbaren Aussagen zu kommen, wird deshalb eine Vorgehensweise gewählt, die das den Modellen immanente Grundgerüst aufgreift und zum Teil wesentlichen Modifikationen unterwirft.

409 Vgl. *Wiedmann/Kreutzer*, Marketingplanung, S. 83 ff.

410 Siehe hierzu auch *Kreilkamp*, Management, S. 225 ff.

411 Siehe hierzu (stellvertretend für andere Veröffentlichungen zu diesem Thema) *Arbeitskreis "Integrierte Unternehmungsplanung"*, Grenzen, S. 811 ff.

412 Vgl. *Hinterhuber*, Unternehmungsführung, S. 76. Siehe hierzu auch Abschnitt 4.4.3. auf Seite 225 ff.

Nachfolgend werden zunächst die Vorgehensweise und Verfahren zur Durchführung strategischer Umweltanalysen behandelt, darauf aufbauend erfolgt die Diskussion von Methoden zur Analyse der Kapitalanlagegesellschaft.

4.2.2. Analyse der Umwelt

Mit Umweltanalysen soll das externe Umfeld des offenen Immobilienfonds daraufhin untersucht werden, welche Chancen und Gefahren sich für die aktuelle und die potentielle Geschäftstätigkeit des Fonds abzeichnen.[413] Es sind frühzeitig jene Bedingungen und Trends zu erkennen, welche den Aufbau und die Erhaltung von strategischen Erfolgspotentialen beeinflussen.

Abb. 21: Die globale und die Wettbewerbsumwelt offener Immobilienfonds[414]

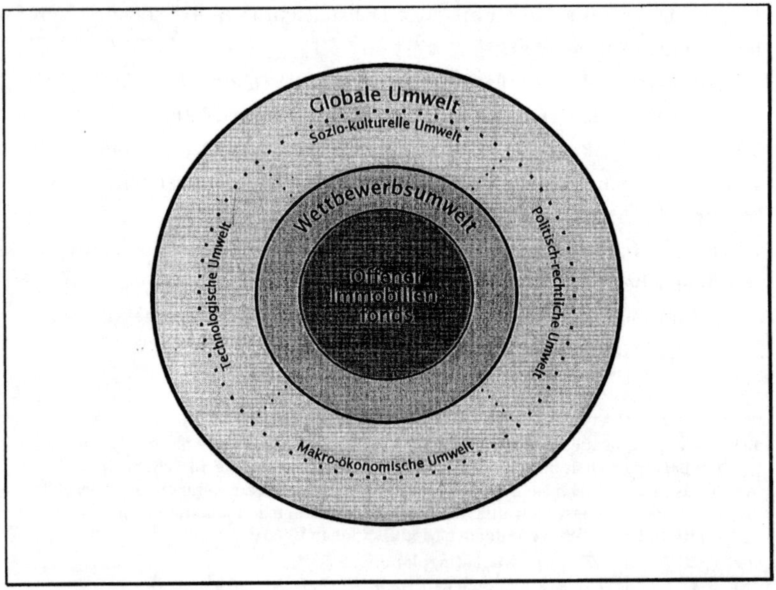

413 Vgl. *Steinmann/Schreyögg*, Management, S. 132; *Mändle*, Wohnungsunternehmen, S. 126.

414 Abbildung in Anlehnung an *Steinmann/Schreyögg*, Management, S. 138.

Abbildung 21 bringt zum Ausdruck, daß sich die Umweltanalyse im allgemeinen auf zwei Ebenen erstreckt.[415] Die erste Analyseebene bezieht sich auf die globale Umwelt und umschließt die Analyse der allgemeinen politisch-rechtlichen, sozio-kulturellen, wirtschaftlichen und technologischen Rahmenbedingungen. Die zweite, engere Ebene umfaßt die Wettbewerbsumwelt, d.h. sämtliche Bedingungen und Entwicklungen von externen Institutionen, deren Handlungen den offenen Immobilienfonds in direkter Weise berühren.

4.2.2.1. Einflüsse der globalen Umwelt

Die Vorgehensweise bei der Analyse der globalen Umwelt kann anhand eines bei der amerikanischen Gesellschaft "General Electric" entwickelten vierstufigen Schemas illustriert werden:

1. Ermittlung der relevanten Bewegungskräfte in den Sektoren und Prognose ihrer Entwicklung.
2. Analyse der Querverbindungen zwischen den Einflußkräften.
3. Entwurf alternativer Szenarien.
4. Festlegung der Prämissen für den weiteren Planungsprozeß.[416]

4.2.2.1.1. Politisch-rechtliche Rahmenbedingungen

Der erhebliche Einfluß gesetzlicher Bestimmungen auf das Wirken offener Immobilienfonds war bereits Gegenstand des Abschnittes 3.1. und soll hier nicht erneut erörtert werden.

Neben diesem unmittelbar relevanten Datenkranz sind auch die politisch-rechtlichen Verhältnisse in vor- und nachgelagerten Bereichen in die Ana-

---

415 Vgl. *Kreilkamp*, Management, S. 71; *Schreyögg*, Unternehmensstrategie, S. 101; *Arbeitskreis "Integrierte Unternehmungsplanung"*, Grenzen, S. 820. Diese Form der Einteilung wird auch den folgenden Ausführungen zugrundegelegt.

416 Vgl. *Steinmann/Schreyögg*, Management, S. 141; Vgl. ausführlicher bei *Schreyögg*, Unternehmensstrategie, S. 101 ff.

lyse einzubeziehen. Dazu zählen Veränderungen und Entwicklungen bei Bau- und Planungsrecht, Mietrecht, Kaufvertragsrecht, Steuerrecht, Umweltrecht und anderen gesetzlichen Grundlagen, die auf das Bau- und Immobiliengeschäft einwirken.
Es genügt in diesem Zusammenhang nicht, sich auf die nationale Gesetzessphäre zu beschränken. Vielmehr sind zur Wahrnehmung von strategischen Herausforderungen im In- und Ausland auch die durch das EG-Recht geschaffenen Bestimmungen und die jeweiligen nationalen Rechtsverhältnisse der Länder zu untersuchen, die für ein derzeitiges und zukünftiges Engagement der Fonds in Frage kommen können. In diesem Zusammenhang können sich Änderungen hinsichtlich der gesetzlichen Regelung grenzüberschreitender Grundstückstransaktionen oder die Einschränkung von Devisentransfers negativ auf einen nationalen Immobilienmarkt auswirken. Andererseits führen Lockerungen dieser Bestimmungen zu einer Stimulierung der immobilienbezogenen Aktivitäten in den betroffenen Ländern. Als Beispiel hierfür sind etwa die osteuropäischen Staaten zu nennen, deren politischer und ökonomischer Wandel auch den Erwerb von Grundbesitz durch ausländische Personen und Körperschaften vorsieht und eine erheblich Zunahme des Interesses institutioneller Immobilieninvestoren erwarten läßt.

An die bestehende rechtliche Situation können sich die Fonds nur reaktiv anpassen.[417] Im Gegensatz dazu sind proaktive strategische Maßnahmen zur Begegnung der in den jeweiligen Ländern vorherrschenden politischen Strömungen, die sich in Änderungen der gesetzlichen Verhältnisse niederschlagen können, möglich.[418] In diesem Zusammenhang wären beispielsweise die bereits seit längerer Zeit geführten Diskussionen über die "autofreie Innenstadt", die Steigerung der Umweltschutzauflagen und die Verschärfung der baulichen Energiesparmaßnahmen zu nennen.

417 Vgl. *Kreikebaum*, Unternehmensplanung, S. 35.

418 Als Beispiel hierfür können etwa die Änderungen in der aktuellen Mietgesetzgebung für Wohnraum in Deutschland genannt werden, welche zuvor für längere Zeit Gegenstand politischer Diskussionen waren. Die frühzeitige Erkennung der daraus erwachsenden Gefahren für den Wohnungsbestand hätte einem Investor hinreichend Zeit gewährt, um flexibel zu agieren.

4.2.2.1.2. Sozio-kulturelle Rahmenbedingungen

Die sozio-kulturelle Umwelt des offenen Immobilienfonds ist einem ständigen Wandel unterworfen, der sich in der betrieblichen Praxis auf vielfache Weise äußern kann. Es sollen hier nur einige Beispiele genannt werden:[419]

- Verändertes Arbeits- und Freizeitverhalten,
- Wandel des sozialen und kulturellen Wertegefüges,
- Veränderungen der Motivations- und Anspruchsniveaus der Mitarbeiter,
- Änderungen des politischen Verhaltens,
- Wandel der Einstellungen zur Umwelt.

Das Verständnis der Querverbindungen zwischen den globalen sozio-kulturellen Entwicklungstrends und dem Tagesgeschäft der offenen Immobilienfonds bildet eine wichtige Basis für die Identifikation zukünftiger Erfolgspotentiale. So induzieren z.B. die gewandelten Anforderungen der Beschäftigten gegenüber modernen Arbeitsplatzbedingungen die Entwicklung neuer Formen der Flächennutzung, etwa Gewerbe- und Technologieparks. Diese jüngeren Immobilienformen schaffen die zeitgemäße Verbindung von verkehrsgünstigem Standort und freundlichem, parkähnlichem Umfeld aus der Sicht des Beschäftigten und erhöhen die Flexibilität des Unternehmens in der Nutzung von Büro-, Service- und Lagerflächen. Weitere Trends deuten sich z.B. im Bereich der vieldiskutierten "Heimarbeit", bei der die Mitarbeiter eines Unternehmens durch Nutzung moderner Vernetzungstechnologien einen Teil ihrer Aufgaben von zu Hause erledigen, oder des "Desk-Sharing" an. Letzterer Trend beinhaltet die gemeinsame Nutzung eines Büros bzw. Schreibtisches durch mehrere Mitarbeiter zu unterschiedlichen Tageszeiten und wird vor allem durch das Bestreben der Unternehmen unterstützt, eine effektivere Ausnutzung ihrer Mietflächen zu erreichen.

---

419 Vgl. *Kreikebaum*, Unternehmensplanung, S. 38. Siehe hierzu auch die zusammenfassende Wiedergabe empirischer Untersuchungen zu gesellschaftlichen Entwicklungstrends bei *Staehle*, Management, S. 585 ff.

Die Erkennung dieser langfristig wirksamen Werteverschiebungen, welche sich anfänglich nur in schwachen Signalen[420] andeuten, sind daher ein wichtiges Element für die Festlegung der Entwicklungsrichtung eines Immobilienportfolios.

4.2.2.1.3. Makroökonomische Rahmenbedingungen

Die allgemeine ökonomische Entwicklung ist in hohem Maße ausschlaggebend für die Situation auf den Immobilienmärkten. In kurz- bis mittelfristiger Sicht bestimmen die Konjunktur- und die Kapitalmarktlage das Geschehen auf den Vermietungsmärkten und auf dem Immobilienanlagemarkt.[421]

Institutionelle Immobilieninvestoren stehen hier vor dem besonderen Dilemma, daß sie zusätzlich zu den Immobilienmärkten auch die jeweiligen Verhältnisse in den Branchen beobachten müssen, denen ihre Mieter angehören.[422] Eine besonders enge Verknüpfung ist hier für die Mieter von Einzelhandelsflächen gegeben, deren Geschäftstätigkeit relativ kurzen strukturellen Wandlungszyklen unterliegt[423] und deren Umsatzentwicklung ausgesprochen konjunkturabhängig ist. Der Ausstrahlungseffekt auf den Fondserfolg ist nicht zuletzt auch aufgrund der allgemein üblichen Vereinbarung von Umsatzmieten bei der Vermietung von Ladenflächen maßgeblich.

In langfristiger Sicht müssen offene Immobilienfonds auch generelle gesamtwirtschaftliche Entwicklungen, z.B. die Ausweitung des tertiären Sektors in der Volkswirtschaft, aufgreifen. Strukturelle Entwicklungen in einer Volkswirtschaft können den Verfall ehemaliger oder die Entwicklung neuartiger Nutzungsformen von Immobilien bedingen. So wurde z.B. die heutige Form der reinen Büroimmobilie erst durch den langfristigen Wandel von der Industrie- zur Dienstleistungsgesellschaft ermöglicht. Besonders dynamisch zeigt sich der strukturelle Wandel in der Hervorbringung neuer Formen des Einzelhandels (z.B. Fachmarktzentren, Ein-

420 Siehe hierzu *Ansoff/McDonnell*, Management, S. 383 ff.

421 Vgl. auch *Roulac*, Volatility, S. 6 ff.; *Feinen*, Markt, S. 317.

422 Vgl. *Haas/Weyers*, Immobilienanalyse, S. 142.

423 Siehe hierzu auch *Lademann*, Einzelhandel, S. 114 ff.; *Haas/Weyers*, Immobilienanalyse, S. 142 f.

kaufsgalerien, "shop-in-shop"-Systeme, "factory outlets"), die vor allem durch die Konzentration der Filialisten, den Wandel des Handelsgefüges sowie die Änderung von Kauf- und Konsumgewohnheiten bedingt wurde.

4.2.2.1.4. Technologische Rahmenbedingungen

Der dynamische Wandel in der technologischen Umwelt zieht weitgehende Konsequenzen für die Gestaltung von Immobilien nach sich. Schlagworte wie "intelligente Gebäude" oder "Öko-Immobilie"[424] zeigen, daß technologische Innovationen Auswirkungen auf den wirtschaftlichen Lebenszyklus eines Gebäudes haben.

Auch auf der Seite der Mieter eines Gebäudes ziehen technologische Innovationen, etwa im Bereich der Informations- und Kommunikationstechnik, veränderte Anforderungen an die Gebäudeausstattung nach sich. Im Zuge der Personalisierung und Miniaturisierung von Computersystemen stellen z.B. viele Unternehmen fest, daß Flächen für Großrechenanlagen nicht mehr oder nur noch ein Bruchteil derselben benötigt werden. Andererseits steigen die Ansprüche in Bezug auf die Ausstattung der Nutzflächen mit Kabelkanälen oder Doppelböden, abgehängten Decken, flexiblen Wandsystemen und die Gebäudeklimatisierung.
Die Schnelligkeit mit der die Gebäudetechnik auf Entwicklungen in der Kommunikationstechnik reagieren muß, zeigt sich z.B. auch daran, daß die bis heute favorisierten und sehr aufwendigen Doppelböden zur Verkabelung der Bürotechnik aufgrund der massiv voranschreitenden Glasfasertechnik und der drahtlosen Signalübertragung bereits in wenigen Jahren überflüssig werden könnten. Daher ist Gewährleistung einer ausreichenden Nutzungs- und Gestaltungsflexibilität der Immobilie als wesentliches Kriterium für die Entwicklung und die Akquisition von Immobilien zu sehen.

---

424 Siehe hierzu z.B. *Ahrens*, Licht, S. 52 ff.; *Brandt*, Management, S. 15 f.; *Ehrlich*, Immobilienfonds, S. 325 f.

4.2.2.2. Wettbewerbskräfte in der Immobilieninvestmentbranche

4.2.2.2.1. Zweck und Aufgaben der Branchenstrukturanalyse

Die Analyse der globalen Umwelt liefert Erkenntnisse über Sachverhalte und Entwicklungen, die im Prinzip alle Unternehmen gleichermaßen berühren. Die eigentlichen Faktoren, die das Verhalten und den Erfolg eines Unternehmens determinieren, entstammen im allgemeinen jedoch der engeren Wettbewerbsumwelt des Unternehmens.
Es ist daher die Struktur der Branche zu untersuchen, in der ein Unternehmen aktiv ist. Die zentrale Vermutung ist hier, daß die Branchenstruktur die Spielregeln des Wettbewerbs setzt und folglich auch die Strategien beeinflußt, die dem Unternehmen potentiell zur Verfügung stehen.[425]

Die wissenschaftlichen und praktischen Überlegungen zur Analyse des Wettbewerbsumfeldes sind ganz entscheidend durch die Arbeiten von Porter[426] geprägt worden. Aufbauend auf die Schule der "Industrial Organization"[427] hat Porter versucht, deren Erkenntnisse für den Problemkreis des strategischen Managements nutzbar zu machen. Er entwickelte ein Modell zur Branchenstrukturanalyse, das durch die Identifikation von fünf Wettbewerbskräften und der sie bedingenden Parameter dazu beiträgt, die Ursachen des Wettbewerbs in einer Branche zu verstehen.[428] Als generelle, d.h. in jeder Branche wirkende Wettbewerbskräfte werden von Porter genannt:[429]

- Rivalität unter den bestehenden Unternehmen
- Verhandlungsstärke der Abnehmer
- Verhandlungsstärke der Lieferanten

---

425 *Porter*, Wettbewerbsstrategie, S. 25.

426 Hier: *Porter*, Wettbewerbsstrategie, S. 25 ff.

427 Ausgangspunkt der von Mason in den 30er Jahren begründeten und von Bain und anderen weiterentwickelten Forschungsrichtung der Industrieökonomik ist das "Structure-Conduct-Performance-Paradigma". Danach wurde auf empirischem Wege versucht, eine Beziehung zwischen der Struktur einer Branche, dem Verhalten der darin agierenden Unternehmen und den in der Branche erzielten Ergebnissen herzuleiten. Siehe hierzu u.a. *Berg*, Wettbewerbspolitik, S. 240 ff.; *Aberle*, Wettbewerbstheorie, S. 68 f. und die dort angegebene Literatur.

428 Die Branchenstrukturanalyse ist heute als flexibel ausgestaltbarer Bezugsrahmen allgemein anerkannt. Vgl. z.B. *Kreikebaum*, Unternehmensplanung, S. 66; *Kreilkamp*, Management, S. 84 ff.; *Frese*, Unternehmungsführung, S. 148 ff.; vgl. auch *Esser*, Wertkette, S. 192.

429 Vgl. *Porter*, Wettbewerbsstrategie, S. 26.

- Bedrohung durch neue Konkurrenten
- Bedrohung durch Ersatzprodukte

Die Basisannahme der Analyse ist, daß die strukturellen Merkmale einer Branche die dort vorherrschende Rentabilitätssituation bestimmen. Den volkswirtschaftlich motivierten Überlegungen der Industrieökonomik folgend, regt eine attraktive Branchensituation den Zufluß von Kapital bzw. den Eintritt neuer Wettbewerber in eine Branche sowie die Entwicklung von Substitutionsprodukten an.[430] Die Stärke der in einer Branche wirkenden Wettbewerbskräfte sowie die Fähigkeit der Branchenmitglieder, eine nachhaltig bessere Ertragssituation zu erzielen, reguliert das Ausmaß dieser Ausgleichseffekte. Unternehmen, die auf Dauer eine niedrigere Rendite erzielen, als sie für Investoren bei Alternativanlagen erzielbar wären, werden vom Markt verdrängt.
Das wettbewerbsbezogene Ziel eines Unternehmens muß somit darin bestehen, innerhalb seiner Branche eine verteidigungsfähige Wettbewerbsposition zu finden, in der es sich wirkungsvoll gegen die dort herrschenden Wettbewerbskräfte schützen bzw. diese zu seinem Vorteil nutzen kann.[431]

Es zeigt sich damit, daß es im Rahmen der strategischen Umweltanalyse nicht ausreicht, sich nur auf die Analyse der direkten Konkurrenz zu beschränken. Porter zeigt in seinem Analysemodell, daß neben den etablierten Wettbewerbern auch die Aktivitäten der Kunden und Lieferanten sowie die Konkurrenz durch potentielle neue Wettbewerber und Ersatzprodukte in das Kalkül einbezogen werden müssen.[432]

Im folgenden wird der Versuch unternommen, das Modell der Branchenstrukturanalyse auf die Verhältnisse der Immobilieninvestmentbranche zu übertragen, um genauere Erkenntnisse über die dort herrschenden Wettbewerbskräfte zu gewinnen. Die branchenspezifische Beurteilung einzelner Wettbewerbsparameter beruht im Rahmen dieser Arbeit in hohem Maße auf deduktiven Überlegungen. Ausgehend von der Situation und

---

430 Eine solche Situation ist nach *Porter* (Wettbewerbsstrategie, S. 27) dann gegeben, wenn die "Ertragsrate in einer Branche über der (um das Risiko korrigierten) Rate bei freiem Wettbewerb" liegt.

431 Vgl. *Porter*, Wettbewerbsstrategie, S. 25 f.

432 Vgl. *Porter*, Wettbewerbsstrategie, S. 27 f. Er bezeichnet dieses Wettbewerbsverständnis als "erweiterte Rivalität".

der Entwicklung des Immobilienmarktes werden dort vorhandene Strukturmerkmale und bestimmte Verhaltensmuster sowie bestimmte Gesetzmäßigkeiten aufgegriffen und in ihrer Bedeutung für den Wettbewerb interpretiert.[433]

4.2.2.2.2. Vorbemerkungen zur Wahl einer geeigneten Branchenabgrenzung

Das relevante Wettbewerbsumfeld wird von Porter in der jeweiligen Branche gesehen, in der sich ein Unternehmen bewegt. Abweichend vom herkömmlichen Branchenverständnis definiert er eine Branche als "eine Gruppe von Unternehmen, die Produkte herstellen, die sich gegenseitig nahezu ersetzen können"[434].

Offene Immobilienfonds müssen unzweifelhaft der Immobilienbranche zugerechnet werden.[435] Problematisch ist hier allerdings die Wahl einer geeigneten Branchenabgrenzung, da Immobilienunternehmen eine Vielzahl verschiedener und kaum miteinander vergleichbarer Produkte bzw. Dienstleistungen[436] anbieten. Werden insofern sämtliche Immobilienunternehmen nur einer Branche zugerechnet, können verwertbare Aussagen über die Wettbewerbskräfte nicht abgeleitet werden. Im übrigen würde dies der oben genannten Branchendefinition widersprechen, da beispielsweise die Dienstleistungen eines Developers, einer Immobilienmanagementgesellschaft, eines Maklers und eines Investors nicht substituierbar sind.

---

433 Solche wettbewerbsbestimmenden Elemente kommen in der immobilienspezifischen Literatur nur sehr vereinzelt zum Ausdruck. Ein wichtiger Teil der in diesem Analyseabschnitt angestellten Überlegungen beruht daher auf den Aussagen und Einschätzungen der von Vertretern institutioneller Investoren in Gesprächen mit dem Verfasser getroffenen Feststellungen.

434 *Porter*, Wettbewerbsstrategie, S. 27. Aus wettbewerbstheoretischer Sicht wird hier das Prinzip der funktionalen Äquivalenz bzw. das Substitutionskonzept zur Ermittlung des relevanten Marktes angesprochen. Aus der Sicht der Marketingtheorie siehe auch *Kreilkamp*, Management, S. 90 ff.

435 Vgl. die Ausführungen in Abschnitt 4.1.3.1.

436 Eine Unterscheidung zwischen den Begriffen "Produkt" und "Dienstleistung" soll an dieser Stelle nicht getroffen werden, da eine klare Trennung zwischen den beiden Begriffen für Immobilienunternehmen nicht gezogen werden kann. Es kommt in diesem Zusammenhang vielmehr auf die Marktleistung bzw. die Befürfnisbefriedigung für aktuelle und potentielle Nachfrager an.

Selbst die Eingrenzung der zu untersuchenden Branche auf das Feld der Investoren, die Immobilien aus Kapitalanlagemotiven erwerben, ist im Sinne der Definition als zu weit anzusehen. Dies würde nämlich bedeuten, daß private Anleger, die etwa ein Einfamilienhaus zur Selbstnutzung und zur eigenen Vermögensanlage erwerben, sich mit institutionellen Investoren in einer Branche wiederfänden.

Andererseits ist eine Einschränkung der Branche auf die Gruppe der offenen Immobilienfonds wenig hilfreich, da diese regelmäßig nicht nur untereinander, sondern auch mit anderen Investoren im Wettbewerb stehen.

Die Lösung dieses Abgrenzungsdilemmas ist in der subjektiven Einschätzung des Abnehmers über die Substituierbarkeit der Leistung zu sehen. Im Aktivgeschäft der offenen Immobilienfonds ist der Mieter einer Immobilie als Abnehmer bzw. Kunde zu sehen. Für den Mieter einer Raumeinheit ist die Frage, wer Eigentümer seiner Räumlichkeiten ist, in der Regel nicht von vorrangiger Bedeutung.[437] Für ihn steht vielmehr die subjektiv vermutete funktionale Äquivalenz der Räumlichkeiten im Vordergrund.

Die gleiche Aussage läßt sich für den Fall treffen, daß ein offener Immobilienfonds als Anbieter eines Immobilienobjektes am Markt auftritt. Für den potentiellen Investor ist es weitgehend unerheblich, ob er das Objekt von einem offenen Immobilienfonds oder etwa von einem Pensionsfonds erwirbt.

Die Definition der Branche ist mithin auf die Einschätzung des Produktes, sei es die Mieträumlichkeit oder das Verkaufsobjekt, durch die Abnehmer abzustellen. Darüber hinaus ist der Tatsache Rechnung zu tragen, daß offene Immobilienfonds nicht nur als Anbieter von Immobilienobjekten, sondern auch als deren Nachfrager fungieren. Sie treten damit in zweifacher Weise am Markt in Erscheinung, so daß die traditionelle Orientierung der Perspektive an den Absatzmärkten hier zu kurz greifen würde. Entsprechend sollte eine zweifache Orientierung, d.h. die Berücksichtigung des Absatz- und Beschaffungsverhaltens, erfolgen.

437 Eine Ausnahme von dieser Regel liegt bei sogenannten "Managementimmobilien" (zum Begriff vgl. *Spitzkopf*, Finanzierung, S. 476 f.) vor. Darunter fallen z.B. überregionale Einkaufszentren, deren Markterfolg nicht nur durch die Mieter, sondern zu einem wesentlichen Teil durch die Art und Intensität des durch den Eigentümer veranlaßten Immobilienmanagements (hier wird von "Center-Management" gesprochen) bestimmt wird. Vgl. *Bühler*, City-Center, S. 48.

Die Branche der offenen Immobilienfonds wird fortan als "Immobilieninvestmentbranche" bezeichnet. Als Arbeitsdefinition kann festgehalten werden:

> Als Immobilieninvestmentbranche ist die Gesamtheit von Marktakteuren zu verstehen, die auf der Grundlage einer spezifischen Managementleistung eine unternehmerische Investition in Immobilien vornehmen und sich durch ein gleichartiges Angebot sowie eine gleichartige Nachfrage am Markt auszeichnen, wobei sich die Vergleichbarkeit nach der Art und der Beschaffenheit der Immobilien richtet.

Abbildung 22 veranschaulicht die in der Immobilieninvestmentbranche wirkenden Wettbewerbskräfte und die Art der dort agierenden Unternehmen. In den folgenden Abschnitten wird der Einfluß der einzelnen Wettbewerbskräfte auf die Situation der Immobilieninvestmentbranche näher beleuchtet.

Abb. 22: Die Wettbewerbskräfte in der Immobilieninvestmentbranche[438]

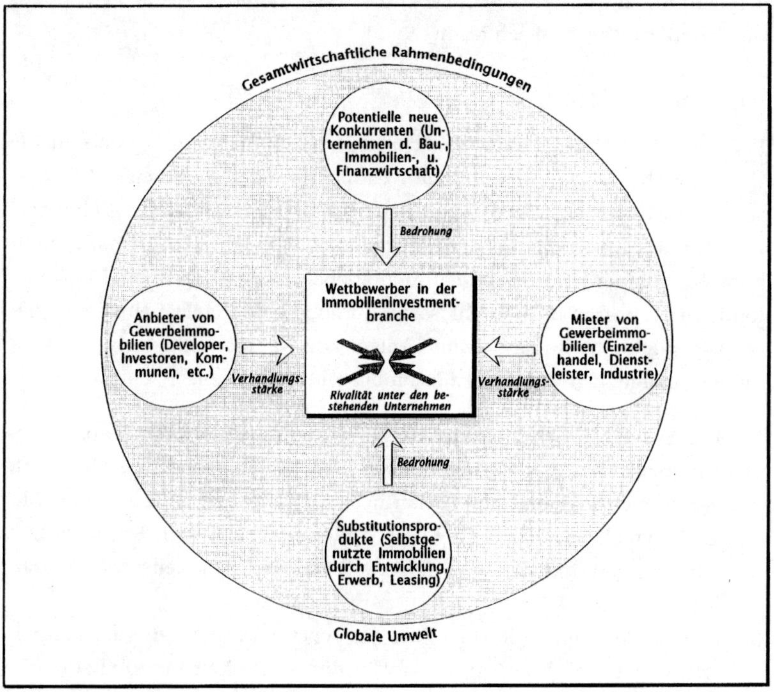

4.2.2.2.3. Rivalität unter den etablierten Wettbewerbern

Aufbauend auf dem oben vorgestellten Verständnis der Immobilieninvestmentbranche, sind nun die Investorengruppen zu untersuchen, die mit den offenen Immobilienfonds eine gleichartige Angebots- und Nachfragecharakteristik aufweisen.

Die von Porter vorgegebenen Untersuchungsparameter zur Prüfung der Wettbewerbsintensität dienen im folgenden als Leitfaden:[439] Liegen die

438 Vgl. die Abbildung bei *Porter*, Wettbewerbsstrategie, S. 26.

439 Zu den folgenden Ausführungen vgl. die Grundlegung von *Porter*, Wettbewerbsstrategie, S. 42 ff.

von Porter genannten Bedingungen vor (z.B. ein langsames Branchenwachstum), ist auf eine entsprechend hohe Rivalität unter den bestehenden Wettbewerbern zu schließen.

(1) Heterogene Wettbewerber

Bei weiter Einteilung sind zunächst die institutionellen Investoren als Wettbewerber in der Immobilieninvestmentbranche zu nennen. Mit diesem Begriff werden neben den offenen Immobilienfonds eine Reihe von Investorengruppen des In- und Auslands belegt: Versicherungsunternehmen, Immobilienholding- oder Immobilienaktiengesellschaften, Pensionsfonds bzw. -kassen und geschlossene Immobilienfonds. Daneben engagieren sich auch eine Reihe privater Anleger im Rahmen ihrer privaten Vermögensanlage in gewerblichen Immobilieninvestitionen.[440]

Die Praxis zeigt, daß sich die genannten Akteure z.T. erheblich voneinander unterscheiden. Sie verfügen über eine verschiedenartige Herkunft, Konzerneinbindung und gesellschaftliche Stellung. Die Differenzen drükken sich dabei vor allem in voneinander abweichenden strategischen Grundhaltungen und Zielen, Anlagepolitiken und Tätigkeitsschwerpunkten aus.
Beispielsweise zeigten die von Mitte der achtziger bis Anfang der neunziger Jahre zu beobachtenden, massiv in den deutschen Immobilienmarkt eintretenden ausländischen Investoren ein von den etablierten Wettbewerbern deutlich abweichendes Wettbewerbsverhalten.[441] Insbesondere die Investoren aus Skandinavien, Japan und den Niederlanden gingen nach den von ihren Heimatmärkten bekannten Spielregeln an potentielle Investmentobjekte heran und bewirkten, daß inländische Investoren bei der Konkurrenz um attraktive Standorte vielfach nicht mehr in gewohnter Weise agieren konnten. Da die ausländischen Investoren in Erwartung eines dynamischen Marktentwicklung für die Zukunft von hohen Wertstei-

440 Aufbauend auf der Analyse der Branchenstruktur könnte in detaillierterer Sicht auch eine Analyse der Positionen einzelner Wettbewerber in der Branche und die Bildung strategischer Gruppen von Unternehmen gleicher Grundausrichtung erfolgen. Eine weitere Aufgliederung des Analyserasters soll in dieser Arbeit jedoch nicht vorgenommen werden. Zur methodischen Vorgehensweise siehe *Porter*, Wettbewerbsstrategie, S. 78 ff., 177 ff.; *Kreilkamp*, Management, S. 201 ff.; *Linge*, Baumarktentwicklung, S. 169 ff.

441 Vgl. *Angermann*, Anlageüberlegungen, S. 674; *Hohmann*, Markt, S. 441; *Peiter*, Markt, S. 318; *Scholz*, Entwicklung, S. 101 f.; *Gathmann*, Immobilienfonds, S. 11.

gerungen für die erworbenen Immobilien ausgingen, begnügten sie sich regelmäßig mit einer geringen anfänglichen Ausschüttungsrendite. Inländische Investoren scheuten sich dagegen vor der Vorwegnahme zukünftiger Wertsteigerungen und waren häufig nicht bereit, einen dementsprechend hohen Kaufpreis zu akzeptieren.

Abbildung 23 veranschaulicht die Entwicklung der Marktanteile am westdeutschen Gewerbeimmobilienanlagemarkt, gemessen am geschätzten Investitionsvolumen der institutionellen Investoren in 1990. Trotz des Schätzcharakters der Daten zeigt sich über die vergangenen Jahre hinweg die recht stabile Entwicklung vier größerer Investorengruppen. Bei näherer Beleuchtung der hinter diesen Gruppen stehenden Immobilienunternehmen zeigt sich, daß diese kein gleichförmiges Wettbewerbsverhalten aufweisen. Als Beispiel hierfür mag die Gruppe der geschlossenen Immobilienfonds gelten, welche ähnlich den Anlegermodellen im Teileigentumsprinzip eine starke Streuung auf eine Vielzahl kleinerer, vorwiegend lokal operierender Fondsinitiatoren aufweist.[442] Es kann davon ausgegangen werden, daß nur eine sehr begrenzte Zahl von größeren Initiatoren geschlossener Immobilienfonds existiert, die hinsichtlich Emissionsvolumen und Art der angebotenen Objekte mit den anderen institutionellen Investoren gleichziehen kann.[443] Auch die Versicherungsunternehmen und Pensionskassen unterscheiden sich zum Teil erheblich hinsichtlich ihres jährlichen Immobilienanlagevolumens. Ähnlich den geschlossenen Immobilienfonds stehen hier einer kleinen Gruppe größerer Unternehmen eine Vielzahl kleinerer und mittlerer Versicherungen bzw. Pensionskassen gegenüber, die nur in geringem Umfang und mit regionalem Schwerpunkt in Immobilien investieren.

---

442 Vgl. auch *Jagdfeld/Schünemann*, Immobilienfonds, S. 6 ff.

443 *Jagdfeld/Schünemann* (Immobilienfonds II, S. 334) bemerken hierzu: "Abgesehen von Gelegenheitssyndikatoren wird dieser Markt von ernsthaften Anbietern bestimmt, die man an zwei Händen abzählen kann. Zu den etablierten Anbietern gehören seit jeher Banken, zunehmend Unternehmen aus der Versicherungsbranche, aber auch geldinstituts- und versicherungsunabhängige Unternehmen".

Abb. 23: Das Transaktionsvolumen des westdeutschen Gewerbeimmobilienanlagemarktes in 1990[444]

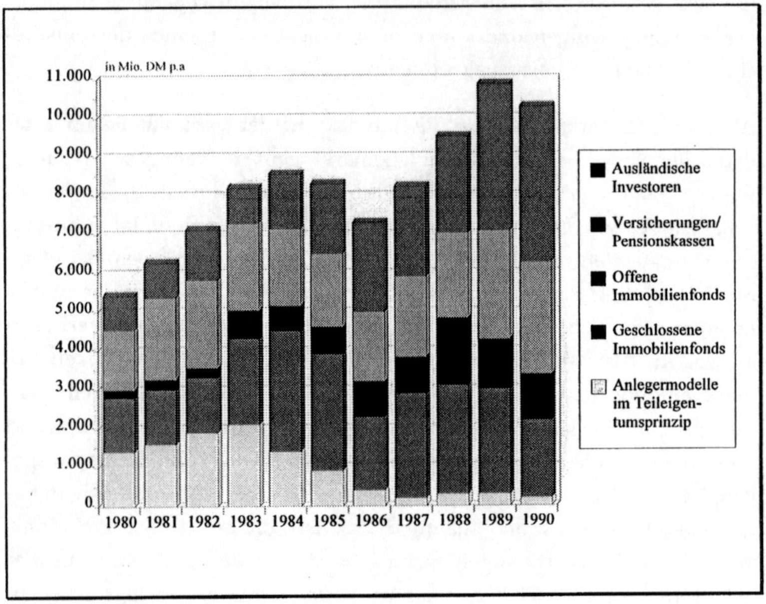

Zusammenfassend kann festgehalten werden, daß die Heterogenität der Unternehmen auf einen intensiven Wettbewerb in der Immobilieninvestmentbranche schließen läßt.

(2) Zahlreiche oder gleich ausgestattete Wettbewerber

Die Zahl der Unternehmen, die mit offenen Immobilienfonds in direktem Wettbewerb stehen, ist vergleichsweise gering. Nur wenige Investoren sind in der Lage, Immobilien der Art und Beschaffenheit in ihr Portfolio

---

444 Die Daten beruhen auf einer Erhebung des Münchner Instituts für Markt-, Regional- und Wirtschaftsforschung. Vgl. *Heuer*, Vermarkten, Teil 4, Kap. 2.1, S. 5. In der Abbildung ist das Investitionsvolumen der vorgenannten Immobilienaktiengesellschaften nicht enthalten, da es sich hier um eine relativ junge und empirisch nur in Grenzen erfaßbare Investorengruppe handelt. Die Anlegermodelle im Teileigentumsprinzip sollen von den weiteren Betrachtungen ausgeschlossen werden, da sie aufgrund ihres Fragmentierungsgrades keine nennenswerte Rolle auf dem gewerblichen Immobilienanlagemarkt spielen und ferner ein von den anderen Investorengruppen stark abweichendes Marktverhalten zeigen.

aufzunehmen, wie es die offenen Fonds vermögen. Es bestehen ferner deutliche Unterschiede hinsichtlich der Kapitalbasis und Kompetenzausstattung der Investoren.
Insofern muß hier tendenziell von einer geringen Rivalität unter den Wettbewerbern ausgegangen werden. Ein anderes Resultat könnte sich ergeben, wenn beachtet wird, daß die Zahl der Führungskräfte in der Branche insgesamt recht gering ist. Die genaue Kenntnis der jeweiligen Wettbewerber um Immobilienobjekte könnte das Fondsmanagement zu der Einleitung abgestimmter strategischer Aktionen veranlassen, da die erwarteten Reaktionen der Wettbewerber auf direkte Vergeltungsmaßnahmen schließen lassen. Andererseits könnte die Enge der Branche und die intime Kenntnis der Konkurrenten wiederum disziplinierend wirken.
In diesem Zusammenhang ist eine weitere branchenbezogene Besonderheit anzuführen: Der Wettbewerb tritt in der Immobilieninvestmentbranche überwiegend nur punktuell, nämlich jeweils bezogen auf einzelne Immobilienkauf- und Mietvertragstransaktionen, in Erscheinung. Die einzelne Immobilie bildet daher den Ansatzpunkt für das wettbewerbsstrategische Verhalten der Akteure in der Immobilieninvestmentbranche.

Insgesamt kann festgestellt werden, daß zwar die Wettbewerber in der Immobilieninvestmentbranche weder zahlreich noch gleich ausgestattet sind, eine Begrenzung der Rivalität dadurch jedoch nicht bedingt wird. Vielmehr muß ein intensiver Wettbewerb vermutet werden, der sich auf einzelne Standorte und Immobilienobjekte, die dem Anforderungsprofil der Investoren in hohem Maße entsprechen, konzentriert.

(3) Langsames Branchenwachstum

Wie aus Abbildung 23 ebenfalls ersichtlich, kann der gewerbliche Immobilienmarkt aufgrund des gestiegenen Transaktionsvolumens im vergangenen Jahrzehnt durchaus als Wachstumsmarkt bezeichnet werden. Dennoch liegt hier im Sinne Porters ein langsames Branchenwachstum vor, da der Zuwachs des Immobilienangebotes nicht mit dem außerordentlich dynamischen Anstieg des anlagesuchenden Kapitals Schritt halten konnte. Diese Entwicklung führte zu teilweise deutlichen Nachfrageüberhängen auf den einzelnen regionalen Teilmärkten und zu einem Mangel an verfügbaren fondsgeeigneten Objekten.[445] Die damit verbundene Vermutung

445 Vgl. *Wonhas*, Immobilienfonds, S. 430; *Hohmann*, Markt, S. 441.

einer intensiven Rivalität wird durch die Beobachtung unterstützt, daß gewerbliche Immobilienobjekte in dem angegebenen Zeitraum eine überdurchschnittlich hohe Wertsteigerung erfahren haben.[446]
Grundsätzlich könnte eine Konstellation, in der einzelne Immobilieninvestoren ihr Portfolio über das durchschnittliche Branchenwachstum hinaus ausbauen wollen, als Kampf um Marktanteile interpretiert werden.[447] Um jedoch zu einer eindeutigen Aussage zu gelangen, ist hier die nachfolgend behandelte Frage der Kapazitätserweiterungen und der zyklischen Schwankungen des Immobilienmarktes in das Kalkül einzubeziehen.

Es kann der Schluß gezogen werden, daß eine Wettbewerbsverschärfung tendenziell dann eintritt, wenn eine zunehmendes Immobiliennachfrage aus Anlage- und Nutzungsmotiven auf ein langsames Branchenwachstum trifft. Eine solche Situation kann z.B. für den Zeitraum von 1986 bis 1991 unterstellt werden.

(4) Große Kapazitätserweiterungen

Die Problematik der zyklischen Entwicklung des Immobilienmarktes offenbart sich insbesondere dann, wenn Nachfrageüberhänge eine Angebotssteigerung bewirken. Eine solche Entwicklung ist seit Ende der achtziger und verstärkt seit Anfang der neunziger Jahre zu beobachten. Die durch lange Entwicklungszeiten induzierten Time-Lag-Effekte führen dann regelmäßig zu Überkapazitäten. Trifft ein stark ausgeweitetes Flächenangebot auf eine stagnierende Nachfrage aus Anlage- und Nutzungsmotiven, wird eine Verschärfung der Wettbewerbsbedingungen wahrscheinlich. Die Folge ist ein sinkendes Miet- und Kaufpreisniveau sowie ein intensivierter Leistungswettbewerb unter den Investoren, deren Immobilien zur Vermietung oder zum Verkauf anstehen.[448] Entsprechend tritt eine günstigere Lage für die Investoren ein, die Immobilienobjekte nachfragen.

Bei Betrachtung der beiden letztgenannten Untersuchungsparameter tritt damit die auf den ersten Blick widersprüchlich erscheinende Situation auf, daß sowohl Angebots- als auch Nachfrageüberhänge eine Wettbewerbs-

---

446 Vgl. *o.V.*, Wertentwicklung, S. 12.
447 Vgl. *Porter*, Wettbewerbsstrategie, S. 43.
448 Vgl. auch *Bradley*, Dynamics, S. 316 ff.

verschärfung in der Immobilieninvestmentbranche zur Folge haben. Dies läßt sich durch die Dauer des Marktausgleichs und die besondere Form der Dienstleistungserstellung in der Branche erklären. Ein Überschuß an Mietflächen führt zu einem intensiven Wettbewerb um Mieter und potentielle Erwerber der Fondsobjekte. Dagegen wird die Erhöhung des Immobilienbestandes erleichtert. Kommt es jedoch zu einem Flächendefizit, so mangelt es weniger an Mietern bzw. Kaufinteressenten, sondern an verfügbaren Immobilienobjekten. Erst ein ausgeglichener Markt, der in der Immobilieninvestmentbranche allerdings nur selten zu anzutreffen ist, scheint eine Beruhigung des Wettbewerbsdrucks zu bewirken.

(5) Hohe Fix- und Lagerkosten

Das Problem eines hohen Fix- und Lagerkostenblocks in Verbindung mit der Existenz von Marktaustrittsbarrieren veranlaßt ein Unternehmen, sich verstärkt, d.h. auch unter Inkaufnahme von Preiseinbußen, um die Auslastung der aufgebauten Kapazitäten zu bemühen.[449]
Bei den Wettbewerbern in der Immobilieninvestmentbranche sind die unternehmensbezogenen Fixkosten eher gering, vor allem im Vergleich zu den sehr hohen portfoliobezogenen Kosten. In erster Linie führt die durch das Immobilieneigentum verursachte Kapitalbindung zu einer laufenden Belastung des Cash-Flows eines Investors. Er ist daher in gewissem Maße gezwungen, vorhandene Leerstände seiner Immobilien abzubauen und ggf. Zugeständnisse an verhandlungsstarke Mieter einzuräumen. Insofern induziert dieses Verhalten eine erhöhte Wettbewerbsintensität in der Branche.

(6) Fehlende Differenzierung, geringe Produktunterschiede

Immobilien zählen naturgemäß zu den Wirtschaftsgütern mit einer besonders hohen Individualisierungsrate. Die physischen, ökonomischen und sozio-kulturellen Eigenschaften einer Immobilie bilden einen geeigneten Ansatzpunkt für eine weitgehende Produktdifferenzierung.[450] Eine gelungene Produktdifferenzierung schafft "Isolierschichten"[451] gegen den

449 Vgl. *Porter*, Wettbewerbsstrategie, S. 43 f.
450 Vgl. *Apgar*, View, S. 7.
451 *Porter*, Wettbewerbsstrategie, S. 44.

Wettbewerb - Voraussetzung ist allerdings, daß die besonderen Produkteigenschaften durch den Kunden wahrgenommen werden.[452]
Tendenziell ist heute eine Angleichung der mieterseitigen Anforderungsprofile an die Funktionalität einer Immobilie festzustellen, so daß die Zahl der Wettbewerbsparameter reduziert wird. Es ist allerdings nicht davon auszugehen, daß es auf den Vermietungsmärkten zu einem reinem Preiswettbewerb kommen kann, da sich die individuellen Bedürfnisse der Mieter mit Priorität an anderen, eher lage- und gebäudespezifischen Merkmalen (architektonische Gestaltung, Austattung, Image, etc.) orientieren.

Eine Wettbewerbsintensivierung kann aus den Untersuchungsparametern Produktunterschiede und Differenzierung für die Immobilieninvestmentbranche nicht vermutet werden.

(7) Hohe strategische Einsätze

Wird das Immobiliengeschäft bei einzelnen Investoren nicht nur von branchenspezifischen Überlegungen, sondern etwa von konzernstrategischen Interessen im Finanzdienstleistungsbereich geleitet, die dem Zweck der Verteidigung oder Festigung der Wettbewerbsposition dienen, so kann dies zu einer Intensivierung der Rivalität unter den bestehenden Konkurrenten führen.[453]
Ein Status dieser Art könnte beispielsweise bei offenen Immobilienfonds dann vorliegen, wenn etwa ein Bankkonzern zur Vervollständigung seines Finanzdienstleistungsangebots im Rahmen einer Allfinanzstrategie die Gründung eines Fonds vornimmt und ein massives Interesse an dem Aufbau einer bedeutenden Wettbewerbsposition aufweist.[454] Bei Versicherungsgesellschaften wäre eine Situation denkbar, in der aus grundsätzlichen Portfoliodiversifizierungsüberlegungen eine Entscheidung für den gesamten Kapitalanlagebereich in der Form getroffen wird, daß der Anteil der Immobilienanlagen gegenüber den Finanzanlagen zu erhöhen ist.

452 Eine in der Industrie seit langem vollzogene Möglichkeit der Produktdifferenzierung läge in dem Aufbau einer Markenidentiät für ein Immobilienobjekt. Ein Transfer des besonderen Images einer Immobilie auf den Investor erscheint jedoch nur eingeschränkt möglich. Eine Ausnahme bildet die als Firmensitz dienende, selbstgenutzte Immobilie mit Repräsentationscharakter.

453 Vgl. *Porter*, Wettbewerbsstrategie, S. 45.

454 Vgl. auch *Blatt*, Gründungskonzept, S. 428; siehe ebenfalls *Krupp*, Ansatzpunkt, S. 768 ff.

In beiden der oben genannten Fälle kommt es zu hohen strategischen Einsätzen materieller, finanzieller und personeller Art, die nicht direkt aus der Entwicklung der Immobilieninvestmentbranche resultieren, dort aber zur Intensivierung des Wettbewerbsklimas führen können.

(8) Hohe Austrittsbarrieren

Die Gründe, welche Unternehmen dazu veranlassen, in einer Branche selbst bei hohen Opportunitätskosten zu verbleiben, werden als "Austrittsbarrieren" bezeichnet.[455]
Akteure in der Immobilieninvestmentbranche könnten sich z.B. zu diesem Verhalten veranlaßt sehen, wenn eine Auflösung des Immobilienportfolios mit hohen Transaktionskosten und niedrigen Liquidationswerten verbunden ist, emotionale Barrieren seitens des Managements bestehen oder strategische Verbundeffekte mit Aktivitäten in anderen Branchen wegfallen würden. Hohe Austrittsbarrieren werden zudem auch durch die grundsätzlich eingeschränkte Fungibilität von Immobilienobjekten geschaffen.

Tab. 4: Bewertung der Rivalität unter den etablierten Wettbewerbern

Untersuchungsparameter der Rivalität unter den etablierten Wettbewerbern	Branchen-situation	Tendenzielle Entwicklung
(1) Heterogene Wettbewerber	↑	↗
(2) Zahlreiche oder gleich ausgestattete Wettbewerber	→	→
(3) Langsames Branchenwachstum	↑	↘
(4) Große Kapazitätserweiterungen	↑	↗
(5) Hohe Fix- und Lagerkosten	↑	→
(6) Fehlende Differenzierung, geringe Produktunterschiede	↓	→
(7) Hohe strategische Einsätze	↑	↗
(8) Hohe Austrittsbarrieren	↑	↗
Gesamtergebnis	↑	↗

Legende: ↑ = Hohe Rivalität, Intensivierung des Wettbewerbs; → = Ohne Auswirkung auf die Wettbewerbintensität; ↓ = Schwache Rivalität, Verringerung des Wettbewerbs; ↗ = Rivalität steigend; → = Rivalität gleichbleibend; ↘ = Rivalität fallend

Tabelle 4 enthält eine Übersicht über die Bewertung der einzelnen Untersuchungsparameter vor dem Hintergrund der aktuellen Branchensituation sowie über die zu erwartende zukünftige Entwicklung. Die Darstellung ist jedoch nur als eine verallgemeinernde und recht grobe Einschät-

455 Vgl. *Porter*, Wettbewerbsstrategie, S. 45.

zung zu interpretieren, die die Orientierung im Rahmen der Branchenstrukturanalyse erleichtern soll.
Die Ausprägungen der einzelnen Wettbewerbsparameter zusammenfassend kann festgehalten werden, daß eine intensive Rivalität unter den Wettbewerbern der Immobilieninvestmentbranche gegeben und eine Zunahme derselben tendenziell zu erwarten ist.[456] Diese Einschätzung wird durch die Ausprägung der Marktergebnisse unterstrichen: Wie bereits angesprochen, waren für die achtziger Jahre starke Mietpreis- und Wertsteigerungen der Anlageobjekte bei gleichzeitig sinkenden Anfangsrenditen und vergleichsweise geringem Angebot gegeben. Für die erste Hälfte der neunziger Jahre kann von einer fortgesetzten Tendenz zu einem erhöhten Wettbewerbsdruck ausgegangen werden.[457] Der Schwerpunkt der Rivalität wird sich allerdings von dem Wettbewerb um geeignete Objekte auf den Wettbewerb um geeignete Mieter verlagern.

4.2.2.2.4. Verhandlungsstärke der Anbieter von Gewerbeimmobilien

Als Lieferanten für die Immobilieninvestmentbranche sind die Anbieter von Immobilien, sei es in Form von Immobilienobjekten, von Bauprojekten oder in Form unbebauter Grundstücke, anzusehen.[458] Zu dem Kreis der Lieferanten sind damit potentiell alle Eigentümer von Immobilien zu rechnen, insbesondere Kommunen, Developer, private und institutionelle Investoren. Eine Mittlerposition zwischen Anbietern von Immobilien und Investoren nehmen die Makler bzw. Immobilienberater ein.
Mit der Aufgabe der rein eigentumsverwahrenden Funktion der Immobilienanlage zu einem unternehmerisch geprägten Portfolio-Management treten die Wettbewerber innerhalb der Immobilieninvestmentbranche sowohl als Erwerber als auch als Anbieter in Erscheinung.
Es können jedoch eine Reihe von Anbietergruppen isoliert werden, die primär die Funktion von Lieferanten der Immobilieninvestmentbranche

456 Vgl. *Hohmann*, Markt, S. 441; *Blatt*, Gründungskonzept, S. 430; *Wise*, Enterprises, S. 52.

457 Siehe hierzu auch Fußnote 9 auf Seite 2.

458 Andere Gruppen von Lieferanten, wie z.B. die eigenen Mitarbeiter oder andere Unternehmen, die bestimmte Dienstleistungen für die Investoren übernehmen (z.B. Immobilienverwaltung, Hausmeisterdienste, etc.) sollen hier nicht einer näheren Betrachtung unterzogen werden.

einnehmen. Dazu zählen beispielsweise öffentliche Institutionen, Bauunternehmen, Developer, wobei jedoch auch hier tendenziell eine Verschiebung bzw. Überschneidung der Positionen festgestellt werden kann.[459] Ein solcher Wandel des Rollenverständnisses äußert sich z.B. dadurch, daß Kommunen gemeinsam mit Investoren Entwicklungsgesellschaften gründen, Bauunternehmen zur Sicherung ihrer Kapazitäten Projektentwicklung betreiben und Developer z.T. auch einen eigenen Immobilienbestand aufbauen.

Analog zu den die Rivalität unter den bestehenden Wettbewerbern charakterisierenden Bedingungen kann auch bei den im folgenden untersuchten Faktoren der Verhandlungsstärke von Lieferanten davon ausgegangen werden, daß die Wettbewerbskraft besonders ausgeprägt ist, wenn die jeweils genannten Bedingungen vorliegen.

(1) Marktbeherrschende Unternehmen und hohe Unternehmenskonzentration

Eine generell marktbeherrschende Position einzelner Immobilienanbieter bzw. eine hohe Unternehmenskonzentration auf der Anbieterseite kann in Bezug auf Immobilienobjekte weitgehend ausgeschlossen werden. Dem Aufbau einer solchen Verhandlungsstärke steht die räumliche und sachliche Segmentierung des Immobilienmarktes in eine große Anzahl von Teilmärkten entgegen.[460]
Eine andere Feststellung könnte für den Markt der unbebauten Grundstücke bzw. vielmehr des Rohbaulands getroffen werden. Hier wird durch den Bereich der öffentlichen Hand eine nahezu monopolistische Angebotsstruktur begründet, da das deutsche Baugesetzbuch nur den Gemeinden das Recht einräumt, Bauland auszuweisen und zu schaffen. Es muß allerdings bezweifelt werden, ob hiermit in der Praxis eine besondere Form der Machtausübung verbunden ist, da die Gemeinden gleichzeitig auf die Wahrung und die Einbeziehung öffentlicher Interessen verpflichtet

---

459 Vgl. *Pyhrr/Cooper/et al.*, Real Estate, S. 22 ff.

460 Allerdings können Sondereinflüsse, die etwa durch den Wandel des ordnungspolitischen Rahmens eines Landes geschaffen werden, zu einer herausragenden Marktstellung eines Anbieters führen. Dies ist z.B. dann der Fall, wenn vormals verstaatlichtes Grundeigentum (re-)privatisiert wird. Insofern könnte der Treuhandanstalt bzw. ihrer Liegenschaftsgesellschaft eine solche marktbeherrschende Stellung für die neuen Bundesländer zugeschrieben werden.

worden sind. Im übrigen trifft diese Frage nur den der Immobilieninvestmentbranche vorgelagerten Bereich der Immobilienentwicklung.

(2) Keine Ausweichmöglichkeit auf Ersatzprodukte

Die Verhandlungsstärke einzelner Anbieter muß dann als begrenzt angesehen werden, wenn die Immobilieninvestoren als Nachfrager damit drohen können, auf Ersatzprodukte auszuweichen.[461] Für offene und geschlossene Immobilienfonds gibt es per Definition keine Alternative zur Immobilie als Investitionsobjekt. Für die offenen Immobilienfonds besteht dabei nur kurz- bis mittelfristig die Möglichkeit, auf Liquiditätsanlagen auszuweichen. Bei den anderen Investorengruppen entscheidet vornehmlich die Kapitalmarktsituation darüber, ob Alternativanlagen erwogen werden.

Grundsätzlich werden die Anbieter von Immobilien jedoch kaum in der Lage sein, aus der mangelnden Ausweichmöglichkeit auf Ersatzprodukte eine besondere Verhandlungsstärke abzuleiten, da auch für sie nur eine begrenzte Gruppe von Abnehmern in Frage kommt. Insofern bestehen zwischen Anbietern und Abnehmern tendenziell gleichartige Verhandlungspositionen.

(3) Die Branche ist nicht Hauptkunde der Anbieter

Der Erwerb von Immobilien läßt sich prinzipiell auf zwei Motive zurückführen. Zum einen der Erwerb aus Kapitalanlagemotiven, der für die Immobilieninvestmentbranche im Vordergrund steht, zum anderen der Erwerb aus Selbstnutzungsmotiven.[462] Insofern ist es zwar richtig, daß die Investoren nicht die einzigen Wettbewerber um ein angebotenes Immobilienobjekt sind, eine besondere Machtposition erlangt der Anbieter jedoch auch hierdurch nicht, da die Zahl der Abnehmer für ein spezifisches Immobilienobjekt insgesamt als begrenzt angesehen werden muß.

(4) Das Produkt der Anbieter ist ein wichtiger Input für die Abnehmer

Mit diesem Wettbewerbsparameter ist ein für die Investoren entscheidender Bereich angesprochen. Die Art und Qualität der Immobilienobjekte ist der wesentliche Faktor für die Performance der Investoren. Insofern wird

461 Vgl. *Porter*, Wettbewerbsstrategie, S. 54.

462 Vgl. auch Abschnitt 4.2.2.2.7. auf Seite 151.

z.B. ein Projektentwickler als Anbieter eines Immobilienobjektes, daß den Ansprüchen der Investoren gerecht und in seiner Konfiguration von ihnen als für ihr Portfolio besonders gut geeignet eingestuft wird, in der Lage sein, eine Verhandlungsposition der Stärke aufzubauen.

(5) Das Produkt ist differenziert

Immobilien zeichnen sich durch eine einzigartige Kombination von lage- und gebäudespezifischen Faktoren aus. Der Anbieter einer Immobilie, die in hohem Maße den anlagepolitischen Zielen eines Investors entspricht (z.B. Nicht-Duplizierbarkeit des Standorts, hohe Funktionalität und Nutzungsflexibilität, etc.), sieht sich daher in einer Situation, in der er die Konditionen der Transaktion weitgehend zu seinen Gunsten beeinflussen kann.

(6) Drohung mit Vorwärtsintegration

Ein Verkaufszwang ist auf der Seite der Anbieter von Immobilien häufig nicht gegeben. Vor allem, wenn es sich um Investoren handelt, die vorwiegend mit Eigenkapital operieren und auf eine zügige Verwertung der Projekte bzw. Objekte nicht angewiesen sind, kann die Frage des Veräußerungszeitpunktes von der Wahrnehmung einer günstigen Marktsituation bzw. einer vorteilhafteren Alternativanlage abhängig gemacht werden. Solche Anbieter können daher glaubhaft damit drohen, die Objekte im eigenen Bestand zu halten.
Eine solche Angebotsflexibilität ist jedoch nicht bei allen Marktteilnehmern festzustellen. So können beispielsweise Projektentwicklungsunternehmen, die auf die Fremdfinanzierung ihrer Projekte angewiesen sind, nach Fertigstellung aufgrund negativer Leverage-Effekte unter erheblichen Verkaufsdruck geraten.

Tab. 5: Bewertung der Verhandlungsstärke der Anbieter von Gewerbeimmobilien

Untersuchungsparameter der Verhandlungsstärke der Anbieter von Gewerbeimmobilien	Branchensituation	Tendenzielle Entwicklung
(1) Marktbeherrschende Unternehmen und hohe Unternehmenskonzentration	↓	→
(2) Keine Ausweichmöglichkeit auf Ersatzprodukte	→	→
(3) Die Branche ist nicht Hauptkunde der Anbieter	↓	→
(4) Das Produkt der Anbieter ist ein wichtiger Input für die Abnehmer	↑	↗
(5) Das Produkt ist differenziert	↑	→
(6) Drohung mit Vorwärtsintegration	↑	→
Gesamtergebnis	↑	→

Legende:
↑ = Hohe Verhandlungsstärke der Immobilienanbieter
→ = Ohne allgemeine Auswirkung auf die Verhandlungsstärke
↓ = Schwache Verhandlungsstärke der Immobilienanbieter
↗ = Verhandlungsstärke steigend
→ = Verhandlungsstärke unverändert
↘ = Verhandlungsstärke fallend

In Tabelle 5 wird eine Übersicht über die Bewertung der einzelnen Untersuchungsparameter wiedergegeben. Als Ergebnis kann festgehalten werden, daß die Anbieter von Immobilien, die für die Wettbewerber in der Immobilieninvestmentbranche eine besondere Eignung aufweisen, mit einer Position der Stärke in Transaktionsverhandlungen gehen können.

Diese Aussage muß allerdings mit der Einschränkung versehen werden, daß die konkrete Ausprägung der Verhandlungsposition immer auch von der Entwicklung der globalen Umwelt abhängig ist. Es zeigt sich insbesondere eine starke Interdependenz mit der allgemeinen Konjunkturlage, die über die schwankende Nachfrage nach Mietraum ein (zyklisch verlaufendes) Angebotsverhalten am Immobilienmarkt nach sich zieht. In dem Fall, daß ein Immobilienprojekt bei Fertigstellung konjunkturbedingt auf einen allgemeinen Flächenüberhang auf dem lokalen Vermietungsmarkt trifft, kann sich eine Position der Stärke in eine Position der Schwäche verwandeln.

Im Rahmen der Branchenstrukturanalyse ist jedoch von konjunkturbedingten Angebots- und Nachfrageschwankungen als Teil des globalen Umsystems zu abstrahieren. Da hier jedoch generell auf die langfristig und über kurz- bis mittelfristig eintretende Marktschwankungen hinaus wirkenden Triebkräfte des Wettbewerbs in der Immobilieninvestmentbranche abzustellen ist, wird die Validität der grundsätzlich zu treffenden Aussage nicht gefährdet.

4.2.2.2.5. Verhandlungsstärke der Mieter von Gewerbeimmobilien

In der Immobilieninvestmentbranche sind die Mieter von Immobilien, die gewerbliche Flächen aus Nutzungsmotiven nachfragen, als Abnehmer einzustufen. Die Vermietung eines Objektes bildet die Voraussetzung für die Erstellung der Immobilieninvestmentdienstleistung, d.h. für die Erzielung einer ausschüttungsfähigen Rendite auf das eingesetzte Kapital.[463]
Die Verhandlungsstärke der Mieter wird dann als besonders hoch eingeschätzt, wenn die jeweiligen Ausprägungen der nachstehenden Untersuchungsparameter zutreffen.

(1) Konzentration der Abnehmergruppe

Die Gruppe der Mieter ist, bis auf die großen Filialisten des Einzelhandelsbereichs, stark fragmentiert. Eine besondere Verhandlungsmacht entsteht lediglich auf der Ebene einzelner Immobilienobjekte, beispielsweise hinsichtlich der Mietvertragsverhandlungen mit dem Hauptmieter eines Objektes.[464].

(2) Signifikanter Anteil an den Gesamtkosten

Aus der Sicht des Mieters ist unter den Kosten der Raumnutzung nicht nur der vertraglich fixierte Mietzins zu fassen, sondern der Gesamtaufwand, d.h. auch sämtliche mit der Raumnutzung einhergehenden Bewirtschaftungkosten.[465]
Je nach Standort, Ausstattung und Nutzungsart bildet der Mietzins einen signifikanten Anteil an den Gesamtkosten eines Mieters, in der Regel überwiegen jedoch die auf die eigentliche Geschäftstätigkeit des Mieters

---

463 Von dem möglichen Fall der Erzielung einer Rendite in Form von Wertsteigerungen eines leerstehenden Objektes oder eines unbebauten Grundstücks soll in diesem Zusammenhang abgesehen werden.

464 Die besondere Situation im Bereich des Einzelhandels hebt auch *Waldmann* (Immobilienmanagement, S. 75) hervor: "Die vertikalen, horizontalen und konglomeraten Konzentrationsprozesse gehen, ungeachtet des Auftretens ausländischer Wettbewerber, weiter. Sie verstärken den Verdrängungswettbewerb, der zum Beispiel mit dem Mittel der Besetzung unrentabler Parallel-Standorte, um sie gegen andere Wettbewerber abzuschirmen, geführt wird. Ist dann die regionale Marktdominanz erreicht, wird der überflüssige Standort aufgegeben, ungeachtet der Tatsache, ob noch Mietverpflichtungen bestehen oder nicht. (...) Haben sie durch diese und andere Maßnahmen die Position eines Oligopolisten erreicht, so verstärkt sich ihre Position als Mieter im Markt."

465 Vgl. *Hohmann*, Markt, S. 439; *Rohrbach/Wundrack*, Rentabilität, S. 470.

entfallenden Kostenanteile.[466] Im allgemeinen besteht eine relativ geringe Preisempfindlichkeit der Mieter, da die Erfüllung der objektspezifischen Anforderungskriterien der Mieter im Vordergrund steht[467] und eine Wahlmöglichkeit zwischen alternativen Standorten nicht immer gegeben ist. Es kann daher angenommen werden, daß sich aus dem Kostenaspekt keine erhöhte Verhandlungsstärke herleiten läßt.

(3) Das Branchenprodukt ist standardisiert und/oder für die Leistung der Abnehmer unerheblich

Wie bereits angeführt, ist in Abhängigkeit von der grundlegenden Bedürfnisbefriedigung, die eine Immobilie zu erfüllen hat, eine gewisse Standardisierung in Bezug auf bauliche Merkmale (z.B. Gebäudetechnik, Flächenaufteilung, etc.) festzustellen. Eine erhebliche Differenzierungsquelle schaffen jedoch die lagespezifischen Faktoren und z.T. die architektonische Gestaltung der Immobilie.[468] Eine erweiterte Verhandlungsstärke der potentiellen Mieter, die aus einer großen Zahl nutzbarer Räumlichkeiten herrühren würde, kann demnach nur in Grenzen vorhanden sein.
Die von Unternehmen genutzten Räumlichkeiten besitzen die Qualität eines Produktionsfaktors und können insofern grundsätzlich als bedeutsam für das Unternehmen angesehen werden. Dies gilt insbesondere für Mieter, die mit ihren Räumlichkeiten gewisse Repräsentationsfunktionen wahrnehmen müssen oder auf einen bestimmten Standort in ihrem Absatzgebiet angewiesen sind sowie naturgemäß für den Bereich den Einzelhandels.

Ein weiterer, in diesem Zusammenhang zu nennender Aspekt bezieht sich auf die Entscheidungssituation der Mieter bezüglich der Anmietung neuer oder der Erweiterung bestehender Flächen. Hier ist davon auszugehen, daß diese im wesentlichen auf der unternehmerischen Gesamtplanung des potentiellen Mieters beruhen und nur in zweiter Linie von den Verhältnis-

466 Vgl. *Pattison*, Tenant, S. 1; vgl. auch *Friedemann*, Büroraum-Nutzung, S. 39.

467 "It will be recognized that future development decisions will be based upon criteria other than "the numbers"; at the forefront of the decision making process will be a hard nosed understanding of our customers' future space needs, requirements and desires". *Cannon*, Challenges, S. 26.

468 Vgl. *Wise*, Enterprises, S. 52.

sen am Immobilienmarkt bzw. den spezifischen Eigenschaften des in Rede stehenden Immobilienobjektes abhängig sind.[469]

Bislang messen Unternehmen nur in wenigen Fällen den Entscheidungen über Immobilien und Immobiliennutzungen eine strategische Bedeutung bei.[470] Die Integration des Immobilienbereichs in das strategische Managementsystem eines Unternehmens ist jedoch allein schon deshalb geboten, da mit dem Eingehen eines Mietvertrages regelmäßig eine langfristige Standortbindung einhergeht, die die unternehmerische Entwicklungsfähigkeit wesentlich beeinflußt.[471]

Insgesamt kann in dem produktbezogenen Untersuchungsparameter nur eine bedingte Stärkung der Verhandlungsposition des Mieters gesehen werden.

(4) Drohung mit Rückwärtsintegration

Eine Rückwärtsintegration wäre für die Abnehmer von Immobilien in der Form möglich, daß sie die Nutzung der Immobilie nicht über einen Mietvertrag, sondern über einen Kaufvertrag erhalten, d.h. direktes Eigentum an den Räumlichkeiten erwerben.[472] Es muß allerdings davon ausgegangen werden, daß nur ein kleiner Teil der Mieter einer Immobilie selbstgenutzes Immobilieneigentum anstrebt, da dieses mit einer hohen Kapital-

---

469 Vgl. *Feinen*, Markt, S. 314. Zu den Anforderungen an die Immobiliennutzung siehe stellvertretend für andere *Westwood*, Property, S. 718 ff. sowie die ausführliche Darstellung der Standortfaktoren in den Bereichen der Industrie, des Handels, der Dienstleistungsunternehmen und der öffentlichen Hand bei *Tank/Klemm*, Standorttendenzen, S. 26 ff.

470 Zur Problematik und Notwendigkeit der Beachtung strategischer Implikationen im Rahmen des "Corporate Real Estate Management" siehe *Isakson/Sircar*, Factors, S. 26 ff. Zu einer in diesem Zusammenhang aufschlußreichen empirischen Analyse der strategischen Standortentscheidungen amerikanischer Industrieunternehmen siehe *Watson*, Analysis, S. 92 ff.

471 Insbesondere für die USA ist in jüngerer Zeit eine Änderung in der Denkhaltung bezüglich der sogenannten "Corporate Real Estate Facilities" eingetreten. *Sarvis* (Facility, S. 10) kommentiert das Ergebnis dieser Entwicklung wie folgt: "Executive management now widely recognizes that corporate facilities play an integral role in product manufacturing, management, and delivery, in market segmentation, and in geographic positioning for competitors. Today, corporate real estate is seen as crucial to finance, production, administration, and marketing".

472 Weitere Alternativen zur Miete bestehen in der Entwicklung eigener Bauprojekte sowie im Immobilienleasing.

bindung einhergeht und zudem den Aufbau immobilienspezifischer Kompetenz erfordert.[473]

(5) Vollständige Information der Abnehmer

Ein umfassender Informationsstand kann aufgrund der Heterogenität der Immobilien und der starken Segmentierung der Märkte nicht gegeben sein. Unternehmen sehen sich bei der Suche nach geeigneten Mieträumlichkeiten mit den Problemen eingeschränkter Transparenz und fehlender Vergleichbarkeit der Immobilienobjekte ausgesetzt.
Die Einschaltung von Maklern oder Beratern schafft hier zwar einen besseren Marktüberblick, hebt die Problematik jedoch nicht auf. In diesem Zusammenhang besteht insbesondere das Problem der mangelnden Objektivität, Detaillierung und Vergleichbarkeit der von den größeren Immobilienvermittlungsgesellschaften herausgegebenen Daten und Berichte. Da eine Einzelveröffentlichung von objektbezogenen Kauf- und Mietpreisen in Deutschland zur Zeit weder erforderlich, noch üblich ist, kann eine vollständige Information der Abnehmer nicht gegeben sein.

(6) Niedrige Umstellungskosten

Die Umstellung eines Mieters von einem Investor auf einen anderen würde hier den Wechsel der Mieträume bzw. Standorte bedeuten. Ein Standortwechsel ist für einen Mieter regelmäßig mit erheblichen Umzugs- und Anpassungskosten verbunden. Bei Neuverhandlungen nach Ablauf des Mietvertrages wird ein Mieter niedrige Umstellungskosten daher nur selten einbringen können.

Die in Tabelle 6 wiedergegebene Ausprägung der Wettbewerbsparameter bringt zum Ausdruck, daß die Verhandlungsmacht der Mieter von Immobilien generell relativ gering ist und jeweils nur objektbezogen auftritt. Die in der Praxis zum Teil beobachtbare Situation, daß Investoren weitgehende Zugeständnisse hinsichtlich ihrer Vermietungsflächen abverlangt werden können (z.B. die zur Zeit in den USA und England beobachtbare Übernahme der Umzugskosten und die Einräumung einer mietfreien Zeit), ist hier erneut auf die Lage im globalen Umfeld zurückzuführen, nicht aber auf strukturelle Branchenfaktoren an sich. Generell ist für die

473 Siehe hierzu auch Abschnitt 4.2.2.2.7. auf Seite 151.

Zukunft jedoch davon auszugehen, daß die Mieter von Immobilien auf eine engere Abstimmung ihrer Nutzungsbedürfnisse mit den Investoren größeren Wert legen, und die Investoren ihrerseits in höherem Maße eine Verzahnung von Gebäude und Nutzung anstreben.

Tab. 6: Bewertung der Verhandlungsstärke der Mieter von Gewerbeimmobilien

Untersuchungsparameter der Verhandlungsstärke der Mieter von Gewerbeimmobilien	Branchen-situation	Tendenzielle Entwicklung
(1) Konzentration der Abnehmergruppe	→	↗
(2) Signifikanter Anteil an den Gesamtkosten	→	→
(3) Das Branchenprodukt ist standardisiert und/oder für die Leistung der Abnehmer unerheblich	→	↗
(4) Drohung mit Rückwärtsintegration	↓	→
(5) Vollständige Information der Abnehmer	↓	↗
(6) Niedrige Umstellungskosten	↓	→
Gesamtergebnis	↓	↗

Legende: ↑ = Hohe Verhandlungsstärke der Mieter; → = Ohne allgemeine Auswirkung auf die Verhandlungsstärke; ↓ = Schwache Verhandlungsstärke der Mieter; ↗ = Verhandlungsstärke steigend; → = Verhandlungsstärke unverändert; ↘ = Verhandlungsstärke fallend

4.2.2.2.6. Bedrohung durch potentielle neue Anbieter

Eine der wichtigsten Triebkräfte für den Wettbewerb in einer Branche liegt in der Gefahr des Markteintritts durch neue Anbieter. Der Zustrom neuer Anbieter wird in erster Linie von den in der Branche existierenden Eintrittsbarrieren und von den erwarteten Reaktionen der etablierten Wettbewerber bestimmt.[474]

Für die Immobilieninvestmentbranche können neue Konkurrenten aus dem Bereich der Bau-, Immobilien- und Finanzwirtschaft des In- und Auslands kommen, die aus ihrem bestehenden Stammgeschäft heraus in den Bereich der Immobilienanlage diversifizieren.[475] Darüber hinaus ist eine große Gruppe von Unternehmen aus branchenfremden Industrie- und Dienstleistungsbereichen zu den potentiellen Wettbewerbern zu zählen,

---

474 Vgl. *Porter*, Wettbewerbsstrategie, S. 29; Vgl. auch *MacMillan*, Initiative, S. 273 ff.

475 Zur Problematik des Markteintritts in internationale Immobilienmärkte siehe *Hines*, Marketing, S. 97 ff.

die über einen zumeist historisch gewachsenen, bislang jedoch nicht aktiv geführten Immobilienbestand verfügen.[476]
Die von Porter identifizierten Bestimmungskräfte für die Höhe der Markteintrittsbarrieren und die Bedrohung durch neue Konkurrenten sollen nachfolgend geprüft werden.

(1) Hoher Kapitalbedarf

Unternehmen, die als Akteure in der Immobilieninvestmentbranche auftreten möchten, müssen eine gewisse ökonomische Mindestgröße aufweisen.[477] Erst eine hinreichende Kapitalausstattung ermöglicht den Aufbau einer verteidigungsfähigen Wettbewerbsposition. Der massive Kapitaleinsatz bedingt gleichzeitig ein hohes Eintrittsrisiko im Falle von Fehlinvestitionen oder eines ungünstig gewählten Eintrittszeitpunktes.

(2) Zugang zu Distributionskanälen

Eine Eintrittsbarriere durch die Zementierung von Vertriebsschienen kann für die Immobilieninvestmentbranche nicht festgestellt werden.[478] Die Vermietung und der Verkauf von Immobilien erfolgen entweder durch die Investoren selbst oder durch die Einschaltung von Maklern. Dem Zugang zu Kauf- und Mietinteressenten sowie zu Maklern können keine Beschränkungen auferlegt werden.

(3) Betriebsgrößenersparnisse

Die Erzielung von Economies of Scale ist kaum denkbar, wenn sich ein Investor lediglich auf die reine Kapitalanlage beschränkt. Kostenvorteile

---

476 Ein in diesem Zusammenhang vielfach genanntes Beispiel stellen diverse Brauereiunternehmen dar, die aufgrund ihrer historisch gewachsenen Ansiedlung in zentralen Innenstadtlagen häufig über wertvollen Grundbesitz verfügen. Mit der Feststellung, daß eine zentrale Ansiedlungserfordernis heute nicht mehr gegeben ist und dieser Grundbesitz regelmäßig einer lukrativeren gewerblichen Nutzung zugeführt werden kann, wurde bei einigen Brauereien (z.B. die Isenbeck Brauerei, welche heute als Isenbeck Development AG firmiert) der Eintritt in die Immobilieninvestmentbranche vollzogen. Zum Wandel der Immobilienstrategien von Industrieunternehmen siehe auch *Seldin/Nourse/Heuer*, Strategy, S. 13 f.

477 Unabhängig von der rechtsformspezifischen Eigenkapitalerfordernis müssen beispielsweise die offenen Immobilienfonds gemäß § 2 KAGG ein Grundkapital von mindestens 5 Mio. DM aufweisen.

478 Vgl. *Wise*, Enterprises, S. 52.

dieser Art können allenfalls bei vertikaler Integration (z.B. bei Eingliederung der Projektentwicklung) entstehen.[479]

(4) Größenunabhängige Nachteile[480]

Immobilienspezifisches Know-How, Informationen und Marktnähe[481] sind entscheidende Wettbewerbsfaktoren der Immobilieninvestmentbranche. Die dadurch entstehenden "Erfahrungsbarrieren" sind zwar nicht nachhaltig verteidigungsfähig, stellen für neue Wettbewerber jedoch ein schwieriges Hindernis dar.[482]
In diesem Zusammenhang kann ebenfalls angeführt werden, daß die Performance eines etablierten Wettbewerbers auf einem historisch gewachsenen Portfolio beruht, dessen Immobilien günstigenfalls eine gut strukturierte Mischung der Faktoren Wertsteigerung und Ausschüttungsrendite aufweisen. Aussichtsreiche Neuzugänge im Bestand müssen nicht notwendigerweise von Anfang an in gleicher Höhe zur Performance des Portfolios beitragen. Demgegenüber muß ein neuer Wettbewerber sehr viel Mühe darauf verwenden, bereits in den ersten Jahren nach der Gründung ein ausgeglichenes Portfolio mit attraktiver Performance aufzubauen.[483]

(5) Produktdifferenzierung

Etablierte Wettbewerber der Immobilieninvestmentbranche sind grundsätzlich nur in eingeschränktem Maße dazu in der Lage, die objektbezogene Loyalität ihrer Mieter auf ihr Unternehmen zu übertragen.[484] Die für den Industriebereich häufig wichtige Tatsache, daß ein Unternehmen zu

---

479 Vgl. *Wise*, Enterprises, S. 52.

480 *Porter* (Wettbewerbsstrategie, S. 34) nennt hier "größenunabhängige Kostennachteile" als Parameter. Da der Kostenbereich in diesem Rahmen eine nur untergeordnete Rolle spielt, wird hier in allgemeiner Form argumentiert.

481 In diesem Zusammenhang wird immer wieder auf die Bedeutung des Aufbaus eines Beziehungsnetzwerks zu Maklern, Behörden, Developern und zu anderen Trägern der Immobilienwirtschaft hingewiesen. Vgl. auch *Blatt*, Gründungskonzept, S. 431; *Müller-Trudrung*, Sicherheit, S. 329.

482 Siehe hierzu auch *Desombre*, Investor, S. 24 ff.

483 Der Performancezwang stellt beispielsweise für die noch jungen offenen Immobilienfonds insofern ein Problem dar, als diese nicht in der Lage sind - etwa durch Verkauf langfristig gewachsener Werte im Portfolio - die Performance an das Marktniveau anzugleichen. Vgl. auch *Blatt*, Gründungskonzept, S. 430.

484 Die Einschränkung bezieht sich hier auf das bereits genannte Beispiel "Managementimmobilien", etwa der überregionalen Einkaufszentren. Vgl. Fußnote 437 auf Seite 127.

den ersten bzw. ältesten Akteuren in der Branche zählt, hat für potentielle Mieter wenig praktische Relevanz. Der Wettbewerbsvorteil der Investoren ist hier vielmehr an den von ihnen gehaltenen Immobilien festzumachen.

(6) Erwartete Reaktion der Wettbewerber

Aufgrund der Beschaffenheit der Immobilieninvestmentbranche sind weitgehende Abwehrreaktionen etablierter Wettbewerber nicht zu erwarten. Der Kristallisationspunkt des Wettbewerbs ist die individuelle Immobilie, die zum Kauf oder zur Vermietung ansteht, so daß Abwehrmaßnahmen lediglich auf lokaler Ebene greifen können.

(7) Staatliche Politik

Der Gesetzgeber hat für den deutschen Markt keine wesentlichen Eintrittsbarrieren geschaffen.[485] Seine Rolle beschränkt sich hier lediglich auf die ausgeprägte Regulierung einzelner Investorengruppen (Versicherungsunternehmen, offene Immobilienfonds), den Aufbau steuerlicher Rahmenbedingungen (Einheitswertbesteuerung, Spekulationsfristen, etc.) oder etwa die Regelung des Baurechts (z.B. Planungshoheit der Kommunen etc.).

Tab. 7: Bewertung der Bedrohung durch potentielle neue Anbieter

Untersuchungsparameter der Bedrohung durch potentielle neue Anbieter	Branchensituation	Tendenzielle Entwicklung
(1) Hoher Kapitalbedarf	↓	↗
(2) Zugang zu Distributionskanälen	↑	→
(3) Betriebsgrößenersparnisse	→	→
(4) Größenunabhängige Nachteile	↓	→
(5) Produktdifferenzierung	↑	→
(6) Erwartete Reaktionen der Wettbewerber	↑	→
(7) Staatliche Politik	→	→
Gesamtergebnis	↑	→

Legende:
↑ = Hohe Bedrohung durch neue Anbieter
→ = Ohne allgemeine Auswirkung auf Markteintritt
↓ = Niedrige Bedrohung durch neue Anbieter
↗ = Bedrohung steigend
→ = Bedrohung gleichbleibend
↘ = Bedrohung fallend

485 Diese können z.B. in Grundstückserwerbsverboten für ausländische Institutionen, steuerlichen und Devisentransferrestriktionen, etc. bestehen. Vgl. auch *Hines*, Guide, S. 91 f.

Gemäß Tabelle 7 wäre im Ergebnis festzuhalten, daß der Aufbau dauerhafter oder unüberwindlicher Markteintrittsbarrieren für die Immobilieninvestmentbranche nicht möglich ist.[486] Die Wettbewerbsvorteile der etablierten Wettbewerber beruhen zu wesentlichen Teilen auf Faktoren, die im Bereich der Humanressourcen zu suchen sind. Einen Wissensvorsprung dieser Art kann ein neuer Konkurrent jedoch durch den Einsatz von Beratern bzw. den Einkauf qualifizierter Führungskräfte kompensieren. Eine echte Zutrittsschranke, die jedoch von einer Vielzahl von Unternehmen der Bau-, Immobilien- und Finanzwirtschaft gemeistert werden kann, stellt die notwendige Finanzkraft dar.
Auch an dieser Stelle kann auf das oben genannte Beispiel ausländischer Investoren hingewiesen werden, denen ein Markteintritt in die deutsche Immobilieninvestmentbranche unter Zuhilfenahme externer Berater ohne größere Friktionen gelang.[487]

4.2.2.2.7. Bedrohung durch Substitutionsprodukte

Echte Ersatzprodukte, die die gleiche Funktion wie die Immobilie erfüllen, existieren nicht. Substitutionsmöglichkeiten können sich jedoch auf die Art der Nutzungsverhältnisse beziehen, die eine Immobilie gewähren kann.
Aus der Sicht des Mieters als Abnehmer der Immobilieninvestmentbranche existieren hier prinzipiell drei Möglichkeiten der Substitution. Statt ein Mietverhältnis mit einem Investor einzugehen, könnte ein Mieter als sog. "owner-occupier" auftreten, d.h. Immobilieneigentum zur Selbstnutzung erwerben. Ferner bestünde die Möglichkeit, als sog. "developer-user" bzw. "developer-occupier" die benötigten Nutzungsflächen im Wege von Bauprojekten maßgeschneidert und in eigener Regie zu erstellen.[488] Ein Mittelweg zwischen Miete und Eigentumserwerb stellt die dritte Substitutionsform, das Immobilienleasing, dar.
Ganz allgemein führt das Vorhandensein von Substitutionskonkurrenz zu einer Begrenzung der Branchenperformance, da die Abnehmer der Bran-

486 Vgl. *Wise*, Enterprises, S. 52.

487 Vgl. das Beispiel in Abschnitt 4.2.2.2.3. auf Seite 129 f. Siehe auch die von *Hines* (Dynamics, S. 417 ff.) genannten Beispiele für die europaweite Expansion von Immobilienunternehmen.

488 Vgl. auch die Klassifizierung der Developer-Rollen in der Abbildung auf Seite 63.

chenleistungen gegebenenfalls auf günstigere Produkte einer anderen Branche ausweichen können.[489] Für die Mieter von gewerblichen Immobilien scheint ein Verwendungszusammenhang zwar grundsätzlich gegeben, bedeutendere Substitutionseffekte sind jedoch nicht zu erwarten. Eine funktionale Äquivalenz ist ungeachtet des Kostenfaktors allein schon deshalb nur in eingeschränktem Maße vorhanden, da mit den Ersatzprodukten ein erhöhtes Risikoengagement einhergeht und sie einen entsprechenden Einsatz von Kapital und Know-How erfordern.

Tab. 8: Gesamtbewertung der Wettbewerbskräfte in der Immobilieninvestmentbranche

Wettbewerbskräfte in der Immobilieninvestmentbranche	Branchensituation	Tendenzielle Entwicklung
(1) Rivalität unter den etablierten Wettbewerbern	↑	↗
(2) Verhandlungsstärke der Anbieter von Gewerbeimmobilien	↑	→
(3) Verhandlungsstärke der Mieter von Gewerbeimmobilien	↓	↗
(4) Bedrohung durch potentielle neue Anbieter	↑	→
(5) Bedrohung durch Substitutionsprodukte	→	→
Gesamtergebnis	↑	↗

Legende:
↑ = Hohe Wettbewerbskraft, intensiver Wettbewerb; ↗ = Wettbewerb steigend
→ = Ohne allgemeine Auswirkung auf den Wettbewerb; → = Wettbewerb gleichbleibend
↓ = Niedrige Wettbewerbskraft, schwacher Wettbewerb; ↘ = Wettbewerb fallend

Tabelle 8 enthält eine zusammenfassende Übersicht über die einzelnen Wettbewerbskräfte in der Immobilieninvestmentbranche. Bis auf die Verhandlungsstärke der Mieter von Immobilien und die Bedrohung durch Ersatzprodukte führen alle Kräfte zu einem intensiven Wettbewerb in der Branche. Für die Zukunft ist eine Fortsetzung auf hohem Niveau und bei zwei Kräften sogar eine Steigerung des Wettbewerbsdrucks zu erwarten.

Insgesamt konnte durch den Einsatz der Branchenstrukturanalyse gezeigt werden, daß es für die Beurteilung der strategischen Ausgangslage offener Immobilienfonds nicht ausreicht, nur deren direkte Konkurrenz zu untersuchen. Das weitere Wettbewerbsumfeld der offenen Fonds, in welches die Mieter und die Anbieter der Immobilieninvestmentbranche sowie die potentiellen Konkurrenten einzubeziehen sind, kann hier offensichtlich zu einer Verstärkung des Wettbewerbsdrucks beitragen und die Spielregeln des Wettbewerbs verändern. Für die offenen Immobilienfonds er-

489 Vgl. *Porter*, Wettbewerbsstrategie, S. 49.

gibt sich daraus die Möglichkeit, ihre Branchenposition unter Berücksichtigung der relevanten Umwelteinflüsse zu bestimmen und daraufhin abgestimmte Strategien zur Verbesserung oder Verteidigung der Position zu entwickeln. Voraussetzung hierfür ist neben den Umweltanalysen zusätzlich die Durchführung von Unternehmensanalysen. Diese werden im folgenden Abschnitt behandelt.

4.2.3. Analyse der Kapitalanlagegesellschaft

Nachdem im Rahmen der strategischen Analyse der Umwelt die sich abzeichnenden globalen Entwicklungstrends und die Wirkungen der Wettbewerbskräfte untersucht worden sind, müssen in der Analyse des Unternehmens dessen Stärken und Schwächen identifiziert werden.[490] Das Ziel der strategischen Unternehmensanalyse besteht darin, zu einer umfassenden Bewertung der internen Kompetenzen des offenen Immobilienfonds und seiner gegenwärtigen und zukünftigen Erfolgspotentiale im Lichte der zu erwartenden Umfeldentwicklung zu gelangen.[491]

Im Rahmen dieser Arbeit sollen zwei zentrale und bewährte Instrumente zur Unternehmensanalyse vorgestellt werden: Zum einen die Stärken- und Schwächenanalyse, zum zweiten die Analyse der Wertschöpfungskette. Untersuchungsgegenstand der beiden Instrumente ist in erster Linie die interne Struktur und die Ressourcensituation der Kapitalanlagegesellschaft, in deren Händen das Management des Grundstückssondervermögens liegt. Das Sondervermögen bzw. das Immobilienportfolio selbst steht dann im Mittelpunkt der Portfolio-Analyse.[492]

4.2.3.1. Stärken- und Schwächenanalyse

Die Stärken- und Schwächenanalyse basiert auf den in einer Unternehmung aktuell vorhandenen und potentiell nutzbaren Ressourcen. Es han-

490 Vgl. *Staehle*, Management, S. 589 f.

491 Vgl. *Kreikebaum*, Unternehmensplanung, S. 33.

492 Siehe Abschnitt 4.3. auf Seite 169 ff.

delt sich dabei stets um relative Größen, d.h. die Ressourcen sind abhängig von den Umweltbedingungen und müssen damit auch an diesen gemessen werden.[493] Typischerweise wird das Vorhandensein einer Stärke oder Schwäche mit dem jeweiligen Leistungsprofil der Konkurrenten verglichen.

In methodischer Hinsicht kann ein dreischrittiges Ablaufschema für die Durchführung der Stärken- und Schwächenanalyse gewählt werden:[494]

(1) Aufstellung eines Ressourcenprofils

(2) Identifikation der Stärken und Schwächen

(3) Bestimmung spezifischer Kompetenzen und Entwicklungsmöglichkeiten

Im Rahmen des ersten Analyseschrittes sind die "kritischen Ressourcen"[495] zu ermitteln, d.h. es sind die wesentlichen innerbetrieblichen Wertschöpfungsaktivitäten des offenen Immobilienfonds zu untersuchen.[496] Grundsätzlich lassen sich fünf Ressourcenarten[497] unterscheiden:

- Finanzielle Ressourcen: Mittelzufluß, Cash Flow, Ertragskraft, Liquidität, Rentabilität, etc.
- Physische Ressourcen: Selbstgenutzte Immobilien, Betriebsausstattung, EDV-Systeme, etc.
- Humanressourcen: Zahl, Qualifikation und Motivation der Fach- und Führungskräfte
- Organisatorische Ressourcen: Planungs-, Kontroll- und Informationssysteme, etc.
- Technologische Ressourcen: Qualitätsstandards, Know-How, Innovationsgrad, etc.

---

493 Vgl. *Hinterhuber*, Unternehmungsführung, S. 83.

494 Vgl. *Hofer/Schendel*, Strategy, S. 144 f.; *Hinterhuber*, Unternehmungsführung, S. 84. Vgl. auch *Schreyögg*, Unternehmensstrategie, S. 112.

495 Darunter sind nach *Hinterhuber* (Unternehmungsführung, S. 84) die Ressourcen zu verstehen, "von denen das wirtschaftliche Ergebnis der Unternehmung unter den spezifischen Umwelt- und Wettbewerbsbedingungen abhängt". Vgl. auch *Isakson/Sircar*, Factors, S. 27 ff.

496 Siehe hierzu auch die Ausführungen zu dem nachfolgenden Abschnitt 4.2.3.2.

497 Vgl. *Hofer/Schendel*, Strategy, S. 145.

Der zweite Schritt zielt darauf ab, das Ressourcenprofil mit den zuvor erkannten Erfolgsfaktoren und Wettbewerbsdeterminanten in der Branche[498] abzugleichen, um auf diese Weise herauszufinden, ob sich eine Ressource als marktbezogene Stärke oder Schwäche des offenen Immobilienfonds erweist. In der Praxis wird dieser Analyseschritt häufig in Form einer nach Funktions- bzw. Geschäftsbereichen strukturierten Checkliste durchgeführt.[499]

Schließlich werden die Stärken und Schwächen des offenen Immobilienfonds in einem dritten Schritt denen der stärksten Wettbewerber gegenübergestellt. Dies erfolgt in aller Regel durch die graphische Abbildung der spezifischen Kompetenzen in einem sog. "Stärken-/Schwächenprofil". Anhand des Vergleichs mit Wettbewerbern können Aussagen darüber getroffen werden, in welchen Bereichen ein offener Immobilienfonds "Wettbewerbsvorteile (distinctive competences) besitzt, auf die erfolgreiche Strategien in dem betrachteten Markt aufgebaut werden können"[500].

In Abbildung 24 wird der Versuch unternommen, die Bereiche spezifischer Kompetenzen für offene Immobilienfonds zu identifizieren und in einem Stärken-/Schwächenprofil beispielhaft darzustellen. Es wurden dafür fiktiv die Profile von zwei offenen Immobilienfonds gegenübergestellt. Das Schema erhebt nicht den Anspruch auf Vollständigkeit der Erfassung sämtlicher Daten, die in diesem Zusammenhang relevant sein könnten, da diese stets nur unternehmensindividuell definierbar sind; es soll vielmehr die methodische Vorgehensweise illustrieren.

---

498 Neben diesem externen Vergleichsmaßstab können in Erweiterung des Analysespektrums auch Zeitvergleiche und Soll-Ist-Vergleiche durchgeführt werden. Vgl. *Staehle*, Management, S. 591; *Ulrich*, Unternehmungspolitik, S. 62.

499 Vgl. *Kreilkamp*, Management, S. 237. Siehe hierzu die z.T. sehr detaillierten Checklisten bei *Porter*, Wettbewerbsstrategie, S. 98 ff.; *Aaker*, Markt-Management, S. 83 ff.; *Hinterhuber*, Unternehmungsführung, S. 85 ff.

500 *Schreyögg*, Unternehmensstrategie, S. 112 f.

Abb. 24: Stärken-/Schwächenprofil von offenen Immobilienfonds[501]

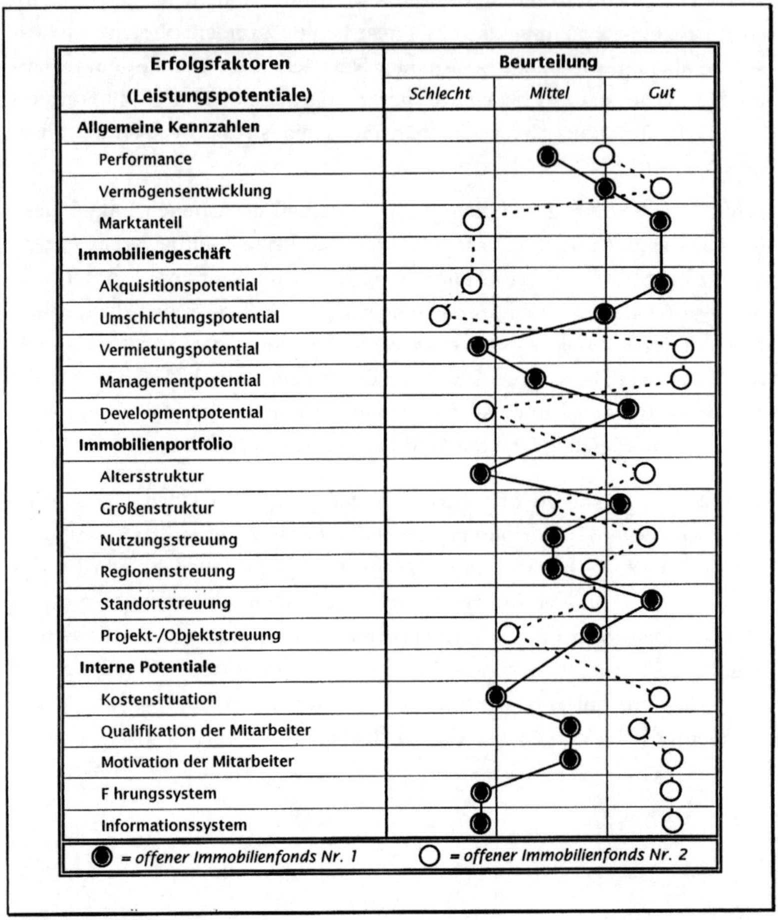

Bei den beiden Referenzprofilen handelt es sich um zwei Immobilienfonds, wie sie typischerweise am Markt in Erscheinung treten. Fonds Nr. 1 könnte für einen älteren, im Markt gut etablierten Immobilienfonds stehen, der über ein von älteren Bestandsobjekten dominiertes Portfolio verfügt und seine internen Potentiale nur unzureichend ausschöpft. Der

501 Vgl. auch die Profildarstellungen bei *Wiedmann/Kreutzer*, Marketingplanung, S. 96; *Hinterhuber*, Unternehmungsführung, S. 94; *Ulrich*, Unternehmungspolitik, S. 65.

Fonds Nr. 2 würde hier dagegen einen relativ jungen Fonds repräsentieren, der aufgrund guter Ausnutzung der ihm zur Verfügung stehenden internen Leistungspotentiale in der Lage war, ein noch kleines, aber attraktives und ausgewogenes Portfolio aufzubauen.

Hinsichtlich des Immobiliengeschäftes ergeben sich auf dieser Grundlage folgende Beurteilungsmöglichkeiten: Der erste Fonds verfügt aufgrund seiner Stellung im Markt und seiner Kapitalstärke einerseits über eine hohe akquisitorische Leistungsfähigkeit und Developmentpotential und kann andererseits durch Bestandsumschichtung eine erhöhte Ressourcenausschöpfung erzielen. Darüber hinaus zeigen sich relative Schwächen im Vermietungs- und Managementbereich des vorhandenen Immobilienbestandes.
Dagegen ist Immobilienfonds Nr. 2 seinem Profil entsprechend in der Lage, zwar sein aktuelles Portfolio auf überzeugende Weise zu führen und zu vermieten, es mangelt ihm allerdings noch an Ressourcensubstanz zur Ausweitung des Portfolios durch Erwerb und Entwicklung von Immobilien.[502] Von einer Erhöhung des Leistungsvermögens ist jedoch aufgrund der überdurchschnittlichen Performance und Vermögensentwicklung auszugehen.

Die Stärken- und Schwächenanalyse sollte über die oben skizzierte Bezugsebene des Gesamtunternehmens hinaus auch für Teilbereiche des Unternehmens (z.B. Geschäftsfelder, Funktionsbereiche) durchgeführt werden, um in detaillierterer Weise festzustellen, ob auf einem bestimmten Gebiet besondere Fähigkeiten vorhanden sind. Eine solche Differenzierung der Analyseebenen ist notwendig, da z.B. besondere Stärken eines offenen Immobilienfonds in der Vermietung seines Bestandes nicht ohne weiteres in gleicher Weise für die Akquisition oder etwa die Projektentwicklung von Immobilien wirksam sind.
Des weiteren kann mittels einer differenzierten Stärken- und Schwächenanalyse geprüft werden, ob sich spezifische Kompetenzen, die ein offener Immobilienfonds in einem Bereich bzw. Markt aufgebaut hat, auch auf

502 Die finanziellen Ressourcen werden in diesem Zusammenhang häufig als Basisressourcen des Unternehmens betrachtet, da sie die Voraussetzung für das unternehmerische Handeln bilden. Vgl. *Schreyögg*, Unternehmensstrategie, S. 112.

andere, bestehende oder neue Gebiete übertragen lassen.[503] So könnten beispielsweise die Stärken eines Fonds auf dem Gebiet der Entwicklung von Büroimmobilien auch die Entwicklung von Gewerbeparks übertragen werden. Ein weiteres Beispiel für die Stärken- und Schwächenanalyse als Ausgangspunkt von Diversifizierungsüberlegungen wäre, soweit rechtlich zulässig, das Angebot von Managementleistungen für die Immobilienportfolios anderer Investoren.[504]

4.2.3.2. Analyse der Wertschöpfungskette

Mit der Wertkettenanalyse, die im wesentlichen auf Porter[505] zurückgeht, soll nun ein zweites Instrument zur Untersuchung der Unternehmenssituation und -entwicklung dargestellt werden.

Die Wertkettenanalyse stellt auf den von einem Unternehmen geschaffenen Wert ab. Der Wert steht letztendlich für den Betrag, den ein Kunde für eine spezifische Problemlösung zu zahlen bereit ist.[506] Porter folgt damit der Grundüberlegung des strategischen Managements, daß ein Unternehmen nur dann erfolgreich ist, wenn es nachhaltig Wettbewerbsvorteile erzielt, die von seinen Kunden als solche wahrgenommen und honoriert werden.

Ein Vorteil gegenüber der Konkurrenz ergibt sich in aller Regel auf zweifache Weise: Entweder ist ein Unternehmen in der Lage, eine Problemlösung zu geringeren Kosten anzubieten, oder es gelingt, das Produkt durch zusätzliche Leistungen zu differenzieren und damit die Kundenbedürfnisse auf besondere Weise zu befriedigen.[507]

---

503 Vgl. *Schreyögg*, Unternehmensstrategie, S. 114. Vgl. auch *Hofer/Schendel*, Strategy, S. 145.

504 In der Praxis erfolgt ein solcher Kompetenztransfer z.B. in der Weise, daß die Geschäftsführer eines konzerngebundenen offenen Immobilienfonds in Personalunion gleichzeitig die Geschäftsführung der Initiierungsgesellschaft von geschlossenen Immobilienfonds des gleichen Konzerns übernehmen.

505 Siehe hierzu *Porter*, Wettbewerbsvorteile, S. 59 ff. Nach *Esser* (Wertkette, S. 192) stellt dieses Konzept "wohl das zur Zeit anspruchvollste Instrument der strategischen Analyse dar". Zur Würdigung des Wertkettenmodells vgl. auch *Kreikebaum*, Unternehmensplanung, S. 93.

506 Vgl. *Porter*, Wettbewerbsvorteile, S. 64.

507 Vgl. *Kreikebaum*, Unternehmensplanung, S. 91.

Wettbewerbsvorteile lassen sich nur dann "verstehen", wenn man ein Unternehmen nicht als Ganzes betrachtet, sondern den Leistungserstellungsprozeß in die einzelnen, innerhalb des Unternehmens ablaufenden Aktivitäten und deren Interdependenzen zerlegt.[508] Gegenstand der Untersuchung sind damit sämtliche "Wertaktivitäten" des Unternehmens, die dazu beitragen können, eine Problemlösung für den Abnehmer zu kreieren. Der Unterschied zwischen den Kosten der einzelnen Aktivitäten und dem Marktpreis, den ein Kunde für die Problemlösung zu zahlen bereit ist, bildet dann die Gewinnspanne des Unternehmens.[509]

Offene Immobilienfonds werden im folgenden als eine Kette von wertsteigernden Aktivitäten interpretiert. Die einzelnen Aktivitäten des Fondsmanagements sind danach als Bausteine zur Erlangung von Wettbewerbsvorteilen zu verstehen und daraufhin zu untersuchen, welchen Beitrag sie zur Befriedigung der Raumnutzungsbedürfnisse eines Mieters leisten. Als Gewinnspanne offener Immobilienfonds kann in erweiterter Sicht seine am Markt erzielte Performance bezeichnet werden. Die Performance wird damit zum Ausdruck des durch die Wertaktivitäten hervorgebrachten Mieternutzens.

Das Grundmodell der Wertkette, wie es in Abbildung 25 dargestellt ist, enthält zwei grundsätzliche Typen von Wertaktivitäten: Primäre und unterstützende Aktivitäten. Nach Esser[510] richten sich die primären Aktivitäten innerhalb der Wertkette auf die unmittelbare Versorgung des Marktes mit Problemlösungen, während die unterstützenden Aktivitäten die Versorgung des Unternehmens zum Inhalt haben.

---

508 Vgl. *Porter*, Wettbewerbsvorteile, S. 59.

509 Vgl. *Porter*, Wettbewerbsvorteile, S. 64. Durch die Orientierung an dem durch die Wertschöpfungsaktivitäten hervorgebrachten Kundennutzen geht die Wertkettenanalyse weit über die herkömmliche Kostenarten- oder Deckungsbeitragsrechnung hinaus. Vgl. *Kreikebaum*, Unternehmensplanung, S. 91.

510 *Esser*, Wertkette, S. 195.

Abb. 25: Das Grundmodell der Wertkette[511]

Zu den primären Aktivitäten zählt Porter die Kategorien "Eingangslogistik", "Operationen", "Marketing und Vertrieb", "Ausgangslogistik" und "Kundendienst". Die unterstützenden Aktivitäten enthalten die Bereiche "Unternehmensinfrastruktur", "Personalwirtschaft", "Technologieentwicklung" und "Beschaffung".[512] Die Aktivitäten Technologieentwicklung, Beschaffung und Personalwirtschaft können sich sowohl auf die gesamte Wertkette als auch hauptsächlich auf einzelne primäre Aktivitäten richten.

Im Hinblick auf offene Immobilienfonds lassen sich die einzelnen Kategorien wie folgt charakterisieren:[513]

511 In Anlehnung an die Abbildung in *Porter*, Wettbewerbsvorteile, S. 62.

512 Vgl. *Porter*, Wettbewerbsvorteile, S. 65.

513 Das Grundmodell der Wertkette ist zu umfassend, als daß im Rahmen dieser Arbeit der Anspruch auf vollständige Erarbeitung eines spezifischen Modells für offene Immobilienfonds entwickelt werden könnte. Insofern müssen die Ausführungen an dieser Stelle auf die Grundzüge dieser spezifischen Sichtweise und ihre Implikationen beschränkt werden.

(1) Primäre Aktivitäten:[514]

- *Eingangslogistik:* Tätigkeiten im Rahmen der Akquisition von Immobilienobjekten und -projekten, wie z.B. Angebotsprüfung, Markt- und Standortanalyse, Wert- und Renditeermittlung, Kaufvertragsverhandlungen, etc. Ferner Tätigkeiten im Zusammenhang mit der Erzielung eines ausreichenden Mittelaufkommens aus dem Passivgeschäft.

- *Operationen:* Tätigkeiten im Zusammenhang mit der Umwandlung von Raum-Zeiteinheiten in Geld-Zeiteinheiten[515], d.h. Aktivitäten des Objektmanagement, Portfolio-Management, Development, etc.

- *Marketing und Vertrieb:* Aktivitäten im Sinne eines mieterbezogenen Immobilienmarketing, wie z.B. Objektwerbung, Public Relations, Maklereinsatz, Konditionengestaltung, Vertragsabschluß.

- *Kundendienst:* Aktivitäten zur Entwicklung und Werterhaltung bzw. -steigerung der Immobilie für den Mieter, z.B. technische Instandhaltung, Veranlassung von Umbau- bzw. Redevelopmentmaßnahmen. Ferner Aktivitäten im Rahmen der Pflege der Beziehungen zu Mietern.[516]

(2) Unterstützende Aktivitäten:

- *Unternehmensinfrastruktur:* Führungs-, Planungs- und Steuerungssystem, Finanzen, Controlling, externe Geschäftsbeziehungen, Unternehmenskultur.

---

514 Die Kategorie Ausgangslogistik kann für Immobilienunternehmen nur in stark eingeschränktem Maße Verwendung finden, da es aufgrund der Immobilität des Gutes nicht zu einer physischen Distribution des Produktes an die Mieter kommen kann. Auf eine Auflistung dieses Kettengliedes konnte daher verzichtet werden.

515 Vgl. die begriffliche Grundlegung auf Seite 23.

516 Die Zuordnung von Aktivitäten zu der Kategorie Kundendienst läßt sich für offene Immobilienfonds nicht eindeutig klären, da eine deutliche Abgrenzung zwischen rein mieterbezogenen Immobilienaktivitäten und rein objektbezogenen Tätigkeiten nicht zu treffen ist. Die Verrichtung des Objektmanagements zum Zwecke der Werterhaltung einer Immobilie ist zwar in erster Linie objektbezogen, sie kommt jedoch gleichzeitig dem Mieter zu gute und kann insofern sowohl den Operationen als auch dem Kundendienst zugeordnet werden.

- *Personalwirtschaft:* Rekrutierung, Aus- und Weiterbildung, Management und Entwicklung von Humanressourcen.
- *Technologieentwicklung:* Gesamtheit des Know-How, Arbeitsabläufe, etc. im Rahmen der Durchführung der primären Aktivitäten.
- *Beschaffung:* Funktion bzw. Vorgehensweise im Rahmen der Beschaffung von Ressourcen bzw. Inputgütern, z.B. Verfahrensregeln zur Prüfung und Akquisition von Immobilien, Informationssysteme, Einkauf von Dienstleistungen.

Grundsätzlich ist die gesamte Wertkette des offenen Immobilienfonds daraufhin zu durchleuchten, ob einzelne primäre oder sekundäre Aktivitäten als Quelle von Wettbewerbsvorteilen dienen können. Mit der Wertkettenanalyse ist somit eine sehr weitgehende Differenzierung der Tätigkeiten des offenen Immobilienfonds möglich.[517]

Die Möglichkeiten der Strukturierung und Organisation der Wertkette zur Erreichung von Wettbewerbsvorteilen sind sehr vielfältig. Im folgenden sollen beispielhaft einige Wege aufgezeigt werden, auf welche Weise offene Immobilienfonds ihre Wertaktivitäten zur Erreichung von Differenzierungs- bzw. Kostenvorteilen gestalten können.[518]

Ein Differenzierungsvorteil, d.h. ein in den Augen des Mieters einmaliges Problemlösungsangebot, könnte bei offenen Immobilienfonds insbesondere daraus erwachsen, daß eine Immobilie bereits bei ihrer Entwicklung

---

517 Als Entscheidungskriterium für den Detaillierungsgrad der Analyse führt *Porter* (Wettbewerbsvorteile, S. 73) an, daß "Aktivitäten (1) mit unterschiedlichen wirtschaftlichen Zusammenhängen, (2) mit erheblichem Differenzierungspotential oder (3) mit einem erheblichen oder steigenden Kostenanteil voneinander abgegrenzt und getrennt voneinander behandelt werden sollten".

518 Aufgrund der Ableitung von Gestaltungshinweisen zur Erzielung von Wettbewerbsvorteilen wird hier der Bereich der reinen Unternehmensanalyse in Richtung der Formulierung von Strategien erweitert. Sowohl die Wertkettenanalyse als auch die in Abschnitt 4.2.2.2. dargestellte Branchenanalyse sind dazu geeignet, resultierend aus den Analyseergebnissen strategische Handlungsempfehlungen zu geben. Die von Porter vorgeschlagenen, sog. "generischen Strategien" beziehen sich in diesem Zusammenhang auf den Aufbau von Wettbewerbsvorteilen durch "Kostenführerschaft" oder "Differenzierung" sowie die "Konzentration auf Schwerpunkte", welche eine der beiden erstgenannten Strategien mit der Wahl eines begrenzten Wettbewerbsfeldes in einer Branche verbindet. Siehe hierzu *Porter*, Wettbewerbsvorteile, S. 31 ff. Vgl. auch Abschnitt 4.3.5. auf Seite 199 ff.

sehr weitgehend auf die Bedürfnisse der zukünftigen Nutzergruppen zugeschnitten wird. Diese Differenzierung wird dadurch möglich, daß die Funktion der Eingangslogistik auf die Akquisition von unbebauten Grundstücken bzw. Sanierungs-/Umnutzungsimmobilien konzentriert und der Bereich Operationen in Richtung des Betreibens von Projektentwicklung weiterentwickelt wird.[519]
Des weiteren bestünden Differenzierungsmöglichkeiten in der Weise, daß offene Immobilienfonds einen überlegenen "Kundendienst" einrichten, etwa indem sie eine laufende Aktualisierung des technologischen Standes einer Immobilie garantieren, flexible Nutzungsmöglichkeiten gewähren oder eine über das vertraglich bedingte Maß hinausgehende Kundenbeziehung pflegen.[520]

Einen Kostenvorsprung könnte ein offener Immobilienfonds in der Weise erzielen, daß er sämtliche Wertschöpfungsaktivitäten auf ein Mindestmaß reduziert, sich hinsichtlich der Auswahl der Investitionsobjekte auf wenig managementintensive Immobilien beschränkt und soweit wie möglich externe Dienstleistungen (Makler, Objektmanagementgesellschaften, Berater, etc.) für Akquisition, Vermietung und Verwaltung der Immobilien in Anspruch nimmt.[521] Grundsätzlich müssen die in diesem Rahmen erzielbaren Kostenvorteile jedoch als eher gering, z.T. auch als kontraproduktiv angesehen werden, da sie den gestalterischen Einfluß und die Dispositionsfreiheit des Fondsmanagements erheblich einschränken.
Kostenvorteile ließen sich allerdings auch in einem anderen Bereich aufbauen. Aufgrund der Erkenntnis, daß aus der Sicht des Mieters der Gesamtaufwand des Mietverhältnisses, also Mietzins zuzüglich objektbezogene Nebenkosten, zu minimieren ist, sind die Einsparungsmöglichkeiten im Bereich der laufenden Objektkosten zu analysieren. Gelingt es z.B., durch zielgerichtete Anfangsinvestitionen in die Haustechnik eines Gebäudes, die laufende Belastung des Mieters mit verbrauchsabhängigen Kosten (z.B. Heizenergie, Strom) und verbrauchsunabhängigen Kosten

519 Die Voraussetzungen und strukturellen Auswirkungen der Integration der Projektentwicklungstätigkeit in die Wertkette eines offenen Immobilienfonds sind Gegenstand des Abschnittes 5.2.

520 Vgl. *Iezman/Ihlenfeld*, Asset Management, S. 62.

521 Eine solche Vorgehensweise wird auch mit den Begriffen des "Outsourcing" und des "Downsizing" belegt und findet nicht nur in Industrieunternehmen, sondern seit neuerem auch in amerikanischen Immobilienunternehmen zunehmende Beachtung. Siehe hierzu *Walton*, Outsourcing, S. 26 ff.; *Lorant*, Service, S. 29 ff.

(z.B. Wartungsaufwand, Sicherheitsaufwand) auf einem geringen Niveau zu halten, dann wäre das Fondsmanagement in der Lage, den auf die Miete entfallenden Anteil am Gesamtaufwand und damit die eigene Performance zu steigern.
Von den Mietparteien unabhängig lassen sich Kostenvorteile außerdem aus einer Optimierung des Verhältnisses von Investitions- und Folgekosten erzielen.[522] Die Möglichkeit der Beeinflussung von Folgekosten ist insbesondere im Rahmen des Developments und des Redevelopments einer Immobilie gegeben[523] und kann sich auf die rationale und werterhaltende Gestaltung von Bereichen wie Fassade, Außenanlagen, Bauweise, Haustechnik, etc. beziehen.[524]

Ein wesentlicher Vorteil des Wertkettenmodells besteht darin, nicht nur einzelne Aktivitäten isoliert als Quelle von Wettbewerbsvorteilen zu untersuchen, sondern auch die innerhalb der Wertkette vorhandenen Verknüpfungen zwischen den Aktivitäten in die Analyse einzubeziehen. Die Optimierung und die Koordination der Interdependenzen zwischen den Aktivitäten im Sinne eines "Schnittstellenmanagements"[525] kann hier zu einer Überlegenheit von Unternehmen im Wettbewerb führen.[526]

Für Industrieunternehmen wird die Notwendigkeit gesehen, die Beziehungen zwischen den Funktionsbereichen Marketing und Produktion sowie Forschung und Entwicklung zu gestalten.[527] Auch bei den offenen Immobilienfonds bieten sich zahlreiche Schnittstellen innerhalb und zwischen den primären und unterstützenden Aktivitäten. Beispielsweise beeinflussen die in der Kategorie Beschaffung als unterstützende Aktivität angewandten Methoden und Verfahrensregeln in hohem Maße die

---

522 Vgl. *Diederichs*, Wirtschaftlichkeitsberechnungen, S. 113.

523 Vgl. auch *Brandenberger/Ruosch*, Projektmanagement, S. 18 f.

524 Siehe hierzu auch die Ausführungen von *Graaskamp*, Fundamentals, S. 636 f.

525 Der Begriff "Schnittstellen-Management" läßt sich nach *Fischer* (Sicherung, S. 316) definieren als "Management der Beziehungen zwischen Aktivitäten oder Prozessen, die zu unterschiedlichen Untersystemen eines gemeinsamen Gesamtsystems gehören". Vgl. auch *Brockhoff/Hauschildt*, Schnittstellen-Management, S. 396 f.

526 Vgl. *Porter*, Wettbewerbsvorteile, S. 76; *Fischer*, Sicherung, S. 316. Eine notwendige Voraussetzung für die Aufdeckung und Nutzung von Interdependenzen und Synergiepotentialen stellt der Aufbau eines differenzierten Informations- und Controllingsystems dar. Vgl. *Esser*, Wertkette, S. 201.

527 Vgl. *Domsch/Gerpott/Gerpott*, Qualität, S. 1048 ff.

Durchführung der Aktivitäten im Rahmen der Eingangslogistik, d.h. die Akquisition von Immobilien.
Daneben bildet eine enge Abstimmung zwischen den Bereichen Eingangslogistik bzw. Operationen und den Aktivitäten im Zusammenhang mit Marketing und Vertrieb eine wichtige Voraussetzung für den Vermietungserfolg einer Immobilie. Das oben genannte Beispiel der Optimierung des Verhältnisses von Investitions- und Folgekosten macht auch hier die Verknüpfung zwischen den Bereichen Eingangslogistik bzw. Operationen und Kundendienst deutlich. Ein weiteres, sehr augenfälliges Beispiel für die Notwendigkeit eines Schnittstellenmanagements bei offenen Immobilienfonds stellt das Dilemma der Herstellung einer Kongruenz zwischen dem Mittelaufkommen aus dem Passivgeschäft und dem Immobilieninvestment im Rahmen des Aktivgeschäftes dar. Von besonderer Bedeutung ist schließlich das Management der Interdependenzen zwischen den verschiedenen Bauprojekten des Fonds, da diese auf die gemeinsame Nutzung von Ressourcen angewiesen sind.[528]
Die Interaktionen zwischen betrieblichen Teilbereichen und Prozeßstufen sind grundsätzlich einer rein hierarchischen Koordination nicht zugänglich, da ein direkter gemeinsamer Vorgesetzter nicht existiert. Im Rahmen des Schnittstellenmanagements müssen daher Koordinationsformen zum Einsatz kommen, die "hierarchie-neutral", "hierarchie-ergänzend" oder "hierarchie-ersetzend" wirken.[529]Diesbezügliche Instrumente werden z.B. in der Anreizbildung, der Durchführung von Schulungsmaßnahmen, der Etablierung von Visionen und Zielen, der Einrichtung von Koordinationsstäben und -kommissionen sowie der Einführung von entpersönlichten Koordinationsmechanismen (Markt- und Preismechanismen, Pläne, etc.) gesehen.[530]

Neben den internen Interdependenzen, d.h. den Schnittstellen innerhalb eines Unternehmens, bieten auch externe Verknüpfungen Ansatzpunkte für Koordinations- und Optimierungsüberlegungen.[531] Mit den externen Verknüpfungen werden die Verbindungen zwischen den Wertketten vor-

528 Vgl. auch *Brockhoff/Hauschildt*, Schnittstellen-Management, S. 399.

529 Vgl. *Brockhoff/Hauschildt*, Schnittstellen-Management, S. 400.

530 Siehe hierzu im einzelnen *Brockhoff/Hauschildt*, Schnittstellen-Management, S. 400 f.

531 Vgl. *Fischer*, Sicherung, S. 316 f.

und nachgelagerter Unternehmen einer Branche angesprochen, die insgesamt ein "Wertsystem" bilden.[532]
Wie bereits im Rahmen der Branchenstrukturanalyse aufgezeigt, sind die Anbieter von Immobilien als Lieferanten offener Immobilienfonds anzusehen, die Mieter als dessen Abnehmer. Das Wertsystem der Immobilieninvestmentbranche kann demnach durch Abbildung 26 verdeutlicht werden.

Abb. 26: Das Wertsystem der Immobilieninvestmentbranche[533]

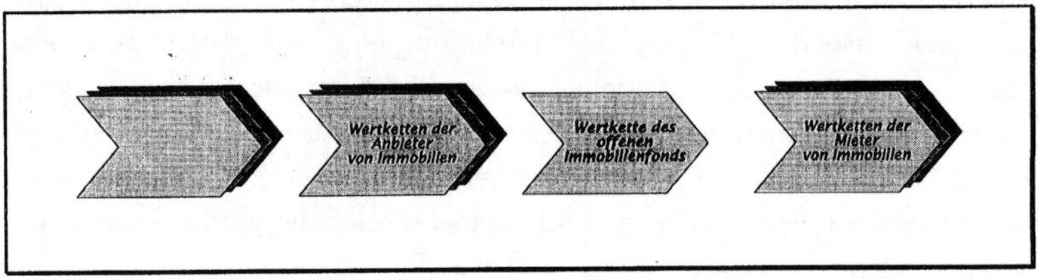

Da offene Immobilienfonds nicht nur Immobilienobjekte im Rahmen ihrer Eingangslogistik akquirieren, sondern, wie bereits erwähnt, zunehmend eigene Bauprojekte entwickeln, kann eine eindeutige Zuordnung von Lieferanten- und Fondswertkette hier nicht getroffen werden.[534]

Für den Fall, daß sich ein offener Immobilienfonds ausschließlich auf die Investition in Immobilienobjekte beschränkt, sollen bereits an dieser Stelle einige grundsätzliche Überlegungen erfolgen. Da ein Investor in diesem Rahmen ein fertiges Produkt erwirbt, hat die Gestaltung der Aktivitäten bei den Anbietern der Immobilie einen erheblichen Einfluß auf die Wertaktivitäten des offenen Immobilienfonds. Die wesentlichen Eigenschaften einer Immobilie (z.B. Aussehen, Nutzungskonzept, Flexibilität, Technik) werden damit nicht im Rahmen der Wertkette des Fonds bestimmt, sondern auf einer vorgelagerten Stufe. Wenn sich das Fondsmanagement nicht auf eine bloße Ja/Nein-Entscheidung über den Kauf einer Immobilie beschränken will, ist daher eine Koordination der Lieferantenbeziehungen

---

532 Vgl. *Esser*, Wertkette, S. 194.

533 In Anlehnung an die Abbildung in *Porter*, Wettbewerbsvorteile, S. 60.

534 Die Potentiale, welche sich aus der Verschränkung von Wertketten durch die Verfolgung von Projektentwicklungen für offene Immobilienfonds ergeben können, werden in dem Abschnitt 5.2. einer näheren Untersuchung unterzogen.

zum Zwecke der Schaffung eines "vertikalen Leistungsverbundes"[535] in beiderseitigem Interesse geboten.[536]
In gleicher Weise müssen die Verknüpfungen auf der Absatzseite Gegenstand des Schnittstellenmanagements eines offenen Immobilienfonds sein. Eine dementsprechende Gestaltung der Verbindungen zu Immobilienmaklergesellschaften kann zu Wettbewerbsvorteilen auf den Vermietungsmärkten führen, so z.B. durch den frühzeitigen Einbezug des Maklers in die Konzeption von individuellen Problemlösungen für den Mieter.

Nicht zuletzt ist die Wertkette des Mieters zu berücksichtigen, dessen Raumnutzung ein essentieller Input für seine Geschäftstätigkeit darstellt und dessen Entscheidungskriterien bei der Wahl einer Mietfläche wiederum die Richtschnur für die Wertaktivitäten des Fonds legen.[537] Über die Beziehungspflege im Rahmen des Kundendienstes hinaus muß für das Fondsmanagement hier die Schaffung eines differenzierbaren Wertes für den Mieter im Mittelpunkt des Interesses stehen, der dazu beiträgt, dessen Kosten zu senken oder dessen Leistung zu steigern.[538]

Zusammenfassend kann festgehalten werden, daß es sich bei der Wertkettenanalyse um ein in seinen Grundaussagen eingängiges und konsistentes, in seiner Anwendung jedoch recht komplexes Modell handelt. Es ist in der Lage, dem Fondsmanagement aktuelle und potentielle Quellen kompetitiver Vorteile aus der internen Unternehmenssituation heraus zu verdeutlichen und Hinweise auf deren Nutzung aufzuzeigen. Damit vermag die Wertkettenanalyse eine Antwort auf die Frage zu geben, auf welche Aktivitäten ein offener Immobilienfonds seine Mittel und Ressourcen entlang der Wertkette konzentrieren soll.
Das wesentliche Problem der Analyse besteht jedoch in der Erfassung und Zuordnung der einzelnen Wertaktivitäten des offenen Immobilienfonds zu den Gliedern seiner Wertkette. Darüber hinaus handelt es sich bei dem

---

535 *Esser*, Wertkette, S. 211.

536 "Bei Verknüpfungen mit Lieferanten handelt es sich um kein Nullsummenspiel, bei dem einer nur auf Kosten des anderen gewinnen kann, sondern um eine Beziehung in der beide gewinnen können". *Porter*, Wettbewerbsvorteile, S. 79.

537 Vgl. auch *Esser*, Wertkette, S. 207 f.; *Bevan*, Property, S. 130.

538 Vgl. *Porter*, Wettbewerbsvorteile, S. 82. *Wise* (Enterprises, S. 53) bemerkt in diesem Zusammenhang: "As corporations come to realize that real estate is a business and that the value in an office building is derived from their tenancy, they will assert greater control to capture more of its value for themselves".

Wertkettenmodell im wesentlichen um einen statischen, d.h. an die aktuelle Unternehmensverfassung anknüpfenden Ansatz. Eine gewisse Dynamisierung des Modells kann jedoch über den Einbezug von Entwicklungstrends und Ressourcenpotentialen mit Hilfe geeigneter Prognoseverfahren erfolgen.[539]

539 Als Prognoseverfahren wären in diesem Zusammenhang beispielsweise die Delphi-Methode oder die Szenario-Analyse zu nennen. Siehe hierzu z.B. *Kreilkamp*, Management, S. 247 ff.; *Geschka/Hammer*, Szenario-Technik, S. 311 ff.; *Hinterhuber*, Unternehmungsführung, S. 188 ff.; vgl. auch *Pyhrr/Cooper/et al.*, Real Estate, S. 727 f.; *Langford/Male*, Management, S. 72 ff. In seiner neueren Veröffentlichung hat *Porter* (Nations, S. 45 ff.) die Erfordernis der Dynamisierung des Modells erkannt und ist detaillierter auf die Fragen des schöpferischen Wettbewerbs, der Berücksichtigung von Strukturwandlungen und der Bewahrung von Wettbewerbsvorteilen eingegangen. Vgl. auch *Grant*, Assessment, S. 546 f.

4.3. Portfolio-Management für offene Immobilienfonds

In den vorangehenden Abschnitten wurde mit der Darstellung von Instrumenten zur Untersuchung der Umwelt und der Kapitalanlagegesellschaft das analytische Grundgerüst für die Entwicklung eines strategischen Managements für offene Immobilienfonds geschaffen.
Der folgende Teil der Arbeit richtet sich insbesondere auf den Kern der Geschäftstätigkeit offener Fonds, das direkte Immobilieninvestment. Mit dem Modell des Portfolio-Managements sollen Möglichkeiten und Wege aufgezeigt werden, wie das Fondsmanagement den ihm anvertrauten Immobilienbestand auf strategische Weise führen kann.

4.3.1. Herkunft und Zweck des Portfolio-Managements

Die betriebswirtschaftliche Forschung hat zwei grundsätzlich verschiedene Ansätze des Portfolio-Managements hervorgebracht, anfänglich einen der Finanzierungslehre bzw. der Kapitalmarkttheorie zuzuordnenden Ansatz, später ein Konzept, das unter die allgemeine Planungslehre bzw. das strategische Management gefaßt werden kann.

Der erstgenannte Ansatz, welcher auch als "Portefeuille-Theorie" bezeichnet wird, geht auf Überlegungen von Markowitz[540] zurück und bezieht sich auf die Optimierung von Wertpapierbeständen. Es handelt sich dabei um ein statisch-mathematisches Modell[541], das davon ausgeht, "daß die risikoscheuen Kapitalanleger den Erwartungswert des Nutzens der unsicheren zukünftigen Zahlungen, die ihnen aus den Finanzierungstiteln ihres Portefeuilles zufließen, maximieren wollen"[542]. Die Beurteilung "effizienter Portefeuilles" erfolgt anhand der Faktoren Erwartungswert und Varianz bzw. Standardabweichung ("μ-δ-Kriterium") und gestattet rendite- und risikoorientierte Entscheidungen über die Zusammensetzung und Diversifikation von Wertpapierbeständen.

---

540 Siehe hierzu *Markowitz*, Portfolio, S. 77 ff. Eine Weiterentwicklung des Ansatzes erfolgte in den 60er Jahren durch *Sharpe* (Model, S. 277 ff.) und später durch eine Reihe weiterer Autoren.

541 Vgl. *Flößer*, Portfolio-Selektionstheorie, S. 303.

542 *Hax/Hartmann-Wendels/v.Hinten*, Entwicklung, S. 696 f.

Während die Frage der Übertragbarkeit des finanzwirtschaftlich orientierten Portfolio-Modells auf die Immobilienwirtschaft in Deutschland bislang kein wissenschaftliches Forschungsinteresse erregen konnte[543], wurde im anglo-amerikanischen Sprachraum seit Mitte der siebziger Jahre der Versuch unternommen, das Modell der Portfolio-Selektion auch auf die Optimierung von Immobilienbeständen zu übertragen.[544]
Die modellimmanenten Prämissen, die Beschränkung auf die Erfassung rein quantitativer Daten, die Besonderheiten des Wirtschaftsgutes Immobilie sowie die Art der Austauschbeziehungen auf den Immobilienmärkten lassen es jedoch fragwürdig erscheinen, ob der oben skizzierte Ansatz dazu beitragen kann, Portfolio-Entscheidungen für Immobilienunternehmen vorzubereiten. Es sind primär die Merkmale der Heterogenität von Immobilien, der mangelnden Teilbarkeit, der eingeschränkten Fungibilität, der Transaktionskosten und -dauer, der nur begrenzten Substituierbarkeit und der Marktintransparenz, die dem Einsatz der Portfolio-Selektion entgegenstehen.[545]

Es ist daher zu prüfen, ob der in der Planungslehre entwickelte Ansatz eher geeignet ist, ein Portfolio-Management für institutionelle Immobilieninvestoren zu ermöglichen.
In Anlehnung an die von Markowitz entwickelten Grundgedanken steht hier ein Modell im Mittelpunkt, das ein diversifiziertes Unternehmen als einen Komplex von Investitionen in verschiedene Produkte und Märkte auffaßt. Durch die geeignete Zusammenfassung von Produkten und

---

543 Bislang sind in Deutschland nur zwei Aufsätze zu diesem Thema erschienen. Siehe *Anderson/Hoesli*, Performance, S. 39 ff. und *Flößer*, Portfolio-Selektionstheorie, S. 300 ff., welcher ansatzweise auch auf die Limitierungen des Modells für die Beurteilung von Immobilieninvestitionen eingeht. Demgegenüber zeigt die immobilienwirtschaftliche Praxis aufgrund der konkreten Problemstellung einer Bestandsoptimierung in jüngster Zeit verstärktes Interesse an Portfolio-Überlegungen. Vgl. *o.V.*, Immobilien-Renditen; *Leloux*, Immobilienbesitz, S. 29.

544 Siehe hierzu z.B. *Dubben/Sayce*, Property, S. 158 ff.; *Brown*, Portfolio, S. 110 ff.; *Brown*, Investment, S. 6 ff.; *Finlay/Tyler*, Performance, S. 295 ff.; *MacGregor*, Risk, S. 223 ff.; *Bruce*, Portfolio, S. 3 ff.; *McMahan*, Portfolio, S. 55 f.; *Cole/Guilkey/u.a.*, Strategies, S. 59 ff.; *Firstenberg/Ross/Zisler*, Estate, S. 22 ff.; *Pyhrr/Cooper/et al.*, Real Estate, S. 625 ff. Siehe auch die Bibliographie von *Ramsay* (Development, S. 18 ff.), der zu Stand und Inhalt des Portefeuille-Theorie in der britischen Immobilienwirschaft anmerkt: "Portfolio-Management is very fashionable - the strategy of continually modifying the mix of properties held by type of use and by geographical location, in pursuit of the client's financial objectives, wether these be, say, minimum risk or maximum return."

545 Vgl. auch Abschnitt 2.2.1. auf S. 27 ff.

Märkten zu strategischen Geschäftsfeldern ermöglicht das Portfolio-Modell dem Unternehmen "diese divergenten strategischen Sektoren unter strategischen Gesichtspunkten jeweils separat, ihrer Situation angemessen planerisch zu behandeln und dennoch die Restriktionen (vor allem finanzieller Natur) der Gesamtunternehmung einzuhalten"[546]. Das Ziel des Portfolio-Managements besteht dabei generell darin, eine Mischung von Chancen und Risiken durch geeignete Auswahl und Strukturierung der Geschäftsfelder auf die Weise zu erreichen, daß die langfristige Unternehmensexistenz gesichert ist.[547]
Bis heute ist eine weitreichende Differenzierung der Techniken des Portfolio-Managements eingetreten.[548] Das wesentliche Unterscheidungskriterium für die Abgrenzung der unterschiedlichen Modelle bildet die Wahl der Beurteilungsdimensionen für die Analyse der Geschäftsfelder, wobei sich ein Portfolio-Modell grundsätzlich einer Umwelt- und einer Unternehmensdimension bedient.[549] Als Techniken können hier z.B. das "Marktanteils-/Marktwachstums-Portfolio", das "Marktattraktivität-/Wettbewerbsvorteil-Portfolio", das "Ressourcen-/Produkt-Portfolio" sowie die "Technologie-", "Ökologie-" und "Länder-Portfolios" genannt werden.[550]

Von den genannten Portfolio-Techniken ist hier vor allem das Marktattraktivität-/Wettbewerbsvorteil-Modell von Interesse, da es im Gegensatz zu den anderen, mehr oder weniger standardisierten Modellen ein leistungsfähiges und flexibel gestaltbares "Multifaktor-Portfolio"[551] darstellt.[552] Es geht von der Überlegung aus, daß die Parameter, die für die

---

546 *Szyperski/Winand*, Portfolio-Management, S. 123.

547 Vgl. *Antoni/Riekhof*, Portfolio-Analyse, S. 172; *Aaker*, Markt-Management, S. 190 f.

548 Das Portfolio-Konzept kann als eines der klassischen Instrumente der strategischen Analyse bezeichnet werden, welches weite Verbreitung in Theorie und Praxis gefunden hat. Vgl. *Fröhling*, Portfolio-Management, S. 341; *Kreikebaum*, Unternehmensplanung, S. 89 f. Auf die modellimmanenten Schwächen und Anwendungsgrenzen wird an anderer Stelle noch einzugehen sein.

549 Vgl. *Gluck*, Key, S. 26.

550 Die verschiedenen Modelle sind in der Literatur bereits eingehend näher behandelt worden. Siehe *Hahn*, Portfolio-Konzepte, S. 225 ff.; *Antoni/Riekhof*, Portfolio-Analyse, S. 172 ff. Es wird daher darauf verzichtet, ihren Aufbau und ihre Funktionsweise hier erneut aufzubereiten.

551 Vgl. *Timmermann*, Denken, S. 203.

552 Dieses Modell wurde von der General Electric Company und dem Beratungsunternehmen McKinsey & Company entwickelt und von den empirischen Ergebnissen der PIMS-Studien geprägt. Vgl. *Roventa*, Portfolio-Analyse, S. 153; *Hax/Majluf*, Mana-

Marktattraktivität und die Wettbewerbsposition eines Unternehmens bedeutsam sind, von Branche zu Branche divergieren und daher auch von Fall zu Fall neu ermittelt und gewichtet werden müssen.[553]
Die Entwicklung eines Modells des strategischen Portfolio-Managements für institutionelle Investoren bzw. offene Immobilienfonds soll daher anhand des Marktattraktivität-/Wettbewerbsvorteil-Portfolios erfolgen.[554] Dabei wird lediglich auf das durch das Modell vorgegebene analytische Grundgerüst zurückgegriffen, während die Beurteilungsdimensionen und die Definition der Geschäftsfelder weitreichenden Modifikationen unterworfen werden.[555]

Die Grundkonfiguration des Marktattraktivität-/Wettbewerbsvorteil-Portfolios ist in Abbildung 27 wiedergegeben.
Die beiden "multidimensionalen Hauptachsen"[556] spannen eine Matrix mit neun Feldern auf, in der die strategischen Geschäftsfelder positioniert werden. Die Ordinate und die Abzisse stellen Skalen von 0 bis 100 dar, die in die Abschnitte "gering", "mittel" und "hoch" eingeteilt sind. Sie stehen für gewichtete "Konglomerate ganzer Einflußfaktorenbündel"[557], wobei die Dimension "Marktattraktivität" grundsätzlich die durch das Unternehmen nur in Grenzen beeinflußbaren Umweltfaktoren repräsentiert, während sich die Dimension "relative Wettbewerbsvorteile" auf die allgemein gestaltungsfähigen Unternehmensfaktoren im Vergleich zum Wettbewerb bezieht.[558]

---

gement, S. 180. Bei den PIMS-Studien handelt es sich um ein empirisches Forschungsprojekt mit dem Ziel, durch statistische Querschnittsanalysen universell gültige Gesetzmäßigkeiten für den Erfolg in strategischen Geschäftsfeldern aufzustellen.

553 Vgl. *Timmermann*, Denken, S. 203. Die Notwendigkeit einer branchenspezifischen Orientierung des Modells sieht auch *Frese*, Unternehmungsführung, S. 135.

554 Ein erster Versuch in dieser Richtung wurde bereits von *Falk* (Immobilien-Handbuch, Kap. 20.3, S. 1 ff.) unternommen. Auf die Problematik der dort gewählten Vorgehensweise wird weiter unten noch eingegangen.

555 Auf die Darstellung des Marktattraktivitäts-/Wettbewerbsvorteil-Portfolio in seiner ursprünglichen Form wird an dieser Stelle verzichtet. Es sei stattdessen auf die ausführlichen Darlegungen bei *Hinterhuber* (Unternehmungsführung, S. 106 ff.) und die diesbezüglich zuvor genannten Autoren verwiesen.

556 *Roventa*, Portfolio-Analyse, S. 153.

557 *Szyperski/Winand*, Portfolio-Management, S. 128.

558 Vgl. *Hahn*, Portfolio-Konzepte, S. 228. Zu den beiden Dimensionen siehe im einzelnen Abschnitt 4.3.4. auf Seite 182 ff.

Abb. 27: Das Marktattraktivität-/Wettbewerbsvorteil-Portfolio

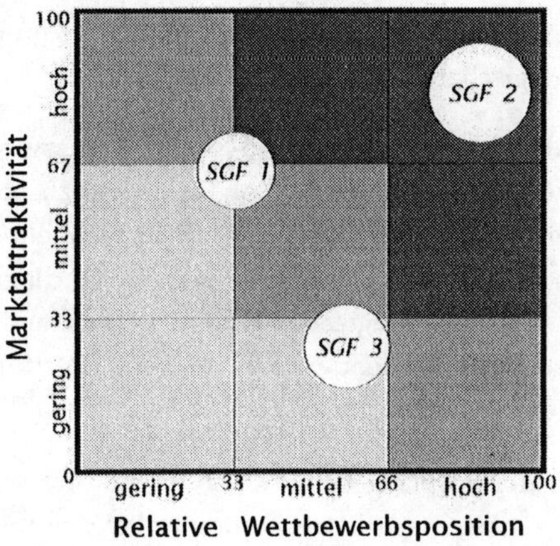

Der Nutzen bzw. Zweck des Portfolio-Modells läßt sich ganz allgemein mit den folgenden Argumenten belegen:[559]

- Strukturierung der Aktivitäten eines Unternehmens durch die Bildung strategischer Geschäftsfelder.
- Ermöglichung einer konzeptionellen Gesamtsicht; Ableitung von Hinweisen für die Steuerung und Koordination der Geschäftsfeldaktivitäten auf der Gesamtunternehmensebene.
- Visualisierung der Entwicklung und der Interdependenzen der Geschäftsfeldaktivitäten vor dem Hintergrund marktbezogener Chancen/Risiken und unternehmensbezogener Stärken/Schwächen.
- Verdeutlichung strategischer Problemkonfigurationen; Signalisierung von Unausgewogenheiten im Portfolio.

559 Vgl. auch *Hahn*, Portfolio-Konzepte, S. 241 ff.; *Gälweiler*, Unternehmensführung, S. 77 ff.; *Antoni/Riekhof*, Portfolio-Analyse, S. 181 ff.; *Gluck*, Key, S. 28.

- Hinweise zur Lenkung der Ressourcen des Unternehmens in Abhängigkeit von der Marktattraktivität und der Wettbewerbsposition der strategischen Geschäftsfelder.
- Kommunikation möglicher vorteilhafter Kombinationen von strategischen Geschäftsfeldern.

Damit wird deutlich, daß das Portfolio-Modell keineswegs die Aufgabe erfüllen soll, per se die Formulierung von Strategien zu übernehmen oder Handlungsanweisungen zu generieren. Es dient vielmehr dazu, die Aktivitäten des Unternehmens auf strukturierte Weise zu diagnostizieren und zu visualisieren.[560] Die Strategieentwicklung ist mithin als ein weiterer, über die Analyse hinausgehender Schritt - vom Portfolio-Modell zum Portfolio-Management - anzusehen.

Der Ansatzpunkt der Portfolio-Technik und die mit ihr verbundenen Vorteile werden insbesondere bei Betrachtung der bei den meisten institutionellen Immobilieninvestoren herkömmlich vorherrschenden Managementsituation deutlich: Immobilienbestände werden in der Regel als historisch gewachsen und damit als gegeben hingenommen; einzelne Objekte werden ohne Berücksichtigung von Interdependenzen dem Bestand hinzugefügt, andere aus dem Bestand genommen. Die Entscheidungen über Umschichtungen innerhalb des Immobilienvermögens oder Akquisitionen für den Bestand werden dabei nicht auf seine Auswirkungen auf das Portfolio untersucht, sondern von individuellen, objektbezogenen Gegebenheiten und marktbezogenen Gelegenheiten abhängig gemacht.
McNamara[561] beschreibt diese Vorgehensweise mit den folgenden Worten: "There is notional truth in saying that all the funds in long-term financial institutions have property 'portfolios'. However, they exist by default, formed in an incremental way on the basis of evaluating individual properties and opportunities as and when they have come up to the attention of the institutions concerned." Er bezeichnet den Ansatz deshalb kritisch als "Bottom up approach to portfolio construction"[562]. Seiner Forderung nach einer Umkehr von einer reaktiven zu einer aktiven Grundhaltung

---

560 "Das Portfolio nimmt der Unternehmensführung die Entscheidungen nicht ab, sondern hilft entscheidend, die richtigen zu treffen". *Strüven/Herp*, Möglichkeiten, S. 191. Vgl. auch *Steinmann/Schreyögg*, Management, S. 186.

561 *McNamara*, Role, S. 102.

562 *McNamara*, Role, S. 102.

kann zugestimmt werden. Dies führt zu einer "Top down"-Vorgehensweise, nach welcher Immobilieninvestmentstrategien auf der Basis systematischer Portfolio-Analysen verfolgt werden können.[563]

4.3.2. Die Bildung strategischer Geschäftsfelder

Die Komplexität der Geschäftstätigkeit offener Immobilienfonds ergibt sich aufgrund der Tatsache, daß es nicht nur einen einzigen, begrenzten und überschaubaren Immobilienmarkt gibt. Das Fondsmanagement muß sein Augenmerk auf eine Vielzahl z.T. sehr differenzierter Immobilienarten für divergierende Nutzergruppen in verschiedenartigen Regionen richten. Dabei läuft es bei großen Immobilienbeständen Gefahr, den Überblick über sämtliche Einzelaktionen zu verlieren.

Um eine systematischere Erfassung des unternehmerischen Handelns offener Fonds zu ermöglichen, ist es sinnvoll, zwischen der Perspektive des Gesamtunternehmens und dem Blickwinkel der individuellen Immobilienobjekte eine weitere Ebene einzuführen, die im folgenden als die Ebene der strategischen Geschäftsfelder bezeichnet wird. Die grundsätzliche Idee der Bildung strategischer Geschäftsfelder beruht darauf, daß sich die verschiedenen Einheiten als "Unternehmen en miniature"[564] verstehen, die mit eigenen Kompetenzen und Ressourcen ausgestattet sind und spezifische Chancen und Risiken aufweisen.

Erst eine Aufteilung des gesamten Tätigkeitsbereichs in strategische Geschäftsfelder, d.h. in planbare, homogene Einheiten bzw. Subsysteme, ermöglicht es, für diese Einheiten eine ihrer Situation angemessene Strategie zu entwickeln.[565]

---

563 Vgl. *McNamara*, Role, S. 102 f.; vgl. auch *Sieracki*, Funds, S. 113. *Cleavely* (Marketing, S. 21) regt ebenfalls die Übernahme einer strategischen Sichtweise an: "As with any industrial or consumer product company, the professional property practice can benefit by thinking and acting strategically".

564 *Hahn*, Portfolio-Konzepte, S. 223.

565 Die Bildung strategischer Geschäftsfelder ist hier zunächst einmal nur als gedanklicher Vorgang aufzufassen, der nicht notwendigerweise die Änderung der bestehenden Organisationsstruktur des Fondmanagements nach sich ziehen muß. Zu Möglichkeiten der organisatorischen Verankerung strategischer Geschäftseinheiten siehe z.B. *Szyperski/Winand*, Organisation, S. 199 ff.; *Frese*, Unternehmungsführung, S. 158 f.; *Hinterhuber*, Unternehmungsführung, Bd. 2, S. 121 ff.

4.3.2.1. Anforderungen an strategische Geschäftsfelder

Strategische Geschäftsfelder werden durch eine Reihe von Merkmalen charakterisiert, die gleichzeitig Anforderungskriterien darstellen und im folgenden zusammenfassend wiedergegeben werden:[566]

- *Eigenständigkeit der Marktaufgabe:* Im Mittelpunkt eines strategischen Geschäftsfeldes steht ein spezifisches Kundenproblem.
- *Abhebung von der Konkurrenz:* Wettbewerber müssen sich in einem Geschäftsfeld eindeutig identifizieren lassen.
- *Erreichbarkeit relativer Wettbewerbsvorteile:* Die Einrichtung eines Geschäftsfeldes ist an die Erzielbarkeit von Wettbewerbsvorteilen gebunden.
- *Relative Autonomie der Entscheidungen:* Strategische Entscheidungen sollten interdependenzfrei getroffen werden können.
- *Führungseffizienz:* Die Verantwortung und Kompetenz für strategische Entscheidungen in einem Geschäftsfeld muß in den Händen einer Führungskraft liegen.

Die Einteilung des Unternehmens in strategische Geschäftsfelder ist ein schwieriger, in der Praxis meist iterativ ablaufender Prozeß, der zu wesentlichen Teilen auf Analyseergebnissen und Erfahrungswissen der Führungskräfte basiert.[567] Das Ideal einer exakten marktorientierten Abgrenzung von Geschäftsfeldern, bei der Homogenität nach innen und Heterogenität nach außen gewährleistet ist, läßt sich wohl nur in den seltensten Fällen erreichen.[568]

566 Vgl. *Hinterhuber*, Unternehmungsführung, Bd. II, S. 126 f.; *Frese*, Unternehmungsführung, S. 132 f.; *Hax/Majluf*, Management, S. 32 ff.; *Gluck*, Key, S. 25.

567 Vgl. *Szyperski/Winand*, Grundbegriffe, S. 83; vgl. auch *Hax/Majluf*, Management, S. 55 ff.

568 Vgl. *Roventa*, Portfolio-Analyse, S. 126 f.

4.3.2.2. Wahl der Abgrenzungskriterien und des Aggregationsgrads

Das Kernproblem der Geschäftsfeldsegmentierung liegt in der Wahl der geeigneten Abgrenzungskriterien und des Aggregationsgrads.[569] "Für große Einheiten existieren meist keine eindeutigen und präzisen Strategien; kleine Einheiten besitzen zu geringe strategische Unabhängigkeit (Autonomie)."[570]

Zur Wahl der Abgrenzungskriterien für die Bildung von strategischen Geschäftsfeldern bei offenen Immobilienfonds kann auf die Streuungskriterien der Anlagepolitik zurückgegriffen werden.[571] Zu nennen wären dementsprechend hauptsächlich die folgenden Faktoren:

- Abgrenzung nach individuellen Immobilienprojekten und -objekten: Jedes Projekt bildet ein eigenes Geschäftsfeld
- Abgrenzung nach Immobilientypen bzw. Nutzungsarten: z.B. Geschäftsfeld Büroimmobilien vs. Geschäftsfeld Einzelhandelsimmobilien
- Abgrenzung nach der Einstufung als Bauprojekt oder Immobilienobjekt: z.B. Geschäftsfeld Projektentwicklung vs. Geschäftsfeld Immobilienanlage
- Abgrenzung nach Anlagevolumenklassen pro Immobilie: z.B. Immobilien bis 50 Mio. DM Investitionsvolumen vs. Immobilien über 50 Mio. DM Investitionsvolumen
- Abgrenzung nach Flächengrößen pro Immobilie: z.B. Immobilien bis 5.000 qm Nutzfläche vs. Immobilien über 5.000 qm Nutzfläche.
- Abgrenzung nach Ballungsraumzugehörigkeit: z.B. Ballungsraum Rhein-Main vs. Ballungsraum Berlin
- Abgrenzung nach Makrostandorten: z.B. Makrostandort Frankfurt vs. Makrostandort Düsseldorf
- Abgrenzung nach Mikrostandorten: z.B. 1a-Lagen vs. 1b-Lagen, etc.

---

569 Siehe insbesondere *Kreilkamp*, Management, S. 327 ff.

570 *Szyperski/Winand*, Grundbegriffe, S. 83.

571 Vgl. auch Seite 87.

Bei Betrachtung der einzelnen Kriterien und der angeführten Beispiele wird deutlich, daß jede Abgrenzungsart für sich genommen nicht hinreichend ist, ein Geschäftsfeld zu begründen, da sie den oben genannten Eigenschaften zuwider läuft.
Zwar wäre es vom Prinzip her sinnvoll und richtig, jede Immobilie als eine Art "Mikro-Unternehmen"[572] aufzufassen, doch läßt sich dies nur für einen Investor mit einem überschaubaren Grundstücksbestand gewährleisten. Andererseits besteht gerade bei Immobilienbeständen die Gefahr, daß eine Aggregation der Individualität der Immobilie nicht gerecht wird.[573]

Eine reine Abgrenzung nach Nutzungsarten, wie sie von Falk[574] vorgeschlagen wurde, hätte hier beispielsweise zur Folge, daß Immobilien gemeinsam in ein Geschäftsfeld aufgenommen würden, die in geographischer Hinsicht höchst unterschiedlichen wirtschaftlichen Marktzusammenhängen ausgesetzt und prinzipiell nicht vergleichbar sind. Demzufolge wären z.B. ein Büroobjekt in Göttingen und ein Büroobjekt in Berlin dem "Geschäftsfeld Büroimmobilien" zuzuordnen. Ebenso verhält es sich bei der Wahl von Ballungsräumen, Anlagevolumen- oder Nutzungsflächenklassen oder der Einstufung als Projekt bzw. Objekt. Eine zu geringe Zahl an Geschäftsfeldern verbunden mit der Nichterfüllung des Homogenitätskriteriums wären auch hier die Folge.
Ein zu hoher Aggregationsgrad und damit eine Vielzahl kleinerer Geschäftsfelder würde dagegen bei ausschließlicher Verwendung der Einteilungskriterien Makro- oder Mikrostandort erzielt.

Eine Lösung für dieses Dilemma ist stets abhängig von der spezifischen Situation des Immobilienbestandes, insbesondere der Zahl der Objekte und der Streuung nach Nutzungsarten und Standorten. Eine allgemeingültige Empfehlung für die Wahl der "richtigen" Vorgehensweise bei der Bildung strategischer Geschäftsfelder kann nicht gegeben werden.[575]

---

572 Vgl. *Hinterhuber*, Unternehmungsführung, S. 144.

573 "If management designates SBUs [Strategic Business Unit, d. Verf.] around each product-market segment in order to develop a highly focused strategy, the result may be an unmanageably large number of SBUs. If, on the other hand, SBU designation were restricted to an manageable number, it would be difficult to arrive at a strategic mission appropriate to all the businesses that then made up any one SBU." *Gluck*, Key, S. 26.

574 Vgl. *Falk*, Immobilien-Handbuch, Kap. 20.3, S. 3.

575 Vgl. *Frese*, Unternehmungsführung, S. 133 f.; *Kreilkamp*, Management, S. 332.

Im Rahmen dieser Arbeit soll von der komplexen Situation eines institutionellen Investors ausgegangen werden, der über ein nach Nutzungsarten und Standorten weit diversifiziertes Portfolio mit einer größeren Zahl an Immobilien verfügt. Es wird daher als notwendig erachtet, eine multikriterielle Abgrenzung zu wählen, die mehrere der oben genannten Kriterien zu einer mehrdimensionalen Geschäftsfelddefinition verbindet.[576] Zweckmäßig ist in diesem Zusammenhang eine Kombination der Kriterien Nutzungsart und Ballungsraumzugehörigkeit, da sie am ehesten den oben vorgegebenen Anforderungskriterien entspricht. Demnach wären z.B. die Büroimmobilien im Ballungsraum Rhein-Main und diejenigen im Ballungsraum Berlin unter zwei getrennte Geschäftsfelder einzuordnen.

Da die Abgrenzung den Konflikt zwischen Unabhängigkeit und Homogenität nicht aufzuheben vermag, kann sie nicht als theoretisch einwandfrei eingestuft werden. Der Wert der portfoliotechnischen Visualisierung hängt jedoch - wie bei jedem theoretischen Modell - zu wesentlichen Teilen von der Qualität der Eingangsdaten ab. Deshalb wird im folgenden der Versuch unternommen, das Portfolio-Modell in Richtung einer zweistufigen Betrachtungsweise weiterzuentwickeln und damit das skizzierte Dilemma zumindest teilweise aufzuheben.

4.3.3. Entwicklung eines hierarchischen Portfolio-Modells

Jede Immobilie stellt aufgrund ihrer Individualität einen eigenen Teilmarkt mit spezifischen Bedingungen dar.[577] Ein auf die Bedürfnisse institutioneller Immobilieninvestoren ausgerichtetes Modell muß von den einzelnen Immobilienobjekten und -projekten ausgehen, die das Portfolio des Investors begründen. Eine höhere Aggregation würde das Kriterium der eigenständigen Marktaufgabe und Führbarkeit verletzen und zu Aussagen mit eingeschränkter Validität führen.

Andererseits besteht die bereits genannte Gefahr, die konzeptionelle Gesamtsicht des Immobilienbestandes zu verlieren, wenn eine Vielzahl von Immobilien in ein einziges Gesamtportfolio integriert werden müßte.

576 Vgl. *Kreilkamp*, Management, S. 323 ff.

577 Vgl. die in Fußnote 11 auf Seite 2 genannte Literatur.

Ausgehend von der Grundkonfiguration des Marktattraktivität-/Wettbewerbsvorteil-Portfolios wird im Rahmen dieser Arbeit ein hierarchisches Portfolio-Modell für die Bedürfnisse institutioneller Immobilieninvestoren vorgestellt.[578] Dieses Modell schafft durch die Separierung von zwei Aggregationsstufen die Möglichkeit, den Immobilienbestand auf zwei verschieden detaillierten Ebenen zu betrachten.

Die erste Aggregationsstufe soll im folgenden "Immobilienportfolio" genannt, die zweite, darüber liegende Ebene als "Gesamtportfolio" bezeichnet werden. Den visuellen Ausdruck des hierarchischen Modells zeigt Abbildung 28.
Zur Bildung der Immobilienportfolios sind die Objekte und Projekte des Investors nach den Abgrenzungskriterien Nutzungsart und Ballungsraumzugehörigkeit zu gruppieren und in einer Matrix zu positionieren. Die allgemeine Vorgehensweise soll an einem einfachen Beispiel illustriert werden: Ein Investor verfügt über drei Büroobjekte und zwei projektierte Büroimmobilien in Frankfurt, Offenbach und Königstein sowie über vier Einzelhandelsimmobilien in Berlin und Potsdam. Daraus ergeben sich durch Zuordnung nach Nutzungsarten und Ballungsraum zwei Immobilienportfolios. Das erste Immobilienportfolio enthält die jeweils einzelnen Immobilien mit Büronutzung im Ballungsraum Rhein-Main, das zweite Portfolio die einzelhandelsgenutzten Immobilien im Großraum Berlin.

Auf der zweiten Aggregationsstufe werden die Immobilienportfolios der ersten Ebene als strategische Geschäftsfelder aufgefaßt und in ein Gesamtportfolio integriert. Dies erfordert die gewichtete Zusammenfassung der individuellen Immobilien jedes Portfolios zu einem Durchschnittswert, der von der jeweiligen Position der Immobilien und ihrem Verkehrswert abhängig ist. Der in obigem Beispiel zitierte Investor verfügt folglich über zwei strategische Geschäftsfelder, "Büroimmobilien Rhein-Main" und "Einzelhandelsimmobilien Berlin".

Die hierarchische Strukturierung des Portfolio-Modells erlaubt es, gleichzeitig die Immobilienaktivitäten innerhalb der einzelnen Geschäftsfelder und die Entwicklung des gesamten Immobilienbestandes zu visualisieren. Bevor auf die durch das Modell geschaffenen Möglichkeiten näher einge-

---

578 Zu der in den achtziger Jahren entstandenen Idee der hierarchischen Strukturierung von Geschäftsfeldern siehe auch *Kreilkamp*, Management, S. 328 ff.

gangen wird, sollen zunächst die hinter den Matrixachsen stehenden Faktoren untersucht werden.

Abb. 28: Hierarchisches Portfolio-Modell für institutionelle Immobilieninvestoren

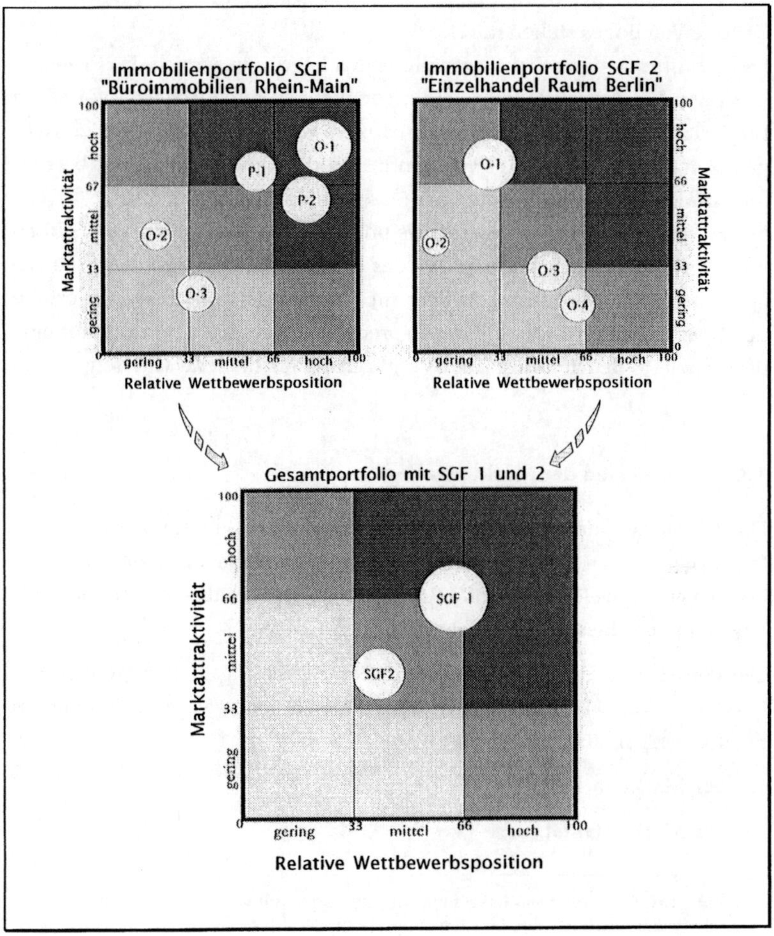

4.3.4. Definition der Betrachtungsdimensionen

In der immobilienwirtschaftlichen Praxis wird in Anlehnung an einen verbreiteten Ausspruch von Hilton, des Gründers der gleichnamigen Hotelgruppe, häufig die Auffassung vertreten, daß bei der Beurteilung eines Immobilienobjektes dessen Lage an erster, zweiter und dritter Stelle eines Kriterienkataloges stehen müßte.[579]

Eine undifferenzierte Sichtweise dieser Art begründet jedoch das Problem, daß darauf aufbauende Entscheidungen nicht systematisch und vor allem für Dritte nicht nachvollziehbar getroffen werden. Es wird außer Acht gelassen, daß eine Vielzahl von Einflüssen die Qualität der Lage bestimmen und andererseits die Lage prägend ist für andere Faktoren.

Nachfolgend soll ein "sachgerechtes und praktikables System von Schlüsselfaktoren"[580] entwickelt werden, das offene Immobilienfonds in die Lage versetzt, die Marktattraktivität und die relativen Wettbewerbsvorteile den Spezifika ihrer Immobilien entsprechend zu ermessen und damit eine differenzierte Beurteilungs- und Vergleichsmöglichkeit zu schaffen.

4.3.4.1. Kriterien der Marktattraktivität

Die Dimension der Marktattraktivität steht für die identifizierbaren Erfolgspotentiale in der Immobilieninvestmentbranche bzw. der Immobilienmärkte, in welchen der offene Immobilienfonds mit seinen Immobilien bzw. strategischen Geschäftsfeldern operiert.[581]

Die Beurteilung der Marktattraktivität erfolgt häufig ganz allgemein anhand von vier Hauptkriterien, die im wesentlichen vom Unternehmen nicht steuerbar sind:[582]

- Marktwachstum und Marktgröße,
- Marktqualität,

---

579 Zur kritischen Auseinandersetzung mit der Lagedominanz in der Immobilienwirtschaft siehe auch *Pearson*, Location, S. 7 ff.; *Rozek*, Myth, S. 55.

580 *Szyperski/Winand*, Portfolio-Management, S. 125.

581 Vgl. *Szyperski/Winand*, Grundbegriffe, S. 75.

582 Vgl. *Hinterhuber*, Unternehmungsführung, S. 112; *Hax/Majluf*, Management, S. 182. Eine Vermengung von steuerbaren und nicht steuerbaren Kriterien im Rahmen der Achsendefinition, wie sie z.B. bei *Falk* (Immobilien-Handbuch, Kap. 20.3, S. 7 ff.) vorgenommen wird, führt in methodischer Hinsicht zu uneindeutigen Ergebnissen.

- Versorgung mit Energie und Rohstoffen,
- Umweltsituation.

Jedes einzelne dieser Hauptkriterien kann wiederum in einzelne, bewertungsfähige Subfaktoren zerlegt werden, deren spätere Gewichtung und Aggregation dann insgesamt die Marktattraktivität beschreibt.[583]

Im folgenden wird versucht, die bestimmenden Elemente der Marktattraktivität für das Immobilieninvestment zu identifizieren.[584] Es werden acht Hauptkriterien unterschieden, die ihrerseits wiederum in eine Reihe von Indikatoren aufgespalten werden können. Die Aufstellung ist von dem Bemühen geleitet, auf heuristische Weise eine möglichst vollständige Wiedergabe der entscheidenden Einflußfaktoren bei gleichzeitiger Wahrung der Transparenz und Handhabbarkeit des Faktorensystems zu erzielen.[585] Dabei muß die vereinzelt festzustellende Problematik der nicht vollständigen Überschneidungsfreiheit der Kriterien billigend in Kauf genommen werden.[586]

---

583 Vgl. *Szyperski/Winand*, Portfolio-Management, S. 129.

584 In der immobilienwirtschaftlichen Literatur existieren bereits eine Reihe von Checklisten zur Beurteilung von Immobilienmärkten. Die Darstellungen beschränken sich jedoch in aller Regel auf die bloße Nennung von Kriterien mit möglicher Relevanz. Eine Operationalisierung der Faktoren, wie sie hier angestrebt werden soll, unterbleibt in den meisten Fällen. Vgl. stellvertretend für andere *Carn/Rabianski*, Analysis, S. 387 ff.; *Abromeit-Kremser*, Immobilieninvestmentfonds, S. 170 ff. Ein auch für die Erfordernisse des Immobilieninvestments interessanter Ansatz stellt hingegen das "Multi-Criteria Model for Corporate Property Evaluation" dar, welches von *Hoffman/Schniederjans/Sirmans* (Evaluation, S. 285 ff.) entwickelt wurde. Es handelt sich dabei um ein Verfahren zur computergestützten Operationalisierung der Standortentscheidungen von selbstnutzenden Industrie- und Handelsunternehmen.

585 Eine entsprechende Forderung erhebt auch *Kreilkamp* (Management, S. 503): "Hierbei ist nicht die Anzahl der erfaßten Kriterien ein Maßstab für die Güte der Kriterienliste, sondern wesentlich ist, daß all jene Kriterien vollständig erfaßt werden, die für die Bestimmung der Marktattraktivität und der relativen Wettbewerbsvorteile besonders relevant sind." Vgl. auch *Szyperski/Winand*, Portfolio-Management, S. 125.

586 Eine Überschneidung zwischen den Kriterien entsteht in diesem Zusammenhang primär durch ihren unterschiedlichen Detaillierungsgrad und Zeitbezug. So sind z.B. die wirtschaftlichen und politischen Rahmenbedingungen zweifelsohne in mittel- bis langfristiger Hinsicht prägend für die Struktur und die Entwicklung der Nachfrage nach Mieträumlichkeiten. Die Elimination eines der beiden Kriterien würde jedoch eine Verkürzung der zu erhebenden Daten bedeuten und mit einer Schwächung der Aussagekraft einhergehen.

(1) *Wirtschaftliche und politische Rahmenbedingungen*
- Strukturelle bzw. sektorale Entwicklung
- Branchenspezifische Trends
- Kommunalpolitik
- Struktur und Effizienz der Kommunalverwaltung
- Raumordnungspolitik, Bauleitplanung, Stadtentwicklungspolitik
- Kommunale Flächenausweisung, Bodenpolitik

(2) *Demographische und sozioökonomische Struktur und Entwicklung*
- Bevölkerungsentwicklung
- Erwerbs- und Sozialstruktur
- Einkommensverhältnisse, Kaufkraft
- Arbeitsmarktsituation
- Regionale und stadtgeographische Spezialisierungen

(3) *Infrastruktur*
- Stadt- und Zentrumsfunktionen
- Städtebauliche Entwicklung
- Räumliche Anbindung
- Verkehrserschließung

(4) *Weiche Standortfaktoren*
- Kultur- und Freizeitangebot
- Bildungsangebot
- Wohnqualität
- Stadt- und Regionenmarketing
- Imagefaktoren

(5) *Struktur und Entwicklung des Immobilienangebotes*
- Marktgröße
- Projektierte Flächen und Bauvolumen
- Direkte Konkurrenzobjekte
- Leerstände
- Verhandlungsstärke der Anbieter von Immobilien
- Wettbewerbsverhalten der etablierten Investoren
- Integrationsgrad vor- und nachgelagerter Funktionen
- Lokale Markteintrittsbarrieren
- Markttransparenz

(6) *Struktur und Entwicklung der Immobiliennachfrage*
- Flächenbedarfsentwicklung (exogenes Wachstum durch Neuansiedlung; endogenes Wachstum durch Expansion vorhandener Mieter)
- Anzahl und Struktur aktueller und potentieller Mieter
- Verhandlungsstärke und Nachfrageverhalten aktueller und potentieller Mieter
- Standortpräferenzen
- Ansprüche an Immobilienobjekte
- Funktionale Substitutionskonkurrenz durch Eigennutzung

(7) *Miet- und Preisniveau des räumlichen und sachlichen Teilmarktes*
- Nivellierung des Mietniveaus nach Nutzungsformen und Standorten
- Baulandpreise
- Allgemeine Renditeentwicklung
- Preispolitischer Spielraum
- Wertentwicklungspotential

(8) *Ressourcenverfügbarkeit*
- Baumarktentwicklung
- Finanzierungsquellen
- Management- und Mitarbeiterpotential

Die Suche und Auswahl der kritischen Faktoren ist "ein sehr subtiler Prozeß, der in hohem Maße Informationen, Erfahrung und Kenntnis über die Wesensmerkmale der Branche und des Geschäftes erfordert"[587].
Eine objektive oder allgemeingültige Aufstellung relevanter Einflußkriterien kann es nicht geben, da die Art und Bedeutung der Kriterien von den individuellen Präferenzen und den situativen, bestandsbezogenen Gegebenheiten eines Investors abhängig ist. Vielmehr kommt es hier darauf an, eine subjektiv als richtig empfundene Auswahl von Faktoren zu treffen,

587 *Hax/Majluf*, Management, S. 183.

die eine gewisse Robustheit im Zeitverlauf aufweist und von allen Beteiligten geteilt wird.[588]
Es ist daher das gemeinsame Vorgehen eines Teams von Führungskräften des Unternehmens, gegebenenfalls unter Zuhilfenahme externer Berater, erforderlich, um zu verwertbaren Ergebnissen zu kommen. Die Qualität der Gesamtdiagnose resultiert aus der subjektiven Urteilskraft dieses Personenkreises.

4.3.4.2. Kriterien für relative Wettbewerbsvorteile

Die relativen Wettbewerbsvorteile eines offenen Immobilienfonds reflektieren dessen durch interne Eigenschaften determinierte Position am Markt, entweder bezogen auf die Ebene der Immobilien oder auf die Ebene der Geschäftsfelder.[589] Es wird davon ausgegangen, daß sich diese Unternehmensdimension im Gegensatz zur Umweltdimension grundsätzlich durch geeignete unternehmerische Handlungen beeinflussen läßt.[590] Wettbewerbsvorteile haben dabei stets relativen Charakter, da es einen absoluten, universell gültigen kompetitiven Vorteil nicht geben kann. Als Vergleichsmaßstab kann der stärkste Wettbewerber oder der Durchschnitt der Wettbewerber gewählt werden.

In Analogie zu den oben getroffenen Aussagen lassen sich die für Immobilienfonds wichtigen Indikatoren für Wettbewerbsvorteile erneut unter acht Hauptkriterien subsumieren. Sie wären wie folgt zusammenzufassen:

(1) *Nutzungskonzept und Funktionalität*
- Nutzungsadäquanz
- Flächenaufteilung
- Flächenproduktivität
- Flexibilität
- Drittverwendungsfähigkeit

---

588 Die Vorgehensweise zur Beurteilung der Ausprägungen einzelner Faktoren und ihrer Gewichtung wird in Abschnitt 4.3.4.3. erläutert.

589 Vgl. *Szyperski/Winand*, Grundbegriffe, S. 85. *Hinterhuber* (Unternehmungsführung, S. 115) nennt vier allgemeine Hauptkriterien für Beurteilung der Wettbewerbsposition: "Relative Marktposition, relatives Produktionspotential, relatives Forschungs- und Entwicklungspotential, relative Qualifikation der Führungskräfte und Kader".

590 Vgl. *Hahn*, Portfolio-Konzepte, S. 228.

(2) *Mietermix*

- Branchen-, Größen- und Flächenmix
- Bonität
- Prestige/Standing
- Vertragsmanagement

(3) *Grundstücks- und Standortfaktoren*

- Lage/Standortvolatilität
- Baurecht
- Physische Grundstücksbeschaffenheit
- Reserveflächen/Expansionsfähigkeit
- Altlasten
- Verkehrsanbindung
- Umfeld

(4) *Architektonische/Technische Gestaltung und Objektalter*

- Lageadäquanz
- Nutzungs- bzw. Mieteradäquanz (Zweckoptimalität)
- Technologische Adäquanz
- Eigenständiges Image
- "Adresse"

(5) *Objektvolumen*

- Marktanteil am Standort
- Marktanteil am Gesamtbestand

(6) *Objektmanagement, Investitions- und Folgekosten*

- Exogene vs. interne Managementausführung
- Ressourcenbindung
- Bewirtschaftungs- und Instandhaltungsaufwand
- Redevelopmentbedarf

(7) *Ausschüttungsrendite*

- Cash Flow
- Entwicklungsfähigkeit (Indexierung, Umsatzbeteiligung, Anschlußvermietung)
- Volatilität und Risiko

(8) *Wertsteigerungspotential*

- Langfristige Werthaltigkeit
- Haltedauer/Timing

4.3.4.3. Entwicklung eines Scoring-Modells zur Positionierung der Immobilienobjekte in der Portfolio-Matrix

Wie die Aufstellung der beiden Kriterienkataloge zeigt, sind hier nicht einwertige Beurteilungsdimensionen, wie z.B. bei dem Marktwachstums-/Marktanteils-Portfolio, sondern mehrwertige Beurteilungsdimensionen vorhanden. Zudem ist die Beschaffenheit der Faktoren in erster Linie qualitativer Natur. Sie bedürfen damit einer Operationalisierung. Insofern muß eine Bewertung der Ausprägungen einzelner Faktoren, eine entsprechende Gewichtung der Faktoren untereinander und eine adäquate Zusammenfassung vorgenommen werden. Dabei ist der Tatsache Rechnung zu tragen, daß nicht sämtlichen Kriterien die gleiche Bedeutung beigemessen werden kann.

Die Bewertung und Gewichtung der Kriterien stellt sich als komplexer Prozeß dar, der in der Praxis in der Regel mit Hilfe eines Punktbewertungsverfahrens (sog. Scoring-Modell)[591] gelöst wird.[592] Das Bewertungsverfahren besteht aus den folgenden Einzelschritten:

(1) Festlegung der relevanten Einflußfaktoren für die Marktattraktivität und die relativen Wettbewerbsvorteile

(2) Operationalisierung der allgemeinen Einflußfaktoren durch bewertungsfähige Indikatoren

(3) Zuordnung von Gewichten als Multiplikatoren zu den einzelnen Einflußfaktoren

(4) Ermittlung der Punktwerte (Scores) für jeden Indikator auf einer qualitativen Bewertungsskala

---

591 Auch *Kreilkamp* (Management, S. 516) empfiehlt die Verwendung eines Scoring-Modells. Zu einer umfassenden kritischen Würdigung der herkömmlichen Methodik siehe ebenfalls *Kreilkamp*, Management, S. 502 - 516; *Roventa*, Portfolio-Analyse, S. 159 f.

592 Wie bereits angeführt, besteht das Kernproblem der Anwendung des Marktattraktivitäts-/relative Wettbewerbsvorteile-Portfolios in der situationsspezifischen Ausrichtung des Modells. Die Validität und die Reliabilität der angestrebten Ergebnisse werden entscheidend von der Auswahl und der Operationalisierung der geeigneten Einflußfaktoren bestimmt. Eine sämtliche Einzelaspekte aufgreifende und durch meßbare Indikatoren umsetzende Modellanwendung würde den Rahmen dieses Modells sprengen. In dieser Arbeit beschränken sich die Ausführungen auf eine allgemeine Darstellung der Modellanwendung, die durch fiktive Beispiele verdeutlicht werden.

(5) Multiplikation der ermittelten Punktwerte mit den den Indikatoren jeweilig zukommenden Gewichten

(6) Addition der gewichteten Punktwerte zu einer Gesamtpunktzahl (Gesamtscore).

(7) Eintrag der Gesamtpunktzahlen auf den Achsen der beiden Betrachtungsdimensionen. Der Schnittpunkt der jeweiligen Scores bildet den Mittelpunkt des Objektfeldes.

Die ersten beiden Schritte wurden oben bereits diskutiert. Die Gewichtung der Einflußfaktoren im Rahmen des dritten Schrittes ist von besonderer Bedeutung für die Validität der Beurteilung. Um eine Vergleichbarkeit aller Immobilienobjekte zu garantieren, ist sie unabhängig von dem zu ermessenden Objekt vorzunehmen.[593] Ähnlich wie bei der Auswahl der zu erhebenden Faktoren ist eine objektive Beurteilung ihrer Bedeutung im Gesamtsystem jedoch nicht erzielbar.[594] Vielmehr ist ein situatives, den Zielvorstellungen des Immobilienfonds angepaßtes Gewichtungsschema aufzustellen.

Bei der Vornahme einer Gewichtung ist ebenfalls der Aspekt der Überlappung bzw. gegenseitigen Bedingung einzelner Kriterien zu berücksichtigen. Ein Aspekt, der in mehreren Kriterien erfaßt wird, erlangt über die additive Verknüpfung ein stärkeres Gewicht an dem Gesamtscore. Insofern ist hier der Transparenz und der wiederholten Rekapitulation der gewählten Einzelindikatoren ein großer Stellenwert beizumessen. [595]

Die Vorgehensweise für die operationalisierende Bewertung der Immobilien eines Investors soll nachfolgend anhand von drei hypothetischen Beispielen erläutert werden.[596] Tabelle 9 enthält ein dem Geschäftsfeld Immo-

593 An der Notwendigkeit eines für alle Immobilien des Investors gleichsam geltenden Kriterienkataloges können kaum Zweifel bestehen. Zwar ist es möglich, in diesem Zusammenhang den in der Praxis häufig getätigten Einwand zu erheben, daß Immobilien untereinander nicht vergleichbar sind. Dieser Einwand wird jedoch bereits durch faktische Verhältnisse entkräftet. Ein Fondsmanagement, das mit der Betreuung eines Immobilienportfolios beauftragt ist, kann Entscheidungen über Umschichtungen im Bestand nicht isoliert treffen, sondern nimmt z.B. die Desinvestition eines Objektes zwangsläufig im Vergleich mit anderen Objekten vor. Es muß sich dabei von Vergleichskriterien leiten lassen, seien sie explizit formuliert oder nur implizit und unreflektiert vorhanden.

594 Vgl. *Aaker*, Markt-Management, S. 192.

595 Vgl. *Kreilkamp*, Management, S. 504; *Hahn*, Portfolio-Konzepte, S. 244.

596 Vgl. auch die Beispielbewertung bei *Hinterhuber*, Unternehmungsführung, S. 124; *Hax/Majluf*, Management, S. 187. Siehe hierzu auch die Anwendung eines Bewer-

bilien mit Büronutzung im Ballungsraum Rhein-Main zuzuordnendes Beispielobjekt mit der fiktiven Bezeichnung "Business-Carré".

Im Kopf des Datenblattes werden die wesentlichen Daten des Objektes 1 schlaglichtartig zusammengefaßt. Nachfolgend sind in der ersten Spalte jeweils die acht Hauptkriterien der Marktattraktivität sowie der relativen Wettbewerbsvorteile aufgeführt. Auf die weitere Nennung der die Hauptkriterien prägenden Indikatoren wurde aus Gründen der Übersichtlichkeit verzichtet. Die zweite Spalte ("Gew.") enthält die Gewichte der einzelnen Hauptkriterien in Prozent.[597]

Tab. 9: Bestimmung der Portfolioposition einer Immobilie (Beispiel 1)

Objektnummer: Objekt 1	Grundstücksfläche:	1.500 qm
Geschäftsfeld: Büroimmobilien Rhein-Main	Nutzfläche:	10.000 qm
Name: "Business-Carré"	Nettomieteinnahmen p.a.:	7.200.000 DM
Standort: Mainzer Landstraße XY, Frankfurt	Verkehrswert:	150.000.000 DM
Baujahr: 1991	Erwerbsjahr:	1992

Hauptkriterien der Marktattraktivität	Gew.	Individuelle Ausprägung der Indikatoren (Kurzkommentar)	Bw.	Erg.
Wirtschaftliche und politische Rahmenbedingungen	15%	Grundsätzlich positive wirtschaftliche Entwicklung (vor allem im tertiären Sektor), politische Instabilität	80	12
Demographische und sozioökonomische Entwicklung	5%	Starker Dienstleistungssektor, Beschäftigung insgesamt stagnierend, hohe Kaufkraft, regionale Differenzierung	80	4
Infrastruktur	10%	Zentrale Lage in Deutschland, optimaler Verkehrsknotenpunkt, positive städtebauliche Entwicklung	100	10
Weiche Standortfaktoren	5%	Hochwertiges Kultur- und Freizeitangebot, positives Image, Wohnraumverknappung	80	4
Struktur und Entwicklung des Immobilienangebotes	15%	Großer Flächenbestand/Marktvolumen, hohes Neubauvolumen, Zugewinn peripherer Lagen, (noch) geringe Leerstände, wachsende direkte Konkurrenz, zunehmende Wettbewerbsintensität	60	9
Struktur und Entwicklung der Immobiliennachfrage	20%	Abschwächender Flächenbedarf, Ausweicheffekte, Umschwung in Käufermarkt	70	14
Miet- und Preisniveau des räuml. und sachl. Teilmarktes	25%	Stagnierende Mieten auf hohem Niveau, geringe Renditen, verhaltene Wertsteigerung, preispolitischer Spielraum nimmt zu	60	15
Ressourcenverfügbarkeit	5%	Ausgezeichnet	100	5
Summe	*100%*	*Gesamtpunktwert Marktattraktivität*		*73*

tungsverfahren für Standortentscheidungen bei *Hoffman/Schniederjans/Sirmans*, Evaluation, S. 290 ff.

597 Die Höhe der angegebenen Gewichte beruht hier auf den seitens des Verfassers geführten Interviews mit Vertretern der Immobilienwirtschaft. Es wurden die Durchschnitte der genannten Gewichtungen gebildet, wobei den einzelnen Faktoren eine z.T. sehr unterschiedliche Bedeutung beigemessen wurde. Die Varianz der Aussagen verdeutlicht die Notwendigkeit einer situationsspezifischen Ausrichtung der Gewichtung.

Hauptkriterien der relativen Wettbewerbsvorteile	Gew.	Individuelle Ausprägung der Indikatoren (Kurzkommentar)	Bw.	Erg.
Nutzungskonzept und Funktionalität	20%	Hochwertige Büronutzung, gute Flächenproduktivität, flexible Rastergestaltung, Drittverwendungsfähigkeit ist gewährleistet	100	20
Mietermix	15%	Finanzdienstleistungsunternehmen guter Bonität, mäßige Fluktuation, mittelfristige Verträge	90	14
Grundstücks- und Standortfaktoren	10%	1A-Lage, integrierter Standort im Bankenviertel, optimaler Zuschnitt, ÖPNV-Anschluß, geringe Stellplatzzahl, keine Flächenreserven	90	9
Architektonische/technische Gestaltung und Objektalter	15%	Moderne Fassade, eigenständiges Image/Adresse, zweckoptimaler Innenausbau	100	15
Objektvolumen	5%	Nur durchschnittlicher Marktanteil am Mikrostandort	60	3
Objektmanagement, Investitions- und Folgekosten	5%	Externe Verwaltung, relativ hohe Nebenkosten, geringer Instandhaltungsbedarf	80	4
Ausschüttungsrendite	15%	Anfangsrendite relativ gering, gute Steigerungsmöglichkeit durch Indexierung/Neuvermietung, überschaubares Risiko	60	9
Wertsteigerungspotential	15%	Mittelfristig stabil, langfristig eher hoch, da nicht-duplizierbarer Standort	80	12
Summe	*100%*	*Gesamtpunktwert relative Wettbewerbsvorteile*		*86*

In der dritten Spalte wurde stichwortartig die objektbezogene Ausprägung der Kriterien anhand der Situation bzw. Entwicklung einzelner Indikatoren festgehalten. Aus darstellungstechnischen Gründen konnte für die frei gewählten Beispiele auch hier nur ein Kurzkommentar gegeben werden, welcher allenfalls für eine erste Beurteilung der Portfolioposition des Objektes hinreicht. In der praktischen Umsetzung des Scoring-Verfahrens wird eine detaillierte, auf einzelne Indikatoren abstellende Untersuchung notwendig sein. Die Bewertung des objektbezogenen Maßes der Erfüllung bzw. Nichterfüllung der genannten Kriterien erfolgt in Spalte 3 ("Bw.") durch die Vergabe von 0 bis 100 Punkten. Spalte 4 ("Erg.") enthält das gewichtete Ergebnis durch Multiplikation der ermittelten Punktwerte mit den ihnen jeweilig zukommenden Gewichten. Die Addition der gewichteten Einzelpunktwerte führt zu einem Gesamtscore für jede Dimension.

Das mit "Business-Carré" bezeichnete Objekt 1 erzielte bei einem rechnerisch möglichen Gesamtpunktwert von 100 ein Ergebnis von 73 für die Marktattraktivität und von 86 hinsichtlich seiner relativen Wettbewerbsvorteile.

Das zweite, in Tabelle 10 wiedergegebene fiktive Beispiel bezieht sich auf ein kleineres Büroobjekt in Wiesbaden. Es ist damit ebenfalls dem Geschäftsfeld Büroimmobilien Rhein-Main zuzuordnen. Es handelt sich um ein recht typisches, älteres Bestandsobjekt.

Tab. 10: Bestimmung der Portfolioposition einer Immobilie (Beispiel 2)

Objektnummer: Objekt 2	Grundstücksfläche: 2.000 qm
Geschäftsfeld: Büroimmobilien Rhein-Main	Nutzfläche: 3.000 qm
Name: kein Eigenname	Nettomieteinnahmen p.a.: 540.000 DM
Standort: Oranienstraße XY, Wiesbaden	Verkehrswert: 7.000.000 DM
Baujahr: 1959	Erwerbsjahr: 1978

Hauptkriterien der Marktattraktivität	Gew.	Individuelle Ausprägung der Indikatoren (Kurzkommentar)	Bw.	Erg.
Wirtschaftliche und politische Rahmenbedingungen	15%	Dienstleistungsfunktionen überwiegen, schwierige Kommunalverwaltung, Landeshauptstadtfunktion	70	10,5
Demographische und sozioökonomische Entwicklung	5%	Geringe Einwohnerzahl, Pendlerstadt, hoher Beamten-/Seniorenanteil, gute Kaufkraft	40	2
Infrastruktur	10%	Ballungsraumrandlage, schwache Anbindung an öffentlichen Verkehr, Zentrumsfunktionen mäßig ausgebildet, keine klare Lagenzuordnung	30	3
Weiche Standortfaktoren	5%	Gutes Kultur- und Freizeitangebot, Bildungsbereich unterentwickelt, begehrter, teurer Wohnstandort, positives Image	80	4
Struktur und Entwicklung des Immobilienangebotes	15%	Kleiner, heterogener Büromarkt, Verschiebung an periphere Standorte, relativ hohes Projektvolumen, zunehmender Leerstand	40	6
Struktur und Entwicklung der Immobiliennachfrage	20%	Stagnierender Flächenbedarf, geringes endogenes Wachstum, begrenztes Mieterpotential	30	6
Miet- und Preisniveau des räuml. und sachl. Teilmarktes	25%	Schwaches Mietniveau, geringe Renditen, stabile Wertsteigerung bei hochwertigen Objekten, hohe Bodenpreise	40	10
Ressourcenverfügbarkeit	5%	Gut	70	3,5
Summe	*100%*	*Gesamtpunktwert Marktattraktivität*		*45*

Hauptkriterien der relativen Wettbewerbsvorteile	Gew.	Individuelle Ausprägung der Indikatoren (Kurzkommentar)	Bw.	Erg.
Nutzungskonzept und Funktionalität	20%	Einfache Büro- u. Praxisnutzung, geringe Flächenausnutzung, mangelnde Flexibilität	20	4
Mietermix	15%	Schwache, heterogene Mieter (Rechtsanwalt, Arztpraxis, etc.), ungünstige Vertragsgestaltung	30	4,5
Grundstücks- und Standortfaktoren	10%	Nebenlage in Mischgebiet, hohe Flächenreserven, aber restriktives Baurecht, minderwertige Agglomeration und Anbindung	30	3
Architektonische/technische Gestaltung und Objektalter	15%	Einfache, kaum zeitgemäße Bauweise der 50er, schlechter Zuschnitt, überholte Ausstattung und Haustechnik, eigenes Image fehlt	10	1,5
Objektvolumen	5%	Anteil nur sehr gering	10	0,5
Objektmanagement, Investitions- und Folgekosten	5%	Vergleichsweise hoher Verwaltungsaufwand, Reparaturstau, dringender Erneuerungsbedarf	10	0,5
Ausschüttungsrendite	15%	Sehr guter Cash Flow, Mieten aber nur begrenzt steigerungsfähig, Ausfallrisiko hoch	60	9
Wertsteigerungspotential	15%	Im Ist-Zustand begrenzte Nutzungsdauer, Wertsteigerung nur durch Redevelopment	20	3
Summe	*100%*	*Gesamtpunktwert relative Wettbewerbsvorteile*		*26*

Die Bewertung des hypothetischen Objektes in Wiesbaden ergibt einen Gesamtpunktwert von 45 für die Marktattraktivität und von 26 für die relativen Wettbewerbsvorteile. Die beiden Beispiele zeigen, daß die individuelle Ausprägung der Indikatoren unter Zugrundelegung derselben Bewertungskriterien zu sehr unterschiedlichen Ergebnissen für Objekte führen können, die dem gleichen Geschäftsfeld bzw. Immobilienportfolio angehören.

Die Positionierung der beiden Objekte in dem Immobilienportfolio für die Büroimmobilien des Ballungsraums Rhein-Main stellt Abbildung 29 dar.

Abb. 29: Positionierung der bewerteten Immobilienobjekte in einem Ist-Portfolio

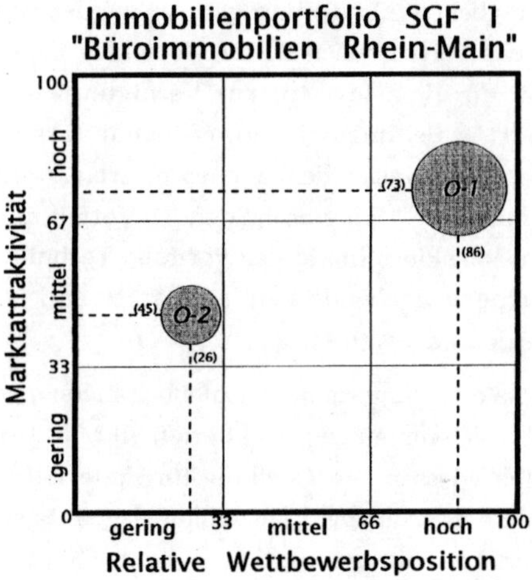

Die jeweilige Zuordnung der Immobilienobjekte vor dem Raster der neun Felder ermöglicht die unmittelbare Visualisierung der Ist-Position einer Immobilie. Um den relativen Beitrag der einzelnen Objekte für das jeweilige Immobilienportfolio darzustellen, bietet sich in erster Linie die Verwendung des Verkehrswertes an. Die Differenzierung der Kreisgrößen symbolisiert dementsprechend unterschiedliche Verkehrswerte. Der Ist-Zustand des Immobilienportfolios bildet auf analytischer Ebene die Ausgangsbasis für eine horizontale bzw. vertikale Positionsänderung durch die Ergreifung entsprechender strategischer Maßnahmen.[598]

In gleicher Weise sind sämtliche Immobilienobjekte durch das Fondsmanagement unter Anwendung des oben beschriebenen Scoring-Verfahrens zu bewerten und in einem geschäftsfeldbezogenen Immobilienportfolio zu positionieren.
Über die Einordnung bereits vorhandener Bestandsobjekte hinaus können auf gleiche Weise auch Immobilienprojekte beurteilt werden. Zusätzlich wäre auch eine Bewertung von Immobilien möglich und sinnvoll, die hinsichtlich einer möglichen Akquisition geprüft werden sollen.[599] Der Unterschied zu bereits vorhandenen Bestandsobjekten liegt lediglich in der Art und Qualität der dem Investor zur Verfügung stehenden Informations- und Datenbasis. Bei Immobilienprojekten und Akquisitionsobjekten bestehen insbesondere hinsichtlich der erzielbaren Wettbewerbsvorteile unsichere Erwartungen.[600] Ein entscheidender Vorteil der Bewertung zukünftiger Bestandsobjekte mithilfe der Portfolio-Technik liegt darin, daß von vornherein eine weitgehende Vergleichbarkeit erzielt wird und Interdependenzen verdeutlicht werden.

Das dritte, in Tabelle 11 dargestellte Beispiel beinhaltet eine solche Projektbewertung. Es soll sich um einen projektierten SB-Markt an der Peripherie von Berlin handeln, dessen Fertigstellung für Ende 1993 zu erwarten ist. Das Projekt ist dem Geschäftsfeld einzelhandelsgenutzter Immobilien im Ballungsraum Berlin zuzuordnen.

---

598 Die Arten und Möglichkeiten der Ergreifung strategischer Maßnahmen ist Gegenstand des Abschnittes 4.3.5. auf Seite 199 ff.

599 Vgl. *Firstenberg/Ross/Zisler*, Estate, S. 24.

600 In diesem Zusammenhang wäre auch die Anwendung einer sogenannten "unscharfen Positionierung" möglich, bei für das Immobilienprojekt nicht ein die Portfolioposition markierender Punktwert, sondern ein Schätzbereich bestimmt wird. Siehe hierzu *Ansoff/Kirsch/Roventa*, Positioning, S. 230 ff.

Tab. 11: Bestimmung der Portfolioposition einer Immobilie (Beispiel 3)

Objektnummer: Projekt 1	Grundstücksfläche: 25.000 qm
Geschäftsfeld: Einzelhandel Raum Berlin	Nutzfläche: 15.000 qm
Name: "SB-Markt Gut & Günstig"	Nettomieteinnahmen p.a.: 2.700.000 DM
Standort: Schönhauser Allee XY, Berlin-Pankow	Verkehrswert (nach Fertigst.): 35.000.000 DM
Grundstückserwerb: 1991	Fertigstellung: Ende 1993

Hauptkriterien der Marktattraktivität	Gew.	Individuelle Ausprägung der Indikatoren (Kurzkommentar)	Bw.	Erg.
Wirtschaftliche und politische Rahmenbedingungen	15%	Grundsätzlich attraktiver Standort, instabile wirtschaftliche und politische Situation, Verwaltungsineffizienz	40	6
Demographische und sozioökonomische Entwicklung	5%	Hohe Bevölkerungsdichte, Sozialprobleme, starker Beschäftigungsrückgang, geringe aber entwicklungsfähige Kaufkraft	30	1,5
Infrastruktur	10%	Zukünftige Funktion als Stadtteilzentrum, allgemeine Infrastruktur hochgradig defizitär, Planungsnotstand, räumliche Anbindung und Strukturentwicklung ungewiß	40	4
Weiche Standortfaktoren	5%	Mäßiges Kultur- und Freizeitangebot im direkten Umfeld, Wohnproblem, geringe Attraktivität	30	1,5
Struktur und Entwicklung des Immobilienangebotes	15%	Noch geringes Flächenangebot, aber sehr hohes Projektvolumen in Peripherie, drohender Verdrängungswettbewerb, Lagenproblematik	40	6
Struktur und Entwicklung der Immobiliennachfrage	20%	Z. Zt. hoher Flächenbedarf, Sättigungstendenzen, hohe punktuelle Nachfragermacht der Filialisten	50	10
Miet- und Preisniveau des räuml. und sachl. Teilmarktes	25%	Überhöhte Preisniveaus, zukünftige Konstellation von Mietniveau, Rendite und Wertsteigerung wegen stadtgeographischer Entwicklung ungewiß	40	10
Ressourcenverfügbarkeit	5%	Relativ knappe Ressourcen, steigende Baupreise	40	2
Summe	*100%*	*Gesamtpunktwert Marktattraktivität*		*41*

Hauptkriterien der relativen Wettbewerbsvorteile	Gew.	Individuelle Ausprägung der Indikatoren (Kurzkommentar)	Bw.	Erg.
Nutzungskonzept und Funktionalität	20%	Klassischer, großflächiger SB-Markt, eingeschränkte Flexibilität und Drittverwendungsfähigkeit	60	12
Mietermix	15%	Handelskette guter Bonität als Hauptmieter, langfristiger Mietvertrag, eigene Untervermietung	80	12
Grundstücks- und Standortfaktoren	10%	relativ günstige, integrierte Lage in Stadtteilzentrum, gute Verkehrsanbindung, ausreichende Stellplätze am Objekt, keine Flächenreserven, einzelhandelstypische Agglomeration fehlt	70	7
Architektonische/technische Gestaltung und Objektalter	15%	Einfache, nüchterne "Schuhkartonarchitektur", zweckrationaler Neubau	20	3
Objektvolumen	5%	Hoher Marktanteil im direkten Umfeld, aber mittelfristig schrumpfendes Einzugsgebiet	60	3
Objektmanagement, Investitions- und Folgekosten	5%	Managementaufwand gering, Nebenkosten weitgehend umlagefähig, zukünftig hoher Instandhaltungs-/Recyclingbedarf absehbar	40	2
Ausschüttungsrendite	15%	Anfangsrendite sehr attraktiv, gute Entwicklungsmöglichkeit durch Indexanpassung	90	13,5
Wertsteigerungspotential	15%	Eher gering, kurzer Lebenszyklus, Lageentwicklung noch ungewiß	10	1,5
Summe	*100%*	*Gesamtpunktwert relative Wettbewerbsvorteile*		*54*

In der Bewertung des Projektes 1 kommt die Dynamik, der nicht nur die relativen Wettbewerbsvorteile einer Immobilie, sondern standortabhängig auch die Marktattraktivität unterliegt, zum Ausdruck. Gleichzeitig wird trotz des naturgemäß langfristigen Charakters von Immobilien die Notwendigkeit einer permanenten Erneuerung der Positionsbestimmung verdeutlicht.

Nachdem sämtliche Immobilien in der oben wiedergegebenen Form bewertet und in einem Immobilienportfolio positioniert worden sind, kann nun eine Aggregation der verschiedenen Immobilienportfolios zu einem Gesamtportfolio erfolgen. Auch hier bietet sich eine schrittweise Vorgehensweise an:

(1) Für jedes Objekt eines Immobilienportfolios werden die Gesamtpunktwerte je Betrachtungsdimension mit seinem Anteil am Immobilienportfolio gewichtet. Als Gewichtungsfaktor dient das Verhältnis des individuellen Verkehrswertes zum Gesamtverkehrswert aller Objekte des Immobilienportfolios.

(2) Die additive Verknüpfung der sich ergebenden Werte führt zu einem Geschäftsfeldscore, der dann - analog zum Verfahren für die Immobilienportfolios - auf der Skala in der Gesamtportfolio-Matrix abgetragen werden kann.

(3) Der Schnittpunkt der beiden Achsenwerte zeigt die Position des strategischen Geschäftsfeldes. Die Größe des Feldes kennzeichnet den Verkehrswert des Geschäftsfeldbestandes im Verhältnis zum Gesamtimmobilienbestand.[601]

Abbildung 30 enthält eine Übersicht des hierarchischen Portfolio-Modells mit den drei oben besprochenen Beispielimmobilien. Die Wirkung der Objektwerte auf die Position der strategischen Geschäftsfelder in dem Gesamtportfolio zeigt sich hier recht deutlich. Objekt 1 fällt mit einem geschätzten Verkehrswert von 150 Mio. DM sehr viel deutlicher ins Gewicht als Objekt 2 mit einem Wert von 7 Mio. DM. Da das Immobilienportfolio

601 Alternativ zu der Wahl des Verkehrswertes als Gewichtungsfaktor könnte sich die Darstellung in diesem Zusammenhang u.a. auch an der Performance der einzelnen Immobilien oder an deren Deckungsbeiträgen orientieren.

"Büroimmobilien Rhein-Main" in der hier gewählten Beispielsituation nur mit 2 Objekten bestückt ist, wird dessen Geschäftsfeldposition im Gesamtportfolio weitgehend von der Lage des Objektes 1 bestimmt.
Für das zweite strategische Geschäftsfeld "Einzelhandelsnutzung im Ballungsraum Berlin" stimmen die Positionen in Immobilien- und Gesamtportfolio überein, da es nur mit einer Immobilie ausgestattet ist.

Abb. 30: Bildung eines Gesamt-Portfolios aus den Immobilien-Portfolios

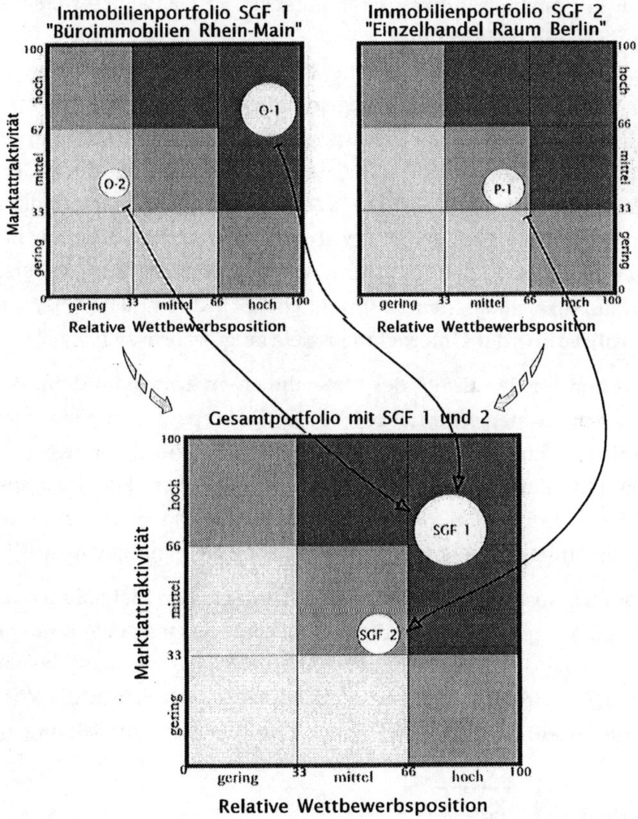

Mit der Feststellung der Portfolio-Positionen für sämtliche Immobilien wird die wesentliche Voraussetzung für eine konzeptionelle Gesamtsicht der Immobilienengagements offener Fonds geschaffen. Das Portfolio des offenen Immobilienfonds stellt sich mithin als ein Konglomerat von Immobilien dar, die zu einem bestimmten Planungszeitpunkt jeweils unterschiedliche relative Wettbewerbsvorteile gekoppelt mit einer unterschiedlich hohen Marktattraktivität aufweisen.

Die Bewertung der Immobilien erfolgte modellgemäß zeitpunktbezogen, d.h. es wurde die momentane bzw. unmittelbar zu erwartende Ausprägung der aufgestellten Indikatoren untersucht. Ergebnis dieser ersten Untersuchung ist ein Ist-Portfolio.
In einem nächsten Schritt ist nun die Analyse dahingehend zu erweitern, daß die Weiterentwicklung der gegenwärtigen Situation in der Zukunft betrachtet wird. Dabei ist zwischen zwei grundlegenden Alternativen zu unterscheiden:[602] Zum einen kann die zukünftige Entwicklung der Immobilienobjekte unter Beibehaltung der gegenwärtigen Unternehmenspolitik, d.h. ohne die Ergreifung neuer strategischer Maßnahmen zur Begegnung des Wandels in der Umwelt, untersucht werden. Zum anderen ist der Pfad aufzuzeichnen, den ein Immobilienobjekt nehmen sollte, um die aktive Realisierung der Unternehmensziele zu gewährleisten.

Als Kriterium für den Erfolg der Maßnahmen im Zeitablauf dient das Instrument der "strategische Lücke".[603] Die Diskrepanz zwischen dem bereits erreichten Zustand (Verlauf des "Status-Quo") und der angestrebten Situation ("Ziellinie") verdeutlicht den strategischen Handlungsbedarf eines offenen Immobilienfonds. Die Lücke ist umso geringer, je konsequenter das strategische Potential des Fonds bisher genutzt wurde.[604]

Nach der Diagnose ist zu prüfen, welche strategischen Maßnahmen ergriffen werden können, um eine für die Zukunft ausgemachte strategische Lücke im Sinne der Erreichung der Unternehmensziele zu schließen. Im Rahmen des Portfolio-Managements beinhaltet dieser Schritt die Vorwegnahme der zukünftigen Umwelt- und Unternehmensentwicklung durch

602 Vgl. *Hax/Majluf*, Management, S. 194 f.

603 Zum Instrument der Lückenanalyse in allgemeiner Form vgl. auch *Kreikebaum*, Unternehmensplanung, S. 42 ff.; *Frese*, Unternehmungsführung, S. 121 f.; *Knoll*, Erfolgsfaktoren, S. 98 ff.

604 Vgl. *Kreikebaum*, Unternehmensplanung, S. 42.

die Aufstellung eines Soll-Portfolios. Dieses umfaßt die Kombination der für den Planungszeitraum (z.B. 5 Jahre) erwarteten Veränderungen der Umweltzustände und der von dem Unternehmen für die einzelnen Immobilien vorgeschlagenen strategischen Aktionen zur Begegnung des Wandels. Die Zusammenfassung dieser beiden Kräfte in einem Soll-Portfolio führt regelmäßig zur Verschiebung der ursprünglichen Matrix-Position einer Immobilie.

In dem nachfolgenden Abschnitt sollen die Möglichkeiten zur Ergreifung von Strategien bei offenen Immobilienfonds diskutiert werden. Zunächst wird in diesem Zusammenhang auf die Gestaltungshinweise, die durch das Portfolio-Modell generiert werden können, einzugehen sein. Zusätzlich kommen über den Bereich des Portfolio-Managements hinausgehende strategische Optionen zur Sprache.

4.3.5. Formulierung von Strategien

4.3.5.1. Immobilienobjektstrategien

Die Positionierung der Immobilienobjekte in der Portfolio-Matrix erlaubt zunächst die direkte Gegenüberstellung strategischer Ausgangslagen. Dabei wird die Vergleichsmöglichkeit durch die Zuordnung zu den Feldern der Matrix geschaffen. Die Matrixfelder werden "als generalisierte Typen strategischer Positionen interpretiert, die sich in ökonomisch relevanten Chancen und Risiken unterscheiden und also auch differenzierte, typgemäße strategische Handlungsempfehlungen (Norm-Strategien) erfordern"[605].

Die neun Felder des Marktattraktivität-/relative Wettbewerbsvorteile-Portfolios lassen sich in drei generelle Bereiche einteilen, die in Abbildung 30 durch unterschiedliche Feldschattierungen zum Ausdruck kommen. Mit der Lage in einem dieser Bereiche werden unterschiedliche strategische Stoßrichtungen oder "Norm-Strategien" verknüpft. Im einzelnen sind dies:[606]

605 Vgl. *Szyperski/Winand*, Grundbegriffe, S. 77.

606 Vgl. *Hinterhuber*, Unternehmungsführung, S. 133 ff.

- *Investitions- und Wachstumsstrategien* für Positionen mit jeweils mittlerer bis hoher Marktattraktivität und relativen Wettbewerbsvorteilen,
- *Selektive Strategien* für Positionen auf der Diagonalen von links oben nach rechts unten,
- *Abschöpfungs- und Desinvestitionsstrategien* für Positionen mit jeweils geringer bis mittlerer Marktattraktivität und relativen Wettbewerbsvorteilen.[607]

Die Norm-Strategien sollen dem Begriff entsprechend lediglich als Handlungsempfehlungen bzw. als Denkanstöße[608], nicht aber als strategische Notwendigkeiten verstanden werden. Sie können nur die grobe Entwicklungsrichtung vorgeben und bedürfen einer detaillierten Anwendungsprüfung im Lichte der situativen Ausgangslage und umsetzungsfähiger Erfolgspotentiale.

Bevor eine kritische Beurteilung dieser Handlungsempfehlungen vorgenommen wird, soll zuvor unter Rückgriff auf die oben entwickelten Beispiele versucht werden, mögliche strategische Stoßrichtungen für Immobilienobjekte zu skizzieren. Die Darstellung erfolgt aus Gründen der Übersichtlichkeit und Vergleichbarkeit der Normstrategien in stichwortartiger Form.[609]

---

607 Die Portfolio-Positionen werden häufig auch mit einer griffigen Ampel-Metapher belegt. Positionen oberhalb der Diagonalen werden danach als grüner Bereich bezeichnet, auf der Diagonalen als gelber Bereich, unterhalb der Diagonalen als roter Bereich.

608 Vgl. *Roventa*, Portfolio-Analyse, S. 163.

609 Die Ausführung ist an die von *Hinterhuber* (Unternehmungsführung, S. 132 ff.) vorgeschlagene Systematisierung angelehnt.

(1) *Investitions- und Wachstumsstrategien*

Situation:	Marktattraktivität und relative Wettbewerbsposition jeweils mittel bis hoch
Ziel:	Sicherung oder Ausbau der Wettbewerbsvorteile (in Bezug auf Konkurrenzimmobilien)
Normstrategie:	Investitions- und Wachstumsstrategie
Aktionen:	Technische und managementorientierte Optimierung der Bestandsobjekte. Konsolidierung der Wettbewerbsposition. Erschließung von Flächenreserven.
Cash-Flow:	Kurzfristig gering bis negativ, langfristig hoch.
Wertentwicklung:	Hoch
Risiko:	Mäßig/berechenbar
Ökonom. Horizont:	Mittel- bis langfristig
Bedeutung:	Die Immobilien tragen zum zukünftigen Gewinn und Wachstum des Bestandes bei und erfordern hohe Investitionen.
Beispiel:	Objekt 1 des SGF 1 "Büroimmobilien Rhein-Main"

(2) *Abschöpfungs- oder Desinvestitionsstrategien*

Situation:	Marktattraktivität und relative Wettbewerbsposition jeweils gering bis mittel
Ziel:	Abschöpfung der Gewinne oder Objektverkauf
Normstrategie:	Abschöpfungs- oder Desinvestitionsstrategie
Aktionen:	Maximierung der Ausschüttungsrendite unter Vermeidung größeren Kapital- und Managementeinsatzes oder Kapitalfreisetzung und Realisierung von Wertsteigerungen durch Objektverkauf. Im Ausnahmefall Redevelopment des Objektes als strategische Alternative, um in attraktivere Markt- und Wettbewerbsposition zu gelangen.

Cash-Flow: Kurzfristig positiv, langfristig negativ.

Wertentwicklung: Gering

Risiko: Gering

Ökonom. Horizont: Kurzfristig

Bedeutung: Die Immobilien sind in der Regel ältere Bestandsobjekte und tragen zum gegenwärtigen Gewinn des Portfolios bei, ohne weitere Investitionen zu erfordern. Im allgemeinen sind über die Haltedauer entstandene Wertsteigerungen durch Desinvestition zu realisieren, um das Kapital produktiveren Zwecken zuzuführen.

Beispiel: Objekt 2 des SGF 1 "Büroimmobilien Rhein-Main"

(3) *Selektive Strategien*

(a) *Offensivstrategien*

Situation: Hohe Marktattraktivität, aber nur schwache relative Wettbewerbsposition

Ziel: Aufbau von Wettbewerbsvorteilen

Aktionen: Die Immobilienobjekte benötigen hohe Entwicklungsinvestitionen, um die relative Wettbewerbsposition zu verbessern.

Desinvestition, falls nachhaltige Wettbewerbsvorteile nicht erzielt werden können.

Cash-Flow: Kurz- bis mittelfristig negativ, langfristig positiv.

Wertentwicklung: Potentiell hoch

Risiko: Hoch

Ökonom. Horizont: Langfristig

Bedeutung: Der Investor muß die Objekte mit Rendite- und Wertentwicklungspotential auswählen und einer grundlegenden Erneuerung unterziehen, um die Wettbewerbsfähigkeit aufzubauen. Nicht entwicklungsfähige Objekte sind zu veräußern.

Beispiel: Typischerweise etwa ältere Objekte in guter Lage an attraktiven Standorten. Aufgrund nicht mehr zeitgerechter innerer und äußerer Gestaltung bedürfen sie eines umfassenden Redevelopments.

(b) Übergangsstrategien

Situation: Mittlere Marktattraktivität und relative Wettbewerbsposition

Ziel: Maximierung des Cash-Flow

Aktionen: Versuch einer horizontalen Positionsänderung der strategischen Geschäftsfelder ohne großen Ressourceneinsatz.

Abwarten, wie sich die Marktattraktivität verschiebt, um dann abgestimmte Maßnahmen ergreifen zu können.

Beispiel: Projekt P 1 des SGF 2 "Einzelhandel Raum Berlin"

(c) Defensivstrategien

Situation: Geringe Marktattraktivität, aber gute relative Wettbewerbsposition

Ziel: Wettbewerbsposition halten, Cash-Flow maximieren

Aktionen: Optimierung des Objektmanagements (Mietermix, Vertragsgestaltung, Marketing), Kostensenkungsprogramme

Cash-Flow: Kurz- bis mittelfristig stark positiv, langfristig negativ.

Wertentwicklung: Gering

Risiko: Niedrig

Ökonom. Horizont: Mittelfristig

Bedeutung: Die Objekte benötigen geringen Ressourceneinsatz, um ihre Wettbewerbsposition zu halten, und tragen aufgrund ihrer hohen Ausschüttungsrendite zur Finanzierung der Wachstumsimmobilien bei.

Beispiel: Gut vermietete Immobilien an weniger attraktiven Standorten.

Die schlaglichtartige Darstellung der Normstrategien verdeutlicht die grundsätzliche Empfehlung für das Portfolio-Management, einerseits sich bietende Chancen zu nutzen und vorhandene Stärken auszubauen, andererseits Risiken am Markt festzustellen und eigene Schwächen abzufedern oder zu minimieren.

Die angestrebte Positionsänderung für die einzelnen Immobilienobjekte findet ihren visuellen Ausdruck in einem Soll- bzw. Ziel-Portfolio. Abbildung 31 zeigt mögliche Entwicklungsrichtungen für die Objekte des Immobilienportfolios "Büroimmobilien Ballungsraum Rhein-Main".

Abb. 31: Aufstellung eines Ziel-Portfolios

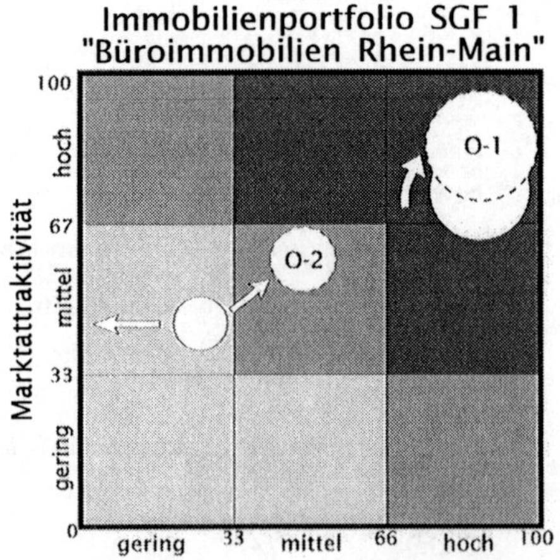

Fraglich ist in diesem Zusammenhang, ob sich die von den Normstrategien generell suggerierten Denkanstöße mit den situativen Gegebenheiten des Immobilien-Portfolios im allgemeinen und des Immobilienobjektes im besonderen in Übereinstimmung bringen lassen. Die damit verbundene Problematik soll durch einige Hinweise beleuchtet werden.

Für das Beispiel des Objektes 1 wäre eine Investitions- und Wachstumsstrategie zwar wünschenswert, diese läßt sich bei immobilen Objekten jedoch nur in sehr eingeschränkter Weise realisieren. Denkbar wäre in diesem Zusammenhang etwa die Ausnutzung von Flächenreserven durch zusätzliche Überbauung, falls das durch den Bebauungsplan vorgegebene Maß der baulichen Nutzung nicht bereits vollends ausgeschöpft wurde. Des weiteren könnten vorhandene Nebenflächen in Nutzflächen umgewandelt werden, um das ertragsgenerierende Flächenmaß zu erhöhen. Im allgemeinen ist jedoch davon auszugehen, daß bei Objekten dieser Art eine Optimierung der Flächenausnutzung in der Vergangenheit bereits hinlänglich herbeigeführt wurde.
Die sich für das Fondsmanagement ergebenden Möglichkeiten erstrecken sich daher im wesentlichen auf eine Minimierung der objektbezogenen Kosten bzw. eine Maximierung des Ertragspotentials im Vermietungsbereich. Eine auf diese Weise beabsichtigte Konsolidierung der Wettbewerbsposition macht eine hohe und dauerhafte Mittelzufuhr, die über die Mittelbindung durch die hohe Anfangsinvestition hinausgeht, nur in einigen Fällen erforderlich. Eine Situation dieser Art könnte eintreten, wenn z.B. eine Anpassung der Gebäudeausrüstung an den aktuellen technologischen Stand oder etwa eine attraktivere Gestaltung von Fassaden- und Eingangsbereich erforderlich wird.

Auch eine Abschöpfungs- oder Desinvestitionsstrategie muß im Lichte der individuellen Objektsituation geprüft werden. Eine wichtige Rolle spielt in diesem Zusammenhang die grundlegende Erneuerung bzw. das Redevelopment einer Immobilie.
Statt einer Desinvestition könnte eine Revitalisierung verbunden mit einer Nutzungsoptimierung z.B. dazu führen, daß eine Immobilie in ein anderes Marktsegment vordringt und damit eine diagonale Verlagerung in der Matrix erfährt. Eine Erlangung höherer Marktattraktivität verbunden mit einer besseren Wettbewerbsposition könnte im Anschluß an eine Flächenrevitalisierung etwa durch die Umgestaltung von Lagerräumen in Büro-

flächen erfolgen. Auch innerhalb einer Nutzungsart wäre bei bislang nicht lageadäquat bzw. zweckoptimal gestalteten Immobilien über eine Verbesserung der baulichen Ausstattung der Vorstoß in eine attraktivere Matrixposition denkbar.[610]
Eine kurzfristig angelegte Abschöpfungsstrategie verbunden mit einer mittelfristigen Veräußerung des Objektes erscheint demgegenüber dann sinnvoll, wenn eine nachhaltige Verbesserung der Portfolio-Position nicht mehr möglich bzw. ökonomisch nicht vorteilhaft ist, und die durch Alternativanlagen gebildeten Opportunitätskosten die Nutzenabgabe des Objektes übersteigen.[611]

Von großer Bedeutung für die jeweilige Interpretation des Ist-Portfolios ist auch die strategische Grundhaltung und Zielsetzung des Fondsmanagements. Ein risikofreudiger und unternehmerisch handelnder Investor könnte beispielsweise hinsichtlich des Objektes 1 zu dem Schluß kommen, daß es besser sei, das Objekt zu veräußern als es zu halten.
Eine solche Vorgehensweise könnte auf der Überlegung beruhen, daß das Fondsmanagement durch eigene Maßnahmen nur in sehr begrenzter Weise zu einer weiteren Wertsteigerung bzw. Optimierung des Objektes "Business-Carré" beitragen kann. Die Realisierung der seit dem Erwerbszeitpunkt erfolgten Wertsteigerung würde, sofern vorhanden, Mittel für Investitionen in andere Objekte freisetzen. Die dem Fondsmanagement zur Verfügung stehenden Ressourcen könnten dann in Immobilien investiert werden, die durch die Einbringung der eigenen Wertaktivitäten[612] ein höheres Entwicklungspotential aufweisen. Als Beispiel hierfür mag das Objekt 2 gelten, bei welchem das Fondsmanagement im Gegensatz zu Objekt 1 eine größere Wertschöpfung herbeiführen kann.

Das Ziel eines auf diese Weise agierenden offenen Immobilienfonds[613] könnte darin bestehen, aussichtsreiche Objekte mit derzeit geringer bis

---

610 Vgl. auch *Waldmann*, Immobilienmanagement, S. 70.

611 *Simon* (Phenomenon, S. 42) weist darauf hin, daß der Bereinigung von Immobilienportfolios durch Austrittsstrategien in schwierigeren Marktphasen besondere Bedeutung zukommt: "In today's real estate market, financial institutions need to understand the potential of unwanted assets and find ways to maximize their value, both while held and when finally sold. In short, they must develop an exit strategy."

612 Vgl. die Ausführungen in Abschnitt 4.2.3.2. auf Seite 158 ff.

613 Als Beispiel für eine derartige strategische Ausrichtung könnte tendenziell die von *Rohrbach* (Wandel, S. 368) für den Fonds "grundbesitz-invest" stichwortartig formulierte Anlagepolitik dienen: "Erwerb unbebauter, baureifer Grundstücke zur Ent-

mittlerer Marktattraktivität und relativen Wettbewerbsvorteilen zu erwerben, sie durch eigene Wertaktivitäten in attraktivere Positionen zu überführen und anschließend unter Abschöpfung der entstandenen Wertsteigerung zu veräußern.[614]
Im Gegensatz dazu mag sich ein am Markt eher passiv auftretender und risikoavers eingestellter offener Immobilienfonds darauf beschränken, Objekte zu erwerben, die bereits eine solcherart attraktive Portfolio-Position besitzen oder diese langfristig ohne eigenes Zutun erreichen, sowie sein Portfolio um Objekte in schwacher Position zu bereinigen.

Zusammenfassend kann festgehalten werden, daß die modellimmanenten Hinweise über mögliche strategische Stoßrichtungen nur als mögliche Entwicklungsrichtungen zu verstehen sind. Sie weisen auf Unausgewogenheiten im Portfolio hin und geben generelle Ideen für deren Beseitigung.[615] Das Portfolio-Modell ist jedoch nicht dafür konzipiert worden, die Formulierung ausgereifter Strategien für die einzelnen Geschäftsfelder zu übernehmen.[616]
Vielmehr ist es als die primäre Aufgabe des Fondsmanagements anzusehen, für jedes einzelne Immobilienobjekt im Anschluß an die Feststellung der strategischen Ausgangslage eine auf die Erreichung der Unternehmensziele gerichtete Strategie zu entwickeln. Dabei steht bei Immobilienobjektstrategien das Bestreben im Mittelpunkt, Wettbewerbsvorteile gegenüber Konkurrenzimmobilien zu erzielen und Erfolgspotentiale zu realisieren.[617]

---

wicklung, Bebauung und Vermietung; Erwerb von teilweise bebauten Grundstükken oder Grundstücken, die nach dem Baurecht Erweiterungsbauten zulassen; Erwerb von bebauten Grundstücken, die durch Umstrukturierung der Nutzung, verbunden mit Umbaumaßnahmen einem Objekt neue Impulse geben oder veränderten Markt- und Standortsituationen angepaßt werden können".

614 Vgl. auch *Dubben/Sayce,* Property, S. 200 f. *Gälweiler* (Unternehmensführung, S. 81) trifft eine ähnliche Feststellung: "Einer hohen Marktposition in der Reifephase muß in der Regel eine langfristig darauf abgestellte und durchgehaltene Strategie vorausgegangen sein. Solche Geschäftsfelder mit guten Marktpositionen lassen sich zwar auch kaufen. Aber erstens muß sie dann ein anderer aufgebaut und durchgehalten haben; zweitens kosten sie dann häufig so viel, daß die gleichen Beträge besser direkt dem vorzufinanzierenden Wachstumsgeschäft zugeführt werden."

615 Vgl. *Roventa,* Portfolio-Analyse, S. 166.

616 Vgl. *Gälweiler,* Unternehmensführung, S. 82. Vgl. auch Fußnote 560 auf S. 174.

617 Vgl. *Bevan,* Property, S. 132.

Im folgenden soll daher geprüft werden, auf welche Weise ein offener Immobilienfonds im Rahmen seines Immobilienportfolio-Managements Wettbewerbsvorteile aufbauen kann.
"Relative Wettbewerbsvorteile sind Tätigkeiten, mit denen die Unternehmung ihren Produkten und/oder Dienstleistungen herausragende und auf Dauer haltbare Eigenschaften verleiht, die für den Abnehmer von größerem Wert sind als diejenigen der Konkurrenzprodukte."[618] Der Erfolg einer Immobilie ist damit letztlich abhängig von Ihrer Problemlösungsfähigkeit, d.h. von der Frage, ob sie das Raumnutzungsbedürfnis eines Mieters besser als eine Konkurrenzimmobilie zu erfüllen vermag.

Wettbewerbsvorteile können auf vielfältige Weise entstehen. Bei systematischer Betrachtungsweise ergeben sich nach Porter grundsätzlich drei Ausgangspunkte der kompetitiven Vorteilsgestaltung bei Immobilien:[619] Kostenführerschaft, Differenzierung oder Konzentration auf Schwerpunkte.[620]

Die Wettbewerbsstrategie der Kostenführerschaft stellt darauf ab, hinsichtlich der Gesamtkosten eines Immobilienobjektes ein Niveau unterhalb vergleichbarer Konkurrenzobjekte zu erzielen. Ein relativer Vorsprung bei den Investitionskosten wirkt sich positiv auf den von der Immobilie produzierten Cash Flow aus. Ein Folgekostenvorteil führt ebenso tendenziell zu einer erhöhten Ausschüttungsfähigkeit. Die Bewirtschaftungskosten als Teil der Folgekosten versetzen das Fondsmanagement darüber hinaus in die Lage, das Wechselspiel von Mietzins und umlagefähigen Nebenkosten zu seinen Gunsten zu gestalten.
Neben der Steigerung des Cash Flows besteht die Möglichkeit der Weitergabe des Vorteils an den Mieter der Immobilie, z.B. durch geringere Mietforderungen. Auf diesem Wege könnte bei Leerständen in einem Immobilienobjekt die Absorptionsrate erhöht werden. Voraussetzung dafür ist, daß die Immobilie von potentiellen Mietern bezüglich konkurrie-

618 *Hinterhuber*, Unternehmungsführung, S. 149 f.

619 Siehe hierzu *Porter*, Wettbewerbsstrategie, S. 62 ff.; *Porter*, Wettbewerbsvorteile, S. 31 ff. Die Möglichkeiten des Aufbaus von Wettbewerbsvorteilen wurden mit Bezug auf das Gesamtunternehmen bereits im Rahmen der Behandlung der Wertschöpfungskette auf Seite 162 f. diskutiert.

620 Die drei Strategiealternativen stellen ein Unternehmen, wie von *Porter* (Wettbewerbsstrategie, S. 71 ff.) ursprünglich postuliert, nicht in absoluter Form vor eine "Entweder-Oder-Entscheidung", sondern sind in Grenzen auch als kombinationsfähig anzusehen. Siehe hierzu auch *Miller*, Strategy, S. 37 ff.

render Objekte als vergleichbar angesehen und eine gewisse Mindestqualität nicht unterschritten wird.[621]

Eine Differenzierungsstrategie basiert auf der Schaffung eines "Besonderheitscharakters"[622] für die Immobilie. Gelingt es dem Fondsmanagement, einer Immobilie in den Augen des Mieters den Status der Einzigartigkeit zu verleihen, wird sie den Kräften des Wettbewerbs, insbesondere des Preiswettbewerbs, entzogen.[623] Es bieten sich zwei grundlegende Anknüpfungspunkte für die Entwicklung einer Differenzierungsstrategie an:[624] Entweder steigert die Immobilie den Nutzungswert des Mieters, oder sie verhilft dem Mieter zu einer Senkung seiner Nutzungskosten[625].

Graaskamp nimmt eine weitere Differenzierung möglicher Ansatzpunkte für den Aufbau von Wettbewerbsvorteilen bei Immobilienobjekten vor. Er unterscheidet fünf Methoden:[626]

- Erhöhung der Produktivität des Mieters: "Reduce the cost of friction, (...) or of inefficient space layouts housing the user's activity" (z.B. durch effiziente Flächenaufteilung, flexiblen Innenausbau).[627]
- Aufbau stetiger, langfristiger Mietengagements: "Reduce the level of anxiety of the user in terms of property and per-

621 Vgl. *Porter*, Wettbewerbsvorteile, S. 33.

622 *Steinmann/Schreyögg*, Management, S. 169.

623 Vgl. *Porter*, Wettbewerbsstrategie, S. 66; *Graaskamp*, Fundamentals, S. 632. Das Verhältnis von Preis und Nutzen der Immobilie darf jedoch auch bei der Differenzierungsstrategie nicht ungleichgewichtig werden. Ein gewisser Maximalpreis sollte nicht überschritten werden, da dies zu Ausweichüberlegungen seitens der Mieter führen könnte.

624 Vgl. *Steinmann/Schreyögg*, Management, S. 170.

625 Unter die Nutzungskosten sind in diesem Zusammenhang nicht nur Miet- und Nebenkosten zu subsumieren, sondern auch rein betriebsinterne Aufwendungen des Mieters für die Raumnutzung. Bei der Senkung der Nutzungskosten des Mieters handelt sich in gewisser Weise um einen Spezialfall, der zwischen der Differenzierungs- und einer Kostenführerschaftsstrategie anzusiedeln ist und der auf eine Optimierung der mieterseitigen Gesamtkosten der Raumnutzung abstellt.

626 *Graaskamp*, Fundamentals, S. 634 f.; vgl. *Cannon*, Challenges, S. 26 f. Siehe auch die Vorschläge von *Bevan* (Property, S. 133 ff.) und *Voelker* (Opportunities, S. 13 ff.) zum Aufbau von Wettbewerbsvorteilen und den Gestaltungsmöglichkeiten einer Differenzierungsstrategie bei Immobilienberatungsgesellschaften.

627 *Lawrence* (Design, S. 16 f.) liefert eine Reihe praktischer Beispiele für die Möglichkeiten der Produktivitätssteigerung durch effizientes und auf die Bedürfnisse der Nutzer abgestimmtes "Building Design" bei amerikanischen Unternehmen.

son or as to future adjacent development or control of other tenants in the project".

- Erzielung positiver externer Effekte für den Mieter durch Bündelung von Standortvorteilen: "Shift the balance of who typically pays and who typically benefits in the marketplace" (z.B. durch verbesserte Verkehrsanbindung, räumliche Nähe von Wohnen und Arbeiten, Nähe zu Versorgungs-, Kultur- und Freizeiteinrichtungen).[628]
- Vermittlung einer korrespondierenden Corporate Identity durch das Immobilienobjekt: "Enhance user self-esteem, (...) or the prestige which is to be transferred and contributed to the consumer for locating in a specific project" (z.B. durch entsprechende architektonische Gestaltung, Schaffung einer "Adresse").[629]
- Übertragung bzw. Reduktion des Änderungsrisikos: "Shifting or reducing the risk of change" (z.B. durch langfristige Vertragsgestaltung, besonderen Mietermix).

Voraussetzung für die Erfolgswirksamkeit einer Differenzierungsstrategie ist, daß der mit der Immobilie verknüpfte kompetitive Zusatznutzen dauerhaft, "für den Kunden wichtig ist und von dem Kunden tatsächlich als solcher wahrgenommen wird"[630]. Gelingt es, dem Mieter über den Zusatznutzen die Einzigartigkeit der angebotenen Immobilie zu vermitteln, dann bewirkt dies eine Art Monopolstellung der Immobilie.[631]

Als dritte Möglichkeit der wettbewerbsstrategischen Ausrichtung wurde die Verfolgung einer Fokusstrategie bzw. die Konzentration auf Schwer-

---

628 Vgl. auch *Sarvis*, Facility, S. 11 f.

629 In einer empirischen Untersuchung von Bankfilialen wurde die Bedeutung der architektonischen Gestaltung für die Corporate Identity von Unternehmen nachgewiesen. Siehe hierzu *Schwanzer*, Bedeutung, S. 41 ff.; vgl. auch *Lawrence*, Design, S. 18 f.; *Morgan*, Entwicklung, S. 169.

630 *Steinmann/Schreyögg*, Management, S. 171; vgl. *Simon*, Management, S. 465; *Aaker*, Markt-Management, S. 209.

631 Vgl. *Schreyögg*, Unternehmensstrategie, S. 99. "Monopoly is achieved when you can find a group unserved adequately by present offers, a gap, if you will, of unmet needs within an array of small micro-markets that in total create that vague and nonexistent phenomenon called the real estate market." *Graaskamp*, Fundamentals, S. 635.

punkte genannt. Es handelt sich dabei um die Verfolgung einer Strategie der Kostenführerschaft oder der Differenzierung mit der Wahl eines begrenzten Wettbewerbsfeldes. Die Grundüberlegung ist hier, daß ein spezialisiertes Unternehmen in einer Marktnische besser und effektiver operieren kann als ein generalistisch ausgerichteter Wettbewerber.[632] Für den Immobilienbereich läßt sich eine Fokusstrategie durch drei Kriterien kennzeichnen:[633]

- Konzentration auf eine bestimmte Nutzergruppe: z.B. Mieter, die einer bestimmten Branche angehören (Finanzdienstleistungsbereich, Unternehmensberatung, Mikroelektronikbranche) oder Mieter bestimmter Größenklassen (Existenzgründer, kleine und mittelständische Unternehmen).
- Konzentration auf einen bestimmten Immobilientyp: z.B. innovative Immobilienformen ("Vertical Malls", Einkaufsgalerien, Boardinghäuser) oder Immobilienarten mit zusätzlichen Dienstleistungen (themenbezogene Gewerbeparks, Büroimmobilien mit synergetischem Mietermix).[634]
- Konzentration auf einen geographisch abgegrenzten Markt: z.B. Beschränkung auf die Tätigkeit in einer bzw. wenigen Regionen, verbunden mit überlegenem lokalen Kenntnissen und Verbindungen.

Eine Fokusstrategie bietet sich insbesondere für Immobilieninvestoren an, die nicht über die notwendigen Ressourcen verfügen, um im Markt der großvolumigen "Prime Properties" zu konkurrieren.[635] Durch die Akquisition oder Entwicklung von Immobilienobjekten in Marktnischen, sind sie dennoch in der Lage, nachhaltige Wettbewerbsvorteile aufzubauen und sich den vor allem in einem breiteren Markt wirkenden Wettbewerbskräften weitgehend zu entziehen.

---

632 Vgl. *Porter*, Wettbewerbsstrategie, S. 67; vgl. auch *Bevan*, Property, S. 145.

633 Vgl. auch *Porter*, Wettbewerbsstrategie, S. 67; *Aaker*, Markt-Management, S. 226 ff.

634 Vgl. auch *Ehrlich*, Investoren, S. 419 f.

635 Vgl. *Ori*, Strategies, S. 95. Eine solche Fokusstrategie verfolgt beispielsweise "German City Estates", ein auf dem deutschen Immobilienmarkt operierender Fonds des London & Edinburgh Trust: "... I regard the slot that we have in the market as relatively immune. We're not aiming at the top level of buildings; we aim to be more creative and invest were we can add value". *o.V.*, Germany, S. 47.

Es konnte gezeigt werden, daß Wettbewerbsvorteile für Immobilien auf mannigfaltige Weise erzielbar sind. Die Anwendung bzw. Umsetzung der strategischen Gestaltungsvorschläge wird jedoch durch die besonderen Gutseigenschaften der Immobilie erschwert.
Eine Immobilie als solche muß in kurzfristiger Sicht im wesentlichen als unveränderbar angesehen werden, da der Investor seine Verfügungsrechte aufgrund des Eingehens von Mietverhältnissen zum Teil auf einen bzw. mehrere Mieter übertragen hat. Die Aktivitäten richten sich hier im wesentlichen auf die Sicherung bereits definierter Wettbewerbsvorteile. Insofern muß ein vorhandenes Immobilienportfolio grundsätzlich als "träge" bezeichnet werden.[636] Erst in mittel- bis langfristiger Sicht wird er - den Standort ausgenommen - in die Lage versetzt, die wesentlichen, ein Immobilienobjekt charakterisierenden Eigenschaften zu verändern.

Anders sind hingegen die Bewegungen an der Peripherie des Bestandes zu beurteilen, d.h. die Hereinnahme und das Ausscheiden von Immobilien in und aus dem Portfolio.[637] In diesem Zusammenhang kann dem Fondsmanagement insbesondere dann weitgehende Handlungsfreiheit bezüglich des Aufbaus von Wettbewerbsvorteilen für eine Immobilie zugesprochen werden, wenn es an der Projektentwicklung derselben beteiligt war. Für den Fall, daß sich ein Investor auf die Akquisition von Objekten beschränkt, grenzt sich die Tätigkeit auf die Wahl derjenigen Immobilien ein, die Wettbewerbsvorteile in der oben beschriebenen Weise bereits besitzen oder die Möglichkeit des Ausbaus von Vorteilen durch geeignete strategische Maßnahmen bieten.

636 Das Immobilienportfolio unterscheidet sich damit aber nicht wesentlich von dem klassischen Fall des Geschäftsfelderportfolio eines diversifizierten Industrieunternehmens, da auch hier interne und externe Friktionen die unmittelbare Gestaltungsfähigkeit des Managements einschränken.

637 Insofern ist in diesem Zusammenhang die weiter oben bereits erwähnte Offenheit des hier vorgestellten Portfolio-Modells für die Beurteilung von Bauprojekten und Akquisitionsobjekten von besonderer Bedeutung.

4.3.5.2. Geschäftsfeldstrategien

Die Veränderungen an der Peripherie des Bestandes, d.h. die Umschichtungen innerhalb eines Immobilienportfolios, resultieren nicht allein aus den oben geschilderten Immobilienobjektstrategien, sondern auch aus strategischen Entscheidungen auf den beiden darüber liegenden Ebenen. Damit ist zum einen der Bereich der Geschäftsfelder, welcher die einzelnen Immobilienportfolios in dem Gesamtportfolio repräsentiert, zum anderen der Gesamtunternehmensbereich angesprochen.

Geschäftsfeldstrategien beziehen sich somit nicht auf einzelne Immobilienobjekte, sondern objektübergreifend auf eine Gruppe von Immobilien, die nach den Abgrenzungskriterien Ballungsraum und Nutzungsart gebildet wurde. Es ergeben sich damit enge Verbindungen zwischen der Immobilienobjekt- und der Geschäftsfeldebene.

Die strategischen Wahlmöglichkeiten für Geschäftsfeldstrategien beziehen sich ganz allgemein auf die Ergreifung von Maßnahmen zum Erwerb bzw. zur Festigung der Wettbewerbsposition vor dem Hintergrund der festgestellten Umweltdynamik.[638] Die Vorgehensweise des Unternehmens kann sich in diesem Zusammenhang an drei Grundhaltungen orientieren:[639]

- *Defensive Strategie*: Die Wettbewerbsbedingungen in einem Geschäftsfeld werden als gegeben hingenommen. Das Fondsmanagement versucht, die Geschäftsfeldaktivitäten in Abhängigkeit der Stärken und Schwächen so zu plazieren, daß eine geschützte bzw. verteidigungsfähige Wettbewerbsposition erreicht wird.
- *Offensive Strategie*: Das Fondsmanagement verfolgt das Ziel, die Geschäftsfeldstruktur zu seinen Gunsten zu verändern bzw. die Spielregeln des Wettbewerbs neu zu definieren.

---

638 *Hinterhuber* (Unternehmungsführung, S. 163) fordert hier, "der Umweltdynamik eine Führungsdynamik gegenüberzustellen".

639 Siehe hierzu *Porter*, Wettbewerbsstrategie, S. 57 ff.; *Steinmann/Schreyögg*, Management, S. 169. Eine detaillierte Betrachtung der einzelnen strategischen Gestaltungsmöglichkeiten auf der Geschäftsfeldebene soll hier nicht erfolgen. Siehe hierzu auch die von *Bevan* (Property, S. 146 ff.) in Analogie zu militärischen Operationen herausgearbeiteten offensiven und defensiven Strategiemuster.

- *Strategie des Wandels*: Die für ein Geschäftsfeld prognostizierten strukturellen Veränderungen und Entwicklungen werden hinsichtlich seiner Auswirkungen auf den Wettbewerb analysiert. Es wird in erster Linie durch Flexibilitätssteigerung versucht, den Wandel auszunutzen und frühzeitig eine überlegene Wettbewerbsposition in einer veränderten Geschäftsfeldsituation einzunehmen.[640]

Neben der Bestimmung einer allgemeinen Grundhaltung für die Konzeption der Geschäftsfeldaktivitäten besteht die Aufgabe einer Geschäftsfeldstrategie in der Koordination und Integration der Immobilienstrategien innerhalb eines strategischen Geschäftsfeldes.[641]

4.3.5.3. Gesamtunternehmensstrategien

Eine Gesamtunternehmensstrategie soll die zukünftige Unternehmensevolution hinsichtlich Art und Richtung definieren. Sie "bestimmt im einzelnen,

(1) in welchen Märkten, Marktsegmenten oder Marktnischen die Unternehmung aus welchen Gründen tätig sein will, und

(2) wie die Gesamtheit der strategischen Geschäftseinheiten, die in den unter (1) definierten Märkten, Marktsegmenten und Marktnischen operieren, zu führen sind, damit die Unternehmung langfristig ihre Gewinnperspektiven verbessern kann"[642].

Die Festlegung der Märkte, Marktsegmente oder Marktnischen bezieht sich auf die Wahl der strategischen Geschäftsfelder als Orte des Wettbewerbs und resultiert aus der Bestimmung der leistungswirtschaftlichen Ziele des offenen Immobilienfonds.[643]

640 Siehe hierzu auch *Koch*, Unternehmenspolitik, S. 207 ff.

641 Vgl. auch *Kreilkamp*, Management, S. 11.

642 *Hinterhuber*, Unternehmungsführung, S. 162.

643 Siehe hierzu auch Abschnitt 4.1.3.3. auf Seite 108 f.

In diesem Zusammenhang hat das Fondsmanagement sein Geschäftsfelderportfolio einer permanenten Prüfung zu unterziehen und Entscheidungen darüber zu treffen, ob es über die Aktivitäten in seinen vorhandenen Geschäftsfeldern die gesetzten strategischen Ziele grundsätzlich erreichen kann. Darüber hinaus wäre die Frage zu stellen, ob bestehende Geschäftsfelder aufzugeben oder neue Geschäftsfelder dem Portfolio hinzuzufügen sind.

Die Begrenzung oder Ausweitung bestehender bzw. die Entfaltung neuer Geschäftsaktivitäten führt zu einer der am häufigsten angestellten strategischen Überlegungen auf der Gesamtunternehmensebene: der Diversifikation. Unter einer Diversifikationsstrategie ist das Bemühen um die Extensivierung der Produkt/Markt-Kombinationen eines Unternehmens zu verstehen.[644]

Eine Diversifikationsstrategie für offene Immobilienfonds kann sich auf das Angebot bestehender Produkte in neuen Märkten (vertikale Diversifikation), auf die Entwicklung neuer Produkte in bestehenden Märkten (horizontale Diversifikation) oder auf neue Produkte in neuen Märkten (laterale Diversifikation) beziehen. Die Optionen führen zu der Erweiterung des vorhandenen Geschäftsfeldspektrums, wenn - entsprechend der hier gewählten Geschäftsfelddefinition - Produkte als Immobiliennutzungsarten und Märkte als Ballungsräume interpretiert werden.[645] Analog zu dem oben ausgeführten Beispielportfolio mit den beiden Geschäftsfeldern "Büroimmobilien im Ballungsraum Rhein-Main" und "Einzelhandelsimmobilien im Ballungsraum Berlin" wäre beispielsweise das Investment in Gewerbeparks im Raum Berlin als horizontale Diversifikation, das Angebot von Einzelhandelsimmobilien im Ballungsraum München als vertikale Diversifikation sowie Gewerbeparks im Raum München als laterale Diversifikation zu werten.[646]

---

644 Vgl. *Szyperski/Winand*, Grundbegriffe, S. 73. Das Gegenteil einer Diversifikationsstrategie ist in einer Spezialisierungsstrategie zu sehen. Diese würde für offene Fonds bedeuten, sich auf nur ein einzelnes bzw. einige wenige strategische Geschäftsfelder zu konzentrieren und dafür andere Geschäftsfelder aufzugeben. Aufgrund der Reziprozität von Diversifikation und Spezialisierung soll letztere hier nicht näher behandelt werden.

645 Ein gleiches Begriffsverständnis findet sich bei *Ori*, Strategies, S. 95.

646 *Cole/Guilkey/u.a.*(Strategies, S. 63 ff.) unterscheiden auf der Grundlage einer Auswertung der Frank Russel Company Database, der zur Zeit umfangreichsten Immobilien-Datenbank in den USA, zehn verschiedene "Subcategories of Commercial Real Estate" als Diversifizierungsfelder. Sie kommen zu dem Ergebnis, daß sich bei der

Eng verbunden mit dem Thema der Diversifikationsstrategien sind Überlegungen der Erweiterung bestehender Geschäftsaktivitäten durch die Integration von Tätigkeiten, die der eigenen Wertschöpfungskette vor- oder nachgelagert sind.[647] Eine vertikale Diversifikation könnte im Rahmen der Gesamtunternehmensstrategie eines offenen Immobilienfonds beispielsweise die Eingliederung der Projektentwicklung und der Projektsteuerung hinsichtlich der vorgelagerten Tätigkeit der Entwicklung und Betreuung und Bauprojekten umfassen. Bezüglich nachgelagerter Funktionen könnte ein offener Immobilienfonds z.B. die Tätigkeiten des Maklers im Rahmen des Verkaufs und der Vermietung von Fondsimmobilien sowie die Aufgaben des Objektmanagers integrieren.
Eine solche Integrationsstrategie läßt sich im allgemeinen auf den Wegen der Akquisition, der Kooperation oder des Eigenaufbaus erreichen.[648] Die Möglichkeit der Akquisition von Unternehmen bzw. Gesellschaften ist offenen Immobilienfonds jedoch grundsätzlich verwehrt, da sie für ihr Sondervermögen nur direkten Immobilienbesitz, nicht aber Unternehmensbeteiligungen erwerben dürfen. Dementsprechend verbleiben dem Fondsmanagement die Möglichkeiten, entweder die für die Ausübung vor- bzw. nachgelagerter Aktivitäten erforderliche Kompetenz mit eigenen Kräften oder durch Kooperation mit entsprechenden externen Gesellschaften zu erlangen. Am Beispiel der Projektentwicklungstätigkeit sollen beide Möglichkeiten in Abschnitt 5.2. erörtert werden.

Nachdem die generelle Fixierung des leistungswirtschaftlichen Spektrums erfolgt ist, sind auf der Gesamtunternehmensebene die strategischen Steuerungsmaßnahmen für die Gesamtheit der Geschäftsfelder festzulegen. Im Mittelpunkt des Interesses steht hier die strategiegerechte bzw. lagekonforme Allokation der finanziellen, personellen und materiellen Ressourcen auf die einzelnen Geschäftsfelder und schließlich auf die einzelnen Immobilienprojekte und -objekte.[649] Die Steuerungsmaßnahmen

---

Streuung der Immobilieninvestments auf die zehn Kategorien substantielle Diversifizierungsvorteile ergeben.

647 Zu Integrationsstrategien für Immobilienunternehmen siehe auch *Bacow*, Integration, S. 6 ff.; *Wise*, Enterprises, S. 53; *Leinberger*, Planning, S. 40; *Apgar*, View, S. 9; *Ferguson*, Time, S. 11.

648 Vgl. *Steinmann/Schreyögg*, Management, S. 176; vgl. auch *Kirsch*, Unternehmensführung, S. 305.

649 Vgl. *Antoni/Riekhof*, Portfolio-Analyse, S. 182.

zielen darauf ab, einen wirksamen und dauerhaften Zustand der Ausgewogenheit des Gesamtportfolios des offenen Immobilienfonds zu erreichen.[650] Dieser Zustand wird auch "Portfolio-Balance"[651] genannt und "zeichnet sich durch die folgenden Merkmale aus:

- Geschäftseinheiten in attraktiven Märkten,
- Synergieeffekte zwischen diesen Geschäftseinheiten,
- Ausgewogenheit zwischen Risiko und Gewinnerwartungen,
- Ausgewogenheit des Cash-Flow"[652].

Das Bemühen offener Immobilienfonds muß also darauf gerichtet sein, nicht lediglich Immobilien in Geschäftsfeldern mit identischer Portfolioposition zu halten, sondern eine gesunde Mischung und Streuung von Immobilien hinsichtlich unterschiedlicher Nutzungsarten und Ballungsräume aufzubauen. Die Erzielung eines Risikoausgleichs ist dabei nicht eine einfache Resultierende aus der Zahl und der Größe der von dem Fonds gehaltenen Immobilienobjekte.[653] Das Kernargument ist vielmehr, daß durch Portfolio-Management eine Ausgewogenheit bezüglich der erwarteten Performance und des Risikos der einzelnen Geschäftsfelder in sachlicher, räumlicher und zeitlicher Hinsicht ermöglicht wird.

Ein ausgewogenes Gesamtportfolio erlaubt es einem offenen Immobilienfonds beispielsweise eher, sich vor dem Hintergrund eines soliden Fundaments an risikoarmen und ertragsstabilen Immobilien in risikoreicheren und langfristig performanceträchtigeren Immobilienobjekten zu engagieren, als dies bei Einzelinvestments vertretbar wäre.[654] Die Anwendung des Portfolio-Modells zeigt hier sehr deutlich die Zusammenhänge zwischen den einzelnen Geschäftsfeldern auf und visualisiert die Konsequenzen möglicher Handlungsalternativen.

Ferner trägt ein ausgewogenes Portfolio dazu bei, die Eigenfinanzierungskapazität zu kontrollieren und zu stärken. Für den Fall, daß die Expansion

650 Vgl. *Hinterhuber*, Unternehmungsführung, S. 165.

651 Vgl. *Szyperski/Winand*, Grundbegriffe, S. 79 f.; vgl. auch *Gälweiler*, Unternehmensführung, S. 81.

652 *Hinterhuber*, Unternehmungsführung, S. 166.

653 Vgl. *Müller-Trudrung*, Sicherheit, S. 329.

654 Vgl. *Peiter*, Markt, S. 318; vgl. auch *Roventa*, Portfolio-Analyse, S. 121.

eines offenen Immobilienfonds nicht in hinreichendem Maße durch Mittelzuflüsse getragen wird, können schwache bis negative Ergebnisse einzelner Immobilien mit dem Cash Flow etablierter Immobilienobjekte ausgeglichen werden. Darüber hinaus ermöglicht der Verkauf von Immobilien, die eine wesentliche Verbesserung ihrer Portfolioposition nicht erwarten lassen, Mittel für attraktivere Investitionen freizusetzen. Damit kann die Abhängigkeit von externen Mittelzuflüssen gemildert werden.

Ein ausbalanciertes Portfolio zeichnet sich schließlich auch dadurch aus, daß es im Ganzen mehr darstellt, als die Summe seiner Teile. Die einzelnen Geschäftsfeldaktivitäten sind daraufhin zu prüfen, ob sich spezifische Kompetenzen in einem Bereich auch auf andere, bereits vorhandene oder neu zu entwickelnde Tätigkeiten übertragen lassen. Die Nutzung von Synergiepotentialen durch die gemeinsame Wahrnehmung von Aufgaben und das Management von Schnittstellen innerhalb des Fonds verhilft dem Fondsmanagement zu Wettbewerbsvorteilen und beeinflußt die Entscheidungen über die Strukturierung des Gesamtportfolios.

Zum Zwecke einer abschließenden Betrachtung soll eine kritische Würdigung des Portfolio-Konzeptes als strategisches Analyseinstrument für offene Immobilienfonds erfolgen.

Es konnte grundsätzlich gezeigt werden, daß das Portfolio-Modell in der hier weiterentwickelten Form durchaus in der Lage ist, die Immobilienaktivitäten offener Fonds zu analysieren und zu strukturieren. Der wesentliche Vorteil des Ansatzes liegt darin, daß die dem Grunde nach sehr unterschiedlichen Immobilienobjekte auf einen "strategischen Nenner"[655] gebracht werden. Das Fondsmanagement erzielt damit ein vertieftes Verständnis der Entwicklung einzelner Immobilienobjekte bei gleichzeitiger Gesamtsicht des Bestandes. Die Transparenz der verbalen und graphischen Darstellung in Matrixform verdeutlicht auf nachvollziehbare Weise strategische Zusammenhänge und Problemkonfigurationen innerhalb des Portfolios. Das Modell verleiht ebenfalls den Umschichtungen innerhalb des Bestandes und den Akquisitionen bzw. Projektentwicklungen für den Bestand eine strategische Richtung, da das Entscheidungsfeld gegenüber einer Einzelbetrachtung erheblich erweitert wird.

---

655 *Kreilkamp*, Management, S. 559.

Das Portfolio-Modell gewährt somit die analytische Unterstützung für eine Umkehr der rein marktbezogenen Grundhaltung offener Immobilienfonds. Statt - dem oben zitierten "bottom-up approach" folgend - lediglich eine reaktive Prüfung von Objekten vorzunehmen, die dem Fonds laufend angeboten werden, ermöglicht die Anwendung der Portfolio-Technik die aktive Vorauswahl von Immobilienobjekten bzw. die Entwicklung von Projekten in Geschäftsfeldern, die als attraktiv identifiziert wurden.
Die sehr weitgehenden Analysen, die mit der Untersuchung von Marktattraktivität und relativen Wettbewerbsvorteilen verbunden sind, rücken die Bedeutung qualitativer Aspekte für das Immobilieninvestment in das Bewußtsein des Fondsmanagements. Sie zwingen das Fondsmanagement, sich auf systematische Weise mit den Erfolgsfaktoren für ihre Geschäftstätigkeit auseinanderzusetzen.

Ein weiterer Vorteil, der mit dem Portfolio-Modell einhergeht, ist die Erhöhung der Reaktionsgeschwindigkeit des Managements, da strategische Entwicklungspotentiale und Problemkonfigurationen bei nachhaltiger Anwendung des Modells frühzeitig offengelegt werden. Die dadurch erzeugte Flexibilität ist für offene Immobilienfonds aufgrund ihres Umgangs mit "täglich fälligen Immobilien" von besonderer Bedeutung.[656]

Der Wert des Portfolio-Ansatzes wird jedoch durch einige methodenimmanente Probleme eingeschränkt, die zu wesentlichen Teilen in den konstitutiven Elementen des Ansatzes, primär in der Qualität der Geschäftsfeldabgrenzung sowie der Bestimmung und Operationalisierung der relevanten strategischen Erfolgsfaktoren begründet liegen.[657] Diese Schwachstellen müssen als stets zu berücksichtigende Anwendungsgrenzen bewußt offengelegt werden, da "das Portfolio - wie alle komplexen Modelle - bei unkritischer Anwendung die Illusion von Systematik und Wissenschaftlichkeit vermittelt, obwohl auch hier das Ergebnis ausschließlich von der Qualität der Eingaben abhängt"[658].

---

656 Vgl. Fußnote 278 auf Seite 70.

657 Auf die Notwendigkeit der situativen, den individuellen Gegebenheiten und Bedürfnissen eines offenen Immobilienfonds angepaßten Ausgestaltung des Modells wurde bereits hingewiesen. Ferner wurden die Wahl- und Operationalisierungsprobleme bereits an anderer Stelle erörtert.

658 *Timmermann*, Denken, S. 204. Vgl. *Gluck*, Key, S. 30. Zur Kritik am Portfolio-Ansatz siehe auch *Hahn*, Portfolio-Konzepte, S. 244 ff.; *Kreilkamp*, Management, S. 558 ff.; *Gälweiler*, Unternehmensführung, S. 81 f.; *Fröhling*, Portfolio-Management, S. 342 ff.;

4.4. Implementierung der Strategien

4.4.1. Interdependenz von Strategieformulierung und -implementierung

Während es im Rahmen der Strategieformulierung um die Suche und Fixierung geeigneter strategischer Entwicklungspfade des offenen Immobilienfonds geht, sollen durch die Phase der Strategieimplementierung die "Voraussetzungen für die Erfolgswirksamkeit der gewählten Strategie"[659] geschaffen werden. Der Strategieimplementierung wird in der unternehmerischen Praxis häufig eine nachrangige Bedeutung beigemessen, sie bildet jedoch einen integralen Bestandteil und Prüfstein des strategischen Managements.[660] Strategieformulierung und Strategieimplementierung sind bildlich gesprochen zwei Seiten einer Medaille. sie stellen interdependente Phasen eines Prozesses dar.

Strategisches Management wird im Rahmen dieser Arbeit als iterativer Prozeß verstanden. Dementsprechend zeichnen sich die einzelnen, gedanklich unterschiedenen Prozeßphasen durch Überlappungen, Rückkopplungen und Wiederholungen aus. Die Phase der Strategieimplementierung kann daher nicht erst mit der vollständigen Durchführung der Strategieformulierung einsetzen. Vielmehr müssen die Bedingungen der Realisierung der Strategien von Anfang an in die Strategieentwicklung einbezogen werden. Wenn die strategische Willensbildung nicht in dem Stadium einer "l'art pour l'art" und damit einer bloßen gedanklichen Übung verharren soll, muß die Wahl strategischer Alternativen immer auch von der Kompatibilität und der Umsetzbarkeit in dem vorhandenen System geleitet werden.[661]

Für die Praxis bedeutet diese Forderung, daß die mit der Umsetzung der Strategien beauftragten Mitarbeiter nicht erst im Rahmen der Durchführungsplanung hinzugezogen werden, sondern von Anfang an in die Suche

Antoni/Riekhof, Portfolio-Analyse, S. 187 f.; *Kreikebaum*, Unternehmensplanung, S. 90 f.; *Frese*, Unternehmungsführung, S. 147 f.

659 *Schreyögg*, Unternehmensstrategie, S. 84.

660 Vgl. *Roach*, Performance, S. 220; *Lorange*, Control, S. 248; *Riekhof*, Spannungsfeld, S. 371; *Arbeitskreis "Integrierte Unternehmungsplanung"*, Grenzen, S. 826.

661 *Jauch/Glueck* (Policy, S. 303) bemerken hierzu: "A good strategy without effective implementation is not likely to succeed. Closing the gap between ideal and expected outcomes requires more than making a strategic choice."

nach geeigneten strategischen Stoßrichtungen und deren Auswahl zu integrieren sind. Zum einen können auf diesem Wege potentielle spätere Implementierungsprobleme vorweggenommen werden. Zum anderen ist eine solche Vorgehensweise häufig schon allein deshalb geboten, weil die Mitarbeiter in den einzelnen operativen Bereichen als die eigentlichen Kompetenz- und Informationsträger für die strategische Analyse aufzufassen sind.
Des weiteren ist der Umstand zu berücksichtigen, daß strategische Problemkonfigurationen immer nur aus der individuellen Situation des Fonds heraus beurteilt werden können. Die bereits erwähnte Forderung nach einer situativen Ausgestaltung des strategischen Managements wird im Zusammenhang mit der Adaption und Koordination der Strategien innerhalb des offenen Immobilienfonds in besonderem Maße unterstrichen. Die Strategieentwicklung kann in diesem Zusammenhang zukünftige Aktionsräume und Potentiale nur aufzeigen und vorstrukturieren, während sie nachfolgend dann für alle Bereiche zu konkretisieren und in reale Erfolgsgrößen zu überführen sind.

Aufgrund des situativen Charakters dieser Tätigkeit müssen sich die diesbezüglichen Überlegungen im Rahmen dieser Arbeit auf allgemeine Hinweise und Anregungen zur Vorgehensweise und zum Inhalt der Strategieimplementierung beschränken. Es sollen im wesentlichen zwei Aspekte behandelt werden: Zum einen wird die Umsetzung der Strategien in konkrete Aktionsprogramme für offene Immobilienfonds diskutiert, zum anderen wird die Einrichtung einer strategischen Kontrolle zur laufenden Anpassung des strategischen Managementprozesses an den Wandel des Unternehmensumfeldes angesprochen.[662]

662 Daneben werden in einer Reihe von Veröffentlichungen im Zuge der Strategieimplementierung zwei weitere Aufgaben genannt: Die Einrichtung eines umfassenden Führungs- und Informationssystems und die organisatorische Einbettung des strategischen Managements. Da ein Aufgreifen der mit den beiden Aufgaben verbundenen Konzepte und deren Implikationen für das Unternehmen recht umfassend und ebenfalls nur situativ zu gestalten wäre, soll hier stellvertretend auf die Behandlung dieses Themas in einigen Veröffentlichungen hingewiesen werden. Siehe *Hax/Majluf*, Management, S. 95 ff.; *Marhold/Mbatha*, Informationssysteme, S. 28 ff.; *Hinterhuber*, Unternehmungsführung, Bd. 2, S. 105 ff.; *Link*, Strategie, S. 396 ff.; *Frese*, Unternehmungsführung, S. 170 ff.

4.4.2. Entwicklung strategischer Aktionsprogramme

Die Aufgabe der Entwicklung strategischer Aktionsprogramme besteht darin, die zunächst noch relativ global formulierten strategischen Stoßrichtungen in konkrete Maßnahmen- und Handlungspläne umzusetzen.[663] In inhaltlicher und zeitlicher Hinsicht ist eine Verbindung zwischen der Langfristperspektive der strategischen Planung und der Gegenwartsorientierung der operativen Planung zu schaffen, die eine schrittweise Realisierung der Strategien sicherstellt.

Strategische Aktionsprogramme knüpfen an die in dem offenen Immobilienfonds wahrgenommenen betrieblichen Funktionen an.[664] In idealtypischer Sicht können für das Aktivgeschäft offener Immobilienfonds die folgenden Funktionsbereiche unterschieden werden:[665]

- Grundstücks- bzw. Objektakquisition und Projektentwicklung,
- Technisches Bau- und Objektmanagement,
- Kaufmännisches Objektmanagement[666],
- Vermietung und Verkauf[667].

Dem Passivgeschäft sind die Funktionsbereiche Finanzierung und Marketing (Vertrieb der Fondsanteile, Betreuung von Fondsanlegern und Vertriebspartnern, etc.) zuzurechnen. Daneben existieren als übergeordnete Bereiche oder Stabsabteilungen die Geschäftsführung, die Rechnungswesen- und EDV-Abteilung, die Rechtsabteilung und die Personalabteilung.

---

663 *Kirsch* (Unternehmensführung, S. 304 f.) verwendet in diesem Zusammenhang den Begriff des "Strategienfächers", der die stufenweise Detaillierung bzw. Konkretisierung von strategischen Stoßrichtungen verdeutlicht.

664 Vgl. *Steinmann/Schreyögg*, Management, S. 194. *Hinterhuber* (Unternehmungsführung, S. 30) spricht daher von "funktionalen Politiken". Diese sollen hier mit dem Begriff der strategischen Aktionsprogramme synonym verwendet werden.

665 Siehe hierzu im einzelnen *Laux/Ohl*, Grundstücksinvestment, S. 87 ff.; *Abromeit-Kremser*, Immobilieninvestmentfonds, S. 290 ff.

666 In der Praxis wird diese Funktion häufig auch mit dem Begriff der "Liegenschaftsverwaltung" belegt.

667 Die Funktionen der Vermietung und des Verkaufs von Bestandsobjekten wird regelmäßig auch in den Bereich des kaufmännischen Objektmanagements einbezogen.

Für die kritischen Funktionsbereiche des offenen Immobilienfonds, d.h. die für die Strategieumsetzung hauptsächlich verantwortlichen Bereiche, sind eigenständige strategische Aktionspläne zu entwickeln. Die Pläne müssen die vorhandene Struktur des Fonds aufgreifen und die auf Entscheidungen in der Vergangenheit beruhenden Ressourcenaufteilungen, sowie die organisatorischen und administrativen Systeme berücksichtigen.[668] Dabei geht es auch um die Frage, ob und auf welche Weise das Leistungsspektrum eines offenen Immobilienfonds zur Realisierung einer Strategie grundsätzlich verändert werden muß, um bestimmte Problemlösungen für die Kunden in einem strategischen Geschäftsfeld zu erbringen.

Damit wird deutlich, daß es sich bei der Entwicklung strategischer Aktionsprogrammen keineswegs um eine ableitende Tätigkeit, sondern um eine "eigenständige planerische Leistung"[669] handelt, die nach Hinterhuber[670] die folgenden Funktionen zu erfüllen hat:

> "Aufgabe der funktionalen Politiken ist es,
>
> (1) Richtlinien und Randbedingungen für spezifische Entscheidungen und Aktionen in den funktionalen Bereichen zu setzen (Planungsfunktion);
>
> (2) eine korrekte Interpretation der Strategien in den funktionalen Bereichen zu verwirklichen, so daß alle zur Unterstützung der Strategien notwendigen Entscheidungen zu den richtigen Zeiten von den zuständigen Führungskräften getroffen werden können (Kohäsionsfunktion);
>
> (3) die Auswirkungen der Strategien auf die funktionalen Bereiche und Aktionsprogramme zu ermitteln, von denen die Implementierung der Strategien abhängt, so daß rechtzeitige Revisionen der Strategien vorgenommen werden können (Kontrollfunktion)."

Die Wechselwirkung zwischen den einzelnen Strategieebenen (Immobilien-, Geschäftsfelder- und Gesamtunternehmensstrategien) wurde in den vorausgegangenen Abschnitten bereits angeführt. Darüber hinaus besteht

---

668 Vgl. *Jauch/Glueck*, Policy, S. 306.

669 *Steinmann/Schreyögg*, Management, S. 194.

670 *Hinterhuber*, Unternehmungsführung, Bd. 2, S. 7.

zusätzlich sowohl zwischen Strategien und Aktionsprogrammen als auch unter den einzelnen funktionalen Programmen ein hohes Maß an Interdependenz. Die Entwicklung konkreter Handlungspläne aus dem strategischen Gesamtplan bedingt daher einen hohen sachlichen und zeitlichen Koordinationsaufwand, der nicht allein seitens der Geschäftsführung, sondern auch von den Bereichsleitern und den leitenden Mitarbeitern der einzelnen Abteilungen zu tragen ist. Zudem ermöglicht die Einbeziehung aller Führungsebenen die Vorwegnahme möglicher späterer Vorschläge zur Modifizierung einzelner Strategiekomponenten. Nach ihrer Richtung zu unterscheiden sind daher die vertikale und die horizontale Koordination. In vertikaler Hinsicht sind die strategischen Aktionsprogramme auf die einzelnen Strategien, in horizontaler Richtung die Aktionsprogramme untereinander abzustimmen.[671]

Schließlich muß im Rahmen der Strategieimplementierung die Verbindung zur operativen Planungsebene hergestellt werden. Das Ziel des operativen Managements besteht darin, die strategischen Entscheidungen im Rahmen des Tagesgeschäfts zu verankern und zu konkretisieren, d.h. auf bestimmte Handlungsbereiche und Problemsituationen zu beziehen.

Die allgemeine Vorgehensweise der Strategieimplementierung soll anhand eines einfach strukturierten Beispiels eines offenen Immobilienfonds illustriert werden.
Es soll davon ausgegangen werden, daß der offene Immobilienfonds eine Expansionsstrategie verfolgt und die Marktposition in seinen angestammten Geschäftsfeldern ausbauen möchte. Für das Geschäftsfeld "Büroimmobilien Rhein-Main" definiert das Fondsmanagement daher eine offensive Grundhaltung. Das Bemühen soll darauf gerichtet sein, Differenzierungsvorteile hinsichtlich der Bestandsobjekte aufzubauen oder zu festigen und Immobilienprojekte zu entwickeln, die eine attraktive und nachhaltig verteidigungsfähige Wettbewerbsposition besitzen.
Die grundsätzliche strategische Ausrichtung ist dabei durch kurzfristige und quantifizierbare Durchführungspläne (z.B. auf der Basis eines Jahres- oder Quartalsplans) zu detaillieren und in Zielvorgaben, Handlungsanweisungen und Budgets für die kritischen Elemente in der Leistungskette des Fonds umzusetzen.

671 Vgl. *Hinterhuber*, Unternehmungsführung, Bd. 2, S. 9.

Angesprochen ist damit der Unternehmensbereich der Grundstücksakquisition und Projektentwicklung, der einen Suchprozeß nach geeigneten Standorten starten und auf Differenzierungsvorteilen aufbauende Nutzungskonzepte entwickeln muß. Die Abteilung Immobilienmanagement hat die Situation der Bestandsobjekte hinsichtlich der Optimierungsmöglichkeiten zu untersuchen. Mit einbezogen in diesen Vorgang sind darüber hinaus gegebenenfalls die Funktionsbereiche Technisches Immobilienmanagement (bei baulichen Veränderungen der Objekte), Vermietung und Verkauf (bei Änderungen des Mietermixes oder Desinvestitionsentscheidungen) sowie die Rechtsabteilung (bei der Gestaltung von Kauf- und Mietverträgen). Ferner kann die Strategieimplementierung auch personalpolitische Entscheidungen oder Änderungen im Rahmen der Systemunterstützung durch EDV bzw. Rechnungswesen nach sich ziehen.

Zusammenfassend kann festgestellt werden, daß die Entwicklung strategischer Aktionsprogramme ein komplexer, zeitaufwendiger und iterativ ablaufender Prozeß ist, der in besonderem Maße eine fondsspezifische und situative Ausrichtung erfordert. Das Ziel muß darin bestehen, am Ende des Prozesses einen klar strukturierten, konsistenten und systematisch integrierten Gesamtplan für den offenen Immobilienfonds zu erhalten, der Strategieformulierung und -implementierung auf geeignete und für alle Mitarbeiter nachvollziehbare Weise miteinander verbindet.[672]

4.4.3. Aufbau einer strategischen Überwachung und Kontrolle

Die Steuerungsleistung der strategischen Unternehmensplanung[673] kann aufgrund der Komplexität und der Dynamik ihres Entscheidungsfeldes[674] in der Regel nicht problemfrei realisiert werden.[675] Dies bedeutet für das

---

672 Vgl. auch *Schreyögg*, Unternehmensstrategie, S. 125.

673 Hier nach *Szyperski/Winand* (Grundbegriffe, S. 32) verstanden als subjektiver und "systematischer Entscheidungsprozeß mit dem Ziel, zukünftige Handlungsspielräume problemorientiert einzugrenzen und zu strukturieren".

674 Die "Komplexität" des Entscheidungsfeldes bewirkt, daß bei der Planung immer selektiv vorgegangen werden muß, diese Ausblendungen aber eine potentielle Störquelle darstellen. Die "Dynamik" der Umwelt hat zur Folge, daß die Planung immer mit einer bestimmten Ungewißheit behaftet ist. Dieses Prognoseproblem stellt die Richtigkeit der strategischen Planung ständig in Frage. Siehe hierzu *Schreyögg/Steinmann*, Kontrolle, S. 394 ff.

675 Vgl. *Steinmann/Schreyögg*, Management, S. 204; *Pfohl/Zettelmeyer*, Controlling, S. 152.

strategische Management, daß der Strategieprozeß nicht mit der Formulierung und Implementierung von Strategien- und Maßnahmenprogrammen abgeschlossen sein kann, sondern daß eine strategische Kontrolle in den Strategieprozeß eingebettet werden muß. Diese soll in ein "kompensatorisches Verhältnis zur Planung"[676] treten, d.h. sie soll als eine Art permanentes Alarm- und Gegensteuerungssystem die mit der Planung verbundenen strukturellen Risiken reduzieren.

Strategische Kontrolle in dem hier verstandenen Sinne geht damit über die anderen Formen der Kontrolle, insbesondere die klassische Abweichungsanalyse und "Feedback-Kontrolle" hinaus, indem sie als "Feedforward-Kontrolle" bereits vom Anfang des Strategieprozesses an phasenübergreifend auf die frühzeitige Identifikation von Störquellen und Diskontinuitäten bzw. auf die fortlaufende Überprüfung der Realisierbarkeit der Strategien abgestellt ist.[677]

Nach Schreyögg/Steinmann[678] setzt sich das System strategischer Kontrolle aus drei Kontrollarten zusammen, die sich hinsichtlich ihres Inhaltes bzw. Bezugs unterscheiden und nachfolgend dargestellt werden sollen.

(1) Die Prämissenkontrolle

Gegenstand der Prämissenkontrolle sind die während der einzelnen Prozeßphasen des strategischen Managements getroffenen Annahmen (Prämissen) über die Umweltentwicklung einerseits und die interne Ressourcenbasis des offenen Immobilienfonds andererseits.[679] Die fortwährende Überprüfung der Vollständigkeit, der Sinnhaftigkeit und des Realitätsgehalts dieser Prämissen ist gerade für offene Immobilienfonds von

676 *Schreyögg/Steinmann*, Kontrolle, S. 396.

677 Vgl. *Schreyögg*, Unternehmensstrategie, S. 132; *Coenenberg/Baum*, Controlling, S. 114; *Lorange*, Control, S. 248 f. Die strategische Kontrolle muß in diesem Zusammenhang auch von den Ansätzen eines "strategischen Controlling" abgegrenzt werden, nach welchen die Bereiche strategische Planung, Kontrolle und Koordination institutionell und funktionell zusammenzufassen wären. Siehe hierzu die Darstellung und kritische Beurteilung der diversen Ansätze zu einem strategischen Controlling bei *Pfohl/Zettelmeyer*, Controlling, S. 145 ff.; *Weber*, Controlling, S. 439 ff. Zur organisatorischen Durchführung und Verankerung der strategischen Kontrolle siehe auch *Steinmann/ Schreyögg*, Management, S. 207 ff.

678 Vgl. *Schreyögg/Steinmann*, Kontrolle, S. 401 ff.; vgl. auch die Strukturierung der strategischen Kontrollfunktionen bei *Coenenberg/Baum*, Controlling, S. 119 f.; *Arbeitskreis "Integrierte Unternehmungsplanung"*, Grenzen, S. 827; *Hahn*, Kontrolle, S. 651 ff.

679 Vgl. *Schreyögg/Steinmann*, Kontrolle, S. 401; *Coenenberg/Baum*, Controlling, S. 124 f.

entscheidender Bedeutung, da diese immer wieder auf die langfristige Einschätzung dynamischer Umweltdaten - nicht nur für strategische Entscheidungen sondern auch für das operative Geschäft - angewiesen sind.

(2) Die Durchführungskontrolle

Um die Distanz zwischen dem strategischen und dem operativen Management zu überbrücken und die strategischen Entscheidungen für das Tagesgeschäft greifbar zu machen, ist es erforderlich, kürzerfristige Handlungsziele anhand der Erarbeitung sogenannter "Meilensteine" schrittweise vorzugeben.[680] Die strategische Durchführungskontrolle ist in diesem Prozeß darauf ausgerichtet, die Wirkungen und Fortschritte bei der Realisierung der Strategien zu analysieren und potentielle Abweichungen zu antizipieren, um frühzeitig Korrekturmaßnahmen bzw. eine Strategieänderung einleiten zu können.

Die Durchführungskontrolle bezieht sich nicht nur auf die Realisierung der Strategien, sondern über Rückkopplungen auch darauf, ob die Strategien überhaupt eine angemessene Erreichung der strategischen Ziele gewährleisten bzw. ob unter Umständen auch Veränderungen der strategischen Grundhaltung oder der strategischen Ziele des offenen Immobilienfonds notwendig werden. Die strategische Durchführungskontrolle erweist sich demnach "von ihrem Charakter her als eine Ergebnis(Feedback-)Kontrolle, die jedoch zu Steuerungszwecken (Feedforward) eingesetzt wird"[681].

(3) Die strategische Überwachung

Da die beiden vorgenannten Kontrollarten ihrerseits strukturiert und gerichtet, d.h. aufgrund der Ausrichtung auf einen bestimmten Gegenstandsbereich ebenfalls selektiv vorgehen, ist es erforderlich, außerdem eine begleitende und ungerichtete Kontrollart zu schaffen, welche als "strategische Überwachung" bezeichnet werden kann.[682] Diese soll es dem Fondsmanagement ermöglichen, krisenhafte Symptome, die sich in ihrem Frühstadium in der Regel nur als "schwache Signale" ankündigen und

680 Vgl. *Coenenberg/Baum*, Controlling, S. 122.

681 *Schreyögg/Steinmann*, Kontrolle, S. 403.

682 Vgl. *Schreyögg/Steinmann*, Kontrolle, S. 403 f.

von denen eine Bedrohung der Erfolgspotentiale des Immobilienfonds ausgehen könnte, als solche so frühzeitig wahrzunehmen, daß genügend Zeit für eine flexible Reaktion verbleibt.

Der Ungerichtetheit der strategischen Überwachung muß bei ihrer Implementierung insofern Rechnung getragen werden, als sie weder inhaltlich noch planungstechnisch festzulegen ist, sondern vielmehr von dem konsenshaften Handeln der am strategischen Managementprozeß beteiligten Personen abhängt. Die strategische Überwachung kann dementsprechend am besten durch die "Schaffung eines undogmatischen und unvoreingenommenen Klimas" innerhalb des Immobilienfonds unterstützt werden.[683]

Durch die strategische Überwachung können sich neben der Identifizierung von Bedrohungen auch Hinweise auf neue Chancen und Betätigungsfelder ergeben, die im bisherigen Strategieprozeß des offenen Immobilienfonds keine oder keine ausreichende Berücksichtigung fanden.[684]

683 Vgl. *Schreyögg/Steinmann*, Kontrolle, S. 406.

684 Die strategische Überwachung weist damit gewisse Gemeinsamkeiten zu Früherkennungssystemen auf. Zu Früherkennungssystemen siehe die umfassenden Darstellungen bei *Wiedmann*, Früherkennung, S. 302 ff.; *Schulte*, Aufbau, S. 136 ff.

5. Projektentwicklung als Basisstrategie für offene Immobilienfonds

Bereits in Abschnitt 2.4. erfolgte die Darlegung der begrifflichen und theoretischen Grundlagen der Projektentwicklung anhand modellhafter Überlegungen. In Abschnitt 3.3.3. wurde darauf hingewiesen, daß die aktuelle Bedeutung der Projektentwicklung für das Fondsmanagement anhand der Auswertung empirischen Zahlenmaterials nur eingeschränkt zugänglich ist.

Nachfolgend sollen zunächst die möglichen Gründe für das stärker werdende Engagement der offenen Immobilienfonds in der Projektentwicklung angeführt werden, welche in gleicher Weise auch für andere institutionelle Immobilieninvestoren eine Rolle spielen.

5.1. Gründe für das Engagement in der Projektentwicklung

Einer Vielzahl von Veröffentlichungen zur Anlagepolitik offener Immobilienfonds sind Bekenntnisse zur Projektentwicklung von Immobilien zu entnehmen.[685] In der Projektentwicklung werden eine ganze Reihe von Vorteilen bzw. Chancen, aber auch Risiken gesehen, die im folgenden dargelegt werden sollen.

(1) Mangel an fondsgeeigneten Objekten

Die Projektentwicklung erweitert das Spektrum des marktstrategischen Auftretens der offenen Immobilienfonds. Phasen der Hochkonjunktur auf den Immobilienmärkten führen regelmäßig zu einem erhöhten Wettbewerbsdruck und einem ansteigenden Preisniveau, die das Immobilieninvestment zeitweilig unattraktiv erscheinen lassen. Insbesondere in diesen Phasen gehen die offenen Immobilienfonds verstärkt dazu über, Immobilien selbst zu entwickeln anstatt Objekte mit einer niedrigen Performance einzukaufen.[686]

---

685 Bereits in 1982 weist *Gathmann* (Anlageberatung, S. 276) auf den Stellenwert der Projektentwicklung für die offenen Immobilienfonds hin: "Die Bebauung und weniger der Kauf fertiger Objekte hat eine überragende Bedeutung für die Fonds erhalten." Vgl. auch *BVI*, Investment 92, S. 73.

686 Vgl. *Holzner*, Immobilienfonds, S. 7.

In diesem Sinne dient die Projektentwicklungstätigkeit der Entkopplung von den zyklisch verlaufenden Angebots- und Nachfrageschwankungen auf den Immobilienmärkten durch den Vorstoß in einen anderen Branchenbezug.[687]

Dieser Zusammenhang wird durch die nachfolgende Stellungnahme des Bundesverbandes deutscher Investmentgesellschaften zur Rolle der Projektentwicklung bei offenen Immobilienfonds zum Ausdruck gebracht:[688]

> "Im Rahmen der strategisch ausgerichteten Gestaltung und Optimierung des Liegenschaftsbestandes eines offenen Immobilienfonds wird die jeweilige Anlagepolitik - und darin eingeschlossen die Bautätigkeit - der Kapitalanlagegesellschaften unter anderem von der Angebots- und Nachfragesituation am Markt gewerblich genutzter Immobilien geprägt. Entsprechen die am Markt angebotenen Objekte beispielsweise nicht im gewünschten Umfang den speziellen Qualitätsanforderungen, die eine Kapitalanlagegesellschaft an eine Immobilieninvestition stellt - so etwa in Bezug auf Standort, Nutzflächenstruktur, Einstandsrendite, Bausubstanz, Architektur, Wirtschaftlichkeit - finden eigene Bauprojekte tendenziell stärkere Beachtung.
>
> Offene Immobilienfonds sind dank eigener Bauprojekte in der Lage, nicht nur auf das vorhandene Angebot fertiggstellter Objekte durch Kauf oder Nichtkauf zu reagieren, sondern gewünschte Qualitätsimmobilien selbst zu konzipieren und damit zukunftsorientiert und alternativ zu agieren."

Andererseits bietet die Projektentwicklung auch in Zeiten einer nachlassenden Nachfrage auf den Vermietungsmärkten und einem entsprechend intensivierten Wettbewerb auf der Angebotsseite wesentliche Ansatzpunkte für die Ausnutzung von Erfolgspotentialen. Die Projektentwicklung eröffnet den offenen Immobilienfonds vor dem Hintergrund einer solchen Wettbewerbssituation die Möglichkeit, Immobilienvorhaben mit

---

687 Vgl. auch *Apgar*, View, S. 9; *Bacow*, Integration, S. 4; *Rohrbach*, Wandel, S. 367.

688 *BVI*, Investment 92, S. 75; vgl. auch *Abromeit-Kremser*, Immobilieninvestmentfonds, S. 212 f.

einer besonderen Projektidee oder Projektphilosophie zu entwickeln, die Wettbewerbsvorteile vor bestehenden Konkurrenzobjekten aufweisen.[689]

(2) Erzielung strategiegerechter Nutzungskonzeptionen

Im Rahmen der Projektentwicklung kann das Fondsmanagement seine aus dem Immobilienmanagement stammenden Erfahrungen hinsichtlich der Erzielung von Wettbewerbsvorteilen durch mieterspezifische Nutzungskonzeptionen für die Projekte einsetzen.[690] Darüber hinaus ist "die rechtzeitige Einbeziehung der Interessen leistungsfähiger Mieter"[691] möglich. Bereits während der Bauphase dient hier eine enge Kooperation und Abstimmung zwischen dem Fonds und dem Mieter bzw. Hauptmieter der bedürfnisgerechten Gestaltung der Immobilie.[692]

(3) Einfluß auf die Vermietung

Der Erwerb fertiger Immobilienobjekte erfolgt in aller Regel unter der Voraussetzung, daß diese vermietet sind. Der Vorteil der Risikoreduzierung durch Vollvermietung eines Gebäudes geht mit dem Nachteil einher, daß das Fondsmanagement keinen Einfluß mehr auf die Wahl und Ausgestaltung der Mietverhältnisse hat. Bei Projekten hat das Fondsmanagement dagegen die Option, frühzeitig einen ihren strategischen Zielen gerecht werdenden Mietermix aufzubauen, eine detaillierte Prüfung der wirtschaftlichen Leistungsfähigkeit potentieller Mieter vorzunehmen und die Gestaltung der Mietverträge ihren Anforderungen entsprechend vorzunehmen.[693]

(4) Höhere Objektqualität

Bei Immobilienobjekten sind deren Qualitätsstandards weitgehend fixiert. Das Qualitätsniveau, das sich z.B. in der Wahl und Verwendung von Werkstoffen, Bau- und Ausstattungsmaterialien und technischen Anlagen ausdrückt, wird durch den Developer bestimmt. Bei der Übernahme von

689 Vgl. auch *Stork*, Markt, S. 314.
690 Vgl. *Ehrlich*, Investoren, S. 416; *Gathmann*, Zukunftsperspektiven, S. 374.
691 *Gathmann*, Zukunftsperspektiven, S. 374; vgl. *Feinen*, Markt, S. 320.
692 Vgl. *Abromeit-Kremser*, Immobilieninvestmentfonds, S. 212.
693 Vgl. auch *Rohrbach*, Wandel, S. 367.

Projektentwicklungsfunktionen kann der offene Immobilienfonds frühzeitig Einfluß auf Qualitätsmerkmale nehmen.[694]

In diesem Zusammenhang ist auf die unterschiedliche Perspektive bezüglich des Immobilienprojektes hinzuweisen. Die Orientierung des Developers ist in der Regel kurzfristig und nur projektbezogen. Sie ist darauf gerichtet, ein Projekt in kostengünstiger Form und möglichst kurzer Zeit in der Form zu entwickeln, daß sich zum Zeitpunkt der Vermarktung ein Investor finden läßt.[695] Demgegenüber muß ein Investor zwangsläufig eine eher langfristige und portfoliobezogene Sichtweise einnehmen, da sein Bemühen auf den Erhalt einer dauerhaften Nutzungsabgabe durch die Immobilie vor dem Hintergrund seines Gesamtportfolios gerichtet ist.

(5) Verjüngung des Immobilienbestandes

Durch die Entwicklung von Neubauvorhaben verjüngt sich die Vermögenssubstanz des Immobilienfonds.[696] Auch der Einsatz von Entwicklungsmaßnahmen zur Revitalisierung von Bestandsobjekten bewirkt eine zeitgemäße und ausgeglichene Portfoliostruktur, da moderne bzw. modernisierte Immobilien im Wettbewerb mit älteren Immobilienobjekten aus der Sicht der Mieter stets Vorteile aufweisen.[697] Gleichzeitig wird durch den laufenden Zugang von jungen Objekten eine risikomindernde Mischung zwischen neuen und älteren Objekten erzielt, so daß der Gesamtbestand nicht einem gleichförmig verlaufenden, wirtschaftlichem und technischem Alterungsprozeß ausgesetzt ist.[698]

(6) Niedrigere Gesamtkosten

Ein Kostenvorteil ergibt sich bei der Projektentwicklung aufgrund einer Reihe von Faktoren. Dazu sind zunächst die ersparte Grunderwerbsteuer sowie die Notar- und Gerichtskosten zu rechnen, da diese nicht auf das Gesamtobjekt, sondern nur auf das erworbene Grundstück zu entrichten

---

694 Vgl. auch *Rohrbach*, Wandel, S. 366 f.; *Süberling*, Kontinuität, S. 371 f.; *Gathmann*, Anlageberatung, S. 276.

695 Vgl. *Dubben/Sayce*, Property, S. 234; *Boykin*, Projects, S. 91; vgl. auch *Falk*, Immobilien-Handbuch, Kap. 15.1, S. 3.

696 Vgl. *Waldmann*, Kapitalanlagegesetz, S. 414.; *BVI*, Investment 92, S. 75.

697 Vgl. *BVI*, Investment 92, S. 75; *Feinen*, Markt, S. 320.

698 Vgl. *Laux/Ohl*, Grundstücksinvestment, S. 65.

sind.[699] Gegebenenfalls reduzieren sich weitere Erwerbsnebenkosten, wie z.B. die Maklercourtage.
Darüber hinaus können bei Neubauprojekten für die ersten Jahre Gewährleistungsansprüche durchgesetzt werden. Zudem fällt der anfängliche Management- und Instandhaltungsaufwand regelmäßig niedriger aus als bei älteren Objekten und es lassen sich durch die Berücksichtigung neuer bauphysikalischer Erkenntnisse Einsparungen bei den laufenden Betriebskosten erzielen.[700]

Schließlich ermöglicht die Übernahme der Projektentwicklung in eigener Regie die Einsparung der Wagnis- und Gewinnzuschläge des Developers und der sonstigen, an der Projektdurchführung beteiligten Unternehmen, sofern diese Leistungen nicht extern vergeben werden.[701] Zu nennen wären in diesem Zusammenhang z.B. die Funktionen des Generalübernehmers und des Projektsteuerers.
Die Höhe des durch die Übernahme der Projektentwicklung realisierten Vorteils kann durch die Differenz zwischen dem durch den Sachverständigenausschuß ermittelten Verkehrswert des Objektes nach Fertigstellung und dem gesamten Investitionsvolumen des Fonds einschließlich des Grundstücksanteils ermessen werden.[702] Die Bewertungspraxis der offenen Immobilienfonds bewirkt dementsprechend, daß der Übergang einer Immobilie vom Projekt- zum Objektstadium mit einem Wertzuwachs des Fondsvermögens einhergeht.[703]

Die Summe der oben dargelegten Chancen führt zu der Einsicht, daß die Übernahme von Projektentwicklungsaufgaben durch offene Immobilienfonds auf operativer Ebene performancestabilisierend und -erhöhend wirkt und in strategischer Sicht den Aufbau von Wettbewerbsvorteilen für das Portfolio des Fonds ermöglicht und unterstützt. Der für das Fondsmanagement wesentliche Aspekt der Projektentwicklung liegt dabei in der

699 Vgl. *Süberling,* Kontinuität, S. 371.

700 Vgl. *Abromeit-Kremser,* Immobilieninvestmentfonds, S. 212.

701 Vgl. *BVI,* Investment 92, S. 76.

702 Vgl. *BVI,* Investment 92, S. 77.

703 Ein für die Anleger wirksamer Vorteil ergibt sich zudem durch die Wahlmöglichkeit des Abschreibungsverfahrens bei Neubauprojekten, welche den steuerfreien Anteil des Anlageerfolgs bei degressiver Abschreibung für die Anfangsjahre erhöhen kann. Siehe hierzu *BVI,* Investment 92, S. 77 f.

Erweiterung des unternehmerischen Entscheidungs- und Handlungsspielraums durch die aktive gestalterische Einflußnahme auf neue oder vorhandene Bestandsimmobilien.

Gleichwohl ist die Durchführung von Immobilienprojekten mit einer Reihe von Risiken verbunden, die über das von offenen Fonds üblicherweise übernommene Maß der Gefahrentragung hinausreicht. Im einzelnen sind dies:

(1) Einnahmeverzicht während der Bauphase

Der Rückfluß für das in ein Bauprojekt investierte Kapital kann erst nach Fertigstellung und erfolgreicher Vermietung des Projektes über die Mieteinnahmen erfolgen. Die Konzeptions- und Bauzeit geht daher für den Fonds mit einem Einnahmeverzicht einher.
Offene Immobilienfonds haben unter bestimmten Bedingungen jedoch die Möglichkeit, für das während der Bauphase eingesetzte Eigenkapital eine sogenannte "Eigengeldverzinsung" in Höhe der ersparten Zinsen anzusetzen, die bei Fremdkapitalfinanzierung zu entrichten wären.[704] Dabei handelt es sich um eine fondstypische Besonderheit, nach der eine marktübliche Verzinsung auf die nach Baufortschritt eingesetzten Zertifikatsmittel gewährt wird. Steuerlich ist die Eigengeldverzinsung nicht als steuerpflichtiger Ertrag, sondern als steuerfreie Kapitalrückzahlung an die Anleger zu behandeln.[705]

(2) Entwicklungsrisiko

Mit der Entfaltung eigener Bautätigkeiten geht das allgemeine Entwicklungsrisiko für das Immobilienprojekt auf den offenen Immobilienfonds über. Angesprochen sind damit in erster Linie das Wagnis einer Fehlplanung bzw. einer nicht marktkonformen Konzeption des Projektes, welche dazu führen kann, daß eine spätere Verwertung durch Weiterverkauf nicht möglich ist.

---

704 Vgl. *Wonhas*, Immobilienfonds, S. 430; *Süberling*, Anlageerfolge, S. 386.

705 Vgl. *Laux/Ohl*, Grundstücksinvestment, S. 113.

(3) Vermietungs- bzw. Leerstandsrisiko

Die Entwicklung eigener Bauprojekte oder der Erwerb von Immobilien bereits vor der Fertigstellung erfordert seitens des Investors die Bereitschaft zur Übernahme anfänglicher Vermietungs- bzw. Leerstandsrisiken.[706] Die Gefahr eines Leerstandes des Objektes ist eng verbunden mit dem allgemeinen Entwicklungsrisiko, d.h. mangelnder Nutzungs- und Standortadäquanz der Immobilie. Andererseits können Vermietungsrisiken auch durch das Zusammentreffen der Entwicklung oder Fertigstellung des Projektes mit einer rezessiven Lage in den Branchen der potentiellen Nutzer entstehen, das dies zum Ausbleiben einer entsprechenden Nachfrage führt.

(4) Kosten- und Terminrisiko

Die lange Entwicklungsdauer von Immobilienprojekten machen auf Seiten des Developers ein intensives Kosten- und Terminmanagement erforderlich. Verzögerungen im Rahmen der Erzielung einer Baugenehmigung oder im Bauablauf bedingen das Wagnis einer nicht termingerechten Fertigstellung des Projektes. Dies führt in aller Regel zu erhöhten Gesamtkosten des Projektes.[707]
Darüber hinaus können Kostenrisiken auch entstehen, wenn - wie bei gewerblichen Großprojekten häufig der Fall - nachträgliche Planungsänderungen erforderlich werden.

Hinsichtlich der mit der Projektentwicklung verbundenen Risiken existieren eine Reihe von Mitteln zur Risikobegrenzung, welche von der konkreten Gestaltung der Projektorganisation abhängig sind.

Grundsätzlich lassen sich die mit der Projektentwicklung verbundenen Risiken dadurch handhabbar machen, daß der Beginn der Entwicklung mit der Erfüllung bestimmter Voraussetzungen verknüpft wird. In diesem Zusammenhang wären die Vollständigkeit der Genehmigungsplanung, das Vorliegen einer umfassenden Baugenehmigung, der Abschluß von Verträgen mit allen Projektbeteiligten sowie die Erreichung eines gewissen Vermietungsstandes zu erwähnen.

---

706 Vgl. *Hohmann*, Markt, S. 441.

707 Vgl. *Fraser*, Principles, S. 245; *Pattison*, Tenant, S. 1.

Für den Fall, daß der Fonds nur als Bauherr auftritt und die eigentliche Entwicklungsarbeit einem Projektentwicklungsunternehmen überläßt, besteht die Möglichkeit, bestimmte Risiken durch entsprechende Vertragsgestaltung auf dieses Unternehmen zu überwälzen.[708] Dazu zählt hier insbesondere die Abgabe einer Erstvermietungsgarantie bzw. einer befristeten Mietgarantie für die Anlaufphase des Objektes durch den Entwickler.[709] Ferner ist die Abgabe von Fertigstellungs- und Erfüllungsbürgschaften durch den Developer oder Generalübernehmer, die eine termin-, kosten- und qualitätsgerechte Übergabe des Projektes garantieren, ein weiteres Mittel der Risikoreduktion.

5.2. Modifizierung der Wertkette offener Immobilienfonds durch Einsatz der Projektentwicklung

Mit der Darstellung der Vor- und Nachteile, die mit der Übernahme von Projektentwicklungsaufgaben verbunden sind, konnte gezeigt werden, daß die Entfaltung eigener Bautätigkeit eine attraktive Option für offene Immobilienfonds darstellt, um über ihr bestehendes Stammgeschäft hinaus Erfolgspotentiale aufzubauen und wahrzunehmen.

Nachfolgend soll daher geprüft werden, auf welche Weise sich die Projektentwicklungsfunktion im Rahmen des strategischen Managements eines offenen Immobilienfonds darstellen und verankern läßt. Es wird dabei auf das strategische Analyseinstrument der Wertkette zurückgegriffen, deren Grundkonzeption für offene Fonds bereits erörtert wurde.[710]

Offene Immobilienfonds können generell zwei verschiedene Wege einschlagen, um die Vorteile der Projektentwicklung für sich nutzbar zu machen: Entweder versuchen sie, die für die Wahrnehmung von Developmentaufgaben erforderliche Kompetenz im eigenen Hause aufzubauen, oder sie streben ein Joint Venture mit professionellen Developern an.[711]

---

708 Vgl. *BVI*, Investment 92, S. 74; *Wonhas*, Immobilienfonds, S. 432.

709 Zur Beurteilung von Mietgarantien vgl. *Völker*, Immobilieninvestitionen, S. 135 f.

710 Siehe hierzu Abschnitt 4.2.3.2. Seite 158 ff.

711 Eine dritte Lösung bestünde darin, sich an einem im Markt bereits erfolgreich operierenden Projektentwicklungsunternehmen zu beteiligen oder ein solches Unternehmen zu übernehmen. Da diese Vorgehensweise für offene Immobilienfonds im engeren Sinne nicht zulässig ist, soll sie im folgenden nicht weiter ausgeführt werden. Die

Die erste Option soll als "Integrationslösung", die zweite Option als "Kooperationslösung" bezeichnet werden.

Bei beiden Vorgehensweisen handelt es sich um idealtypische Modelle, die für die Praxis je nach der individuellen Ausgangslage des offenen Immobilienfonds entweder in dieser Form oder in einer Reihe von Zwischenformen beider Modelle denkbar sind.

5.2.1. Selbständiger Aufbau von Projektentwicklungskompetenz als Integrationslösung

Das Management offener Immobilienfonds im herkömmlichen Sinne beschränkt sich auf das sogenannte passive Immobilieninvestment.[712] Darunter ist die Begrenzung auf die Entscheidungen über den Kauf von Immobilien, deren Verwaltung und Instandhaltung, sowie gegebenenfalls deren Vermietung und Verkauf zu fassen. Die aufgrund der Einnahme einer passiven Haltung von dem Fonds erzielbare Wertschöpfung muß in der Regel als relativ gering bezeichnet werden.[713]

Der Wert, den eine Immobilie für den Mieter bzw. Nutzer aufweist, ist zu weiten Teilen schon auf einer dem offenen Immobilienfonds vorgelagerten Leistungsstufe - nämlich auf der Stufe des Projektentwicklers - geschaffen worden. Der passiv agierende offene Immobilienfonds beschränkt sich lediglich auf die Werterhaltung. Selbst eine Erneuerung bzw. ein Ausbau des Wertes, wie er etwa durch die Revitalisierung oder Erweiterungsmaßnahmen einer Immobilie erzeugt wird, erfolgt weitgehend durch externe, vom Fondsmanagement beauftragte Unternehmen.

Die Wertkette eines auf diese Weise operierenden offenen Immobilienfonds wird in Abbildung 32 wiedergegeben. Die primären Wertaktivitäten werden vereinfachend eingeteilt in die Tätigkeiten der Objektakquisition,

in der Praxis beobachtbare Konzernverflechtung, bei der eine Verbindung zwischen Fonds und Developern aufgrund der gemeinsamen Anbindung an einen Finanzdienstleistungskonzern gegeben ist, wird nachfolgend im Rahmen der Kooperationslösung behandelt.

712 Vgl. *Pyhrr/Cooper/et al.*, Real Estate, S. 22.

713 Vgl. auch die Ausführungen auf den Seiten 109 und 166.

des Objektmanagements, der Vermietung und des Kundendienstes sowie der Bestandsoptimierung und des Verkaufs von Objekten.[714]

Abb. 32: Die Wertkette eines offenen Immobilienfonds ohne Integration der Projektentwicklung

Dem geringen Maß der eigenen Wertschöpfung entsprechend, sind auch die dem Fonds zur eigenen Disposition stehenden Mittel zum Aufbau von Wettbewerbsvorteilen relativ eingeschränkt. Folglich muß die Überlegung des Fondsmanagements dahin gehen, seine Möglichkeiten der Beeinflussung des Produktes zu steigern.[715] Der wesentliche Schritt zur Erweiterung des strategischen Handlungsspektrums offener Immobilienfonds muß in diesem Zusammenhang in dem Aufbau von Projektentwicklungskompetenz im eigenen Hause gesehen werden. "Investors integrate into development to gain access to product."[716]

Die Übernahme von Projektentwicklungsfunktionen durch offene Immobilienfonds stellt im betriebswirtschaftlichen Sinne eine Rückwärtsintegration dar, deren Ziel letztendlich darin besteht, die Dienstleistung eines De-

714 Eine nähere Erläuterung der in Abbildung 28 dargestellten Wertaktivitäten soll an dieser Stelle nicht erfolgen. Siehe hierzu erneut Abschnitt 4.2.3.2. Im Vordergrund steht hier die Schaffung einer Vergleichsmöglichkeit mit der in Abbildung 29 wiedergegebenen Wertkette.

715 Vgl. auch das in Fußnote 538 wiedergegebene Zitat von *Wise* (Enterprises, S. 53).

716 *Bacow*, Integration, S. 5.

velopers nicht mehr in Anspruch zu nehmen und damit eine komplette Leistungsstufe zu überspringen.[717]
Die Auswirkungen einer strategischen Neuausrichtung dieser Art auf die Wertschöpfungskette eines offenen Immobilienfonds sollen im folgenden näher untersucht werden. Ein Vergleich zwischen den in den Abbildungen 32 und 33 wiedergegebenen Wertketten offener Immobilienfonds zeigt auf schematische Weise die durch die Projektentwicklung bewirkten Modifikationen.

Abb. 33: Die Wertkette eines offenen Immobilienfonds bei Integration der Projektentwicklung

Die Darstellung der Wertkette des Immobilienfonds verdeutlicht, daß der Umfang der primären Aktivitäten durch die Eingliederung der Projektentwicklung wesentlich zunimmt. Die unternehmerische Tätigkeit des Immobilienfonds wird nicht erst mit der Akquisition fertiggestellter und vermieteter Immobilien aufgenommen, sondern beginnt bereits mit der Suche nach Entwicklungsgrundstücken auf der Grundlage einer vorhandenen oder einer zu kreierenden Projektidee. Darauf aufbauend übernimmt der Immobilienfonds sämtliche Führungs- und Koordinationsaufgaben der in Abbildung 7 dargestellten Phasen des Projektentwicklungsprozesses.[718]

717 Zur strategischen Bedetung der Integration siehe auch *Porter*, Wettbewerbsstrategie, S. 375 ff.

718 Siehe hierzu Abschnitt 2.4.3.2. auf Seite 51 ff. Auf den Inhalt und die Durchführung der einzelnen Phasen soll an dieser Stelle daher nicht erneut eingegangen werden.

Die eigentliche unternehmerische Wertschöpfung des Fondsmanagements besteht nun darin, eine Verknüpfung von Grundstück, Projektkonzept und Kapital herzustellen, die eine nachhaltig wettbewerbsfähige Nutzung der Immobilie entsprechend den strategischen Leistungszielen des offenen Immobilienfonds ermöglicht. Sie unterscheidet sich von der Zielsetzung eines reinen Projektentwicklungsunternehmens nicht zuletzt darin, daß nach bzw. schon während der Realisierung des Projektes nicht ein Verkauf desselben angestrebt, sondern das Projekt mit langfristiger Perspektive für das eigene Portfolio entwickelt wird.

Auf dem Wege der Immobilie vom Projekt zum Objekt ist das Fondsmanagement als Bauherr sicherlich nicht in der Lage, sämtliche Aufgaben im eigenen Hause zu erfüllen. In der Regel wird daher ein Projektteam gebildet, in dem das Fondsmanagement die Führungsaufgaben übernimmt und sich der Dienste interner Fachkräfte und externer Unternehmen bedient. Als externe Projektbeteiligte wären insbesondere Architekten und Ingenieure, Generalunternehmer oder bauausführende Unternehmen (soweit eine Einzelvergabe der Bauleistungen angestrebt wird) , sowie gegebenenfalls Projektsteuerer bei Delegation eines Teils der Bauherrenfunktionen zu nennen. Hinsichtlich der frühzeitigen Vermarktung bzw. Erstvermietung des Projektes und der Einbeziehung von späteren Nutzern der Immobilie wäre eine Zusammenarbeit mit Maklern und Beratern zu prüfen. Kritischer Faktor ist hier die interne Marketingkapazität des Fonds.

Der Immobilienfonds kann daher einen Teil der oben angeführten Risiken an Projektbeteiligte übergeben, so daß er im wesentlichen nur das unternehmerische Risiko der Projektentwicklung trägt.

Auch hinsichtlich der unterstützenden Aktivitäten, welche im oberen Bereich der Wertkette in Abbildung 33 dargestellt sind, bewirkt die Übernahme von Projektentwicklungsfunktionen eine Ausweitung und eine teilweise erhebliche Neustrukturierung der vorhandenen Ressourcen, Potentiale und Systeme. Von den sich ergebenden Änderungen in sämtlichen Bereichen sekundärer Aktivitäten sollen hier nur einige angesprochen werden.

(1) *Unternehmensinfrastruktur*

Das in dem offenen Immobilienfonds vorhandene Führungs-, Planungs- und Steuerungssystem muß auf die durch die Projektentwicklungstätigkeit bewirkte grundlegende Erweiterung des Aufgabenspektrums ausgerichtet werden. Dazu ist eine Orientierung an den in der Projektentwicklungsbranche herrschenden Wettbewerbskräften und -bedingungen erforderlich.

Durch den Wandel ist auch die bei offenen Immobilienfonds vorherrschende Unternehmenskultur betroffen, welche sich herkömmlicherweise durch eine konservativ-statische, sicherheitsorientierte und adaptive strategische Grundhaltung auszeichnet.[719] Eine solche Grundhaltung ist mit den Wettbewerbsbedingungen im Projektentwicklungsgeschäft nur sehr schwer in Übereinstimmung bringen, da es hier ganz wesentlich auf Faktoren wie z.B. ein dynamisch-progressives Marktauftreten, Reaktionsschnelligkeit im Umgang mit Anbietern von Grundstücken und anderen Akteuren im Markt sowie Flexibilität in der Anpassung an Marktentwicklungen ankommt.[720]

Die Entwicklung der Unternehmensinfrastruktur offener Immobilienfonds in der Weise, daß die Wettbewerbsfähigkeit im Developmentbereich sichergestellt werden kann, muß ebenfalls aufgrund faktischer und rechtlicher Verhältnisse als relativ problematisch beurteilt werden.[721]

(2) *Personalwirtschaft*

Die sekundären Aktivitäten im Bereich der Personalwirtschaft befassen sich mit der Rekrutierung, der Aus- und Weiterbildung, dem Einsatz und der Entwicklung der Mitarbeiter des offenen Immobilienfonds.

---

719 Siehe auch Abschnitt 4.1.2. auf Seite 100 ff.

720 Vgl. auch *Suchman*, Interviews, S. 25. Das Problem des Werthaltungs- und Interessenkonflikts bringen auch *Curzan/Silverman/Williams* (Institutions, S. 5) zum Ausdruck: "The institution's key management people might find development incompatible with their strongly held beliefs. People who have worked for the institution for many years might see development as running counter to their sense of the entity's mission."

721 Rechtliche Verhältnisse, die einer raschen Umsetzung von Projektentwicklungsentscheidungen entgegenstehen, liegen z.B. darin begründet, daß vor einer Grundstücksakquisition die Bewertung des Vorhabens durch den Sachverständigenausschuß erfolgen und die Genehmigung der Depotbank und gegebenenfalls des Anlagebeirats eingeholt werden muß.

Die Eingliederung der Projektentwicklung bedingt ein stark gewandeltes Anforderungsprofil an die Mitarbeiter in diesem Bereich: "The developer's job description includes shifting roles as creator, promoter, negotiator, manager, leader, risk manager, and investor, adding up to a much more complex vision of an entrepreneur than a person who merely buys low to sell high."[722]

Für das Fondsmanagement stellt sich in diesem Zusammenhang das Problem, daß sich Fachkräfte, die dem ausgesprochen unternehmerisch geprägten Profil eines Developers entsprechen, eher schwer in ein Unternehmen integrieren lassen, das nicht nur in rechtlicher Hinsicht Kreditinstitutscharakter aufweist. Konflikte können sich dabei nicht nur bezüglich der Einbindung in die bereits angesprochene "Corporate Culture" eines Finanzdienstleistungskonzerns, sondern auch hinsichtlich der Gehaltsstrukturen, der Weisungsgebundenheit sowie der Gestaltung und Ausnutzung von Handlungsfreiräumen ergeben.

Neben der Besetzung der Rolle der Projektleiter muß für die Projektkonzeption und -realisierung auch ein Team zum Teil hochgradiger Spezialisten aus sehr heterogenen Disziplinen herangezogen werden. Dazu sollten neben Kaufleuten und Juristen auch Architekten, Ingenieure, Stadt- und Raumplaner sowie Verwaltungswissenschaftler treten.

Der Aufbau und die Eingliederung eines solchen Teams aus Fach- und Führungskräften für die Projektentwicklung kann für den offenen Immobilienfonds eine wesentliche Zugangsbarriere für den Eintritt in das Projektentwicklungsgeschäft darstellen.

(3) Technologieentwicklung

Unter der in einem offenen Immobilienfonds vorhandenen Technologie ist hier vornehmlich die Gesamtheit des in der Kapitalanlagegesellschaft konzentrierten Wissens und der Arbeitsabläufe zur Unterstützung der primären Aktivitäten zu verstehen.

Das Bemühen mit Projektentwicklung befaßter offener Immobilienfonds muß darauf gerichtet sein, das hierfür benötigte Know-How zu bündeln und zu strukturieren. Dabei ist der Aufbau einer Projektentwicklungs-

---

722 *Miles/Malizia/Weiss*, Development, S. 7. Vgl. auch *Heuer*, Vermarkten, Teil 6, Kap. 2, S. 1 f. Zum Berufsbild des Developers siehe *Peiser*, Developer, S. 32 ff.

kompetenz eng verknüpft mit den Personen bzw. Trägern des Developmentbereichs im offenen Immobilienfonds.

Um die notwendigen Synergieeffekte zwischen den einzelnen Aktivitäten zu erzielen, sollten die Arbeitsabläufe eine zweckmäßige organisatorische Form erhalten und geeignete Kommunikationssysteme organisatorisch verankert werden. Dabei bietet sich über die bei den offenen Fonds vorherrschende funktionale Organisationsform hinaus die Einrichtung einer Projektorganisation als Modell einer die bestehende Struktur übergreifenden Sekundärorganisation an.[723]
Die Verwendung des Begriffs "Projektteam" bei den obigen Ausführungen implizierte bereits die Existenz einer solchen Organisationsform. Danach wird für jedes Entwicklungsvorhaben eine interdisziplinäre "taskforce" aus Fachkräften der verschiedenen Funktionsbereiche des offenen Immobilienfonds sowie externen Dienstleistern zusammengestellt, welche sämtliche Aufgaben im Zusammenhang mit der Projektentwicklung übernehmen. Ein Projektteam ist damit nicht in eine fixierte hierarchische Struktur eingebunden, sondern ein loser Verbund, dessen Größe und Zusammensetzung sich in Abhängigkeit von der Phase des Projektentwicklungsprozesses ändert.

Die Einrichtung einer fallweisen Projektorganisation bietet den Vorteil, daß das in den verschiedenen funktionalen Bereichen des offenen Immobilienfonds aufgebaute Erfahrungs- und Spezialwissen für jedes Projekt individuell konfiguriert werden kann. Darüber hinaus wird der Grad der Flexibilität und der Reaktionsschnelligkeit erhöht.

(4) Beschaffung

Wie bereits ausgeführt, ändert sich mit der Übernahme von Projektentwicklungsaufgaben das Auftreten und das Beschaffungsverhalten des offenen Immobilienfonds auf den Immobilienmärkten. Damit wandeln sich auch die Beschaffungsregeln bzw. das Akquisitionssystem.

Statt Immobilienobjekte zu erwerben, die den fondsspezifischen Anforderungskriterien genügen, werden diese Immobilien nun selbständig entwickelt. Während Immobilienfonds auf herkömmliche Weise im Rahmen

723 Siehe hierzu *Brandenberger/Ruosch*, Projektmanagement, S. 32 ff.; *Midler*, Rôle, S. 126 ff.; *Leinberger*, Planning, S. 44.

der Objektakquisition lediglich auf Angebote reagieren, die von externen Quellen an sie herangetragen werden, reicht eine rezeptive Haltung für die Projektentwicklung nicht aus. Bereits der kreative Prozeß einer Suche nach möglichen Projektideen, für die anschließend ein Grundstück gefunden werden muß, verdeutlicht die Notwendigkeit einer aktiven Steuerung der ersten Phasen der Projektentwicklung.[724]

Im Rahmen der Beschaffung sind außerdem die Grundlagen und Vorgehensweisen hinsichtlich der Inanspruchnahme von Dienstleistungen externer Unternehmen festzulegen. Durch die interne Projektentwicklung wird hier das Feld der "make or buy"-Entscheidungen erheblich erweitert. Da es einem offenen Immobilienfonds - zumindest in der Aufbauphase der Integrationslösung - kaum gelingen wird, sämtliche Aufgaben innerhalb einer Projektentwicklung mit eigenen Kräften zu erfüllen, sind auf dieser Ebene die Anforderungkriterien für die Auswahl sowie Art und Ausmaß des Einsatzes sowie Erfolgsbeteiligung potentieller Projektbeteiligter festzulegen.

Die Projektentwicklung stellt sich mithin als Ergebnis eines horizontalen und vertikalen Leistungsverbundes unter der Führung des offenen Immobilienfonds dar. Es kommt innerhalb der unterstützenden Aktivitäten entscheidend darauf an, ein strategiegerechtes Schnittstellenmanagement einzurichten, um die Optimierung und Koordination der Wertschöpfungsbeiträge aller Projektträger zu gewährleisten und Reibungsverluste zu minimieren.

Zusammenfassend kann festgestellt werden, daß der als Integrationslösung bezeichnete, selbständige Aufbau von Projektentwicklungskompetenz nicht nur mit erheblichen Modifikationen der vorhandenen primären und sekundären Wertschöpfungsaktivitäten einhergeht, sondern darüber hinaus auch die Entfaltung neuartiger Leistungen erfordert. Die Integrationslösung stellt sich damit als ein sehr komplexes strategisches Konzept dar, dessen Realisierung mit erheblichem Aufwand in sachlicher, personeller und zeitlicher Hinsicht verbunden ist.

---

724 Dabei kann ein offener Immobilienfonds beispielsweise auf das hohe akquisitorische Potential von Gesellschaften im Konzernverbund zurückgreifen.

In der Summe müssen Zweifel daran geäußert werden, ob ein offener Immobilienfonds in der Praxis tatsächlich in der Lage ist, die Bereitschaft und die notwendige Energie aufzubringen, um die strategischen Weichen für die Integrationslösung zu stellen und die weitreichenden gestalterischen Maßnahmen für die Eingliederung der Projektentwicklung durchzusetzen. Für die Praxis denkbar ist daher z. B. eine eher abgemilderte Formen der Integrationslösung, bei der ein offener Immobilienfonds zwar die Projektführung übernimmt und das unternehmerische Risiko der Entwicklung zu tragen bereit ist, ansonsten jedoch auf die Leistungen externer Anbieter zurückgreift.

Des weiteren wäre es möglich, aus Riskoüberlegungen die Projektentwicklungsfunktion lediglich auf das Redevelopment vorhandener Bestandsimmobilien zu beschränken, nicht aber die Entwicklung von unbebauten bzw. Abrißgrundstücken zu übernehmen.[725]

Der Verzicht auf das selbständige Betreiben von Projektentwicklung wird neben dem Risikoaspekt auch durch das Argument unterstützt, daß sich offene Immobilienfonds bei Neubauprojekten in Konkurrenz zu etablierten Developern begeben, die ansonsten als Objektlieferanten des Fonds fungieren. Es wird daher die Gefahr gesehen, daß etablierte Lieferantenbeziehungen eingetrübt werden könnten.

Schließlich kann die Integrationslösung tendenziell eine Reihe zusätzlicher Belastungen für den offenen Immobilienfonds verursachen, die auch als "strategische Kosten" bezeichnet werden:[726] Zum Beispiel die Erhöhung des Fixkostenblocks, die geringere Flexibilität bei der Inanspruchnahme externer Developmentleistungen und der geringere Zugang zum Know-How von Developern als ehemalige Lieferanten, die höheren Marktaustrittsbarrieren und die Problematik der Kapazitätsauslastung des Developmentbereichs.

---

725 *Apgar* (View, S. 9) bemerkt in diesem Zusammenhang: "Renovation or recycling can be employed as anchors to programs with the opportunities that increase total returns with tolerable risks".

726 Vgl. *Porter*, Wettbewerbsstrategie, S. 386 ff.; *Wise*, Enterprises, S. 54; *Walton*, Outsourcing, S. 26 ff.

5.2.2. Zusammenarbeit mit einem professionellen Developer als Kooperationslösung

Ein zweiter idealtypischer Weg, um die strategischen Chancen der Projektentwicklung für offene Immobilienfonds nutzbar zu machen und gleichzeitig deren Risiken überschaubar zu halten, liegt in der Zusammenarbeit der Fonds mit professionellen Developern.

Die Spannweite möglicher Formen der Kooperationslösung ist sehr weit. Die offenste Form der Kooperation stellt die fallweise, d.h. auf einzelne Immobilienprojekte bezogene Zusammenarbeit zwischen Investor und Projektentwickler dar, die auf dem deutschen Immobilienmarkt heute bereits relativ häufig zu finden ist. Eine enge Form der Kooperation kann auf der anderen Seite in der Bildung eines Joint Ventures bzw. einer strategischen Allianz zwischen Investor und Developer gesehen werden.

Eine strategische Allianz soll hier in weiter Sicht als eine Koalition zwischen zwei rechtlich selbständigen Unternehmen zum Zwecke der gemeinsamen Konzeption und Durchführung von Wertschöpfungsaktivitäten verstanden werden.[727] Das Ziel einer strategischen Allianz kann darin gesehen werden, daß der offene Immobilienfonds strategische Wettbewerbsvorteile nicht allein aus eigenen Kräften sondern als "joint competitive advantage"[728] im Wege der Partnerschaft mit einem Projektentwicklungsunternehmen aufzubauen sucht.

Diese Form der engen Verknüpfung der Wertschöpfungsaktivitäten zwischen zwei Leistungsstufen kann seit Anfang der neunziger Jahre auf den nordamerikanischen Immobilienmärkten und andeutungsweise auch in Europa[729] beobachtet werden: "Just as real-estate firms seek to establish institutional relationships in the 1990s, the institutions will also aggressively attempt to form such alliances. Institutional investors will be seeking the expertise of real estate firms in particular niches, the vigor of their en-

727 Zu strategischen Allianzen in allgemeiner Sicht siehe auch *Backhaus/Piltz*, Allianzen, S. 2 ff.; *Gahl*, Konzeption, S. 36 ff.; *Devlin/Bleackley*, Alliances, S. 18 ff.; *James*, Alliance, S. 76 ff.

728 *Backhaus/Plinke*, Antwort, S. 32; vgl. *Devlin/Bleackley*, Alliances, S. 18.

729 So findet sich z.B. in der Frankfurter Allgemeinen Zeitung vom 16.04.93 die folgende Schlagzeile: "Projektentwickler schmieden strategische Allianzen". *Friedemann*, Projektentwickler, S. 41.

trepreneurial owners, their management capabilities, and their knowledge of local markets."[730]

Nachfolgend werden die Auswirkungen einer strategischen Allianz zwischen offenem Immobilienfonds und Developer auf deren Wertketten untersucht.
In herkömmlicher Sicht stellt das Immobilienobjekt das Ergebnis der Wertschöpfung des Developers und das Eingangsprodukt für die Wertkette des Immobilienfonds dar, wobei die beiden Leistungsstufen getrennt voneinander ablaufen und eine Beziehung zwischen beiden Stufen nur jeweils transaktionsbezogen entsteht. Das Ziel einer strategischen Allianz besteht nun darin, beide Wertketten so aufeinander abzustimmen und zu optimieren, daß eine "Wertschöpfungspartnerschaft"[731] zwischen offenem Immobilienfonds und Projektentwickler entsteht. Das Ergebnis einer solchen Verknüpfung der Wertketten ist dabei nicht als "Nullsummenspiel"[732] zu werten, bei der entweder der Immobilienfonds oder der Developer auf Kosten des jeweils anderen Partners gewinnt. Vielmehr ergibt sich für beide Seiten eine Reihe von Vorteilen, die die übliche Kunden-/Lieferantenbeziehung nicht gewähren kann.[733]

Die wesentlichen Merkmale einer solchen Kooperationsstrategie liegen darin, daß sich die Partner gegenseitig den "Zugang zu wettbewerbsrelevanten Potentialen"[734] gewähren, fehlende Ressourcen (z.B. Technologie, Know-How, Kapital) nutzbar machen, Risiken abmildern und Synergiepotentiale ausnutzen können.[735] Gegenüber der Integrationslösung besteht des weiteren der Vorteil eines nicht unerheblichen Zeitgewinns für die Er-

---

730 *Ori*, Strategies, S. 96; vgl. *Wise*, Enterprises, S. 54. Die meisten dieser Joint-Ventures von U.S.-Immobilienunternehmen sind bislang allerdings in erster Linie finanzierungsorientiert, wofür auch der Begriff "entity financing" geprägt wurde. Nach *Brandt* (Management, S. 12 f.) ist darunter folgendes zu verstehen: "Instead of backing developers on a project-by-project basis, institutions will increasingly provide developers with a pool of both money and land to fund an entire portfolio of development projects over a number of years. Sometimes, the local developer will contribute the land, while the institution provides the capital. In either case, you will generally see a new joint venture "entity" formed for the stated purpose of completing certain projects."

731 *Johnston/Lawrence*, Integration, S. 81.

732 *Porter*, Wettbewerbsvorteile, S. 79.

733 Vgl. *Johnston/Lawrence*, Integration, S. 85.

734 *Gahl*, Konzeption, S. 36.

735 Vgl. *Gahl*, Konzeption, S. 36; *Backhaus/Plinke*, Antwort, S. 23.

schließung der Projektentwicklungschancen, da Potentiale im Developmentbereich nicht erst von neuem aufgebaut werden müssen.

Die hauptsächlichen Ansatzpunkte für die Entstehung von Wertschöpfungspartnerschaften zwischen offenen Immobilienfonds und Projektentwicklern sind in Abbildung 34 dargestellt. Daneben existiert eine Vielzahl weiterer Verknüpfungsmöglichkeiten zwischen den beiden Wertketten, welche aus Gründen der Übersichtlichkeit jedoch nicht in die Abbildung aufgenommen wurde.

Abb. 34: Ansatzpunkte für die Verknüpfung der Wertketten eines offenen Immobilienfonds und eines Projektentwicklers

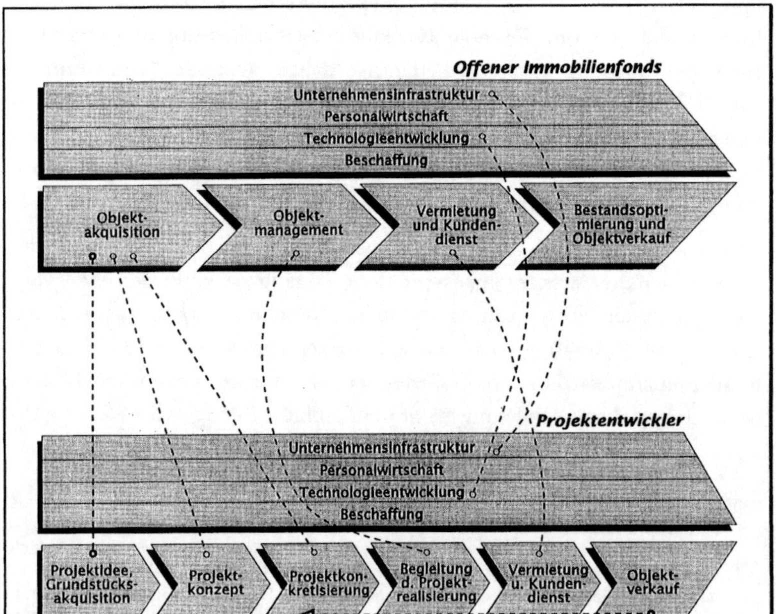

Die wesentliche Modifikation primärer Aktivitäten auf der Seite des Projektentwicklers ergibt sich aus der Möglichkeit, die Veräußerung seiner Immobilienprojekte nicht mehr an das Ende seiner Wertkette stellen zu müssen, sondern diese bereits in einer der vorangehenden Phasen des Projektentwicklungsprozesses abwickeln zu können.

Wenn der Rahmen der Zusammenarbeit zwischen Fonds und Developer durch eine strategische Allianz abgesteckt wird, ist es sogar möglich, den Verkauf des zu entwickelnden Grundstücks an den Anfang des Entwicklungsprozesses zu stellen und die Tätigkeit des Developers als reine Beratungsdienstleistung in Anspruch zu nehmen. Eine solche Konstellation tritt auch dann ein, wenn der Fonds ein unbebautes Grundstück oder eine Redevelopmentimmobilie bereits im eigenen Bestand hält und zur Entwicklung derselben den partnerschaftlich verbundenen Developer einschaltet.

Für den Developer hat eine solche Form der engen Kooperation den entscheidenden Vorteil, daß das Problem der Beschaffung einer Projektfinanzierung durch den Eigenkapitaleinsatz des offenen Immobilienfonds entfällt. Die Besorgung eines Finanzierungspartners für die Zwischen- und Endfinanzierung bildet regelmäßig den Engpaß für die Initiierung eines Projektes und einen wesentlichen Kostenfaktor im Rahmen der Gesamtentwicklung.[736]
Von gleicher Bedeutung für den Developer ist die Eingrenzung des Marktrisikos der Entwicklung in der Form, daß der Verkauf des Projektes vorweggenommen wird.

Für den offenen Immobilienfonds stellt sich in diesem Zusammenhang jedoch die Frage, ob er den Projektentwickler durch die Übernahme der Bauherreneigenschaften im Wege des frühzeitigen Erwerbs des Bauvorhabens aus der Risikoverantwortung nehmen will. In der Praxis wird hier sicherlich ein vertraglich abgesicherter Kompromiß zu schließen sein, der eine gleichmäßige Verteilung der Chancen und Risiken der Projektentwicklung vorsieht.[737]

Die Einrichtung einer strategischen Allianz hat über die Gestaltung des Eigentumsübergangs hinaus zur Folge, daß sämtliche Kettenglieder der primären Aktivitäten des Projektentwicklers in enger Abstimmung mit dem offenen Immobilienfonds vorgenommen werden müssen.

---

736 Vgl. *Bacow*, Integration, S. 8.

737 Siehe auch Abschnitt 5.1. auf Seite 229 ff.

Die Verknüpfungen zwischen der Objektakquisition des Immobilienfonds und den Aktivitätsbereichen Projektidee, Grundstücksakquisition, Projektkonzept und Projektkonkretisierung versetzen das Fondsmanagement in die Lage, gemeinsam mit dem Projektpartner eine Immobilie zu entwikkeln, die den strategischen Anforderungen des Fonds entspricht. Zur Gewährleistung einer engen Abstimmung ist in diesem Zusammenhang die Bildung eines unternehmensübergreifenden Projektteams möglich, dem neben den Vertretern des Entwicklungsunternehmens auch Fachkräfte des Immobilienfonds angehören.
Für die Wertschöpfungsphase der Projektrealisierung können außerdem die Vertreter des technischen Objektmanagements ihre Erfahrungen in das Projektteam einbringen, um eine termin-, kosten- und qualitätsgerechte Ausführung des Bauprojektes zu steuern und zu kontrollieren. Auf die gleiche Weise kann im Rahmen der Wertschöpfungspartnerschaft eine Verknüpfung zwischen den Wertaktivitäten im Bereich Vermietung und Kundendienst hergestellt werden, um die nutzungsadäquate Ansprache und den frühzeitigen Einbezug potentieller Mieter sicherzustellen.

Neben der Verschränkung der Wertketten in den primären Aktivitätsfeldern berührt eine strategische Allianz auch die sekundären bzw. unterstützenden Aktivitäten der beteiligten Unternehmen. Davon betroffen sind in erster Linie die Unternehmensinfrastruktur und die Technologieentwicklung, die auf die Ausnutzung von "Kompetenzsynergien"[738] und die gemeinsame Erreichung von Wettbewerbsvorteilen ausgerichtet werden müssen. Gleichzeitig erfordert eine Allianz auf der Ebene der sekundären Aktivitäten eine enge Abstimmung hinsichtlich der Kommunikations-, Informations- und Controllingsysteme, um den durch die gemeinsame Erledigung von primären Aktivitäten erhöhten Koordinationsaufwand abzubilden.[739]

Schließlich soll die Frage des organisatorischen Aufbaus und der Durchführung einer solchen Wertschöpfungspartnerschaft zwischen offenem Immobilienfonds und Projektentwickler erörtert werden. Wie bereits ausgeführt, bedingen strategische Allianzen nicht die Aufgabe der wirtschaftlichen Unabhängigkeit und rechtlichen Selbständigkeit der beteiligten Un-

---

738 *Backhaus/Plinke*, Antwort, S. 32.

739 Vgl. auch *Devlin/Bleackley*, Alliances, S. 21 f.; *James*, Alliance, S. 80.

ternehmen, sondern lediglich eine partielle, auf bestimmte Aktivitäten begrenzte Aufgabe der Autonomie.[740]
Die Basis der Zusammenarbeit beruht in der Regel auf einer recht global gehaltenen vertraglichen Kooperationsvereinbarung, in der die Rechte und Pflichten der Partner geregelt werden.[741] Daneben werden projektbezogene Einzelverträge zwischen Fonds und Developer geschlossen, die den situativen Erfordernissen des individuellen Entwicklungsvorhabens gerecht werden und die Tragung von Aufwand und Erfolg für den Einzelfall definieren.

Wie bereits angedeutet, muß die Bindung an den Projektentwicklungspartner keinen Ausschließlichkeitscharakter in der Hinsicht haben, daß ein offener Immobilienfonds in der Praxis - abgesehen von Objektakquisitionen - die Projektentwicklung lediglich mit einem verbundenen Unternehmen betreiben darf. Eine solche Regelung wäre für die Praxis auch nur in Grenzen denkbar, da sich kaum eine Partnerschaft finden ließe, die für sämtliche Tätigkeitsbereiche beider Unternehmen eine bessere Lösung darstellen würde, als sie im marktwirtschaftlichen Wettbewerb erzielbar wäre. Letztlich würde eine weitreichende Bindung dieser Art auch auf eine Verschmelzung beider Unternehmen hinauslaufen, welche den natürlichen Wettbewerb ausschaltet und selbst im Konzernverbund wenig wünschenswert wäre.

Die Kooperationsvereinbarung wird hier vielmehr in der Weise erfolgen, daß die strategische Allianz schwerpunktmäßig auf einzelne Geschäftsfelder, geographische Regionen oder Immobilienprodukte abstellt. Demnach ist es beispielsweise denkbar, daß ein offener Immobilienfonds speziell auf dem Gebiet der Gewerbeparks mit einem auf dieses Produkt spezialisierten Developer geschäftsfeldübergreifend kooperiert, gleichzeitig für einzelne Regionen oder weitere Immobilienarten mit anderen Projektentwicklern zusammenarbeitet und sich in anderen Geschäftsfeldern jeweils nur projektbezogen mit einem Developer arrangiert.

---

740 Vgl. *Backhaus/Piltz*, Allianzen, S. 2.

741 Siehe hierzu im einzelnen *Gahl*, Konzeption, S. 40 ff. Möglich und in der Praxis vorzufinden ist hingegen auch eine außervertragliche Form der Kooperation, die sich im Laufe der Jahre auf der Grundlage positiver Erfahrungen zwischen den Unternehmen bei der Abwicklung von Projektentwicklungen herausgebildet und zu einer Angleichung der Wertketten geführt hat.

Im Rahmen einer zusammenfassenden Betrachtung müssen der Kooperationslösung eine Reihe von Vorteilen gegenüber der Integrationslösung eingeräumt werden. Diese liegen - abgesehen von den bereits erwähnten Problemen und strategischen Kosten der Integrationslösung - in der grundsätzlich flexibleren Gestaltung von Kooperationsvereinbarungen, der leichteren und zeitlich schnelleren Bereitstellung der Projektentwicklungskompetenz, sowie geringeren Austrittsbarrieren.[742]

Potentielle Probleme der Kooperationslösung können aus dem Umstand erwachsen, "daß sich in der Allianz zwei prinzipiell selbständige Unternehmen gegenüberstehen, die eigene Ziele verfolgen"[743]. Die Stabilität der Wertschöpfungspartnerschaft von offenem Immobilienfonds und Projektentwickler ist dabei im wesentlichen abhängig von der Möglichkeit, komplementäre Ziele im Rahmen einer strategischen Allianz auch vor dem Hintergrund sich wandelnder Marktbedingungen nachhaltig besser erreichen zu können, als im Alleingang.[744]

---

742 Vgl. auch *Backhaus/Piltz*, Allianzen, S. 4; *Gahl*, Konzeption, S. 37 f. *Backhaus/Piltz* weisen an gleicher Stelle darauf hin, daß eine strategische Allianz nicht notwendigerweise sämtliche Aktivitätsbereiche innerhalb der Wertketten der kooperierenden Unternehmen umfassen muß, sich diese Wahl bei Akquisitionen (bzw. analog bei der Integrationslösung) hingegen nicht stellt.

743 *Gahl*, Konzeption, S. 39.

744 Vgl. auch *Graaskamp*, Fundamentals, S. 638.

6. Zusammenfassung und Ausblick

Das Ausgangsproblem dieser Arbeit bildete die Feststellung, daß institutionelle Investoren in der Bundesrepublik Deutschland in aller Regel lediglich eine transaktions- bzw. objektorientierte Sicht des Immobilieninvestments vertreten. Ein strategisches Management in dem hier verstandenen Sinne hat sich in der Immobilieninvestmentbranche - im Gegensatz zu anderen Wirtschaftszweigen - bislang nicht herausgebildet.
Die wesentliche Aufgabe wurde deshalb darin gesehen, die Notwendigkeit und die Möglichkeiten des strategischen Managements für offene Immobilienfonds aufzuzeigen und mit Blick auf die Besonderheiten der Immobilie und der Immobilienunternehmen geeignete Instrumente für die strategische Analyse und die Strategieformulierung zu entwickeln. Im Mittelpunkt der Untersuchung standen dabei die Ansätze zur Analyse der Immobilieninvestmentbranche und der Wertkette offener Immobilienfonds sowie die Entwicklung eines hierarchischen Portfolio-Modells für das Immobilieninvestment. Als besondere Möglichkeit der Generierung von Wettbewerbsvorteilen wurde darauf aufbauend die Übernahme der Projektentwicklungsfunktion durch offene Immobilienfonds diskutiert.

Aufgrund der Neuartigkeit immobilienökonomischer Fragestellungen in der Betriebswirtschaftslehre kam der anfänglichen Darlegung begrifflicher und inhaltlicher Grundlagen besondere Bedeutung zu.
In juristischer Sicht wurde die Verfügungsgewalt des Grundstückseigentümers über die Immobilie herausgestellt. Das Verfügungsrecht ermöglichte in ökonomischer Sicht dann die Konzentration auf die Nutzung der Immobilie. Ein abstraktes Verständnis der Immobilie als eine "dynamische Raum-Geld-Beziehung", nach welcher der durch die Immobilie geschaffene Raum für eine bestimmte Zeit einer dritten Person gegen Entgelt überlassen wird, bot den Schlüssel für eine nutzungsorientierte Perspektive des Handlungsobjektes offener Immobilienfonds. Darauf aufbauend konnte im Verlauf der Arbeit gezeigt werden, daß die Mieter von Fondsimmobilien in den Mittelpunkt der strategischen Betrachtung gestellt werden müssen, da erst die Nutzung der Immobilie die Erzielung von Wettbewerbsvorteilen am Immobilienmarkt ermöglicht.
Neben der begrifflichen Abgrenzung der Immobilie bildete die Herausarbeitung der Besonderheiten der Immobilie als Wirtschaftsgut eine notwendige Voraussetzung für die Entwicklung eines strategischen Manage-

ments. Als wesentliche Charakteristika der Immobilie konnten die Immobilität, die Heterogenität, die Länge des Entwicklungsprozesses und des Lebenszyklusses, die Höhe des Investitionsvolumens und der Transaktionskosten, die Abhängigkeit von vor- und nachgelagerten Märkten sowie die begrenzte Substituierbarkeit von Immobilien identifiziert werden.

Im Hinblick auf die Diskussion der strategischen Bedeutung der Projektentwicklung für offene Immobilienfonds wurden darüber hinaus die begrifflichen und funktionalen Grundlagen der Projektentwicklung dargelegt. Ausgehend von einem ganzheitlich-systematisierenden Verständnis, nach der die Projektentwicklung als Kombination von Standort, Projektidee und Kapital aufzufassen ist, wurden drei Modelle zur Erklärung des Projektentwicklungsprozesses vorgestellt. Auf der Grundlage der Erklärungsmodelle konnten Erkenntnisse über die Entstehung von Projektentwicklungen, den phasenspezifischen Ablauf sowie die Rollen, Ziele, und Beziehungen der Beteiligten des Projektentwicklungsprozesses gewonnen werden.

Offene Immobilienfonds wurden im Rahmen dieser Arbeit als eine der unternehmerischen Investition in Immobilien gewidmete Form der kollektiven Kapitalanlage verstanden. Das strategische Management offener Immobilienfonds ließ sich als iterativer Prozeß kennzeichnen und anhand eines Phasenmodells erörtern.

Hinsichtlich der strategischen Grundhaltung offener Immobilienfonds war das in der Regel konservative und sicherheitsorientierte Auftreten bestehender Fonds hervorzuheben. Aufgrund der zuvor hergeleiteten Umkehrung der Zielorientierung vom Fondsanleger auf den Nutzer der Fondsimmobilien, rückte jedoch nicht die finanzwirtschaftliche, sondern die leistungwirtschaftliche Zielsetzung von Immobilienfonds in den Vordergrund. Diese Sichtweise entspricht dem im Rahmen des strategischen Managements vorherrschenden Denken in Erfolgspotentialen. Es wurde verdeutlicht, daß erst die Erstellung einer nachhaltig wettbewerbsfähigen Problemlösung für den Mieter die Erzielung einer entsprechenden Fondsperformance für den Zertifikatsinhaber ermöglicht.

Die wesentliche Aufgabe des Fondsmanagements besteht im Rahmen der Zielfindung demnach in der globalen Festlegung, mit welchen immobi-

lienwirtschaftlichen Leistungen der Fonds in welchen Märkten für welche Mietergruppen Problemlösungen anbieten will.
Eine notwendige Voraussetzung für die Absteckung des strategischen Spielfeldes ist dabei in der Durchführung geeigneter strategischer Analysen der Umwelt und des Unternehmens zu sehen.

Im Rahmen der Erfassung des Unternehmensumfeldes wurde neben der Untersuchung der globalen Umwelt der direkten Wettbewerbsumwelt besondere Bedeutung beigemessen. Das Ziel der Branchenstrukturanalyse bestand in der Herausarbeitung derjenigen strukturellen Merkmale der Immobilieninvestmentbranche, die die Wettbewerbsfähigkeit der Branchenakteure bestimmen. Entsprechend der oben dargelegten Zielsetzung wurden offene Immobilienfonds dabei nicht der Kapitalanlagebranche, sondern der Immobilieninvestmentbranche zugerechnet. Im Rahmen ihres Aktivgeschäftes stehen sie mit anderen Immobilieninvestoren im Wettbewerb um Immobilienprojekte und -objekte sowie um Mieter für ihre Immobilien.
Im Ergebnis konnte festgestellt werden, daß die in der Immobilieninvestmentbranche herrschenden Wettbewerbskräfte zu einer intensiven Branchenrivalität führen. Hervorzuheben waren in diesem Zusammenhang insbesondere die potentielle Bedrohung durch den Markteintritt neuer Wettbewerber sowie der Einfluß der Entwicklung globaler Umweltparameter auf das jeweilige Kräfteverhältnis zwischen Anbietern von Immobilien, den Branchenakteuren und den Mietern von Immobilien.

Ein weiterer wichtiger Schritt der strategischen Analyse ist in der Unternehmensanalyse zu sehen. In diesem Zusammenhang konnte die Tätigkeit offener Immobilienfonds als eine Kette von wertsteigernden Aktivitäten interpretiert werden. Es zeigten sich zwei Möglichkeiten der Strukturierung und Organisation der Wertkette zur Erlangung von Wettbewerbsvorteilen: Die Erzielung eines Kostenvorsprungs und der Aufbau von Differenzierungsvorteilen. Ferner wurden die Schnittstellen zwischen den primären und unterstützenden Wertaktivitäten sowie die Anknüpfungspunkte des offenen Immobilienfonds an die Wertketten vor- und nachgelagerter Unternehmen im Sinne eines Wertsystems verdeutlicht.

Das Instrument der Portfolio-Analyse führt die Umwelt- und die Unternehmensanalyse zusammen. In der Entwicklung eines geeigneten Modells für die analytische Unterstützung strategischer Portfolio-Entscheidungen offener Immobilienfonds lag der Schwerpunkt der Arbeit. Als theoretisches Grundgerüst für den Erwerb einer konzeptionellen Gesamtsicht des Immobilienbestandes eines Fonds wurde dabei auf das Marktattraktivität-/Wettbewerbsvorteil-Portfolio zurückgegriffen, das in zweierlei Hinsicht weiterentwickelt wurde.

Zum einen wurden die Marktattraktivität als umfeldbezogene und die relativen Wettbewerbsvorteile als unternehmensbezogene Beurteilungsdimensionen auf die spezifischen Belange des Immobilieninvestments ausgerichtet. Für jede der beiden Dimensionen konnten acht Gruppen von Indikatoren für die Bewertung der strategischen Position von Immobilien und Geschäftsfeldern identifiziert werden. Unter Verwendung eines Scoring-Verfahrens wurde bei drei fiktiven Immobilienobjekten die konkrete Ausprägung der Marktattraktivität und der relativen Wettbewerbsposition ermittelt und damit die praktische Anwendbarkeit des Modells verdeutlicht. Ferner konnte gezeigt werden, daß sich mit Hilfe des Portfolio-Modells nicht nur strategische Entscheidungen über vorhandene Bestandsobjekte des Fonds analytisch fundieren lassen, sondern auch eine differenzierte Beurteilung von potentiellen Akquisitionsobjekten und Bauprojekten ermöglicht wird.

Eine Weiterentwicklung erfolgte zum anderen in der Weise, daß ein zweistufiges, hierarchisches Matrixmodell aufgestellt wurde. Diese Darstellungsweise erlaubte zunächst die Visualisierung einzelner Immobilienprojekte und -objekte innerhalb verschiedener Immobilienportfolios und anschließend deren Aggregation zu strategischen Geschäftsfeldern innerhalb des Gesamtportfolios. Für die Aggregation des Immobilienbestandes zu strategischen Geschäftsfeldern wurde eine multikriterielle Abgrenzung nach den Merkmalen Ballungsraumzugehörigkeit und Nutzungsart für zweckmäßig erachtet.

Über die Analyse des Fondsportfolios hinaus lieferte das Portfolio-Modell Hinweise auf die Entwicklung strategischer Stoßrichtungen für offene Immobilienfonds. In Analogie zu der gewählten zweistufigen Aufteilung der Portfoliobetrachtung ließen sich abgestimmte Strategien für Immobilienobjekte und strategische Geschäftsfelder sowie übergreifende Gesamtunternehmensstrategien entwickeln.

In Abhängigkeit von der jeweiligen Matrixposition der Immobilien konnten Investitions- und Wachstumsstrategien, Abschöpfungs- und Desinve-

stitionsstrategien sowie selektive Strategien mit den Optionen Offensiv-, Defensiv- und Übergangsstrategien für Immobilien vorgestellt werden. Jede der genannten normativen Strategiearten wurde daraufhin bezüglich ihrer Bedeutung für das Portfolio, ihres ökonomischen Horizontes, möglicher Aktionen zur Zielerreichung sowie in Bezug auf die Entwicklung des Cash-Flows, des Objektwertes und der allgemeinen Risikosituation bewertet.
Über die direkte Portfolioanalyse hinausgehend konnten auf der Grundlage alternativer strategischer Grundhaltungen offener Immobilienfonds mögliche Wege zum Aufbau von Wettbewerbsvorteilen für einzelne Immobilienobjekte aufgezeigt werden. In diesem Zusammenhang ließen sich insbesondere Differenzierungs- und Konzentrationsstrategien als umsetzungsfähige Gestaltungsmöglichkeiten für Immobilien anführen.

Die Strategieformulierung auf der Ebene der strategischen Geschäftsfelder erstreckte sich auf einzelne Immobilienportfolios, in denen mehrere Objekte bzw. Projekte zusammengefaßt sind. Neben den Aufgaben der Koordination und Integration der Immobilienstrategien konnten auf dieser Ebene die Möglichkeiten einer offensiven oder defensiven Geschäftsfeldorientierung sowie eine Strategie des Wandels vorgestellt werden.

Den gesamten offenen Immobilienfonds betreffend wurden schließlich Diversifikationsüberlegungen in Form des Eintritts in neue regionale oder nationale Märkte oder der Entwicklung neuer Immobilienformen angestellt. Als Spezialfall wurde die Erweiterung des Aufgabenbereichs offener Immobilienfonds durch die Integration vor- oder nachgelagerter Funktionen angesehen. Darüber hinaus wurden die Bedingungen zur Erzielung einer Portfolio-Balance herausgearbeitet.

Insgesamt konnte das im Rahmen dieser Arbeit vorgestellte Portfolio-Management als wirksames und flexibles Instrument zur Visualisierung von strategischen Entwicklungspotentialen und Problemkonfigurationen innerhalb des Immobilienbestandes offener Immobilienfonds gewertet werden. Trotz einiger methodenimmanenter Probleme zeigte sich, daß es dazu geeignet ist, die Steuerung und Koordination immobilienbezogener Aktivitäten offener Fonds auf systematische und nachvollziehbare Weise zu unterstützen und Hinweise auf den strategiegerechten Einsatz von Ressourcen zu geben.

Als integraler Bestandteil des strategischen Managements offener Immobilienfonds wurde neben den bisher behandelten Phasen der Zielbestimmung, der strategischen Analyse und Strategieformulierung auch die Phase der Strategieimplementierung gesehen. Es wurde die Notwendigkeit hervorgehoben, von Anfang an die Bedingungen der Realisierung von Strategien in den Planungsprozeß einzubeziehen und eine laufende strategische Kontrolle einzurichten, die im Sinne eines permanenten Alarm- und Gegensteuerungssystems strukturelle Risiken der Planung aufdeckt und aufhebt.

Den Abschluß der Arbeit bildete die Darstellung der Projektentwicklung als Basisstrategie für offene Immobilienfonds. Die strategische Chance eines stärkeren Engagements offener Immobilienfonds in der Projektentwicklung wurde insbesondere in dem stärkeren Einfluß der Fonds auf die strategiegerechte Gestaltung ihrer Immobilien gesehen. Das Fondsmanagement wäre damit in der Lage, die Immobilie als Produkt bzw. die Zurverfügungstellung von Raumnutzungen als Dienstleistung so zu konzipieren, daß diese den eigenen strategischen Zielen entsprechen. Es kann auf diese Weise rechtzeitig seine aus dem Immobilienmanagement stammenden Erfahrungen bezüglich der standortadäquaten Bedürfnisse der Mieter sowie seine Ansprüche an die Qualität, Funktionalität und Flexibilität der Immobilie in das Projekt einbringen.

Mit der Integrationslösung und der Kooperationslösung wurden zwei idealtypische Wege dargestellt, um die Vorteile der Projektentwicklung für den offenen Immobilienfonds zu erschließen. Da die Integrationslösung die Entwicklung neuer und komplexer Wertaktivitäten und eine weitgehende Modifikation vorhandener Tätigkeitsbereiche erfordert, mußte deren problemfreie Realisierung in der Praxis in Frage gestellt werden. Ein flexibler und praktikabler Weg wurde hingegen mit der Kooperationslösung aufgezeigt, da diese durch die Verknüpfung der Wertketten eines Fonds und eines Projektentwicklers zugleich die Einflußnahme auf den Projektentwicklungsprozeß für den Fonds erschließt und die Risiken handhabbar macht.

Abschließend soll ein kurzer Ausblick auf die sich aus dieser Arbeit ergebenden angrenzenden Felder der wissenschaftlichen Forschung zur Immobilienökonomie gegeben werden.

Im Rahmen der Problemstellung wurde bereits darauf hingewiesen, daß die offenen Immobilienfonds zwar das primäre Betrachtungsobjekt dieser Arbeit darstellen, sich die Aussagen zum strategischen Management aber in gleicher Weise auch auf die anderen Gruppen institutioneller Immobilieninvestoren übertragen lassen. Die hier vorgestellten strategischen Analyseinstrumente sowie insbesondere das Portfolio-Management können daher grundsätzlich auch wertvolle Impulse für die Entwicklung eines strategischen Managements bei Versicherungsgesellschaften und Pensionskassen, Initiatoren geschlossener Immobilienfonds, Immobilienaktiengesellschaften sowie sonstigen in- und ausländischen Immobilieninvestmentunternehmen liefern.
Für die weitere immobilienwirtschaftliche Forschung zum strategischen Management verbleibt jedoch eine Reihe von Vertiefungsbereichen im Hinblick auf die besondere rechtliche und faktische Situation einzelner Investorengruppen. Daneben wird in Zukunft auch der Bereich des selbstgenutzten Immobilieneigentums von Unternehmen außerhalb der Immobilienwirtschaft eine besondere Bedeutung erlangen. Sowohl in operativer als auch in strategischer Hinsicht öffnet das sogenannte Corporate Real Estate ein weites Feld möglicher Forschungsansätze.

Das in dieser Arbeit vorgestellte strategische Instrumentarium ließe sich auch durch die Einbindung wissenschaftlicher Erkenntnisse aus anderen betriebswirtschaftlichen Bereichen erweitern.
Zu nennen wäre in diesem Zusammenhang zum Beispiel die Investitionstheorie und deren Überlegungen zur Optimierung von Investitions-, Veräußerungs- oder Ersatzzeitpunkten. Das Portfolio-Management könnte auf diese Weise dahingehend methodisch bereichert werden, daß die zeitliche Perspektive für die Umsetzung von Investitions-, und Desinvestitionsstrategien exakter umrissen wird, sowie Entscheidungen über die Haltedauer von Immobilien unterstützt werden.

Ein zweites Beispiel liefert die Markt- und Standortanalyse für Immobilien. Dies könnte durch die Anwendung des durch die Portfoliodimensionen der Marktattraktivität und der relativen Wettbewerbsvorteile vorgegebenen Untersuchungsrasters eine wertvolle instrumentarische Unterstützung erhalten.

Ein weiteres Feld wissenschaftlicher Betätigung ist in der Analyse der Möglichkeiten zur Schaffung einer Verbindung zwischen dem strategischen Portfolio-Modell und dem finanzwirtschaftlich orientierten Portefeuille-Ansatz zu sehen. Dies ist insbesondere in Bezug auf die Berücksichtigung anderer Anlageklassen im Rahmen der Liquiditätspolitik von besonderem Interesse, da diese aufgrund hoher Mittelzuflüsse in jüngerer Zeit zunehmende Bedeutung erlangt hat.

Als Ergebnis der Untersuchung kann zusammenfassend die Eingangsthese bestätigt werden, daß die Entwicklung eines strategischen Managements - verbunden mit der Anwendung des in dieser Arbeit skizzierten strategischen Instrumentariums - institutionelle Immobilieninvestoren in die Lage versetzt, die komplexen Herausforderungen der Gegenwart und der Zukunft zu erkennen und flexible Aktionsmöglichkeiten aufzuzeigen.

Literaturverzeichnis

Aaker, D.A. (Markt-Management): Strategisches Markt-Management: Wettbewerbsvorteile erkennen, Märkte erschließen, Strategien entwickeln. Wiesbaden (Gabler) 1989.

Abbott, D. (Encyclopedia): Encyclopedia of Real Estate Terms. Hants UK (Gower Technical Press) 1987.

Aberle, G. (Wettbewerbstheorie): Wettbewerbstheorie und Wettbewerbspolitik. Stuttgart, Berlin u.a. (Kohlhammer) 1980.

Abromeit-Kremser, B. (Immobilieninvestmentfonds): Offene Immobilieninvestmentfonds - Betriebswirtschaftliche Aspekte ihres Managements. Wien (Service-Fachverlag der Wirtschaftsuniversität Wien) 1986.

Achtzehn, A. (Makler): Jones Lang Wootton: Ein englischer Makler in Deutschland. In: LFK, 38. Jg., 1987, S. 326 - 328.

Adam, D. (Planung): Kurzlehrbuch Planung. Wiesbaden (Gabler) 1980.

Adami, M. (Geschäftspolitik): Grundlagen der Geschäftspolitik amerikanischer Mutual Funds. Diss. Hannover 1969.

Ahrens, H. (Licht): Mehr Licht und Wärme. In: Immobilienmanager, o.Jg., 1993, H. 1, S. 52 - 56.

Amstad, G. (Immobilien): Immobilien als Anlageobjekte - unter besonderer Berücksichtigung der Privatversicherung. Diss. St. Gallen 1969.

Anderson, M./Hoesli, M.E. (Performance): The Performance of the Major Swiss Real Estate Mutual Funds, 1978 - 1989. In: Finanzmarkt und Portfolio-Management, 5. Jg., 1991, H. 1, S. 39 - 52.

Angermann, T. (Anlageüberlegungen): Anlageüberlegungen und -strategien ausländischer Kapitalanleger für Investitionen in Deutschland. In: Gewerbe-Immobilien, hrsgg. von B. Falk, 4. Aufl., Landsberg am Lech (Moderne Industrie) 1991, S. 669 - 679.

Ansoff, H.I./Declerck, R.P./Hayes, R.L. (Planning): From Strategic Planning to Strategic Management. In: Strategische Unternehmungsplanung - Stand und Entwicklungstendenzen, hrsgg. von D. Hahn und B. Taylor, 5. Aufl., Heidelberg (Physica) 1990, S. 110 - 147.

Ansoff, H.I./Kirsch, W./Roventa, P. (Positioning): Dispersed Positioning in Strategic Portfolio Analysis. In: Competitive Strategic Management, hrsgg. v. R.B. Lamb, Englewood Cliffs (Prentice Hall) 1984, S. 223 - 246.

Ansoff, H.I./McDonnell, E.J. (Management): Implanting Strategic Management. 2. Aufl., New York, London u.a. (Prentice Hall) 1990.

Antoni, M./Riekhof, H.-C. (Portfolio-Analyse): Strategieentwicklung mittels Portfolio-Analyse. In: Strategieentwicklung - Konzepte und Erfahrungen, hrsgg. von H.-C. Riekhof, Stuttgart (Poeschel) 1989, S. 171 - 189.

Apgar, M. IV (View): A strategic view of real estate. In: Real Estate Issues, 11. Jg., 1986, H. 2, S. 6 - 11.

Arbeitskreis "Integrierte Unternehmungsplanung" der Schmalenbach-Gesellschaft - Deutsche Gesellschaft für Betriebswirtschaft e.V. (Grenzen): Grenzen der Planung - Herausforderung an das Management. In: ZfbF, 43. Jg., 1991, S. 811- 829.

Astley, W.G./Van de Ven, A.H. (Perspectives): Central Perspectives and Debates in Organizational Theory. In: Administrative Science Quarterly, 28. Jg., 1983, H. 3, S. 245 - 273.

Avis, M.R. (Introduction): Introduction. In: Land and Property Development - New Directions, hrsgg. v. R. Grover, London (E.&F.N. Spon) 1989, S. 3 - 6.

Avis, M.R. (Process): Introduction: The development process. In: Property Development, hrsgg. v. R. Topping und M.R. Avis, 3. Aufl., London, New York u.a. (E.&F.N. Spon) 1989, S. 1 - 18.

Backhaus, K./Piltz, K. (Allianzen): Strategische Allianzen - eine neue Form kooperativen Wettbewerbs? In: Strategische Allianzen, ZfbF Sonderheft 27, 1990, S. 1 - 10.

Backhaus, K./Plinke, W. (Antwort): Strategische Allianzen als Anwort auf veränderte Wettbewerbsstrukturen. In: Strategische Allianzen, ZfbF Sonderheft 27, 1990, S. 21 - 33.

Bacow, L.S. (Integration): Foreign investment, vertical integration and the structure of the U.S. real estate industry. In: Real Estate Issues, 15. Jg., 1990, H. 2, S. 1 - 8.

Balogh, C./Corgel, J./Logan, G. (Decisions): Financial Planning for Real Estate Production Decisions. In: Real Estate Issues, 12. Jg., 1987, H. 2, S. 1 - 5.

Barrett, G.V./Blair, J.P. (Studies): How to Conduct and Analyze Real Estate Market and Feasibility Studies. 2. Aufl., New York (Van Nostrand Reinhold Comp.) 1988.

Barrett, S.M./Stewart, M./Underwood, J. (Process): The Land Market and the Development Process: A Review of Research and Policy. In: Occasional Paper No. 2, School for Advanced Urban Studies, University of Bristol, 1978, o.S. (zitiert nach Avis, Introduction, S. 3).

Bateman, M. (Development): Office Development - A Geographical Analysis. London, Sydney (Croom Helm) 1985.

Baum, A. (Depreciation): Property Investment Depreciation and Obsolescence. London (Routledge) 1991.

Baum, A./Mackmin, D. (Approach): The income approach to property valuation. 3. Aufl., London (Routledge) 1989.

Baumann, D. (Bausparkassen): Wie Bausparkassen künftig kommunizieren. In: LFK, 43. Jg., 1992, S. 285 - 290.

Baur, J. (Investment-Anteile): Inländische Investment-Anteile. In: Handbuch des Kapitalanlagerechts, hrsgg. v. H.-D. Assmann u. R.A. Schütze, München (C.H. Beck) 1990, § 18, Rdnr. 45 - 55.

Berg, H. (Wettbewerbspolitik): Wettbewerbspolitik. In: Vahlens Kompendium der Wirtschaftstheorie und Wirtschaftspolitik, hrsgg. v. D. Bender, H. Berg u.a., 3. Aufl., Bd. 2, München (Vahlen), S. 231 - 291.

Berndt, L. (Strukturen): Strukturen und Funktionen des Marktes für Investmentzertifikate in der Bundesrepublik Deutschland - Eine Marktanalyse unter besonderer Berücksichtigung des Wettbewerbsaspektes. Diss. Aachen (Hanstein Verlag Köln) 1975.

Bevan, O.A. (Property): Marketing and Property People, Hampshire, London (Macmillan) 1991.

Blaesser, B.W. (Entitlements): Negotiating Entitlements. In: Urban Land, 50. Jg., 1991, H. 12, S. 30 - 32.

Blatt, B.F. (Gründungskonzept): Gedanken zum Gründungskonzept eines neuen Immobilienfonds: Das Beispiel des BfG:ImmoInvest. In: LFK, 41. Jg., 1990, S. 428 - 434.

Bleicher, K. (Kodifizierung): Kodifizierung und Kommunikation unternehmungspolitischer Konzepte in Leitbildern. In: Die Unternehmung, 46. Jg., 1992, H. 2, S. 59 - 78.

Böckmann, W. (Leistung): Wer Leistung fordert, muß Sinn bieten - Moderne Menschenführung in Wirtschaft und Gesellschaft. Düsseldorf, Wien (Econ) 1990.

Bölter, H.H. (Immobilienfonds): Der geschlossene Immobilienfonds - Kapitalanlage, Finanzierungsinstrument und Banktyp. Frankfurt, Bern, New York (P. Lang) 1986.

Boykin, J.H. (Projects): Why Real Estate Projects Fail. In: Real Estate Review. 15. Jg., 1985, H. 1, S. 88 - 91.

Bradley, D.M. (Dynamics): The Laws of Real Estate Dynamics. In: The Appraisal Journal, 58. Jg., 1990, S. 314 - 323.

Brandenberger, J./Ruosch, E. (Projektmanagement): Projektmanagement im Bauwesen. Zürich (Baufachverlag) 1985.

Brandt, E. (Management): Property Management 2000. In: JPM, 55. Jg., 1990, H. 1, S. 12 - 18.

Brockhoff, K./Hauschildt, J. (Schnittstellen-Management): Schnittstellen-Management - Koordination ohne Hierarchie. In: zfo, 63. Jg., 1993, S. 396 - 404.

Brown, G.R. (Investment): Property Investment and the Capital Markets. London, New York u.a. (E.&F.N. Spon) 1991.

Brown, G.R. (Portfolio): Portfolio Theory and Property Investment Appraisal. In: Property Investment Theory, hrsgg. v. A.R. MacLeary u. N. Nanthakumaran, London (E.&F.N. Spon) 1988, S. 110 - 133.

Bruce, B.R. (Hrsg.) (Portfolio): Real Estate Portfolio Management. Chicago (Probus Publishing) 1991.

Bruhn, M./Grimm, U. (Change): Change Management, Bewältigung der Umfelddynamik: Deterministisches Denken ist passé. In: Gablers Magazin, 1992, H. 5, S. 23 - 29.

Bryant, C.H./Russworm, L.H./McLellan, A.G. (City): The City's Countryside. London (Longman) 1982 (zitiert nach Healey, Models, S. 227).

Bub, W.-R./Schmid, M. (Grundstücke): Grundstücke - erwerben, besitzen, belasten und verkaufen. 5. Aufl., München (Beck/DTV) 1989.

Budäus, D./Gerum, E./Zimmermann, G. (Hrsg.) (Verfügungsrechte): Betriebswirtschaftslehre und Theorie der Verfügungsrechte. Wiesbaden (Gabler) 1988.

Bühler, T. (Kompetenz): City-Center, Untersuchung in deutschen Einkaufszentren: Erfolg durch Kompetenz. In: Gablers Magazin, 1991, H. 5, S. 48.

Busch, G. (Leistungsfähigkeit): Die Leistungsfähigkeit deutscher Investmentfonds: Eine Analyse der Anlagepolitik von 19 deutschen Investmentfonds in den Jahren 1962 - 1971. Diss. Frankfurt 1977.

Büschgen H.E. (Börsen-Lexikon): Das kleine Börsen-Lexikon. 16. Aufl., Düsseldorf (Verlagsgruppe Handelsblatt) 1985.

Büschgen, H.E. (Investmentgesellschaften): Investmentgesellschaften. In: Handwörterbuch der Betriebswirtschaft, hrsgg. v. E. Grochla u. W. Wittmann. Stuttgart (Poeschel) 1975. Sp. 2018 - 2024.

BVI Bundesverband deutscher Investmentgesellschaften (Investment 84): Investment 84 - Daten, Fakten, Entwicklungen. Frankfurt (Selbstverlag) 1984.

BVI Bundesverband deutscher Investmentgesellschaften (Investment 88): Investment 88 - Daten, Fakten, Entwicklungen. Frankfurt (Selbstverlag) 1988.

BVI Bundesverband deutscher Investmentgesellschaften (Investment 91): Investment 91 - Daten, Fakten, Entwicklungen. Frankfurt (Selbstverlag) 1991.

BVI Bundesverband deutscher Investmentgesellschaften (Investment 92): Investment 92 - Daten, Fakten, Entwicklungen. Frankfurt (Selbstverlag) 1992.

BVI Bundesverband deutscher Investmentgesellschaften (Investment 93): Investment 93 - Daten, Fakten, Entwicklungen. Frankfurt (Selbstverlag) 1993.

BVI Bundesverband deutscher Investmentgesellschaften (Investment-Information v. 14.04.93): Investment-Information, Frankfurt (Selbstverlag), 1993.

BVI Bundesverband deutscher Investmentgesellschaften (Investment-Information v. 21.04.93): Investment-Information, Frankfurt (Selbstverlag), 1993.

Byrne, P./Cadman, D.: (Risk): Risk, Uncertainty and Decision-making in Property Development. London, New York (E.&F.N. Spon) 1984.

Cadman, D./Catalano, A. (Development): Property Development in the UK - Evolution and Change. Reading (College of Estate Management) 1983.

Cadman, D./Payne, G. (City): Introduction: Towards another city. In: The Living City - Towards a sustainable future, hrsgg. v. D. Cadman und G. Payne. London, New York (Routledge) 1990, S. 1 - 33.

Cannon, R.M. (Challenges): Meeting 14 development challenges in 14 specific ways. In: Development Magazine, o.Jg., 1989, H. 3, S. 25 - 26, 41.

Carn, N.G./Rabianski, J.S. (Analysis): Nonsite-specific market analysis. In: The Real Estate Handbook, hrsgg. v. M. Seldin, Homewood (Dow Jones-Irwin) 1980, S. 375 - 410.

Cars, G./Lanesjö, B./Westin, P.-H./Åkerlund, P.-O. (Co-operation): Public/private co-operation in urban planning in Sweden - a review. Stockholm (Department of Regional Planning of the Royal Institute of Technology) 1991.

Case, F.E. (Practice): Modern Real Estate Practice - A Managerial Approach. New York (Allyn & Bacon) 1956.

Christensen, C.R./Andrews, K.R./Bower, J.L. (Policy): Business Policy: Text and Cases. 3. Aufl., Homewood Ill. (Dow Jones-Irwin) 1973 (zitiert nach *Schreyögg*, Unternehmensstrategie, S. 100).

Cleavely, E.S. (Marketing): The Marketing of Industrial and Commercial Property. London (Estates Gazette) 1984.

Coenenberg, A.G./Baum, H.-G. (Controlling): Strategisches Controlling - Grundfragen der strategischen Planung und Kontrolle. Stuttgart (Poeschel) 1987.

Cole, R./Guilkey, D./Miles, M./Webb, B. (Strategies): More Scientific Diversification Strategies for Commercial Real Estate. In: Real Estate Review, 19. Jg., 1990, H. 1, S. 59 -66.

Corcoran, P.J. (Market): Explaining the commercial real estate market. In: The Journal of Portfolio Management. 13. Jg., 1987, H. 3, S. 15 - 21.

Couch, C./Basnett, M./Holmes, T./Doward, L. (Vacancy): Urban Vacancy in Liverpool. In: Land and Property Development - New Directions, hrsgg. v. R. Grover, London (E.&F.N. Spon) 1989, S. 256 - 266.

Curzan, M.P./Silverman, R.A./Williams, D.L. (Institutions): Institutions and their real estate. In: Institutional Real Estate Strategies, hrsgg. v. F.J. Parker, Washington D.C. (Urban Land Institute) 1988, S. 1 - 7.

Desombre, C. (Investor): Der paneuropäische Investor. In: Immobilien in Europa II - Märkte in Bewegung, hrsgg. v. O. Bronner. Wien (Der Standard Bibliothek) 1992, S. 23 - 29.

Devlin, G./Bleackley, M. (Alliances): Strategic Alliances - Guidelines for Success. In: Long Range Planning, 21. Jg., 1988, H. 4, S. 18 - 23.

Diederichs, C.J. (Alternativen): Strategische Alternativen für Bauunternehmen. In: BW, 45. Jg., 1991, H. 3: S. 72 - 76, H. 4: S. 46 - 52, H. 5: S. 74 - 77.

Diederichs, C.J. (Bauwirtschaftslehre): Bauwirtschaftslehre als Branchenbetriebswirtschaftslehre. In: BW, 46. Jg., 1992, H. 6, S. 30 - 33.

Diederichs, C.J. (Projektentwicklung): Projektentwicklung und Projektmanagement im Bauwesen. Unterlagen zur Vorlesung im Rahmen des Kontaktstudiums Immobilienökonomie an der European Business School, Oestrich-Winkel, 24. April 1992.

Diederichs, C.J. (Wirtschaftlichkeitsberechnungen): Wirtschaftlichkeitsberechnungen und Nutzen/Kostenuntersuchungen: Allgemeine Grundlagen und spezielle Anwendungen im Bauwesen. Sindelfingen (Expert) 1985.

DIW Deutsches Institut für Wirtschaftsforschung (Bauvolumen): Bauvolumen in Deutschland: Anhaltende Zunahme auch in diesem Jahr. In: DIW Wochenbericht, 60. Jg., 1993, H. 14, S. 166 - 174.

Domsch, M./Gerpott, T.J./Gerpott, H. (Qualität): Qualität der Schnittstelle zwischen F&E und Marketing: Ergebnisse einer Befragung deutscher Industrieforscher. In: zfbf, 43. Jg., 1991, S. 1048 - 1069.

Downs, A. (Principles): Principles of Real Estate Management. 13. Aufl., Chicago (Institute of Real Estate Management) 1991.

Dubben, N./Sayce, S. (Property): Property Portfolio Management - An Introduction. London, New York (Routledge) 1991.

Duncan, R. (Strategy): Commercial returns maximized with strategy. In: National Real Estate Investor, 28. Jg., 1986, H. 6, , S. 44 - 46, 50, 185.

Eekhoff, J. (Bodenmarkt): Wohnungs- und Bodenmarkt. Tübingen (Mohr) 1987.

Ehrlich, J. (Immobilienfonds): Die Gewerbe-Immobilien bei offenen Immobilienfonds. In: Gewerbe-Immobilien, hrsgg. von B. Falk, 4. Aufl., Landsberg am Lech (Moderne Industrie) 1991, S. 307 - 326.

Ehrlich, J. (Investoren): Die Fonds als Investoren. In: LFK, 40. Jg., 1989, S. 416 - 421.

Elkin, N./Lawrence, E. (Program): Conceptualizing the development program. In: The Professionals' Guide to Commercial Property Development, hrsgg. v. R.F. Cushman, M.L. Evans u. A.S. Levy, Homewood (Dow Jones-Irwin) 1988, S. 38 - 55.

Esser, W.-M. (Wertkette): Die Wertkette als Instrument der strategischen Analyse. In: Strategieentwicklung - Konzepte und Erfahrungen, hrsgg. von H.-C. Riekhof, Stuttgart (Poeschel) 1989, S. 191 - 211.

Evely, R.W: (Need): Assessing need. In: The Property Development Process, hrsgg. v. A.W. Davidson u. J.E. Leonard, Reading UK (College of Estate Management) 1976, S. 3 - 10.

Falk, B. (Hrsg.) (Gewerbe-Immobilien): Gewerbe-Immobilien. 4. Aufl., Landsberg am Lech (Moderne Industrie) 1991.

Falk, B. (Immobilien-Handbuch): Immobilien-Handbuch - Wirtschaft, Recht, Bewertung. 2. Aufl., Loseblattsammlung in 2 Bdn., 8. Nachlieferung (12/92), Landsberg/Lech (Moderne Industrie) Grundwerk 1991.

Falk, B. (Marketing): Marketing für Gewerbe-Immobilien. In: Gewerbe-Immobilien, hrsgg. von B. Falk, 4. Aufl., Landsberg am Lech (Moderne Industrie) 1991, S. 581-599.

Falk, B. (Situation): Zur aktuellen Situation und künftigen Entwicklung der Shopping-Center - ein internationaler Vergleich. Vortrag auf dem 14. Arbeitsseminar für das Center-Management, 6.-7.05.1991, München (Institut für Gewerbezentren) 1991.

Feinen, K. (Markt): Der Markt der gewerblichen und gemischt genutzten Objekte. In: LFK, 38. Jg., 1987, S. 314 - 321.

Ferguson, J./Heizer, J. (Real Estate): Real Estate Investment Analysis. Boston, London u.a. (Allyn & Bacon) 1990

Ferguson, W.J. (Time): It's Time to Start Implementing Strategic Planning in the Real Estate Industry. In: WG&L Real Estate Outlook, 12. Jg., 1989, H. 3, S. 11 - 12.

Finlay, P.N./Tyler, S.B. (Performance): The Performance Measurement of Property Investments. In: Journal of Property Valuation & Investment, 9. Jg., 1991, S. 295 - 312.

Firstenberg, P.M./Ross, S.A./Zisler, R.C. (Estate): Real Estate: The whole story. In: Journal of Portfolio-Management, 14. Jg., 1987, H. 3, S. 22 - 34.

Fischer, T.M. (Sicherung): Sicherung unternehmerischer Wettbewerbsvorteile durch Prozeß- und Schnittstellen-Management. In: zfo, 63. Jg., 1993, S. 312 - 318.

Flößer, K.P. (Portfolio-Selektionstheorie): Portfolio-Selektionstheorie und Kapitalanlage institutioneller Anleger in Immobilien - Grundsätzliche Anmerkungen zur Übertragbarkeit theoretischer Ansätze. In: Finanz-, Bank- und Kooperationsmanagement, Festschrift für H. Lipfert, hrsgg. v. J. Jokisch, L. Raettig, G. Ringle, Frankfurt (Knapp) 1989, S. 299 - 321.

Fraser, W.D. (Principles): Principles of Property Investment and Pricing. London (Macmillan) 1984.

Frese, E. (Unternehmungsführung): Unternehmungsführung. Landsberg am Lech (Moderne Industrie) 1987.

Frey, H. (Aufgaben): Bauingenieur und Baumanagement - Die Aufgaben wachsen weiter. In: BW, 46. Jg., 1992, H. 4, S. 35 - 37.

Friedemann, J. (Büroraum-Nutzung): Die Unternehmen denken über effizientere Büroraum-Nutzung nach. In: Frankfurter Allgemeine Zeitung v. 12.02.93, S. 39.

Friedemann, J. (Projektentwickler): Projektentwickler schmieden strategische Allianzen. In: Frankfurter Allgemeine Zeitung v. 16.04.93, S. 41.

Friedrichs, J. (Methoden): Methoden empirischer Sozialforschung. 13. Aufl., Opladen (Westdeutscher Verlag) 1985.

Fröhling, O. (Portfolio-Management): Prozeßorientiertes Portfolio-Management. In: DBW, 52. Jg., 1992, S. 341 - 358.

Fuhrmann, P. (Funktionen): Erfordernis und Funktionen des Managements von Immobilien. In: Immobilien-Handbuch - Wirtschaft, Recht, Bewertung, hrsgg. v. B. Falk, Stuttgart, Berlin u.a. (Kohlhammer) 1985, S. 450 - 454.

Gahl, A. (Konzeption): Die Konzeption der strategischen Allianz im Spannungsfeld zwischen Flexibilität und Funktionalität. In: Strategische Allianzen, ZfbF Sonderheft 27, 1990, S. 35 - 48.

Galonska, J. (Wohnungswirtschaft): Marketing in der Wohnungswirtschaft. In: LFK, 40. Jg., 1989, S. 108 - 112.

Gälweiler, A. (Praxis): Strategische Unternehmensplanung in der Praxis - unter besonderer Berücksichtigung der Verwertbarkeit strategischer Analyseinstrumente. In: Strategisches Marketing, hrsgg. von H. Raffée und K.-P. Wiedmann unter Mitarbeit von R. Kreutzer. Stuttgart (Poeschel) 1985, S. 228 - 242.

Gälweiler, A. (Unternehmensführung): Strategische Unternehmensführung. Neuausgabe bearb. von M. Schwaninger, Frankfurt, New York (Campus) 1987.

Gälweiler, A. (Unternehmensplanung): Unternehmensplanung - Grundlagen und Praxis. Neuausgabe bearb. von M. Schwaninger, Frankfurt, New York (Campus) 1986.

Gathmann, G. (Anlageberatung): Der offene Immobilienfonds in der Anlageberatung der Genossenschaftsbanken. In: LFK, 33. Jg., 1982, S. 276 - 278.

Gathmann, G. (Funds): Real Estate Investment Funds in Germany. In: Funds and Portfolio Management Institutions - An International Survey, hrsgg. v. S. Preda, Amsterdam, New York u.a. (Elsevier Science Publishers) 1991, S. 239 - 245.

Gathmann, G. (Immobilienfonds): Die offenen Immobilienfonds haben sich inzwischen fest am Kapitalmarkt etabliert. In: Handelsblatt, 11.10.1989, S. B 11 - B 12.

Gathmann, G. (Wettbewerb): Die Bedeutung der Grundstücksfonds im Wettbewerb mit den Wertpapieranlagen: Die offenen Immobilienfonds haben sich inzwischen fest am Kapitalmarkt etabliert. In: Handelsblatt, Beilage, 11. Oktober 1989, S. 11 - 12.

Gathmann, G. (Zukunftsperspektiven): Die Deutsche Immobilien Fonds AG - Werdegang, Anlagepolitik und Zukunftsperspektiven. In: LFK, 36. Jg., 1985, S. 373 - 375.

Geschka, H./Hammer, R. (Szenario-Technik): Die Szenario-Technik in der strategischen Unternehmensplanung, In: Strategische Unternehmungsplanung - Stand und Entwicklungstendenzen, hrsgg. von D. Hahn und B. Taylor, 5. Aufl., Heidelberg (Physica) 1990, S. 311 - 336.

Gluck, F.W. (Key): Strategic Planning in a new key. In: The McKinsey Quarterly, 1986, H. 4, S. 18 - 41.

Golton, B.L. (Perspectives): Perspectives of building obsolescence. In: Land and Property Development - New Directions, hrsgg. v. R. Grover, London (E.&F.N. Spon) 1989, S. 269 - 280.

Goodchild, R./Munton, R. (Development): Development and the Landowner. London (Allen & Unwin) 1985.

Gop, R. (Bauriesen): Bauriesen: Run auf Projektentwicklung. In: Immobilien Manager, o. Jg., 1991, H. 3, S. 7 - 12.

Gop, R. (Risikogemeinschaft): Banken und Entwickler: Risikogemeinschaft. In: Immobilien Manager, o. Jg., 1992, H. 5, S. 7 - 14.

Göppert, K./Schubert, W. (Mut): Mut zum Risiko - Immobilien-Entwickler: Eine Branche drängt ins Rampenlicht. In: Wirtschafts-Woche, 45. Jg., 1991, H. 26, S. 116 - 120.

Goswell, B.L. (Letting): Letting and Selling. In: The Property Development Process, hrsgg. v. A.W. Davidson u. J.E. Leonard, Reading UK (College of Estate Management) 1976, S. 97 - 106.

Graaskamp, J.A. (Fundamentals): Fundamentals of Real Estate Development. In: Journal of Property Valuation & Investment, 10. Jg. 1992, S. 619 - 639. (Nachdruck des Originals, erschienen in: Development Component Series, Urban Land Institute, Washington D.C. 1981).

Grabbe, K.H. (Kooperation): Kooperation statt Konfrontation. In: FWW, 46. Jg., 1992, S. 186 - 187.

Grant, R.M. (Assessment): Porter's "Competitive Advantage of Nations": An Assessment. In: Strategic Management Journal, 12. Jg., 1991, S. 535 - 548.

Gray, J.T. (Management): Strategic Planning for the Management Business. In: JPM, 54. Jg., 1989, H. 5, S. 16 - 18.

Greer, G.E./Farrell, M.D. (Analysis): Investment Analysis for Real Estate Decisions. 2. Aufl., Chicago (Longman) 1988.

Grünberg, B. (Immobilie): Die Immobilie ist ein Betrieb. In: LFK, Vorwort zu H. 10, 37. Jg. 1986.

Haas, E./Weyers, G. (Immobilienanalyse): Immobilienanalyse und Immobilienbewertung - Entscheidungsgrundlage für Großinvestitionen (1. Teil). In: GuG, 1. Jg., 1990, S. 140 - 147.

Hahn, D. (Kontrolle): Strategische Kontrolle. Strategische Unternehmungsplanung - Stand und Entwicklungstendenzen, hrsgg. von D. Hahn und B. Taylor, 5. Aufl., Heidelberg (Physica) 1990, S. 651-664.

Hahn, D. (Portfolio-Konzepte): Zweck und Entwicklung der Portfolio-Konzepte in der strategischen Unternehmensplanung. In: Strategische Unternehmungsplanung - Stand und Entwicklungstendenzen, hrsgg. von D. Hahn und B. Taylor, 5. Aufl., Heidelberg (Physica) 1990, S. 221 - 253.

Hahn, D. (Stand): Stand und Entwicklungstendenzen der strategischen Planung. In: Strategische Unternehmungsplanung - Stand und Entwicklungstendenzen, hrsgg. von D. Hahn und B. Taylor, 5. Aufl., Heidelberg (Physica) 1990, S. 3 - 30.

Hahn, D. (Unternehmungsführung): Strategische Unternehmungsführung - Grundkonzept. In: Strategische Unternehmungsplanung - Stand und Entwicklungstendenzen, hrsgg. von D. Hahn und B. Taylor, 5. Aufl., Heidelberg (Physica) 1990, S. 31 - 51.

Hahn, D./Oppenländer, K.H./Scholz, L. (Entwicklungstendenzen): Stand und Entwicklungstendenzen der strategischen Unternehmungsplanung in der Bundesrepublik Deutschland - Erste Untersuchungsergebnisse eines empirischen Forschungsprojektes. In: Strategische Unternehmungsplanung - Stand und Entwicklungstendenzen, hrsgg. von D. Hahn und B. Taylor, 5. Aufl., Heidelberg (Physica) 1990, S. 971 - 1010.

Halpin, M.C. (Feasibility): Feasibility analyses as a process. In: The Real Estate Handbook, hrsgg. v. M. Seldin, Homewood (Dow Jones-Irwin) 1980, S. 252 - 262.

Hanau, A. (Prognose): Die Prognose der Schweinepreise. Sonderheft 18 der Vierteljahreshefte zur Konjunkturforschung, Berlin 1930. (zitiert nach Schumann, Grundzüge, S. 196)

Hardcastle, C.S./Nairn, C.J./Wray, A.J./Wood, B.D. (Strategy): Towards a strategy for office refurbishment. In: Land and Property Development - New Directions, hrsgg. v. R. Grover, London (E.&F.N. Spon) 1989, S. 281 - 287.

Harps, W.S. (Value): Value Analyses: The Cost Approach. In: The Real Estate Handbook, hrsgg. v. M. Seldin, Homewood Ill. (Dow Jones-Irwin) 1980, S. 236 - 251.

Harris, J.C./Friedman, J.P. (Barron's): Barron's Real Estate Handbook. 2. Aufl., New York, London u.a. (Barron's) 1988.

Hartmann, A. (Ökonomie): Ökonomie des Investmentsparens. Eine Analyse für die Bundesrepublik Deutschland unter besonderer Berücksichtigung des Investmentrechts in Japan. Baden-Baden (Nomos) 1990.

Harvey, J. (Urban Land): Urban Land Economics. 2. Aufl. (Titel der 1. Aufl.: The Economics of Real Property), Basingstoke, London (Macmillan) 1987.

Hax, A.C./Majluf, N.S. (Management): Strategisches Management - Ein integratives Konzept aus dem MIT. Frankfurt, New York (Campus), 1988.

Hax, H./Hartmann-Wendels, T./v. Hinten, P. (Entwicklung): Moderne Entwicklung der Finanzierungstheorie. In: Finanzierungshandbuch, hrsgg. v. F.W. Christians, 2. Aufl., Wiesbaden (Gabler) 1988, S. 689 - 713.

Hayden Green, G. (Practices): Strategic Management Practices of Real Estate Developers in a Volatile Economic Climate. In: The Journal of Real Estate Research, 3. Jg., 1988, H. 3, S. 63 - 72.

Healey, P. (Issues): Understanding land and property development processes: some key issues. In: Land and Property Development in a Changing Context, hrsgg. v. P. Healey u. R. Nabarro, Hants UK (Gower Publishing Comp.) 1990, S. 3 - 14.

Healey, P. (Models): Models of the development process: a review. In: Journal of Property Research, 8. Jg., 1991, S. 219 - 238.

Healey, P. (Process): An institutional model of the development process. In: Journal of Property Research, 9. Jg., 1992, S. 33 - 44.

Heinz, W. (Partnership): Public Private Partnership. In: Planungskulturen - Die Zukunft des Städtischen, hrsgg. v. M. Wentz, Frankfurt, New York (Campus) 1992, S. 43 - 50.

Hesse, H. (Wohnungswirtschaft): Wohnungswirtschaft. In: Marktstruktur und Wettbewerb in der Bundesrepublik Deutschland, Branchenstudien zur deutschen Volkswirtschaft, hrsgg. von P. Oberender, München (Vahlen) 1984, S. 53 - 86.

Heuer, B. (Hrsg.) (Vermarkten): Erfolgreiches Vermarkten von Gewerbeimmobilien - Objektbezogene Daten, Fakten und Arbeitshilfen für Kauf, Verkauf, Miete. Loseblattsammlung in 2 Bdn., 12. Nachlieferung (6/92), Kissing, Zürich u.a. (Weka Fachverlage) Grundwerk 1989.

Heuer, J.H.B. (Wohnungsmärkte): Die Wohnungsmärkte im gesamtwirtschaftlichen Gefüge. In: Kompendium der Wohnungswirtschaft, hrsgg. von H.W. Jenkis, München, Wien (Oldenbourg) 1991, S. 22 - 40.

Heuer, J.H.B. (Wohnungswirtschaft): Lehrbuch der Wohnungswirtschaft. 2. Aufl., Frankfurt (Knapp) 1985.

Hines, M.A. (Dynamics): The Dynamics of Real Estate Associated with the European Integration. In: The Appraisal Journal, 59. Jg., 1991, S. 415 -419.

Hines, M.A. (Guide): Guide to International Real Estate Investment. New York, Westport, London (Quorum) 1988.

Hines, M.A. (Investment): Real Estate Investment. New York, London (Macmillan) 1980.

Hines, M.A. (Marketing): Marketing Real Estate Internationally. New York, Westport, London (Quorum) 1988.

Hinterhuber, H.H. (Struktur): Struktur und Dynamik der strategischen Unternehmungsführung. In: Strategische Unternehmungsplanung - Stand und Entwicklungstendenzen, hrsgg. von D. Hahn und B. Taylor, 5. Aufl., Heidelberg (Physica) 1990, S. 66 - 89.

Hinterhuber, H.H. (Unternehmungsführung): Strategische Unternehmungsführung. Bd. 1: Strategisches Denken; Bd. 2: Strategisches Handeln. 4. Aufl., Berlin, New York (de Gruyter) 1989.

Hofer, C.W./Schendel, D. (Strategy): Strategy Formulation: Analytical Concepts. St. Paul (West Publishing) 1978.

Hoffman, J.J./Schniederjans, M.J./Sirmans, G.S. (Evaluation): A Multi-Criteria Model for Corporate Property Evaluation. In: The Journal of Real Estate Research, 5. Jg., 1990, S. 285 - 300.

Hohmann, K. (Markt): Der Markt der gewerblichen Objekte aus der Sicht eines institutionellen Investors. In: LFK, 41. Jg., 1990, S. 438 - 441.

Holbrook, E.C. (Management): Property Management. In: The Property Development Process, hrsgg. v. A.W. Davidson u. J.E. Leonard, Reading UK (College of Estate Management) 1976, S. 71 - 79.

Holzner, P. (Immobilienfonds): Der offene Immobilienfonds - eine interessante Kapitalanlage. In: GuG, 3. Jg. 1992, S. 5 - 8.

Hooper, A.J. (Construction): The construction of a theory: a comment. In: Journal of Property Research, 9. Jg., 1992, S. 45 - 48.

Hüppi, H. (Probleme): Probleme der strategischen Planung, dargestellt am Beispiel von mittleren Straßenbauunternehmen, Diss. St. Gallen 1985.

Iezman, S.L./Ihlenfeld, N.A. (Asset Management): Real Estate Asset Management. In: Real Estate Review, 21. Jg., 1991, H. 2, S. 58 - 63.

Isakson, H.R./Sircar, S. (Factors): The Critical Success Factors Approach to Corporate Real Asset Management. In: Real Estate Issues, 15. Jg., 1990, H. 2, S. 26 - 31.

Jaffe, A.J. (Property): Property Management in Real Estate Decision-Making. Lexington, Toronto (Lexington) 1979.

Jagdfeld, A.A./Schünemann, H.J. (Immobilienfonds): Geschlossene Immobilienfonds. Köln (Schriftenreihe der Fundus Fonds-Verwaltungen) 1989.

Jagdfeld, A.A./Schünemann, H.J. (Immobilienfonds II): Geschlossene Immobilienfonds. In: Gewerbe-Immobilien, hrsgg. von B. Falk, 4. Aufl., Landsberg am Lech (Moderne Industrie) 1991, S. 327 - 365.

James, B.G. (Alliance): Alliance: The New Strategic Focus. In: Long Range Planning, 18. Jg., 1985, H. 3, S. 76 - 81.

Jarchow, S.P. (Investment): Institutional and Pension Fund Real Estate Investment. New York, Chichester u.a. (J. Wiley & Sons) 1990.

Jauch, L.R./Glueck, W.F. (Policy): Business Policy and Strategic Management. 5. Aufl., New York, St. Louis u.a. (McGraw Hill) 1988.

Johnston, R./Lawrence, P.R. (Integration): Vertikale Integration II: Wertschöpfungs-Partnerschaften leisten mehr. In: Harvard-Manager, 1989, H. 1, S. 81 - 88

Jones Lang Wootton/The Estates Gazette Ltd./South Bank Polytechnic (Hrsg.) (Glossary): The Glossary of Property Terms. London (Estates Gazette) 1989.

Kandlbinder, H.K. (Spezialfonds): Spezialfonds als Anlageinstrument - Ein Leitfaden. Frankfurt (F. Knapp) 1991.

Kerscher, W.M. (Immobilien-Investmentfonds): Immobilien-Investmentfonds. In: Investment-Handbuch, hrsgg. von L. Schuster, Stuttgart (Poeschel) 1971, S. 164 - 178.

Key, T./Espinet, M./Wright, C. (Prospects): Prospects for the property industry: an overview. In: Land and Property Development in a Changing Context, hrsgg. v. P. Healey u. R. Nabarro, Hants UK (Gower Publishing Comp.) 1990, S. 17 - 44.

Kirsch, W. (Unternehmensführung): Die Unternehmensführung: Grundzüge einer organisationstheoretischen Betrachtung. In: Betriebswirtschaftslehre - Eine Annäherung aus der Perspektive der Unternehmensführung, hrsgg. v. W. Kirsch. München (Verlag B. Kirsch) 1993, S. 205 - 330.

Kirsch, W./Bamberger, I./Berg, C.C./Weber, W. (Entscheidungsprobleme): Die Betriebswirtschaft: Eine Einführung in die Entscheidungsprobleme. In: Betriebswirtschaftslehre - Eine Annäherung aus der Perspektive der Unternehmensführung, hrsgg. v. W. Kirsch. München (Verlag B. Kirsch) 1993, S. 19 - 190.

Kirsch, W./Grebenc, H. (Management): Strategisches Management - Teil I u. II. In: WISU, 15. Jg., 1986, H. 1, S. 33 - 37; H. 2, S. 74 - 79.

Kirsch, W./Roventa, P./Trux, W. (Individualität): Wider den Haarschneideautomaten - Ein Plädoyer für mehr "Individualität" bei der strategischen Unternehmensführung. In: Betriebswirtschaftslehre - Eine Annäherung aus der Perspektive der Unternehmensführung, hrsgg. v. W. Kirsch. München (Verlag B. Kirsch) 1993, S. 331 - 359.

Kirsch, W./Trux, W. (Perspektiven): Perspektiven eines strategischen Managements, in: Unternehmenspolitik - Von der Zielforschung zum strategischen Management, hrsgg. von W. Kirsch, München (Verlag B. Kirsch) 1981, S. 290 - 396.

Kirsch, W./v. Knyphausen, D./Ringlstetter, M. (Grundideen): Grundideen und Entwicklungstendenzen im Strategischen Management. In: Strategieentwicklung - Konzepte und Erfahrungen, hrsgg. von H.-C. Riekhof, Stuttgart (Poeschel) 1989, S. 5 - 22.

Klusak, B. (Konzept): Internationales Immobilien-Institut AG iii-Fonds: Ein Konzept hat sich bewährt. In: LFK, 36. Jg., 1985, S. 376 -378.

Knoll, G. (Erfolgsfaktoren): Strategische Erfolgsfaktoren in mittelständischen Tiefbauunternehmen - Eine empirische Untersuchung. Spardorf (Wilfer) 1989.

Koch, H. (Unternehmenspolitik): Unternehmenspolitik im Zeichen erhöhter Risiken. In: DBW, 44. Jg., 1984, S. 205 - 213.

Kreikebaum, H. (Unternehmensplanung): Strategische Unternehmensplanung. 3. Aufl., Stuttgart, Berlin, Köln (Kohlhammer), 1989.

Kreilkamp, E. (Management): Strategisches Management und Marketing. Berlin, New York (de Gruyter) 1987.

Kretschmer, R. (Gewerbe-Immobilien): Mehrfunktional-genutzte Gewerbe-Immobilien. In: Gewerbe-Immobilien, hrsgg. von B. Falk, 4. Aufl., Landsberg am Lech (Moderne Industrie) 1991, S. 231-249.

Krupp, G. (Ansatzpunkt): Die Immobilie als strategischer Ansatzpunkt für Bankleistungen aus Sicht einer Großbank. In: LFK, 39. Jg., 1988, S. 768 - 774.

Kunzmann, K.R. (Pittsburgh): Pittsburgh: Nichts ist erfolgreicher als der Erfolg. Dortmund (IRPUD) 1988.

Kupchevsky, T. (Wiedernutzung): Wiedernutzung von Gewerbeflächen: Entwicklungsstrategien der Treuhandanstalt. In: RaumPlanung, 59. Jg., 1992, H. 12, S. 203 - 208.

Kurth, H./Grass,H. (Immobilienfonds): Der geschlossene Immobilienfonds - Handbuch für Anleger und Berater. 2. Aufl., Freiburg i. Br. (Haufe) 1990.

Lademann, R.P. (Einzelhandel): Strukturelle Wandlungen des Distributionssystems - Strategische Perspektiven für den Einzelhandel. In: Strategieentwicklung - Konzepte und Erfahrungen, hrsgg. von H.-C. Riekhof, Stuttgart (Poeschel) 1989, S. 113 - 132.

Langford, D.A./Male, S.P. (Management): Strategic Management in Construction. Hants UK (Gower) 1991.

Laux, M./Ohl, K. (Grundstücksinvestment): Grundstücksinvestment - Die offenen Immobilienfonds. 2. Aufl., Frankfurt (Knapp) 1988.

Lawrence, P. (Design): Building Design: More than meets the eye. In: The Journal of Business Strategy, 10. Jg., 1989, H. 4, S. 15 - 19.

Le Loux, P.W.J. (Immobilienbesitz): Immobilienbesitz ist der beste Schutz vor Inflation - Moderne Portfolio-Theorie definiert Risiko als die Fluktuation der erreichten Durchschnittsrendite. In: Handelsblatt v. 5./6.05.1992, S. 29.

Leinberger, C.B. (Planning): Corporate Real Estate - Strategic Planning leads to increased bottom line. In: National Real Estate Investor, 28. Jg., 1986, H. 2, S. 38 - 46.

Leutner, B. (Wachstum): Konsolidiertes Wachstum auf den westdeutschen Immobilienmärkten, Herausforderungen durch neue Bauaufgaben. In: LFK, 42. Jg., 1991, S. 574 - 579.

Levy, A.S./Maloomian, D. (Considerations): Special considerations in developing an office building. In: The Professionals' Guide to Commercial Property Development, hrsgg. v. R.F. Cushman, M.L. Evans u. A.S. Levy, Homewood (Dow Jones-Irwin) 1988, S. 282 - 291.

Leyson, A./Thrift, N./Daniels, P. (Expansion): The operational development and spatial expansion of large commercial property firms. In: Land and Property Development in a Changing Context, hrsgg. v. P. Healey u. R. Nabarro, Hants UK (Gower Publishing Comp.) 1990, S. 60 - 97.

Linge, S. (Baumarktentwicklung): Baumarktentwicklung und Wettbewerbsstrategie - Eine Analyse strategischer Determinanten in einem geschrumpften Markt mit Dienstleistungscharakter. Diss. TU München 1989.

Link, J. (Strategie): Strategie und Organisation. In: Strategieentwicklung - Konzepte und Erfahrungen, hrsgg. von H.-C. Riekhof, Stuttgart (Poeschel) 1989, S. 395 - 408.

Lohr, M. (Absatz): Der Absatz Offener Immobilienfonds im Blickwinkel von Zins und Konjunktur. In: LFK, 43. Jg., S. 432 - 439.

Löprick, P. (Markt): Der Markt und das Marketing für Wohnungsimmobilien als private Kapitalanlage - Analyse eines sich wandelnden Marktes. Diss. Göttingen 1985.

Lorange, P. (Control): Strategic Control: Some issues in making it operationally more useful. In: Competitive Strategic Management, hrsgg. v. R.B. Lamb, Englewood Cliffs (Prentice Hall) 1984, S. 247 - 271.

Lorant, R.J. (Service): Corporate Real Estate Service Needs Today. In: Real Estate Review, 23. Jg., 1993, H. 1, S. 29 - 31.

Lorenzen, J. (Kapitalanlagen): Kollektive Kapitalanlagen in Immobilien - Eine Untersuchung über Wesen und betriebswirtschaftliche Problematik schweizerischer und deutscher Zertifikate mit Immobilienanlagen. Diss. Hamburg 1970.

Luber, T. (Monopoly): Neue Regeln fürs Monopoly. In: TopBusiness, 1991, H. 10, S. 130 - 136.

Luithlen, L. (Concepts): Marxian Concepts, capital accumulation and office property. In: Journal of Property Research, 9. Jg., 1992, S. 227 - 246.

Lütge, F. (Wohnungswirtschaft): Die Wohnungswirtschaft. 2. Aufl., Stuttgart 1949 (zitiert nach Löprick, Markt, S. 3).

MacGregor, B.D. (Risk): Risk and Return: Constructing a Property Portfolio. In: Journal of Valuation, 8. Jg., 1990, S. 223 - 242.

MacMillan, I.C. (Initiative): Seizing Competitive Initiative. In: Competitive Strategic Management, hrsgg. v. R.B. Lamb, Englewood Cliffs (Prentice Hall) 1984, S. 272 - 296.

Male, S.P./Stocks, R.K. (Hrsg.) (Advantage): Competitive Advantage in Construction. Oxford, London u.a. (Butterworth Heinemann) 1991.

Malizia, E. (Framework): A Framework for Real Estate Feasibility Research. In: Journal of Property Valuation & Investment, 10. Jg. 1992, S. 640 - 645.

Mändle, E. (Wohnungsunternehmen): Grundziele von Wohnungsunternehmen - Der Rahmen der strategischen Unternehmensführung. In: Die Wohnungswirtschaft, 45. Jg., 1992, H. 3, S. 126 - 132.

Manning, C.A. (Economics): The Economics of Real Estate Decisions. In: Harvard Business Review, 64. Jg., 1986, H. 6, S. 12 - 22.

Marhold, K. (Marketing-Management): Marketing-Management für mittelständische Bauunternehmen - Ein managementstrategischer Ansatz zum marktstrategischen Führungsverhalten. Diss. Wuppertal (DVP-Verlag) 1992.

Marhold, K./Mbatha, C.M. (Informationssysteme): Informationssysteme, auch für die Bauwirtschaft? In: BW, 46. Jg., 1992, H. 2, S. 28 - 36; H. 3, S. 51 - 55.

Markowitz, H.M. (Portfolio): Portfolio Selection. In: Journal of Finance, 7. Jg., 1952, H. 3, S. 77 - 91.

Martini, E. (Probleme): Rechtliche Probleme eines Immobilienzertifikates. Stuttgart (F. Enke) 1967.

McCurry, L. (Real Estate): Commercial Real Estate - An Introduction to Marketing Investment Properties. Englewood Cliffs (Prentice Hall), 1980.

McMahan, J. (Development): Property Development. 2. Aufl., New York, St. Louis u.a. (McGraw Hill) 1989.

McMahan, J. (Portfolio): Balancing a Portfolio, in: JPM, 55. Jg., 1990, H. 3, S. 55 - 56.

McNamara, P. (Classification): Towards a classification of land developers. In: Urban Law and Policy, 6. Jg., 1983, S. 87 - 94. (zitiert nach Healey, Models, S. 231).

McNamara, P. (Role): The changing role of research in investment decision making. In: Land and Property Development in a Changing Context, hrsgg. v. P. Healey u. R. Nabarro, Hants UK (Gower Publishing Comp.) 1990, S. 98 - 109.

Messner, S.D./Schreiber, I./Lyon, V.L./Ward, R.L. (Marketing): Marketing Investment Real Estate - Finance, Taxation, Real Estate. 3. Aufl., Englewood Cliffs (Prentice Hall) 1987.

Meyer, J.F. (Finanzierungsinstrument): Offene Immobilienfonds: Finanzierungsinstrument auf dem Immobilienmarkt. In: LFK, 32. Jg., 1981, S. 10 - 11.

Meyer, J.F. (Public-Private-Partnership): Public-Private-Partnership. In: Immobilien Manager, o.Jg., 1992, H. 3, S. 6 -10.

Midler, C. (Rôle): Le Responsable de projet, portrait d'un rôle d'influence. In: Gestion 2000 Management & Prospective, 9. Jg., 1993, H. 2, S. 123 - 147.

Miles, M.E./Malizia, E.E./Weiss, M.A. u.a. (Development): Real Estate Development - Principles and Process. Washington D.C. (Urban Land Institute) 1991.

Miles, R.E./Snow, C.C. (Strategy): Organizational Strategy, Structure and Process. New York, St. Louis u.a. (McGraw Hill) 1978.

Miller, D. (Strategy): The Generic Strategy Trap. In: The Journal of Business Strategy, 13. Jg., 1992, H. 1, S. 37 - 41.

Millington, A.F. (Valuation): An introduction to Property Valuation. 3. Aufl., London (Estates Gazette) 1988.

Mintzberg, H. (Management): Mintzberg on Management - Inside Our Strange World of Organizations. New York, London (The Free Press) 1989.

Mintzberg, H. (Strategy): Strategy Formation - Schools of Thought. In: Perspectives on Strategic Management, hrsgg. v. J.W. Fredrickson. New York, Grand Rapids u.a. (Harper Business) 1990, S. 105 - 135.

Moltke, H. v. (Werke): Militärische Werke, IV Kriegslehren, 3. Teil, Berlin 1912 (zitiert nach Hinterhuber, Struktur, S. 79).

Morgan, J.F.W. (Entwicklung): Zur Entwicklung des Bürogebäudemarktes in der Bundesrepublik. In: Immobilien-Handbuch III: International - national, hrsgg. v. Frankfurter Allgemeine Zeitung, Frankfurt (FAZ) 1989, S. 167 - 176.

Morris, W.G. (Management): The strategic management of projects. In: Competitive Advantage in Construction, hrsgg. v. S. Male u. R. Stocks, Oxford, London u.a. (Butterworth Heinemann) 1991, S. 195 - 214.

Müller-Trudrung, J. (Antwort): Über die Schwierigkeit, Anlageerfolge der offenen Immobilienfonds richtig zu bewerten. - Eine Antwort auf die Untersuchung über die Anlagestrategien der offenen Immobilienfonds und ihre Erfolge. In: Economia (Aachener Gesellschaft für angewandte Wirtschaftsforschung e.V.), Aachen 1985, S. 47 -52.

Müller-Trudrung, J. (Eignung): Zur Eignung von Rechenschaftsberichten offener Immobilienfonds für Leistungsvergleiche. In: LFK, 40. Jg., 1989, S. 434 - 435.

Müller-Trudrung, J. (Sicherheit): Zur Sicherheit bei offenen Immobilienfonds. In: LFK, 38. Jg., 1987, S. 329.

Münch, D. (Anlagestrategien): Anlagestrategien der offenen Immobilienfonds und ihre Erfolge. In: Economia (Aachener Gesellschaft für angewandte Wirtschaftsforschung e.V.), Aachen 1985, S. 27 - 60.

Münch, D. (Kosten): Kosten für die Verwaltung des Sondervermögens der offenen Immobilienfonds: Ein Vergleich. In: bilanz & buchhaltung, 1989, Heft 4, S. 151 - 156.

Münch, D./Schlüsener, H. (Replik): Replik. In: Economia (Aachener Gesellschaft für angewandte Wirtschaftsforschung e.V.), Aachen 1985, S. 53 - 59.

Munzer, S.R. (Theory): A Theory of Property. Cambridge Studies in Philosophy and Law, Cambridge, New York u.a. (Cambridge University Press) 1990.

Nabarro, R. (Market): The investment market in commercial and industrial development: some recent trends. In: Land and Property Development in a Changing Context, hrsgg. v. P. Healey u. R. Nabarro, Hants UK (Gower Publishing Comp.) 1990, S. 47 - 59.

Nagel, J. (Analyse): Analyse von Gewerbeimmobilien. In: GuG, 3. Jg., 1992, S. 12 - 18.

Neuberger, O. (Führen): Führen und geführt werden. 3. Aufl., Stuttgart (Enke) 1990.

Noll, B. (Investmentfonds): Investmentfonds. In: Marktökonomie - Marktstruktur und Wettbewerb in ausgewählten Branchen in der Bundesrepublik Deutschland, hrsgg. v. P. Oberender, München (Vahlen) 1989, S. 359 - 412.

Northen, I. (Development): Shopping Centre Development. London (E. & F.N. Spon) 1984.

o.V. (A.G.I.): A.G.I. setzt auf Immobilien-Spezialfonds. In: LFK, 44. Jg., 1993, S. 412.

o.V. (Germany): Germany über alles. In: Estates Gazette v. 4.04.1992, S. 47.

o.V. (Immobilien-Renditen): Attraktive Immobilien-Renditen erzielen - Optimierung des Grundstücksvermögens durch Portfolio-Ansätze. In: Frankfurter Allgemeine Zeitung v. 15.09.92.

o.V. (Management): Immobilien-Management: Agieren statt reagieren. In: Zadelmarkt, Mai 1992, S. 54 - 59.

o.V. (Umtauschangebot): Umtauschangebot für Fonds. In: Frankfurter Allgemeine Zeitung v. 27.04.93, S. 20.

o.V. (Verwaltung): Eigene Verwaltung für den Fonds Haus-Invest. In: Frankfurter Allgemeine Zeitung, 16. September 1992, S. 25.

o.V. (Wertentwicklung): Wertentwicklung von Wohn- und Gewerbeimmobilien. In: Immobilien Zeitung v. 1.07.1993, S. 12.

Oettle, K. (Wohnungswirtschaft): Wohnungswirtschaft - in den deutschen Wirtschafts- und Sozialwissenschaften vernachlässigt. In: Kompendium der Wohnungswirtschaft, hrsgg. von H.W. Jenkis, München, Wien (Oldenbourg) 1991, S. 3 - 21.

Opp, K.-D. (Methodologie): Methodologie der Sozialwissenschaften - Einführung in Probleme ihrer Theorienbildung. Hamburg (Rowohlt) 1976.

Ori, J.J. (Strategies): Real Estate Strategies for Profitability in the 1990s. In: Real Estate Review, 20. Jg., 1990, H. 1, S. 94 - 96.

Pagliari, J.L. (Estate): Real Estate in 3-D: See it now! In: Real Estate Issues, 15. Jg., 1990, H.2 , S. 16 - 19.

Päsler, R.H. (Handbuch): Handbuch des Investmentsparens. Wiesbaden (Gabler) 1991.

Päsler, R.H. (Wunsch): Offene Immobilienfonds zwischen Wunsch und Wirklichkeit: Welches sind die typisch deutschen Grenzen des Immobilien-Investments? In: LFK, 44. Jg., 1993, S. 404 - 407.

Pattison, P.E. (Tenant): Tenant Representation by Advisors and Brokers. In: Real Estate Issues, 18. Jg., 1993, H. 1, S. 1 - 7.

Pearson, T.D. (Location): Location! Location! Location! What is Location? In: The Appraisal Journal, 59. Jg., 1991, S. 7 - 20.

Peiser, R.B. (Developer): Becoming a Developer. In: Urban Land, 51. Jg., 1992, H. 11, S. 32 - 34.

Peiter, H.-J. (Markt): Der Markt der gewerblichen und gemischt genutzten Objekte. In: LFK, 40. Jg., 1989, S. 314 - 320.

Penzkofer, P. (Marketingprobleme): Marketingprobleme im Investmentwesen - Dargestellt an der Konkurrenzsituation der deutschen und amerikanischen Fonds. Diss. München 1967.

Pfarr, K. (Grundlagen): Grundlagen der Bauwirtschaft. Essen (Deutscher Consulting Verlag) 1984.

Pfohl, H.-C./Zettelmeyer, B. (Controlling): Strategisches Controlling. In: ZfB, 57. Jg., 1987, S. 145 - 175.

Philippo, G. (Development): The professional guide to real estate development. Homewood Ill. (Dow Jones-Irwin) 1976.

Pilzer, P.Z. (Obsolescence): The Real Estate Business and Technological Obsolescence. In: Real Estate Review, 19. Jg., 1989, H. 3, S. 30 - 33.

Pittam, N. (Development): Development: Time for change? In: Estates Gazette v. 9. Mai 1992, S. 130 - 131.

Porter, M.E. (Nations): The Competitive Advantage of Nations. New York (The Free Press) 1990.

Porter, M.E. (Wettbewerbsstrategie): Wettbewerbsstrategie (Competitive Strategy), Methoden zur Analyse von Branchen und Konkurrenten. 4. Aufl., Frankfurt (Campus) 1987.

Porter, M.E. (Wettbewerbsvorteile): Wettbewerbsvorteile (Competitive Advantage), Spitzenleistungen erreichen und behaupten. Frankfurt (Campus) 1989.

Poschadel, B. (Rentabilität): Rentabilität und Risiko als Kriterien für die Bewertung der Managementleistung deutscher Investmentgesellschaften. Berlin (Duncker & Humblot) 1981.

Prager, W.K. (Marktstrategie): Marktstrategie der Investmentgesellschaft: Der Wettbewerb zwischen deutschen und ausländischen Investmentgesellschaften. Frankfurt (Knapp) 1971.

Pugh, C. (Cycle): The 1985 - 1995 Property Cycle, the Finances in Olympia and York, and Property Investment Criteria. In: Journal of Property Finance, 3. Jg., 1992, S. 198 - 212.

Pugh, C. (Globalisation): The Globalisation of Finance Capital and the Changing Relationships between Property and Finance - 1. In: Journal of Property Finance, 2. Jg., 1991, S. 211 - 215.

Pümpin, C. (Unternehmenskultur): Unternehmenskultur, Unternehmensstrategie und Unternehmenserfolg. In: Schweizerische Versicherungszeitschrift, 53. Jg., 1985, S. 259 - 274.

Pyhrr, S.A./Cooper, J.R./Wofford, L.E./Kapplin, S.D./Lapides, P.D. (Real Estate): Real Estate Investment - Strategy, Analysis, Decisions. 2. Aufl., New York, Chichester u.a. (John Wiley) 1989.

Raffée, H. (Grundfragen): Grundfragen und Ansätze des strategischen Marketing. In: Strategisches Marketing, hrsgg. von H. Raffée und K.-P. Wiedmann unter Mitarbeit von R. Kreutzer. Stuttgart (Poeschel) 1985, S. 3 - 33.

Ramsay, A. (Development): Property Development and Management into the Nineties: A Guide to Sources of Information. London (The British Library) 1988.

Retter, J. (Projektentwicklung): Projektentwicklung. In: Immobilien-Handbuch - Wirtschaft, Recht, Bewertung, hrsgg. v. B. Falk, Stuttgart, Berlin u.a. (Kohlhammer) 1985, S. 337 - 348.

Riekhof, H.-C. (Spannungsfeld): Das Spannungsfeld zwischen Strategie und Alltagsgeschäft. In: Strategieentwicklung - Konzepte und Erfahrungen, hrsgg. von H.-C. Riekhof, Stuttgart (Poeschel) 1989, S. 371 - 375.

Roach, J.D.C. (Performance): From Strategic Planning to Strategic Performance: Closing the Achievement Gap. In: Competitive Strategic Management, hrsgg. v. R.B. Lamb, Englewood Cliffs (Prentice Hall) 1984, S. 209 - 222.

Roche, J. (Equities): Property Company Equities: Changing Trends in Europe. In: Journal of Property Finance, 3. Jg., 1992, S. 373 - 379.

Rohrbach, W. (Immobilienfonds): Offene Immobilienfonds. In: Immobilien-Handbuch - Wirtschaft, Recht, Bewertung, hrsgg. v. B. Falk, Stuttgart, Berlin u.a. (Kohlhammer) 1985, S. 128 - 134.

Rohrbach, W. (Wandel): Deutsche Grundbesitz: Wandel in der Anlagepolitik - weniger kaufen, mehr bauen. In: LFK, 36. Jg. 1985, S. 364 - 369.

Rohrbach, W./Wundrack, J. (Rentabilität): Zur Rentabilität von Gewerbe-Immobilien. In: Gewerbe-Immobilien, hrsgg. von B. Falk, 4. Aufl., Landsberg am Lech (Moderne Industrie) 1991, S. 457 - 472.

Roulac, S.E. (Volatility): Economic Volatility and Real Estate Investment. In: JPM, 53. Jg., 1988, H. 2, S. 6 - 9.

Roventa, P. (Portfolio-Analyse): Portfolio-Analyse und strategisches Management - Ein Konzept zur strategischen Chancen- und Risikohandhabung. 2. Aufl., München (Planungs- und Organisationswissenschaftliche Schriften, hrsgg. v. W. Kirsch) 1981.

Rozek, J.M. (Myth): The Marketing Myth of the Century: Location, Location, Location. In: Real Estate Review, 16. Jg., 1986, H. 2, S. 55 - 59.

Ruda, W. (Ziele): Ziele privater Kapitalanleger. Wiesbaden (Gabler) 1988.

Sailer, E. (Immobilienbewertung): Nachfrageorientierte Immobilienbewertung. In: LFK, 39. Jg., 1988, S. 310 - 315.

Salata, A. (Offices): Offices today and tomorrow. Reading (College of Estate Management) 1983.

Sarvis, M.J. (Facility): What to look for in a New Office Facility. In: The Journal of Business Strategy, 10. Jg., 1989, H. 4, S. 10 - 14.

Scarrett, D. (Valuation): Property Valuation - The five methods. London, New York u.a. (E&FN Spon) 1991.

Schenck, K. v. (Funds): Open-end German Property Funds. In: Journal of Property Finance. 2. Jg., 1991, S. 57 - 62.

Schimrock; H. (Investmentgesellschaften): Arbeitsweise, Zielsetzung und Möglichkeiten der deutschen Investmentgesellschaften. Diss. Berlin 1960.

Schirnding, L. (Immobilienfonds): Deutsche Immobilienfonds aus der Sicht des Kapitalgebers. In: Immobilienfonds und Immobilienbörse in Deutschland, Schriftenreihe des Instituts für Bankwesen und Bankrecht der Universität zu Köln, Teil 1, Köln (Selbstverlag) 1971.

Schmitz-Morkramer, G. (Beurteilung): Beurteilung von Gewerbeimmobilien und Bewertung an ausgewählten Beispielen aus Sicht eines Kreditinstitutes. In: Gewerbe-Immobilien, hrsgg. von B. Falk, 4. Aufl., Landsberg am Lech (Moderne Industrie) 1991, S. 413- 447.

Schmitz-Morkramer, G. (Immobilie): Die Immobilie als Bestandteil der Vermögensanlage. In: Zeitschrift für das gesamte Kreditwesen, 45. Jg., 1990, S. 268 - 272.

Schnermann, J. (Projektentwicklung): Projektentwicklung für Gewerbeimmobilien. In: Gewerbe-Immobilien, hrsgg. von B. Falk, 4. Aufl., Landsberg am Lech (Moderne Industrie) 1991, S. 293 - 306.

Scholz, H. (Entwicklung): Die Entwicklung der nationalen und internationalen Immobilienfinanzierung aus deutscher Sicht. In: LFK, 42. Jg., 1991, S. 101 - 105.

Schreyögg, G. (Unternehmensstrategie): Unternehmensstrategie - Grundfragen einer Theorie strategischer Unternehmensführung. Berlin, New York (de Gruyter) 1984.

Schreyögg, G./Steinmann, H. (Kontrolle): Strategische Kontrolle. In: ZfbF, 37. Jg., 1985, S. 391 - 407.

Schulte, H. (Aufbau): Aufbau und Instrumente eines strategischen Managements der Bauträgerunternehmung. Frankfurt (Lang) 1984.

Schulte, K.-W. (Immobilienberufe): Aus- und Weiterbildung für Immobilienberufe. In: GuG, 3. Jg., 1992, S. 128 - 136.

Schulte, K.-W. (Immobilienökonomie): Immobilienökonomie als Wissenschaft. In: Immobilien in Europa II - Märkte in Bewegung, hrsgg. v. O. Bronner. Wien (Der Standard Bibliothek) 1992, S. 231 - 235.

Schulte, K.-W. (Nutzungsdauer): Optimale Nutzungsdauer und optimaler Ersatzzeitpunkt bei Entnahmemaximierung. Meisenheim am Glan (A. Hain) 1975.

Schulte, K.-W. (Spektrum): Das Spektrum des Immobilienmanagement. Manuskript des Vortrages auf der Management Circle Fachkonferenz "Immobilienmanagement", Frankfurt, 1. Dezember 1992.

Schulte, K.-W. (Wirtschaftlichkeitsrechnung): Wirtschaftlichkeitsrechnung. 4. Aufl., Heidelberg, Wien (Physica) 1986.

Schulte-Kemper, H. (Bauinvestitionen): Private und gewerbliche Bauinvestitionen bei Preis- und Zinsschwankungen. In: LFK, 40. Jg., 1989, S. 322 - 326.

Schumann, J. (Grundzüge): Grundzüge der mikroökonomischen Theorie. 5. Aufl., Berlin, Heidelberg u.a. (Springer) 1987.

Schütz, B. (Kennziffermodell): Kennziffermodell zur Beurteilung von Immobilieninvestitionen. Chur, Zürich (Rüegger) 1991.

Schwanzer, B. (Bedeutung): Die Bedeutung der Architektur für die Corporate Identity eines Unternehmens - eine empirische Untersuchung von Geschäften und Bankfilialen. Diss. Wien 1984.

Schwatlo, W. (Typen): Typen und Besonderheiten gewerblicher Immobilien. In: Die Gewerbeimmobilie als Kapitalanlage, hrsgg. v. H. Gerlach, J. Hieronymus, W. Schwatlo, D. Tewes und H.H. Völker, 3. Aufl., Freiburg i. Br. (R. Haufe) 1992, S. 15 - 102.

Schweizer, W. (System): Der Planungs- und Bauprozeß als kybernetisches System. Frankfurt, Bern u.a. (Lang) 1990.

Seldin, M./Nourse, H.O./Heuer, K.L. (Strategy): Changing Corporate Real Estate Strategy for the '90s. In: Professional Report of Industrial and Office Real Estate, 51. Jg., 1992, H. 4, S. 11 - 13, 33.

Shafer, T.W. (Economics): Real Estate Economics. Reston (Reston Publishing) 1975.

Sharpe, W.F. (Model): A simplified Model for Portfolio Analysis. In: Management Science, 9. Jg. 1963, S. 277 - 293.

Sheerin, J.J. (Land): The complete guide to buying, selling and investing in undeveloped land. Chicago (Probus Publishing Company) 1987.

Sieracki, K. (Funds): Pension Funds - The role of property. In: Estates Gazette v. 25.07.1992, S. 113 - 114.

Simon, H. (Management): Management strategischer Wettbwerbsvorteile. In: ZfB, 58. Jg., 1988, S. 461 - 480.

Simon, S. (Phenomenon): The Exit Strategy: A Phenomenon of the '90s. In: National Real Estate Investor, 34. Jg., 1992, H. 9, S. 42.

Sirmans, C.F./Jaffe, A.J. (Investment): The Complete Real Estate Investment Handbook. 3. Aufl., Englewood Cliffs (Prentice Hall) 1985.

Sögtrop, F.-W. (Bewertung): Die Bewertung der Objekte bei offenen Immobilienfonds. In: LFK, 41. Jg., 1990, S. 435 - 436.

Sögtrop, F.-W. (Boomzeiten): Offene Immobilienfonds: In Boomzeiten. In: LFK, 41. Jg., 1990, S. 440 - 440.

Sögtrop, F.-W. (Öffentlichkeit): Offene Immobilienfonds in der Öffentlichkeit. In: LFK, 39. Jg., 1988, , S. 392 - 393.

Sögtrop, F.-W. (Spezial-Immobilienfonds): Die Entwicklung der Spezial-Immobilienfonds. In: LFK, 42. Jg., S. 414 - 415.

Solesbury, W. (Regeneration): Property development and urban regeneration. In: Land and Property Development in a Changing Context, hrsgg. v. P. Healey u. R. Nabarro, Hants UK (Gower Publishing Comp.) 1990, S. 186 - 194.

Sorensen, R.C. (Development): Project Development: Success or Failure? In: The Appraisal Journal, 58. Jg., 1990, S. 147 - 152.

Sorgenfrei, U./Tischbirek, W. (Immobilien-Spezialfonds): Zur Situation von Immobilien-Spezialfonds nach dem Finanzmarktförderungsgesetz. In: WM Wertpapier-Mitteilungen, 44. Jg., 1990, S. 1809 - 1852 (Teil I), 1859 - 1864 (Teil II).

Spitzkopf, H.-A. (Finanzierung): Konventionelle Finanzierung von Gewerbe-Immobilien. In: Gewerbe-Immobilien, hrsgg. von B. Falk, 4. Aufl., Landsberg am Lech (Moderne Industrie) 1991, S. 473 - 495.

Staehle, W.H. (Management): Management - Eine verhaltenswissenschaftliche Perspektive. 4. Aufl., München (Vahlen) 1989.

Steinmann, H./Schreyögg, G. (Management): Management. Grundlagen der Unternehmensführung. Wiesbaden (Gabler) 1990.

Stork, H.-U. (Markt): Der Markt der gewerblichen Objekte - Risiken und Risikosteuerung. In: LFK, 44. Jg., 1993, S. 314 - 318.

Strüven, P./Herp, T. (Möglichkeiten): Möglichkeiten und Grenzen strategischer Planungsinstrumente. In: Strategisches Marketing, hrsgg. von H. Raffée und K.-P. Wiedmann unter Mitarbeit von R. Kreutzer. Stuttgart (Poeschel) 1985, S. 185 - 196.

Stüdemann, K. (Betriebswirtschaftslehre): Allgemeine Betriebswirtschaftslehre. München, Wien (Oldenbourg) 1988.

Süberling, G. (Anlageerfolge): Die Anlageerfolge der offenen Immobilienfonds - Erfahrungen, Einflüsse, Aussichten. In: LFK, 40. Jg., 1989, S. 384 - 390.

Süberling, G. (Kontinuität): Grundwert-Fonds: Erfolg durch Kontinuität. In: LFK, 36. Jg. 1985, S. 370 - 372.

Suchman, D.R. (Interviews): Managing a Development Company - Interviews with Successful Firms. Washington D.C. (Urban Land Institute) 1987.

Szyperski, N./Winand, U. (Grundbegriffe): Grundbegriffe der Unternehmungsplanung. Stuttgart (Poeschel) 1980.

Szyperski, N./Winand, U. (Organisation): Duale Organisation - Ein Konzept zur organisatorischen Integration der strategischen Geschäftsfeldplanung. In: ZfbF-Kontaktstudium, 31. Jg., 1979, S. 195 - 205.

Szyperski, N./Winand, U. (Portfolio-Management): Strategisches Portfolio-Management: Konzept und Instrumentarium. In: ZfbF-Kontaktstudium, 30. Jg., 1978, S. 123 - 133.

Tank, H./Klemm, U. (Standorttendenzen): Standorttendenzen in Branchen des Dienstleistungssektors und ihre Bedeutung für die Stadtentwicklungsplanung. Opladen (Westdeutscher Verlag) 1980.

Thomann, H.-U. (Anlagefonds): Anlagefonds aus der Sicht des Kapitalgebers. Bern, Stuttgart (P. Haupt) 1980.

Timmermann, A. (Denken): Strategisches Denken - Lebenslanges Lernen auch für Unternehmen. In: Strategisches Marketing, hrsgg. von H. Raffée und K.-P. Wiedmann unter Mitarbeit von R. Kreutzer. Stuttgart (Poeschel) 1985, S. 197 - 227.

Topping, R. (Marketing): Marketing. In: Property Development, hrsgg. v. R. Topping und M. Avis, 3. Aufl., London, New York u.a. (E.&F.N. Spon) 1989, S. 138 - 153.

Ulrich, H. (Unternehmungspolitik): Unternehmungspolitik. 2. Aufl., Bern, Stuttgart (Haupt) 1987.

Voelker, R.J. (Opportunities): Consulting opportunities in the Corporate Real Estate Market. In: Professional Report of industrial and office real estate, 51. Jg., 1992, H. 3, S. 13 - 15.

Völker, H.H. (Immobilieninvestitionen): Immobilieninvestitionen institutioneller Anleger. In: Die Gewerbeimmobilie als Kapitalanlage, hrsgg. v. H. Gerlach, J. Hieronymus, W. Schwatlo, D. Tewes und H.H. Völker, 3. Aufl., Freiburg i. Br. (R. Haufe) 1992, S. 126 - 137.

Völker, H.H. (Markt): Der Markt der gewerblichen und gemischt genutzten Objekte. In: LFK, H. 10, 39. Jg., 1988, S. 306 - 308.

Wagner, K.-R. (Projektmanagement): Projektmanagement - Treuhandschaft - Immobiliendevelopment. In: Baurecht, 21. Jg., 1991, S. 665 - 676.

Wagner, P.E. (Concept): The Concept of Private Property. In: The Real Estate Handbook, hrsgg. von M. Seldin und J.H. Boykin, 2. Aufl., Homewood Ill. (Dow Jones-Irwin) 1990, S. 3 - 16.

Waldmann, K. (Anlagepolitik): Geschäfts- und Anlagepolitik der Spezial-Immobilienfonds. In: LFK, 37. Jg., 1986, S. 376 - 378.

Waldmann, K. (Gedanken): Gedanken zur Rentabilität von Immobilien. In: LFK, 33. Jg., 1982, S. 68 - 74.

Waldmann, K. (Grenzen): Deutsche Immobilienfonds - ohne (EG-)Grenzen. In: LFK, 41. Jg., 1990, S. 418 - 422.

Waldmann, K. (Immobilien-Investment): Die DESPA - Immobilien-Investment im Sparkassenverbund. In: LFK, 36. Jg., 1985, S. 379 - 380.

Waldmann, K. (Immobilienmanagement): Immobilienmanagement im Mietermarkt. In: LFK, 38. Jg., 1987, S. 68 - 76.

Waldmann, K. (Kapitalanlagegesetz): Offene Grundstücksfonds und das neue Kapitalanlagegesetz. In: LFK, 40. Jg., 1989, S. 412 - 415.

Walton, D. (Outsourcing): Picking up the Pieces: Opportunities in Corporate Outsourcing. In: JPM, 58. Jg., 1993, S. 26 - 29.

Watson, K.F. (Analysis): The analysis of a strategic decision - an empirical examination of strategies pursued, alternatives evaluation, decision-making tactics, and outcome satisfaction: The case of industrial site location. Diss. University of Tennessee 1990.

Weber, J. (Controlling): Strategisches Controlling: Steuerung der Strategieentwicklung und Strategieumsetzung. In: Strategieentwicklung - Konzepte und Erfahrungen, hrsgg. von H.-C. Riekhof, Stuttgart (Poeschel) 1989, S. 437 - 450.

Wechsler, U. (Immobilienfonds): Immobilienfonds. Frankfurt/Main (Knapp) 1968.

Wechsler, U. (Vermögensanlage): Vermögensanlage in Immobilien-Investment-Anteilen. In: Handbuch der Vermögensanlage, hrsgg. von C. Zimmerer, 5. Aufl., Frankfurt/Main (Knapp) 1970, S. 109-120.

Weichs, C. v. (Kontrolle): Kontrolle ist besser - Wie Developer ihr internes Controlling verfeinern können. In: manager magazin, 22. Jg., 1992, H. 12, S. 184.

Weichs, C. v. (Projektentwicklung): Projektentwicklung im Rahmen des strategischen Managements eines Immobilienentwicklers. Unterlagen zum Vortrag im Rahmen des EBS Immobilien Professional Colleg "Projektentwicklung" am 6.05.1993 in Castrop-Rauxel. S. 1 - 40.

Westwood, P. (Property): The administration of commercial property. In: Handbook of Management, hrsgg. v. D. Lock, 3. Aufl., Hants UK (Gower Publishing) 1992, S. 717 - 732.

White, J. (Planning): Strategic Planning: Revamping your company. In: JPM, 56. Jg., 1991, H. 4, S. 12 - 15.

White, J.R. (Counseling): Real Estate Counseling in the Development Process. In: Real Estate Issues, 15. Jg., 1990, H. 2, S. 9 - 15.

Wiedmann, K.-P. (Früherkennung): Konzeptionelle und methodische Grundlagen der Früherkennung. In: Strategisches Marketing, hrsgg. von H. Raffée und K.-P. Wiedmann unter Mitarbeit von R. Kreutzer. Stuttgart (Poeschel) 1985, S. 301 - 348.

Wiedmann, K.-P./Kreutzer, R. (Marketingplanung): Strategische Marketingplanung - Ein Überblick. In: Strategisches Marketing, hrsgg. von H. Raffée und K.-P. Wiedmann unter Mitarbeit von R. Kreutzer. Stuttgart (Poeschel) 1985, S. 61 - 141.

Wiendieck, G. (Führung): Führung 2000 - Perspektiven und Konsequenzen. In: Führung im Wandel, Neue Perspektiven für Führungsforschung und Führungspraxis, hrsgg. v. G. Wiendieck u. G. Wiswede, Stuttgart (Enke) 1990, S. 39 - 51.

Wild, J. (Grundlagen): Grundlagen der Unternehmungsplanung, 4. Aufl., Opladen (Westdeutscher Verlag) 1982.

Will, L. (Rolle): Die Rolle des Bauherrn im Planungs- und Bauprozeß. Frankfurt, Bern, New York (P. Lang) 1983.

Wimmer, R. (Kultur): Kultur versus Strategie, Strategieorientierung oder Kultur managen: Welchen Sinn diese Alternative macht. In: Gablers Magazin, H. 10, 1990, S. 21 - 25.

Wise, D. (Enterprises): Reorganizing Real Estate Enterprises for a New Economic Regime. In: Real Estate Review, 22. Jg., 1992, H. 2, S. 49 - 54.

Wonhas, J.P. (Geschichte): 32 Jahre deutsche Offene Immobilienfonds: Anmerkungen zu ihrer Geschichte und Zukunft. In: LFK, 41. Jg., 1990, S. 729 - 731.

Wonhas, J.P. (Immobilienfonds): Offene Immobilienfonds zwischen Anlageerwartungen und Managementmöglichkeiten. In: LFK, 40. Jg., 1989, S. 426 - 433.

Wundrack, J. (Wohnobjekte): Offene Immobilienfonds - Wohnobjekte versus Gewerbeimmobilien. In: LFK , 43. Jg., 1992, S. 438 - 439.

Würtz, P. (Grundstücksmakler): Der Grundstücksmakler in der Bundesrepublik Deutschland - Betrieb und Leitung der Makler-Unternehmung. Diss. Saarbrücken 1969.

Auswertung der Rechenschafts- und Halbjahresberichte sowie Interviews mit offenen Immobilienfonds:

A.G.I. Allgemeine Grundbesitz-Investment Gesellschaft mbH, Wiesbaden

BfG Immobilien-Investment Gesellschaft mbH, Frankfurt

CS Immobilien-Fonds GmbH Kapitalanlagegesellschaft, Frankfurt

DEGI Deutsche Gesellschaft für Immobilienfonds mbH, Frankfurt

Despa Deutsche Sparkassen-Immobilien-Anlage-Gesellschaft mbH, Frankfurt

Deutsche Grundbesitz-Investmentgesellschaft mbH, Frankfurt

DIFA Deutsche Immobilien Fonds Aktiengesellschaft, Hamburg

HANSAINVEST Hanseatische Investment-Gesellschaft mbH, Hamburg

Internationales Immobilien-Institut GmbH, München

Rheinisch-Westfälische Grundstücks-Investment GmbH, Düsseldorf

Erklärung

Ich versichere hiermit ehrenwörtlich, daß ich die vorliegende Arbeit selbständig und nur unter Benutzung der angeführten Quellen und Hilfsmittel angefertigt habe. Sämtliche Entlehnungen oder Anlehnungen sind durch Quellenangaben eindeutig kenntlich gemacht.